近代日本の消費と生活世界

中西　聡
二谷智子　著

吉川弘文館

目次

図表目次

凡　例

一　原史料の表題は形態の如何にかかわらず「　」で示し、活字資料の引用は原文のままに、原史料の引用では基本的に原文に即しつつ必要に応じて句読点を補って記し、引用者の注記は［　］で示しつつ、現代かな遣いや新字体に改めた。表に示した購入品名も、史料上の記載にしたがいつつ、部分的に現代用語に直した。

二　本書で主に利用した家・企業文書は左記の通りであり、本文・注・表の出所での所蔵（保管）場所の表記は省略し、引用の際は、連続して類似の帳簿を引用した場合などを除き、初出の際に原則として史料番号を付した。盛田家文書（盛田家蔵、鈴渓資料館保管）、宮林家文書（宮林家蔵）、廣海家文書（廣海家蔵、貝塚市教育委員会保管）、松坂屋資料（一般財団法人J・フロントリテイリング史料館蔵）、小栗家文書（小栗家蔵）、永田家文書（永田家蔵、奈良県立図書情報館保管）、阿部市太郎家文書（東近江市能登川博物館蔵、阿部家蔵の分のみ付記）。

三　年代の表記は、西暦で行い、原則として元号ごとに各節・項で初出の場合のみ和暦を括弧書で付した。なお旧暦が使用されていた一八七二（明治五）年までの西暦は、和暦の年期間にそのままあてはめて変換した。また旧暦使用期の月日は和暦の月日をそのまま示した。

四　地域区分については、基本的に近世期は旧国名、近代期は府県名で統一し、府県区分の変化が激しかった明治初期は適宜その両方を使い分けた。なお、大阪は、近世期は大坂、近代期は大阪で、東京は、近世期は江戸、近代期は東京でそれぞれ表記を統一し、その他の地名については、現在使われている字体表記に改めた。

五　各表の数値は、掲載された最小位のすぐ下位の桁を四捨五入した。そのため合計値に誤差が生じる場合がある。

六　執筆分担は、以下の通りである。第二章は中西と二谷の平等な共著、第五章は中西の単著、第四・六章は二谷が主に執筆して中西が加筆修正、序章・第一・三・七・八章・終章は中西が主に執筆して二谷が加筆修正した。

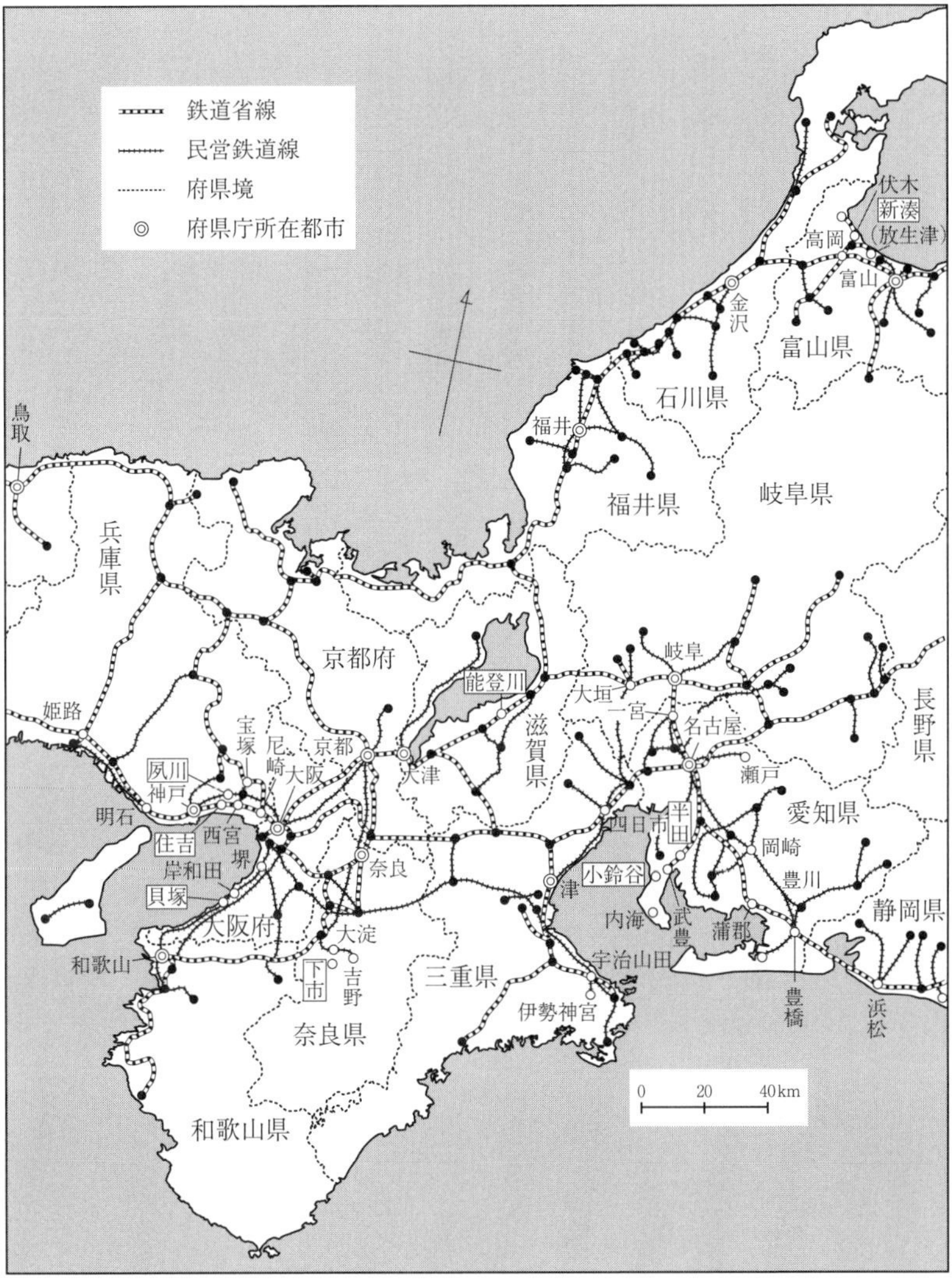

1930年代初頭の東海・北陸・近畿地方
(出所)『鉄道古地図旅行案内 西日本版』学習研究社，2008年，綴じ込み付録②（大日本新名勝遊覧地図）をもとに作成，原図は昭和6年1月1日発行の『東京日日新聞』附録.
(注)市および本書に関係ある地名を示した. □内は本書で取り上げた地方資産家の居所.
鉄道省線はすべて示し，民営鉄道線は主なものを示した.

序章　消費からみた近代日本の生活世界

一　問題の所在と研究史

人間の経済活動の歴史を明らかにするのが経済史学の課題であるとすれば、その経済活動には、財を産み出したりサービスを提供したりするのみでなく、そうした財を消費したりサービスを受容することもまた含まれ、経済史学の領域は、生産と消費の両者を含めた生活全般に及ぶといえる。現代日本社会が大衆消費社会やバブル経済を経験した後に、経済格差が拡大しながら生活の「豊かさ」がより問われるようになった今日、生産と労働から消費と社会環境へと日本経済史学界の関心の比重が強まってきた。このような学問状況を踏まえて、本書は、文明開化による舶来品の流入や両大戦間期の百貨店の成立という消費生活に影響を与えたさまざまな出来事を転換点として近代日本の人々の消費生活がどのように変容したかを、家計史料に基づく実証的事例研究から解明することを課題とする。

本論に入る前に、消費生活に関するこれまでの研究を振り返っておきたい。消費生活の研究は、大きく二つの流れで進められてきたと考えられる。一つは消費市場論的視角であり、今一つが消費文化論的視角である。そこでまず、消費市場論的視角の研究をみておきたい。消費市場論的視角は、数量データを基本的史料として生活水準を比較したり、人々の購買力を推定したりすることから始まった。特にイギリスでは、一九世紀から産業革命によって労働者階級の生活水準がどのように変化したかをめぐって論争が交わされ、第二次世界大戦後は、国民所得推計などを利用することでより精緻な分析が行われ、総体としては、生活水準が上昇したものの階層間の格差があったことが明らかにされた(1)。そして単なる賃金のみでは生活水準の質は図れないことが次第に主張され、賃金に加えて、体位や栄養状態も生活水準を示す指標として利用されるようになった(2)。

一方、日本では、第二次世界大戦前の賃金の低さが強調され、高率小作料とも相まって近代日本の国内市場の本質的狭隘性が植民地侵略につながったことが指摘されたが、中村隆英や正田健一郎が明治期に一人あたりの個人消費の伸びがあったことを主張し、実証的には近代日本でも国内市場が拡大していたことが共通認識となった(3)。もちろん、イギリスの生活水準論争でも指摘されたように、地域間格差や階層間格差があり、マクロ的にみた市場拡大と、そのなかでの格差構造の両方を、総体として把握する必要があった(4)。その点について、賃金を中心とした所得水準の地域間・階層間格差を数量データで比較した斎藤修の研究が注目され、斎藤はさらに労働時間概念を導入して賃金のもつ質的な側面に着目した(5)。しかし、生活水準の質を賃金以外の数量データで示すのには困難が伴い、一九九〇年代以降の日本における消費生活研究は、主に消費文化論的視角で進められることとなった。

そこで次に、消費文化論的視角の研究を整理する。経済学はもともと利潤極大化を求める資本主義の本質を解明することから始まったので、人間の欲望と経済活動との関連が論じられた(6)。すなわち、消費への欲望が需要を拡大し、生産拡大を牽引したとする考え方である。代表的な論者であるヴェブレンは、本来的な消費需要以上に、見せびらかしのための消費欲求が人々にあり、それが経済活動を牽引したにすぎないとしたのに対し、ガルブレイスは生産の拡大が新たな消費需要を喚起することを重視した(7)。そしてカトーナは、多くの人々が生存水準を超えた消費を実現できるだけの購買力をもち、そうした人々の消費活動が一国の経済に大きな影響を及ぼすようになった社会を「大衆消費社会」と位置付けた(8)。日本でも、馬場宏二が、経済の発展が独占段階になるに従い、生産拡大が止めどもなくなり、

過剰富裕化社会に至ることを論じた。(9)

こうした人間の欲望から論じてきた経済学に対して、社会学ではむしろ禁欲的な人間の生活態度が注目されてきた。例えば、宗教倫理と経済活動の関係性を考察したヴェーバーは、プロテスタントの禁欲的な生活態度と神への奉仕の精神が、彼らの勤労と資産蓄積につながり、資本主義への道を開いたことを主張し、(10)近世・近代日本でもそうした宗教倫理が人々の生活態度に大きな影響を与えて、日本人の勤勉さをもたらしたことをベラーや芹川博通は論じた。(11)一方、宗教にかかわらず、近世日本に一般的な禁欲的生活規律があったことを主張したのが安丸良夫で、安丸は、近世から近代日本の生活では、一般に「ハレ＝非日常」と「ケ＝日常」において、ケの次元では消費倹約、ハレの次元では消費膨張と、生活のリズムがあったものの、「イエ」の永続への願望が、ハレの次元の消費膨張を倹約のロジックで抑制する方向へ働き、こうした通俗道徳的生活規律のなかで人々の消費欲求は抑えられてきたとした。(12)

また、消費生活において個人や家の主体性よりも贈答文化のような社会慣習や制度の規制力を強調する考え方もあり、マリノフスキが未開社会の経済の実態を提示したことを受けてモースは人間社会に広く存在する贈与行為に着目し、提供の義務・受容の義務・返礼の義務から贈与形態を整理した。(13)贈答のもつ互酬性に着目したポラニーは、経済活動の成果の交換を互酬性・再配分・市場交換の三形態に分類し、経済の発展段階に沿って、互酬性↓再配分↓市場交換と経済の仕組みが展開することを主張した。(14)これに対し、サーリンズとサーヴィスは、産業化された社会においても互酬性の形態が贈答として、再配分の形態が税として存在していることを強調し、現代社会の一つの要素として贈答文化を位置付けた。(15)日本でも、日本人の贈答慣行を有賀喜左衛門や柳田國男が着目していたが、(16)近年では文化人類学や歴史学でも贈与論が盛んに行われている。文化人類学では、ハルミ・ベフが贈答の概念を明確化するとともに、伊藤幹治は、こうした贈与行為が社会への寄付行為に転換する端信行が消費の構造のなかに贈答を位置付けた。(17)そして伊藤幹治は、こうした贈与行為が社会への寄付行為に転換する過程や、贈与行為を企業が利用することに着目し、贈答行為の現代性を論じた[18]。歴史学では網野善彦が、古代・中世日本でみられた人々の神に対する贈与の観念が支配者に対する納税の観念に転嫁する方向性を指摘した。この指摘を引き継いで桜井英治は、中世日本では権力者への贈与が強要されるうちに次第に税に転嫁したり、贈答品（目録）が商品や通貨として再利用されるなど、贈与経済が市場経済と深い関連をもって展開したことを指摘した[19]。

このように、これまでの消費生活の研究史では、消費市場論的視角と消費文化論的視角があまりかみ合わずに進められたが、これらの二つの視角を統合しようとする試みが近年の日本では、主に財・サービス、消費者意識、消費者金融などの視点で進められている。例えば、財・サービスの視点では、川勝平太は品物のもつ使用価値（用途）の側面に着目し、それが商品の購入に対する規制力となったことを主張し、物産複合の概念を提唱した[20]。川勝の使用価値の視点は、中西聡の個別事例研究にも活かされ、中西は、耕作をする自作農とそれを行わない資産家層との衣料購入の質的相違を指摘した[21]。そして近現代日本の生活史を長期的に分析する視角としてゴードンの貫戦史（第二次世界大戦前後を通してみる視角）があり、ゴードンは、「ミシン」に着目して、ミシンの利用から衣料文化の変容と消費者の創出を論じた[22]。この貫戦史を意識しつつ、山口由等も都市化から大衆消費社会の成立を展望した[23]。

さらに財・サービスの視点で興味深い論点を提示したのが尾関学である。尾関は、フローとストックの関係に着目し、財の購入と財の消費とは必ずしも同義ではないとして、現物消費用の生産や、ストックからの消費サービスの視点を強調した[24]。現物経済の動きに着目すると、地方資産家が行った施行や現物給付が、地域社会のなかでの生活水準の格差を緩和させる役割を果たしていたことが推測される。木下光生は貧困問題を自己責任か社会の責任かの視点で論じるが[25]、こうした点にも現物経済の動きは関わる。

消費者意識の視点では、消費文化における「流行」の視点が強調され、日本で一九一〇年代に登場した百貨店が、新しい消費文化を自ら作り出したことが解明されたが、[26] 田村均は、織物品における流行市場が日本では幕末から存在していたとし、それが在来織物業の成長を下支えしたことを主張した。[27] 一方、現代日本の消費市場については、国立歴史民俗博物館の共同研究などがあるが、[28] 原山浩介は、第二次世界大戦後の日本では、消費に対する要求を人々が運動を通して主体的に行うようになったことで、「消費者」という概念が登場したとした。[29]「消費者」の観点で近世から現代までの日本を通して捉える視角は、Penelope Francksや田村正紀、そして国際共同研究としても進められた。[30]

そして満薗勇が、大衆消費社会の成立を体系的に論じた。満薗は、前述の安丸良夫の通俗道徳論を意識しつつ、第一次世界大戦期に通俗道徳的な生活規律と異質な新たな生活像が欧米から日本に持ち込まれたことで、日本では消費に彩られた日常生活が誕生したとした。これが大衆消費社会の形成を主導する生活モデルとなった点で、満薗は両大戦間期の日本で大衆消費社会の胎動があったとする。[31] さらに近年、寺西重郎が、第二次世界大戦後の高度経済成長は敗戦の衝撃の下で「さしあたって」西洋型の消費経済社会を築く、という人々の決意によって、消費経済の基礎が在来産業から西洋型の耐久消費財産業に劇的に転換したことから出現したものであり、その構造転換が一応完了するとともに急速に衰退したとの見通しを示した。[32] 寺西は第二次世界大戦前の日本では、仏教的な他者意識と求道精神に基づき、消費者と生産者を緊密に結び付ける需要主導型の経済システム（伝統的消費経済）が生まれたとしており、[33] その視点とも関連して、近代日本の地方資産家の経済活動に与えた宗教的要素を強調し、それが消費節制・資産蓄積・地域社会への寄付を通した貢献へつながったことを指摘したのが二谷智子で、[34] 前述のヴェーバーが中産的生産者のなかに見出した宗教倫理に裏付けられた禁欲的生活態度を資産家のなかに見出し、ヴェーバーの世界観とも、富裕層が見せびらかしの消費を行ったとするヴェブレンの世界観とも異なる生活世界を近代日本において示した。

一方、金融の視点では、商業金融や産業金融を中心とする金融史研究から、少しずつ消費者金融にも目を向けられるようになり、前述の満薗は、購入希望と購買力不足のギャップを埋めるシステムとして「割賦販売」に注目し(35)、別のグループによる近代日本の東京市の質屋の実証研究も行われた(36)。そしてこうした購買力不足を生活リスクとして、それが生じた際にどのような資金調達が行われたかを小島庸平が検討した(37)。

以上のような研究動向を踏まえて、本書では、消費市場論的視角と消費文化論的視角の接合方法として、家計関連史料を利用した個別事例研究を複数行い、それらの地域比較・職種比較・階層比較を進めることにする。それは、消費市場研究の今後の課題となる地域間格差・階層間格差の問題を、消費文化研究の成果から見出された消費の志向性の問題を組み入れて論ずるためである。そこで、研究史整理の最後に、近代日本の家計研究について押さえておきたい。家計研究は、最初は民俗学の分野から進められた。例えば、柳田國男編著『明治大正史』第四巻世相篇にはすでにその方向性がみられ(38)、第二次世界大戦後に農地改革への学問的関心から日本各地の農村調査が進展するなかで、農家の家計史料から農民生活を明らかにする研究が登場した。その先駆は、戸谷敏之の研究にみられるが、一九五五年に刊行された『明治文化史12　生活』には複数の家の農家家計記録が紹介された(39)。そして、一九五五年に農政調査会が自作農農家の家計史料を活字化し、大場正巳はその家計史料を利用して農家経営を分析した(40)。さらに鹿股壽美江や高井進などが独自に地方の農家の家計史料を発見して分析し、また地主層の家計史料も、中村吉治編や鹿股壽美江の研究で紹介され、農民生活の事例分析が充実することで、地主層と自作農層の比較も可能となった(41)。近年では農民日記を用いて、西田美昭と久保安夫が新潟県の、中西僚太郎が茨城県と長野県の農民の生活を明らかにした(42)。

一方、都市民の生活については、村上信彦が明治前期の文明開化の影響は大都市東京でも弱かったことを指摘し、小木新造も東京では文明開化のさきがけをなす貴顕紳士がいる一方で江戸時代的生活の意識を貫いた人々も多かったと評価した(43)。さらに芳賀登は、都市の市民生活が和洋二重生活であり、文明開化の地方浸透も豪農中心の底の浅い文化受容であったとしている。[44]都市部と農村部の比較の視点は、本書でも取り入れるが、都市民の生活状況を統計的に把握する史料として政府や地方自治体が行った家計調査があり、農民の生活状況を統計的に把握する史料として、農会や研究機関そして郡町村が調査・作成した農家経済調査や郡是・町村是がある。[45]これらの家計調査は、主に調査対象者が記入した戸票を集計したものであるが、こうした家計調査に基づく研究史整理を行ったのが多田吉三で、近年、家計調査を利用した共同研究として加瀬和俊編『戦間期日本の家計消費』が発表された。[46]一方、前述の尾関学が研究対象とした郡是・町村是は、二〇世紀初頭に明治農法による農業生産性の上昇に限界がみられるなかで、各地の村落がその地域の現状を認識し、将来の目標を示したもので、村落全体の詳細なストックも記された。それを利用して村落民の生活を明らかにした研究として神立春樹の研究がある。[47]

こうした社会環境も含めて生活全体をつかむ作業は、家政学の分野からも進められ、中部家庭経営学研究会の共同研究では家庭生活を局面ごとに分けて全体像をつかまえる視点が提示され、その後家政学では生活文化論としてその体系化が進められている。[48]そして人々の経済活動に焦点を当てて生活の営みを考察する学問分野として生活経済論が示され、さらに消費者科学として消費者の視点から現代社会を捉える見方も示された。[49]家政学では、家計簿そのものを利用した研究も進められており、代表例として中村隆英編『家計簿からみた近代日本生活史』が挙げられる。[50]

二　生活世界の図案化と本書の構成

さて、消費生活には多様な局面があり、例えば前述の中部家庭経営学研究会の共同研究では、家庭生活の諸領域が、「家族関係・家庭経済・衣生活・食生活・住生活・健康生活・家庭文化・家庭教育・女子教育・婦人問題・社会福祉」に分類された[51]。家庭生活は、各家庭の生活様式とそれを取り巻く社会環境の相互関係を念頭において分析される必要があると考えられ、それらの諸領域は、生活様式そのものを規定する「衣食住」と、社会環境との相互規定性の強い「健康・教育・文化」などの側面に大きく分けることができる。

そこで、図のように人々の生活世界を図案化した。人々の生活に最も密着しているのが、「家」のなかでの生活で、それを構成する衣食住に焦点を絞り、衣の文化・食の文化・住の文化がどのように人々の生活様式を規定したかをまずは検討する。次に、「家」の生活のなかで「社会」との接点に位置し、「家」から「社会」への影響を比較的強く及ぼす領域として、労働、家業・家産、教育、健康、冠婚葬祭、余暇などがあり、それらを通して「家」と「社会」の関係を考察する。続いて、「社会」環境が「家」の生活を大きく規定した領域として、都市環境と村落環境の相違とそれに強い影響を与えた公共性・共同性を取り上げ、さらに社会環境の伝統性と変革性をそれぞれ強く示した地域文化と産業・交通体系を取り上げる。そのなかで、地域文化に大きな影響を与えた要素として宗教と道徳を考え、村落では宗教が共同性の基盤にあり、都市では生活道徳が公共性の基盤となったと考えたい。一方、産業や交通の発達で、様々な社会問題が生じてくるが、都市生活では公害やエネルギーが重要な問題となり、村落生活では、災害や自然との共生が重要な問題になったと考えたい。これらを総合して、前近代から現代までの時間軸に置くことで、本書が主な対象とする近代日本の生活世界の展開を捉える[52]。この図は二〇世紀全体を念頭におくが、本書の主な分析対象時期は、一八七〇年代～一九三〇年代であるので、こうした生活世界の成立期を検討することになる。

この生活世界の図案に沿って本書は以下の構成とした。まず前述のように文明開化による舶来品の流入および両大戦間期の百貨店の成立という消費生活に大きな影響を与えた二つの事態を区切りとして、本書全体を第Ⅰ部と第Ⅱ部に区分する。第Ⅰ部は、一八六〇～一九〇〇年代の文明開化による近代化が人々の消費生活に与えた影響を論じ、第

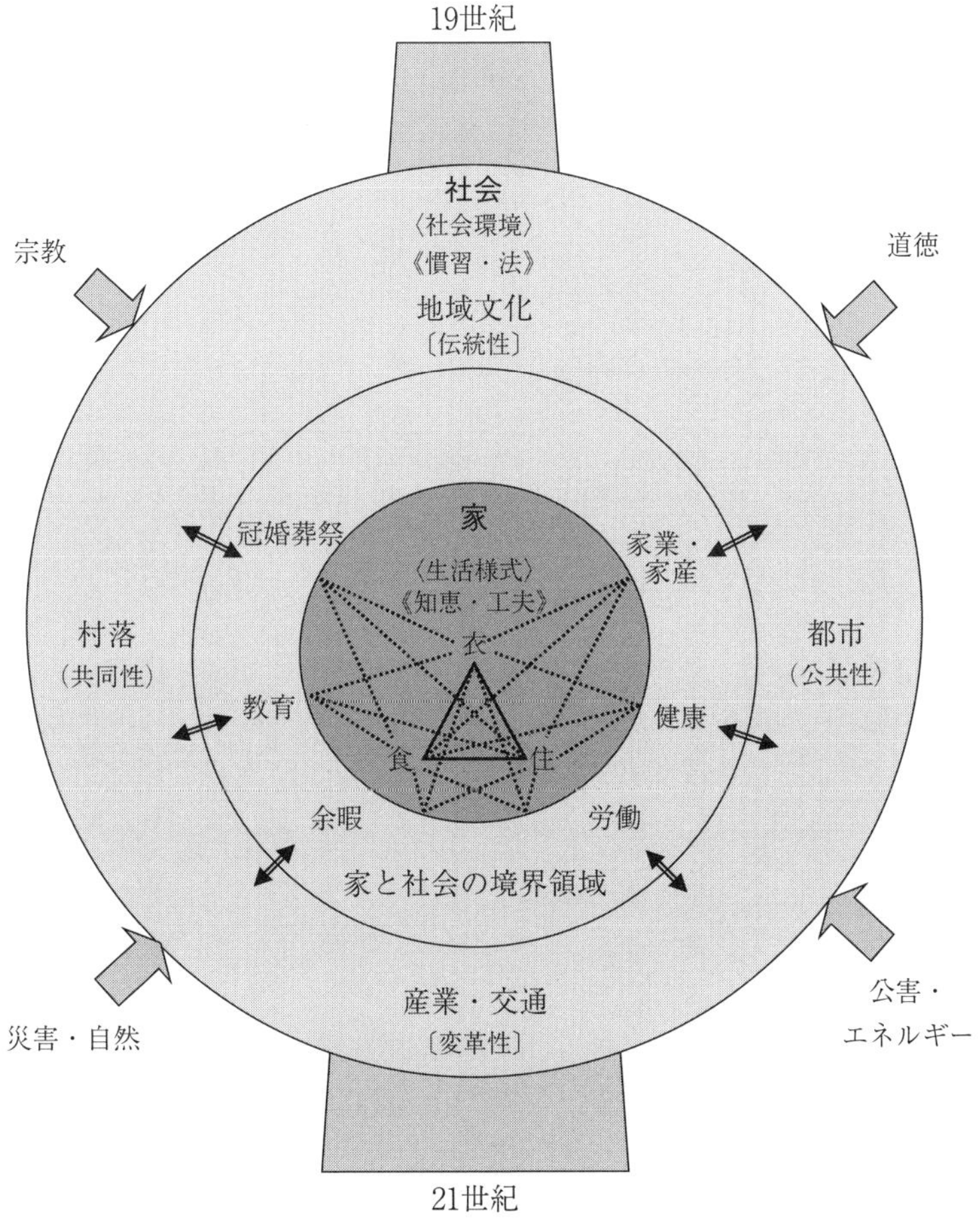

図　20世紀生活世界の概念図
（出所）中西聡原案，西澤泰彦氏作図の図案をもとに作成（序章注(52)を参照）.

一章で文明開化による舶来品流入の状況を概観する。その場合、階層間・地域間の差異を念頭に置いて、都市部と農村部、地方資産家層と自作農層の比較を行う。第二~四章は、詳細な家計史料が残されている地方資産家を事例として、文明開化がその家の消費生活に与えた影響について論ずる。第二章が愛知県の醸造産地に居住した盛田家、第三章が富山県の農漁村に居住した宮林家、第四章が大阪府の湊町に居住した廣海家を取り上げる。

第Ⅱ部は、一九一〇~二〇年代に進展した都市化とそれと並行して生じた大都市での百貨店の誕生が人々の消費生活に与えた影響を論じ、第五章で百貨店の成立と人々の消費需要との関連を検討する。研究史整理でふれたように百貨店は、顧客の需要動向よりも経営的視点から自ら高級な百貨店文化を作り上げる目的で成立したが、第一次世界大戦期の廉価販売への強烈な需要動向により引っ張られるように大衆化が進んだ。その意味では、消費動向が市場の質を変容させる大きな要因になったのである。第六~八章は、詳細な家計史料が残されている地方資産家を事例として、都市化がその家の消費生活に与えた影響について論ずる。第六章が愛知県の町場に居住した小栗家、第七章が奈良県の山村に居住した永田家、第八章が畿内都市部に居住した阿部家を取り上げる。

このように、本書は地方資産家の事例としては、主に六家を取り上げるが、それらに職種の関連をもたせることで、職種間の差異も検討し得るようにした。すなわち、盛田家と小栗家はいずれも愛知県の醸造家で、宮林家と永田家はそれぞれ農業と林業の第一次産業に深く関連し、廣海家と阿部家がいずれも商家である。その点で、近代日本の地方資産家の代表的な業種である、醸造業・土地経営・商業について本書の事例研究で比較し得る。ただし、それらのなかでの相違にも留意する必要があり、盛田家は純粋な醸造資産家であったのに対し、小栗家は肥料商としても日本最大級の規模であり、商業資産家の性格も合わせもっていた。また、宮林家が所有耕地の大部分を貸していたのに対し、永田家は自ら林業経営を行っていた。さらに、廣海家は、家業の肥料商業の収益は安定せず、有価証券収入が主な収益源となっていたのに対し、阿部家は呉服・麻布商として大規模に商業活動を行い、商業収益もかなり多かった。肥料商として廣海家と小栗家が比較し得ると同時に、商業のなかでの肥料商と織物商の比較を廣海家と阿部家で行うことが可能となる。

そして終章では、階層間・地域間・職種間の比較を含めて近代日本の消費生活の全体像を見通す。その際、研究史との関連で以下の諸点にも着目する。①文明開化が消費生活に与えた影響を、財・サービスの使用価値の側面から検討する。②百貨店が消費生活に与えた影響を、衣料品購入や消費サービスの視点からみる。③地域差が消費生活に与えた影響を、衣食住生活、生活インフラ（水道・ガス・電気など）、教育や家族の健康維持の視点から考える。④宗教と消費生活との関係を、慶弔行事や寄付活動を通してみる。⑤地域社会と消費生活との関係を、贈答文化を通して考察する。⑥所得格差が消費生活のどの局面でより強く現れたかを検討する。

注

（1）イギリス産業革命期の生活水準論争については、松村高夫「イギリス産業革命期の生活水準」（『三田学会雑誌』六三―一二、一九七〇年）、同「イギリス産業革命期における生活水準論争再訪（上・下）」（『三田学会雑誌』八二―二・八三―一、一九八九・九〇年）を参照。
（2）この点については、斎藤修「経済発展は mortality 低下をもたらしたか？」（『経済研究』四〇―四、一九八九年）を参照。
（3）小林良正『日本産業の構成―その形成＝発展過程の分析―』（白揚社、一九三五年）、中村隆英『戦前期日本経済成長の分析』（岩波書店、一九七一年）、正田健一郎『日本資本主義と近代化』（日本評論社、一九七一年）を参照。
（4）石井寛治『資本主義日本の地域構造』（東京大学出版会、二〇一八年）第三章、鬼頭宏「生活水準」（西川俊作・尾高煌之助・斎藤修編著『日本経済の二〇〇年』日本評論社、一九九六年）などを参照。
（5）斎藤修『賃金と労働と生活水準―日本経済史における一八―二〇世紀―』（岩波書店、一九九八年）。

(6) 米田昇平『経済学の起源―フランス 欲望の経済思想―』(京都大学学術出版会、二〇一六年)。
(7) T・ヴェブレン(小原敬士訳)『有閑階級の理論』(岩波書店、一九六一年、原著一八九九年)、J・K・ガルブレイス(鈴木哲太郎訳)『ゆたかな社会 決定版』(岩波書店、二〇〇六年、原著一九五八年)。
(8) G・カトーナ(南博監修、社会行動研究所訳)『大衆消費社会』(ダイヤモンド社、一九六六年、原著一九六四年)。
(9) 馬場宏二『新資本主義論―視角転換の経済学―』(名古屋大学出版会、一九九七年)。
(10) マックス・ヴェーバー(大塚久雄訳)『プロテスタンティズムの倫理と資本主義の精神』(岩波書店、一九八九年、原著一九二〇年)。
(11) R・N・ベラー(堀一郎・池田昭訳)『日本近代化と宗教倫理』(未来社、一九六六年、原著一九五七年)、芹川博通『日本の近代化と宗教倫理―近世近江商人論―』(多賀出版、一九九七年)。
(12) 安丸良夫『日本の近代化と民衆思想』(青木書店、一九七四年)。
(13) B・マリノフスキ(増田義郎訳)『西太平洋の遠洋航海者』(中央公論社、一九八〇年、原著一九二二年)、M・モース(吉田禎吾・江川純一訳)『贈与論』(筑摩書房、二〇〇九年、原著一九二五年)。
(14) カール・ポラニー(野口建彦・栖原学訳)『大転換』(東洋経済新報社、二〇〇九年、原著一九五七年)。
(15) M・サーリンズ/E・サーヴィス(山田隆治訳)『進化と文化』(新泉社、一九七六年、原著一九六〇年)。
(16) 有賀喜左衛門「不幸音信帳から見た村の生活」(『有賀喜左衛門著作集 五』未来社、一九六八年、初出一九三四年)、柳田國男編『山村生活の研究』(民間伝承の会、一九三七年)。
(17) ハルミ・ベフ「文化的概念としての『贈答』の考察」、端信行「経済社会と宗教」(いずれも伊藤幹治・栗田靖之編著『日本人の贈答』ミネルヴァ書房、一九八四年に所収)。
(18) 伊藤幹治『贈与交換の人類学』(筑摩書房、一九九五年)。近年の日本の贈答文化に関する研究として、近世について森田登代子『近世商家の儀礼と贈答』(岩田書院、二〇〇一年)が、贈答文化における衣裳の重要性を示し、近現代について山口睦『贈答の近代―人類学からみた贈与交換と日本社会―』(東北大学出版会、二〇一二年)が、私的贈与における伝統的贈与から個人的贈与への転換と公的贈与における公共的贈与と国民的贈与の関係性を論じた。
(19) 網野善彦『日本中世の百姓と職能民』(平凡社、一九九八年)、桜井英治『交換・権力・文化―ひとつの日本中世社会論―』(みすず書房、二〇一七年）。なお神への贈与の義務については、モーリス・ゴドリエ（山内昶訳）『贈与の謎』（法政大学出版局、二〇〇〇年、原著一九九六年）を参照。

（20）川勝平太『日本文明と近代西洋―「鎖国」再考―』（日本放送出版協会、一九九一年）。

（21）中西聡「文明開化と民衆生活」（石井寛治・原朗・武田晴人編『日本経済史一　幕末維新期』東京大学出版会、二〇〇〇年）。

（22）アンドルー・ゴードン（大島かおり訳）『ミシンと日本の近代―消費者の創出―』（みすず書房、二〇一三年、原著二〇一二年）。

（23）山口由等『近代日本の都市化と経済の歴史』（東京経済情報出版、二〇一四年）。

（24）尾関学『戦前期農村の消費―概念と構造―』（御茶の水書房、二〇一五年）。

（25）木下光生『貧困と自己責任の近世日本史』（人文書院、二〇一七年）。

（26）山本武利・西沢保編『百貨店の文化史―日本の消費革命―』（世界思想社、一九九九年）。近年では、神野由紀『百貨店で〈趣味〉を買う―大衆消費文化の近代―』（吉川弘文館、二〇一五年）が百貨店と消費文化の関連を論じている。

（27）田村均『ファッションの社会経済史―在来織物業の技術革新と流行市場―』（日本経済評論社、二〇〇四年）。

（28）新谷尚紀・関沢まゆみ編「高度経済成長と生活変化」（『国立歴史民俗博物館研究報告』一七一、二〇一一年）。安田常雄編『シリーズ戦後日本社会の歴史2　社会を消費する人びと―大衆消費社会の編成と変容―』（岩波書店、二〇一三年）などもある。

（29）原山浩介『消費者の戦後史―闇市から主婦の時代へ―』（日本経済評論社、二〇一一年）。「消費者」が進めた運動として、新生活運動を論じた大門正克編著『新生活運動と日本の戦後―敗戦から一九七〇年代―』（日本経済評論社、二〇一二年）もある。

（30）Penelope Francks, *The Japanese Consumer: An Alternative Economic History of Modern Japan*, Cambridge University Press, 2009. 田村正紀『消費者の歴史―江戸から現代まで―』（千倉書房、二〇一一年）、Penelope Francks and Janet Hunter eds. *The Historical Consumer: Consumption and Everyday Life in Japan, 1850-2000*, Palgrave Macmillan, 2012. 後に日本語版として、ペネロピ・フランクス／ジャネット・ハンター編（中村尚史・谷本雅之監訳）『歴史のなかの消費者―日本における消費と暮らし　一八五〇―二〇〇〇―』（法政大学出版局、二〇一六年）。

（31）満薗勇『日本型大衆消費社会への胎動―戦前期日本の通信販売と月賦販売―』（東京大学出版会、二〇一四年）。

（32）寺西重郎『歴史としての大衆消費社会―高度経済成長とは何だったのか？―』（慶應義塾大学出版会、二〇一七年）。

（33）寺西重郎『経済行動と宗教―日本経済システムの誕生―』（勁草書房、二〇一四年）。

(34) 二谷智子「家業の継承と地域社会への貢献」(中西聡・井奥成彦編著『近代日本の地方事業家―萬三商店小栗家と地域の工業化―』日本経済評論社、二〇一五年)。
(35) 前掲注(31)満薗書、第Ⅱ部を参照。
(36) 井奥成彦・鎮目雅人「近代日本の庶民金融」(『社会経済史学』八〇―三、二〇一四年)とそれに続く小特集を参照。
(37) 小島庸平「都市家計におけるリスク対応と資金貸借」(加瀬和俊編『戦間期日本の家計消費―世帯の対応とその限界―』東京大学社会科学研究所、二〇一五年)。
(38) 柳田國男編著『明治大正史四 世相篇』(朝日新聞社、一九三一年)。
(39) 戸谷敏之『近世農業経営史論』(日本評論社、一九四九年)、財団法人開国百年記念文化事業会編『明治文化史12 生活』(洋々社、一九五五年、新装版原書房、一九七九年)。
(40)『自作農農家々計に関する諸記録』(財団法人農政調査会、一九五五年)、大場正巳『農家経営の史的分析―明治初期以降農地改革にかけての東北一農家経営の展開構造―』(農業総合研究所、一九六〇年)。
(41) 鹿股壽美江『明治後期における農家生活の実証的研究』(中央公論事業出版、一九六六年)、高井進『明治期農民生活の地域的研究』(雄山閣出版、一九七八年)、中村吉治編『村落構造の史的分析―岩手県煙山村―』(日本評論新社、一九五六年)、鹿股壽美江『大地主の成立過程とその生活』(古今書院、一九七〇年)。
(42) 西田美昭・久保安夫編著『西山光一日記 一九二五―一九五〇年―新潟県一小作農の記録―』(東京大学出版会、一九九一年)、中西僚太郎『近代日本における農村生活の構造』(古今書院、二〇〇三年)。
(43) 村上信彦『明治女性史 上巻 文明開化』(理論社、一九六八年)一七三〜一七五頁、小木新造『東京庶民生活史研究』(日本放送出版協会、一九七九年)三頁。
(44) 芳賀登『明治国家と民衆』(雄山閣出版、一九七四年)、同『日本生活文化史序論―歴史学を人々に―』(つくばね舎、一九九四年)。
(45)『農家経済調査簿』(DVD資料、不二出版)、『郡是・町村是資料集成』(マイクロフィルム資料、丸善雄松堂)。
(46) 多田吉三『日本家計研究史―わが国における家計調査の成立過程に関する研究―』(晃洋書房、一九八九年)、前掲注(37)加瀬編書。また御船美智子・財団法人家計経済研究所編『家計研究へのアプローチ―家計調査の理論と方法―』(ミネルヴァ書房、二〇〇七年）が、家計分析の方法について論じている。

（47）神立春樹『明治期の庶民生活の諸相』（御茶の水書房、一九九九年）。行商人や都市近郊の農家の生活について、近年、西村卓『近代日本の庶民史─ふつうの人々の暮らしと人生を紡ぐ─』（有斐閣、二〇一八年）が著された。

（48）中部家庭経営学研究会編『明治期家庭生活の研究』（ドメス出版、一九七二年）。生活文化論については、寺出浩司『生活文化論への招待』（弘文堂、一九九四年）を参照。

（49）馬場紀子・宮本みち子・御船美智子『生活経済論』（有斐閣、二〇〇二年）、御船美智子編『消費者科学入門』（光生館、二〇〇六年）。

（50）中村隆英編『家計簿からみた近代日本生活史』（東京大学出版会、一九九三年）。

（51）前掲注（48）中部家庭経営学研究会編書。

（52）この図案は、中西聡を研究代表者とする平成一八～二一年度日本学術振興会科学研究費補助金基盤研究（B）「近現代日本の生活様式と社会環境からみた都市と農村の比較研究」のなかで、中西聡が原案を作成し研究分担者の西澤泰彦氏（名古屋大学）が作図したものをもとに、本書執筆にあたり中西聡と二谷智子が修正を加えたものである。著名な哲学者のフッサールは、思想的構築物としての客観的世界に対して、明証性の領域である日常の〈生活世界〉に立ち帰ることが、本当の真理を得るために重要であるとしている（エドムント・フッサール〈細谷恒夫・木田元訳〉『ヨーロッパ諸学の危機と超越論的現象学』中央公論社、一九七四年）。そして阿部謹也は、日本で概念として捉えられている「世間」が、生活世界にあたるとして、生活現場からの発想に立った学問の再構築を説いている（阿部謹也『学問と「世間」』岩波書店、二〇〇一年）。

第Ⅰ部　文明開化と生活世界の近代化

第Ⅰ部のねらい

第Ⅰ部は、一八六〇〜一九〇〇年代の家計史料が充実していた三家を、文明開化の浸透の全体像を示した第一章と組み合わせて四章立てで構成し、「文明開化」によって人々の生活に流入した舶来品がその生活世界にどのような影響を与えたか、あるいは与えなかったかを主要な論点とした。むろん最初は輸入された舶来品も、国内では模倣に始まり次第に生産されるに至り、舶来起源の国産品も舶来品に類似した品物として購入されるようになったが、こうした財・サービスの視点から生活世界を捉え直すことが第Ⅰ部の主題となる。

舶来品流入の概要を検討した第一章では、有力資産家の舶来品購入と自作農層の舶来品購入の階層間の差異を主な論点とする。むろん有力資産家が自作農層より購買力に余裕があり、単価の高いもので資産家層でしか購入がみられなかったものがあるが、逆に単価が安いにもかかわらず、資産家層は支出し、自作農層は支出しなかったものがあり、そこに財・サービスの用途の視点を入れて、購買力に見合った舶来品購入が必ずしも行われたわけではないことを主張した。この点は、序章の研究史整理でふれた消費市場論的視角と消費文化論的視角をつなぐ論点となるであろう。

第二章の主な論点は「地産地消」である。日本の臨海部では動物の肉食の習慣は前近代まであまりなかったが、近代に入り舶来起源の養鶏業が定着した愛知県知多半島では、地元資産家の盛田家が率先して地元産の鶏肉と鶏卵を食することで、地場産業を振興させる役割を果たした。盛田家が酒・味噌・醤油醸造を営み、醸造産地かつ養鶏産地となった地域で、味噌・鶏肉・鶏卵を組み合わせた食文化が形成され、今日まで続いている。株式投資や会社設立によらない消費面での地方資産家の地域社会への貢献をここでは取り上げた。

第三章の主な論点は「贈答文化」である。文明開化の最初の流入地であった開港場から遠く離れた富山県に居住する宮林家は、旅行や贈答を利用して文明開化にふれた。例えば、一八八一（明治一四）年の宮林家の東京・大阪・京都への旅行では多額の舶来品購入や西洋料理への支出が行われ、宮林家が東京の旧主君の前田家や有栖川宮家と定期的に行った贈答行為を通して、同家は東京の産物にふれることができた。そうした舶来品を宮林家が地域の縁故者や住民に配ることで、わずかながら地域社会も舶来文化にふれることができた。それは地域社会の危機の際にも機能しており、一八七九年のコレラ流行の際に、宮林家は独自のルートで輸入消毒薬を入手して地域住民に配布した。

第四章の主な論点は、近代的輸送インフラが十分に整備されていない段階で、舶来品普及の跛行性を地方資産家がどのように克服したかである。大阪府南部に居住した廣海家は、居住地への鉄道開通以前から、店員を大阪へ出張させては舶来品を大阪で購入させていた。大都市近郊に位置したことで、居住地に舶来品商が存在しなくとも、大都市での買物を頻繁に行うことで舶来文化を享受し得た。品物ばかりでなく、医療サービスにおいても、重篤な患者が出た場合は、近代的医療技術を得た医師を大都市から招いて舶来技術のサービスを受けることができた。もっとも大阪での買物も大阪から医師を招くのも、交通費がかなりかかり、所得階層間の格差が大きかった。

第一～四章の分析を通して、一九〇〇年代までは、まだ舶来品や舶来技術の普及に地域的差異が大きく、また農民層が生業スタイルとして舶来品消費に合わないこともあり、舶来品普及の地域間・階層間の格差が大きかったことを示した。もっとも、資産家層でも消費生活において、伝統的な生活スタイルを好んで選んだ側面もあり、資産家層が舶来的な生活世界へ一面的に移行したわけではなかったことも指摘しておきたい。

第一章　舶来品流入と消費生活

はじめに

本章では、幕末・維新期日本の文明開化が人びとの生活に与えた影響を舶来品流入の視点から検討する。文明開化は、これまで制度（政策）・思想・民衆運動等の側面から主に論じられてきたが、本書では生活者の経済活動である財・サービスの消費活動を、財・サービスの消費動向を数量的に把握できる統計資料や一次史料を利用しつつ検討する。

「文明開化」とは、福澤諭吉が一八六六（慶応二）年に定着させた歴史的用語であり、西洋文明の導入により幕末・維新期の日本に生じた急激な社会変化を表現する用語と考えられ、(1)岩波書店刊行の日本歴史講座シリーズで頻繁にテーマとして取り上げられてきた。最初のシリーズでは大久保利謙「文明開化」が、文明開化期を廃藩置県から一八八一（明治一四）年頃までとして、近代初頭の文明開化政策が自由民権運動に直面することで開化的政策から保守主義的政策へと変化していったとした。(2)その次のシリーズではひろたまさき「啓蒙思想と文明開化」が、啓蒙思想と天皇思想にのっとった政府の文明開化政策に対し、豪農層は受容したものの底辺民衆はこれに反発したことを示し、文明開化政策には、奈落（賤民）と辺境（アイヌ・琉球民衆）を明治国家に包摂する意味があったとした。(3)ひろたは別のシリーズでも民衆の思想形成に着目して文明開化を論じ、民衆の反発の対象が開化政策から天皇制政府、そして欧米文明へと拡大したなかで、民権思想は啓蒙主義から跳躍するに至ったが、それを運動として実践する場合の組織論が未成熟であったため、民権運動は民権派と企業派に分裂して敗北してしまったとした。(4)その次のシリーズでは、牧原憲夫「文明開化論」が、文明開化の目標は「文明国の国民にして天皇の臣民」を作り上げるという重層性をもち、実際には開化の推進役になった府県庁や地域指導者層と、旧来の生活スタイルを保持しようとする一般民衆とのせめぎあいがみられたとした。(5)

このように文明開化には、政府の政策や思想およびそれへの民衆の対応など多様な側面が含まれ、それを反映して文明開化に関する大規模な共同研究も行われた。例えば、林屋辰三郎らは、「時」「場」「形」の三部構成で文明開化の全体像へのアプローチを図り、一八六八～九〇年を文明開化期とみて、その中で生じた開化の動きと伝統主義者の対応や禁圧・選別・秩序化の過程を検討した。(6)また飛鳥井雅道らは、日本の「政治文化」が明治維新を契機にいかに変容したかを検討し、そのなかで飛鳥井は、民権運動によって初めて人民は、天皇制政府がもくろんだ「臣民」に止まらず、民党を圧倒的多数派として選出する能力をもつ「国民」にまで成長し得たと結論付けた。(7)飛鳥井は別の著書で、文明開化期を慶応期（一八六五～六八年）から内閣制度が成立した一八八五年までとし、「復古」と「開化」が交錯した明治維新のなかで、民権運動の内に国民国家への参加要求という「開化」が強く主張されたため、政府は妥協せざるを得なくなり「復古」は終焉したとした。(8)

こうして文明開化の研究対象は、政策や民衆思想から民衆生活へと広がったが、こうした民衆生活に関する実証研究として、まず『明治文化史12　生活』（編集委員渋沢敬三）が挙げられる。そこでは日本人の生き方を、日常の消費生活のなかに辿ることが意図され、「第六章　家庭生活」で、各地の有力農家四家の明治期（一八六八～一九一二年）の家計帳簿が検討された。そして明治期は優れた異種文化の急激かつ極端な模倣摂取が行われたので、これが国民の下層に浸透しない間に上層が飛躍し、武家時代と違った意味で上層と下層が切り離され、そのギャップが第一次世界大戦後の農民運動勃発の契機になったと結ばれた(9)。また村上信彦は、明治期の服の主流は和服で、一般庶民の食事は魚と野菜からなり江戸時代と変わらず、「文化的な生活があった」ことと「東京の生活が文化的だった」ことは違うとして、文明開化の影響を部分的なものとした(10)。同様に芳賀登も、都市での市民生活が和洋二重生活であったこと、文明開化の地方浸透は、豪農中心の底の浅い文化受容であり、文明開化が村落構造までも構造変革したとはいえないことなどを指摘し、文明開化の影響を消極的に評価した(11)。

以上のようにこれまでの文明開化研究では、明治政府の文明開化政策には「復古」と「開化」という本来なら対立する二つの概念軸が含まれ、そうした上からの文明開化に対して、民権運動がよりラディカルに「開化」を求めたため、「復古」が後景に退き、政策としての文明開化は終焉したが、民衆レベルでの「開化」の過程はその後も進行したことと、とはいえ文明開化による民衆の生活様式の変化は当初は部分的なものに止まり、都市ですら西洋文化の受容は一般的でなく、農村では階層間の差が大きかったことが指摘された。

このような文明開化研究の成果を踏まえると、文明開化が消費文化に与えた影響を論ずるには、都市と農村などの地域間の差異および各地域内での階層間の差異の内実を解明することが重要となる。そこで本章では、まず文明開化に伴う消費文化の変化を端的に表現すると考えられる舶来品（本書の舶来品は幕末開港以降主に西洋から輸入された舶来品および西洋からの舶来起源の国産品を示す）普及の動向の全体像を押さえ、そのうえで都市近郊地域の神奈川県と農村地域の東北地方を取り上げ、それぞれの地域の有力資産家であった富沢・原家と高橋・大西家の消費生活を比較するとともに、自作農の消費生活の事例を複数示して、資産家層との階層間の差異を考察する。

表1　江戸(東京)・大坂(大阪)・京都人口の推移　(単位:人)

年	江戸(東京)	大坂(大阪)	京都	三都計(a)	全国計(b)	a/b(%)
1721(享保6)年	501,394	382,471	4)341,494	約123万	26,065,425	約4.7
1750(寛延3)年	509,708	3)404,146	526,225	約144万	25,917,830	約5.6
1756(宝暦6)年	505,858	409,984	5)474,049	約139万	26,070,712	約5.3
1792(寛政4)年	481,669	376,009			24,891,441	
1822(文政5)年	520,793	377,029			26,602,110	
1846(弘化3)年	1)557,698	337,842			26,907,625	
1861(文久元)年	557,373	308,192				
1868(明治元)年	2)528,463	381,306				
1873(明治6)年	595,904	271,992	238,663	1,106,559	33,300,675	3.3
1879年1月本籍	671,335	291,565	254,694	1,217,594	35,768,584	3.4
1884年1月本籍	714,084	298,214	242,040	1,254,338	37,451,764	3.3
1884年1月現住	902,837	353,970	255,403	1,512,210	37,617,915	4.0
1887年12月現住	1,249,966	432,005	264,559	1,946,530	39,510,146	4.9
1891年12月現住	1,230,894	487,588	297,527	2,016,009	41,268,732	4.9
1895年12月本籍	861,373	338,218	274,584	1,474,175	42,269,301	3.5
1895年12月現住	1,354,503	493,400	340,101	2,188,004	43,048,226	5.1

(出所)本庄栄治郎著作集第5集『日本社会史・日本人口史』(清文堂出版, 1972年)426-435頁, 内務省・内務統計局編『国勢調査以前日本人口統計集成 第1~4巻, 別巻1・4』(原書房, 1992・93年)より作成.

(注)江戸は町方人口, 大坂は三郷人口, 1879年以降はいずれも区部(市部)人口. 1873年の全国計は1月現在の本籍人口を示した. 1)1845年時点, 2)1867年9月時点, 3)1749年時点, 4)1719年時点, 5)1753年時点.

一　船来品普及の概観

1　近代都市と船来品の普及

まず初めに、近代都市の状況を確認するため近代前期の都市人口を検討する。表1をみよう。近世日本では、三都と呼ばれる巨大都市（江戸・大坂・京都）が存在し、それら三都の人口は一八世紀には全国人口の五％前後を占めた。一九世紀に入ると大坂・京都の人口減少により、一八七三（明治六）年の三大都市人口が全国人口に占める比率は約三％強に低下した。その後京都の人口は微増に止まったが、大阪の人口は再び増加に転じ、東京は近代に入ると急速に現住人口が増加し、大阪・京都とは隔絶した巨大都市となった。その結果三大都市の現住人口が全国人口に占める比率は一八九〇年代には約五％を占め、一八世紀とほぼ同様の人口集中を再び示した。特に、東京への人口集中が進み、一八世紀には全国人口の約二%であったのが、一八九〇年代には約三%に上昇した。一方、地方都市人口の推移は、開港場のある都市とそれ以外の地方都市で明確な差異がみられた。表2をみよう。一八九五年時点で現住人口五万人以上の市（函館は区）は三大都市を除いて全国で一六あり、そのうち開港場のある市（区）が五つで残りはいずれも近世来の城下町であった。開港場のある都市の人口はいずれも増加し、特に横浜・神戸の現住人口はほぼ同じペースで顕著に増加した。近世来の城下町では、名古屋の人口はかなり増加したが、概して停滞的であり、近世来の大藩の城下町で一八八〇年代には地方都市のなかでも人口の多かった金沢や和歌山は、その後人口減少に向かった。その結果、開港場五市（区）の現住人口が日本全国の人口に占める比率は、一八八四～九五年に〇・六七%から一・二一%に増大したが、近世来の城下町一一市のそれは、一八八四～九五年に一・八五%から二・〇九%とあまり変わらなかった。

次に、東京・大阪・開港場などでの舶来品普及の開始時期を確認する。幕末・維新期に起源をもつ様々な事物については、第二次世界大戦前から石井研堂『明治事物起源』などによりまとめられてきたが、表3でその主要な事物を衣食住別に一覧した。なお舶来品普及には明治天皇も一定の役割を果たし、一八七二年一月に明治天皇が初めて牛肉を食したとされ、同年夏には天皇着用の洋服のボタンなどがフランスより到着したことが知られ、同年一一月の太政官布告で大礼服・通常礼服として洋服の採用が決められた[12]。また、一八七三年七月に天皇は青山の開拓使官園に行幸して「アイスクリーム氷」を試食し、七七年には西南戦争の傷兵を見舞ってパンや葡萄酒を下賜した[13]。この

（単位：人）

12月現住
170,252
161,130
50,480
72,301
68,594
522,757
215,083
88,877
94,944
60,817
57,542
82,420
58,327
55,197
60,762
69,828
53,800
897,597
43,048,226
1.21
2.09

を遡及して示し
総人口で都市以

表２　地方都市人口の推移

都市	1879年	1884年		1887年	1891年	1895年
	1月本籍	1月本籍	1月現住	12月現住	12月現住	12月本籍
横浜	46,187	54,479	70,019	115,012	132,627	73,859
神戸	44,368	54,421	63,179	103,969	142,965	109,784
新潟	36,591	38,683	41,454	44,470	47,201	49,333
長崎	32,815	33,073	39,016	40,187	60,581	39,974
函館	22,088	26,908	38,417	46,794	57,943	41,676
小計(a)	182,049	207,564	252,085	350,432	441,317	314,626
名古屋	111,783	121,193	126,898	149,756	179,174	150,555
金沢	107,876	106,659	104,320	96,639	93,531	97,709
広島	76,589	75,791	77,344	84,094	90,154	88,123
徳島		60,475	60,541	59,857	59,969	59,863
和歌山	62,080	56,973	55,574	56,495	55,668	56,833
仙台	55,035	55,334	55,321	71,517	64,476	66,526
富山	[1]43,034	50,484	50,417	51,914	59,090	59,618
鹿児島		49,360	47,583	49,858	56,157	54,909
福岡	45,480	45,940	46,506	50,442	54,855	50,429
熊本	45,032	41,098	41,317	47,602	56,618	45,845
岡山	33,028	30,007	31,789	41,967	47,002	34,202
小計(b)		693,314	697,610	760,141	816,694	764,612
総計(c)	35,768,584	37,451,764	37,617,915	39,510,146	41,268,732	42,269,301
a/c(%)	0.51	0.55	0.67	0.89	1.07	0.74
b/c(%)		1.85	1.85	1.92	1.98	1.81

(出所)前掲『国勢調査以前日本人口統計集成　第1~4巻,別巻4』より作成.
(注)1895年末時点で現住人口5万人以上の市(函館は区)を選び,その市(区)域に相当する地域の人口
た.(a)は開港場都市人口の小計,(b)は開港場都市以外で表に示した都市人口の小計,(c)は全国
外の地域の人口も含む.1)1881年1月1日時点(明治13年度『石川県統計表』より).

ような天皇の行動は、同時に新聞・雑誌などで報道され、人々に舶来品への関心をもたせる宣伝効果があったと思われ、西洋の文明を移入・定着させようとした明治政府の文明開化政策に一定の役割を果たした。ただし当時の新聞・雑誌などの発行部数を考慮すると[14]、東京・横浜・大阪・神戸はともかくそれ以外の地方(都市部を含む)への宣伝効果には再検討の余地がある。東京・大阪の新聞の地方への普及をみると、東京の代表的新聞であった『東京日日』『朝野』『郵便報知』

表3　明治事物起源一覧

種類	開始年(場所)	普及時期(年)
[衣の部]		
洋服着用	1861	1872以降
帽子着用	1867	1871以降
蝙蝠傘使用	1867	1873以降
シャツ着用	1867	1878以降
襟巻着用		1873以降
ショール着用		1878以降
靴製造	1870(東京)	1890年代
鞄製造	1874(東京)	1880年代
タオル製造	1880(東京)	1890年代
[食の部]		
パン製造	1860(横浜)	1880年代
牛鍋屋開店	1862(横浜)	1880年代
西洋料理店開店	1863(長崎), 1867(東京), 1869(横浜・函館)	
牛乳搾乳	1866(横浜)	1881以降
氷水屋開店	1869(横浜)	1877以降
アイスクリーム製造	1869(横浜)	1886以降
葡萄酒製造	1870(甲府)	1910年代
玉ねぎ栽培	1871(北海道)	1900年代
ハム製造	1872(長崎)	1882以降
ラムネ製造	1872(東京)	1886以降
ビール製造	1872(大阪)	1887以降
トマト栽培	1872(東京)	1920年代後半以降
缶詰製造	1874(千葉県)	1880年代
馬鈴薯製造	1874(北海道)	1885以降
紙巻煙草製造	1874(東京)	1894以降
キャベツ栽培	1874(東京)	1900年代
ビスケット製造	1875(東京)	1894以降
チョコレート製造	1878(東京)	1918以降
天然炭酸水販売	1880(東京)	1904以降
[住の部]		
ガス灯使用	1872(横浜)	1880年代
ランプ製造	1872頃(東京)	1890年代
石鹸製造	1873(横浜)	1880年代
ストーブ製造	1873(東京)	
マッチ製造	1875(大阪)	1880以降
セメント製造	1875(東京)	1880年代
時計製造	1875(東京)	1890年代
水道設備	1885(横浜), 1888(函館), 1891(長崎) 1895(大阪), 1899(東京), 1900(神戸)	

(出所)大塚力編『食生活近代史』(雄山閣出版, 1969年), 朝倉治彦他編『事物起源辞典(衣食住編)』(東京堂出版, 1970年), 昭和女子大学食物学研究室『近代日本食物史』(近代文化研究所, 1971年), 加藤秀俊『明治・大正・昭和食生活世相史』(柴田書店, 1977年), 西東秋男『日本食生活史年表』(楽游書房, 1983年), 紀田順一郎『近代事物起源事典』(東京堂出版, 1992年), 湯本豪一『図説明治事物起源事典』(柏書房, 1996年), 石井研堂『明治事物起源』6・7・8(筑摩書房, 1997年), 小菅桂子『近代日本食文化年表』(雄山閣出版, 1997年)より作成.

(注)開始年には多種多様な説があるが, 日本人が行ったことが明確に判明する信頼性の高い年を記した. また普及のレベルも様々であるが, ここでは東京・大阪・開港場およびその近郊地域での普及時期を示した.

『読売』の一八八一年の合計発売部数約一二三八四万部のうち、約七二二万部が東京府内、約六五九万部が東京府外、約二万六〇〇〇部が外国で発売され[15]、大阪の代表的新聞であった『大阪朝日』の同年の発売部数約四一六万部のうち、約三三九万部が畿内で発売され、その他地域での発売は約七七万部に止まった[16]。表3をみると、舶来品の使用と同時にかなり多くの舶来品の国産化が幕末から一八七〇年代に開始され、文明開化の影響の大きさを示しているが、それらはいずれも東京・横浜にほぼ限られ、それ以外の地方への普及は遅れたと考えられる。

2　地方への舶来品の普及

本項では地方への舶来品の普及のあり方を考察するために、普及の様相を結果的に反映したと考えられる各地の舶来品関係を扱う小売商の分布を検討する。むろん全国各地を網羅的に検討する余地はないため、全国の府県を、①三大都市（東京・大阪・京都）を含む府、②表2で示した開港場都市を含む県、③表2で示した近世来の城下町（地方都市）を含む県、④三大都市を含む府の隣接県、⑤それ以外の地方県に分類し、それぞれのなかから一八八〇〜九〇年代前半に小売商の分布が詳しく判明する府県を選んで比較した。

三大都市を含む府

三大都市を含む府として東京府と大阪府を取り上げる。表4をみよう。東京府では舶来品を扱った小売商の分布は、区部（市部）と郡部で明らかな違いがあり、区部では一八八〇年代前半から舶来小間物・舶来織物・蝙蝠傘・靴などを扱う小売商がかなり多くみられたが、郡部では一八九〇年代に入ってもそれほど多くなく、獣肉・鳥肉・牛乳などもともと郡部で生産が可能で、西洋の食生活習慣が普及することで広まった肉食・牛乳飲食に関する小売商が一八九〇年代にある程度増加したに止まった。区部（市部）と郡部の現住人口比率は、一八八〇年代前半は区部が郡部の約三倍、八〇年代後半に区部が郡部の約四倍、九〇年代前半に多摩三郡の東京府編入により市部が郡部の約二倍となった。小売商数全体の比率もほぼそれに対応して一八八〇年代前半は区部が郡部の約四~五倍、八〇年代後半に区部が郡部の約六~七倍、九〇年代前半に市部が郡部の約三倍を示した。ところが文明開化と関連する商品を扱った小売商についてのみ集計すると、一八八〇~九〇年代前半まで区部（市部）が郡部の約一八~二六倍を示し、明らかに区部（市部）に偏っていた。郡部では一八九三（明治二六）年以降に、多摩三郡の東京府編入により文明開化と関連する商品を扱った小売商数が増大したため、前述の比率は、市部が郡部の一〇倍前後を示すまでに縮まったが、小売商の種類は限定的で、一八九六年時点でも西洋家具・缶詰・鞄・洋服・石鹸の小売商は郡部に一軒もなかった。一八八〇年代の東京では、区部の商人に洋物を卸す問屋が七~八軒、地方の小売商へ洋物を卸す問屋が一二軒ほどあり、北海道・東北・東海地方の小売商を得意先とした丸善唐物店（卸店）には、地方の商人が出向いてきて、シャツ・帽子・

（単位：軒，現住人口は千人）

1893年		1896年	
市部	郡部	市部	郡部
483	41	429	36
70	4	101	1
230	11	212	22
171	2	139	6
214	9	248	10
54	9	67	16
70	0	81	2
26	0	33	1
145	60	123	30
243	36	304	54
4)53	4)0	5)43	5)0
80	5	56	5
272	18	252	9
214	3	190	2
81	4	86	6
304	12	314	28
192	27	182	57
16	45	53	43
16	0	4	0
79	9	95	8
42	0	46	0
69	3	86	0
26	0	69	0
43,231	13,292	46,503	15,648
1,276	582	1,365	613

明開化に関連・非関連を問わず，すべて
を合わせて市とされたので，1890年以降
時点で示した．1893年以降は多摩3郡が
鏡商を含む，3）附木商を含む，4）西洋家

表4　東京府小売商の分布

種類	1881年		1884年		1887年		1890年	
	区部	郡部	区部	郡部	区部	郡部	市部	郡部
舶来小間物	303	14	254	12	425	2	438	15
舶来織物	192	6	56	2	58	0	67	1
蝙蝠傘	183	4	197	8	244	5	234	6
靴	101	3	111	4	252	9	238	18
時計	95	3	130	1	[1)]213	[1)]5	178	8
ブリキ	62	3	120	6			89	9
眼鏡	46	1	48	3	[2)]289	[2)]2	69	0
写真	33	0	42	1	88	0	71	1
鳥肉	26	10	59	12	123	17	119	26
獣肉	23	2	116	9	223	16	210	12
椅子･卓	13	0	14	0	48	0	43	0
メリヤス	11	0	20	0	39	1	25	0
氷			318	26	144	8	83	10
硝子(器)			91	0			179	3
帽子			54	2	141	2	75	1
西洋酒					206	14	234	11
牛乳					135	21	208	28
マッチ					[3)]122	[3)]9	22	1
缶詰					33	0	47	0
新聞雑誌							108	2
鞄							50	0
洋服								
石鹼								
全小売商軒数	37,381	7,502	31,928	7,707	39,664	5,199	43,162	7,185
現住人口	876	288	999	301	1,234	318	1,207	324

(出所)明治14年度『東京府統計表』,明治17～29年度『東京府統計書』より作成.

(注)文明開化と関連する商品を扱っている小売商の軒数を示した.ただし全小売商軒数には,文の小売商を含めた(以下の各表とも同じ).1889年7月に東京市制が施行され,それまでの15区は市部と郡部に分けた.現住人口は各年の12月31日時点を示したが,1884年欄は85年1月1日神奈川県から東京府に移管されたため,郡部の現住人口が増大.1)寒暖計商を含む,2)硝子･具商を含む,5)西洋家具商として.

表５　大阪府内旧摂津・和泉国小売商の分布　（単位：軒，現住人口は千人）

種類	1882年				1883年			
	旧摂津国		旧和泉国		旧摂津国		旧和泉国	
	大阪4区	その他	堺区	その他	大阪4区	その他	堺区	その他
舶来小間物	651	40	0	0	344	35	不明	不明
硝子(器)	144	14	0	0	168	49	5	0
鳥獣肉	66	153	0	20	78	138	不明	36
写真	57	0	0	0				
ブリキ	53	0	0	0				
蝙蝠傘	45	7	1	0				
眼鏡	27	7	3	0				
牛乳	20	5	1	0				
メリヤス	17	0	0	0				
石鹸	15	0	0	0				
靴	14	27	0	0				
時計	5	0	5	0	29	0	不明	1
全小売商軒数	26,628	18,835	2,679	6,235	22,112	17,935	3,541	8,120
現住人口	332	312	43	191	340	307	44	193

(出所)明治15･16年度『大阪府統計書』より作成.
(注)文明開化と関連する商品を扱っている小売商の軒数を示した.現住人口は各年１月１日時点を示した.

靴下・鉛筆・インキ・靴・ハンケチ・石鹸・マッチ・時計・ランプ芯・葡萄酒などを仕入れた。一八九〇年代になると丸善唐物店は、自ら店員を北海道・東北方面へ派遣して、各地の洋物店への販路を拡大した(17)。

大阪府でも表5をみると、地域による違いがみられた。特に大阪府南部の旧和泉国地域は、区部の堺ですら舶来品を扱う小売商はほとんど存在せず、大阪四区とその後背地からなる旧摂津国地域とは舶来品普及に大きな差があった。旧摂津国地域でも現住人口が同程度なのに舶来品を扱う小売商は大阪四区に集中しており、郡部との差はあったが、郡部でも舶来小間物・硝子・靴を扱う小売商が一八八〇年代初頭にある程度みられ、東京府の郡部より舶来品の普及は早かった。一方、大阪四区と旧和泉国地域が鉄道で結ばれたのは、一八八八年に堺（阪堺鉄道開業）、九七年に佐野（南海鉄道開業）までで(18)、旧和泉国地域への舶来品の普及は九〇年代以降になったと考えられる。

開港場都市を含む県

開港場都市を含む県として神奈川県と長崎県を取り上げる。表6をみよう。横浜のあった神奈川県では、一八八〇年代後半～九〇年代に東京府の区部（市部）・郡部とそれぞれ比べて、現住人口の割には横浜市域・その他地域ともに舶来品を扱った小売商の数は多かった。特に横浜市域では各種小売商がバランスよく存在し、その他地域も現住人口一人当たりで比較すると横浜市域よりも少ないが、絶対数では横浜市域を上回り、東京府の郡部よりもかなり多くの舶来品を扱った小売商が存在した。例えば、一八九二年に神奈川県下で西洋小間物を扱った小売商二四三軒のうち、横浜市が一一五軒、横須賀のある三浦郡が六二軒、藤沢のある高座郡が一八軒、八王子のある南多摩郡が一五軒、国府津のある足柄下郡が一一軒であった[19]。神奈川県では、開港の影響で舶来品がまず横浜に急速に流入し、それらを扱う小売商が、一八九〇年代に新たに開通した鉄道沿線（一八八七年に藤沢や国府津まで開通、八九年に横須賀や八王子まで開通）で開業し[20]、全県的に舶来品が普及するに至った。

同じ開港場でも長崎では、表7の上段で示したように舶来品を扱う小売商はあまり多くなく、一八八〇年代後半に絶対数もそれほど増えなかった。長崎では横浜開港以降、ヨーロッパとの窓口の性格は弱まり、むしろ中国との貿易港（石炭輸出）としての性格が強まった[21]。そのことが長崎で西洋品を扱った小売商数の停滞に反映したと考えられる。また長崎県では、幕末以降、外国人による食肉需要の増大や明治政府の勧農牧畜政策を受けて、肉牛・乳牛の牧畜が発達し[22]、その他地域では鳥獣肉や牛乳を扱った小売商が多かった。

地方都市を含む県

旧城下町の地方都市を含む県として、仙台藩の城下町が県都となった宮城県と、富山藩の城下町が県都となった富山県を取り上げる。仙台は、一八八〇年代後半に一時現住人口が減少したものの、旧城下町の地方都市のなかでは、比較的順調に現住人口が増大した（表2）。その点は、表8の上段からも確認でき、仙台では一八八七年前後にはある程度舶来品を扱う小売商がみられた。しかし全体の小売商数は一八八六年と九七年であまり変わらず、むしろ八〇年代後半は減少傾向にあった。仙台では、近世期に御用織物として発展した絹織物業が、明治維新により藩の保護を失ったことと、県内の製糸業が輸出向け生糸生産に向かったために衰退し、かわりに勃興した綿織物業もそれほど発展しなかった[23]。郡部では、各地に点在する養蚕地帯に隣接して比較的規模の大きい製糸工場が作られ、それを梃子に農村の産業発展がみられ[24]、こうした状況を背景として宮城県では、舶来品を扱った小売商の数は、一八九〇年代に仙台よりも郡部の方が増大し、九〇年代後半には郡部でもある程度の舶来品の購買行動に対応できるに至った。

富山県では、一八八〇年代後半時点で、郡部はもちろん富山市街ですら舶来品を扱った小売商はほとんど存在せず、そのため表9では舶来品を扱った小売商のみでなくその他の小売商で主要なものも挙げたが、九〇年代でも舶来品を扱った商人は少なかったと考えられる。明治三一年版『日本全国商工人名録』富山県の部では、一八九八年時点で、富山・高岡市をあわせて明確に文明開化に関連する商家として、石油商一四軒、時計商五軒、硝子商五軒、洋服調進商四軒、洋反物商三軒、洋糸商三軒、洋服商二軒、新聞雑誌取次二軒、マッチ製造業一軒、洋酒商一軒、写真業一軒が挙げられたに止まった。

一八八〇年代後半の仙台と富山の違いには両者を取り巻く輸送網の近代化の度合いが大きな影響を与えたと考えら

現住人口は千人）

1897年	
横浜	その他
41	180
123	132
110	118
34	35
34	42
55	83
56	79
40	106
50	20
32	109
36	51
38	23
不明	54
32	33
30	35
41	19
11	1
9,619	34,914
188	671

区で，89年以降の
を示した．1893年
浜は，その他雑種
1888・97年の横浜

表6　神奈川県小売商の分布　（単位:軒,

種類	1885年		1888年		1891年		1894年	
	横浜	その他	横浜	その他	横浜	その他	横浜	その他
洋酒	50	17	34	65	23	236	25	205
西洋小間物	45	27	92	75	101	99	105	135
獣肉	39	23	48	78	1)9	124	93	108
時計	28	14	33	19	38	26	38	30
靴	26	5	29	27	50	28	48	35
蝙蝠傘	17	35	30	55	30	96	30	85
帽子	16	41	17	27	20	42	22	47
牛乳	16	8	20	50	不明	73	不明	75
写真	14	6	14	10	19	16	19	14
鳥肉	12	33	21	109	25	175	25	164
硝子玻璃器	11	5	12	15	25	34	25	52
椅子・机	9	8	8	13	35	16	35	34
氷	8	84	42	100	380	224	340	128
メリヤス	5	0	7	0	10	19	11	22
缶詰	2	4	4	5	5	5	5	16
眼鏡					10	14	9	12
鞄					7	1	7	1
全小売商軒数	6,897	18,026	8,915	34,362	7,370	39,119	8,037	32,234
現住人口	90	783	119	820	133	854	160	647

（出所）各年度『神奈川県統計書』より作成.

（注）文明開化と関連する商品を扱っている小売商の軒数を示した. 1888年までの横浜は横浜
横浜は横浜市. 現住人口は各年の12月31日時点を示したが, 1885年欄は86年1月1日時点
以降は多摩3郡が東京府に移管されたため, その他の人口が減少した. 1885・91・94年の横
小売商数が不明のため, 小売商合計数は実際よりも少ない数値が出ている. ちなみに,
でのその他雑種小売商数は, 1,391・1,226軒. 1）出所資料のまま記載.

れる。仙台は、東北産米を東京に積み出す際の陸上輸送の拠点として重要で、仙台に近接する寒風沢港には一八七〇年代に郵便汽船三菱会社の汽船の運航がみられ[25]、八七年には仙台—東京間に鉄道が開通した。富山は日本海沿岸にあり、定期汽船航路の整備が遅れ、関東・畿内との鉄道の開通も九九年と遅れた[26]。こうした東京・大阪とのアクセスの密度の相違が、仙台と富山への舶来品流入の違いをもたらす背景にあったといえる。東京商法会議所の舶来品流通の調査では、一八七八年七月〜七九年六月に東京から陸前国

表７　長崎・滋賀県小売商の分布　（単位：軒，現住人口は千人）

長崎県	1884年		1886年		1888年		1890年	
種類	長崎	その他	長崎	その他	長崎	その他	長崎	その他
舶来品	25	97	26	31	15	26	12	14
ブリキ細工物	18	0	23	2	21	9	21	8
鶏卵	13	16	16	15	3	29	7	63
鳥獣肉	12	32	14	142	36	95	34	149
硝子器	8	0	8	5	5	4	22	12
牛乳	6	23	6	40	0	46	19	53
石鹼	1	1	5	2	2	3	0	3
時計					13	0	5	1
全小売商軒数	2,457	9,556	2,682	10,811	2,415	12,232	3,136	15,105
現住人口	39	672	48	682	40	708	55	723
滋賀県	1883年		1884年		1886年		1888年	
種類	市街	その他	市街	その他	市街	その他	市街	その他
船来小間物	16	9	27	0			94	0
舶来反物	13	83			9	5	11	9
硝子	3	2	4	10			0	1
牛乳	3	0	6	0	0	6	1	3
牛馬肉	2	115	6	9	32	25	11	22
時計	2	8	20	0	7	4	9	4
靴・革類	1)0	1)23	5	5	0	21	0	15
洋酒					6	0	7	0
ランプ					0	12	0	13
全小売商軒数	4,201	17,606	4,800	17,925	3,519	20,944	3,509	20,147
現住人口	53	585	55	590	56	599	59	608

（出所）各年度『長崎県統計書』『滋賀県統計書』より作成.

（注）文明開化と関連する商品を扱っている小売商の軒数を示した. 1888年までの長崎は長崎区で, 89年以降は長崎市. 滋賀県の市街は, 大津・彦根・長浜・八幡の合計. 長崎県の現住人口は各年1月1日時点. 滋賀県の現住人口は各年の12月31日時点を示したが, 1883年欄は84年1月1日時点, 84年欄は85年1月1日時点を示した. 1886年の八幡市街は現住人口が不明のため, 本籍人口で集計した. なお, 八幡市街の現住人口と本籍人口は, 1888年時点でもそれほど違いはなかった. 1)靴商として.

（宮城県）に送られた生金巾・染金巾・紅金巾・モスリンはそれぞれ九〇〇〇・六一一一・五一三〇・一万四三一〇反であったが、同期間に東京から越中国（富山県）に送られた生金巾はなく、染金巾・紅金巾・モスリンはそれぞれ一三〇五・一一四〇・三一八五反であった(27)。大阪商法会議所の舶来品流通の調査では、同期間に大阪から宮城県に送られた緋金巾・モスリンはともになく、大阪から富山県高岡に送られた緋金巾・モスリンはそれぞれ六〇一八・七九七九反であった(28)。舶来品は宮城県には東京から、富山県には大阪から主に移入されたが、東京と大阪からの両者を合計すると、宮城県に送られた金巾（輸入綿布）・モスリンの量が富山県に送られた量をかなり上回った。

三大都市隣接県

三大都市隣接県として、東京府に隣接した埼玉県と京都府に隣接した滋賀県を取り上げる。表8の下段に戻ろう。埼玉県は一八八〇〜九〇年代に市は存在せず、市街として川越と熊谷が別集計で示された。川越・熊谷ともに文明開化と関連する商品を扱った小売商はあまり多くなく、それ以外の地域で鳥獣肉・洋物などを扱う小売商が多くみられた。ただし舶来品を扱った小売商が小売商総数に占める比率は低く、東京府隣接県であっても舶来品の移入はあまり進んでいなかったと思われる。とはいえ東京市域に近い浦和・大宮などでは文明開化の影響は一八七〇年代後半から及んでおり、七八年に大宮の料理店で牛鍋提供開始の新聞記事が、七九年に浦和の肉屋の新聞広告がみられ、八二年には大宮で女性が石油ランプで大やけどを負って死亡したことが記録された(29)。それに比べて滋賀県は、市街でかなり早くから舶来品を扱う小売商がみられた。表7の下段に戻ろう。滋賀県は全国各地へ進出した近江商人の輩出地であり、近世期から全国と結び付く商業ネットワークが張り巡らされていた(30)。近世期の最大の集散地市場であった大坂へ進出した近江商人を通して、大坂から移入された商品は網の目のような在方商人組織によって近江国で販売され(31)、近代期でも埼玉県と比べて滋賀県では現住人口の割には小売商の数はかなり多かった。さらに一八八〇年に滋賀県西部の大津—京都・大阪間の鉄道が開通し、琵琶湖湖上鉄道連絡汽船航路を通して滋賀県東部の長浜と京都・大阪が結ばれた(32)。こうした商人組織の伝統と輸送網の近代化が、滋賀県での舶来品の普及を支えたといえよう。

地方県

三大都市・開港場から遠く離れ、近代前期に県内に有力な地方都市のなかった県として長野県と島根県を取り上げる。表10の上段をみよう。長野県では長野・上田・松本・飯田が市街とされ、その他地域と区分して小売商の分布が示された。長野県では一八八〇年代前半までは舶来品を扱った小売商はそれほど多くなかったが、八〇年代後半になると舶来品を扱った小売商の数が急速に増加した。長野県は開港以降の生糸輸出の拡大に支えられて養蚕・蚕種・製糸業が着実に発展し、特に一八八〇～九〇年代に器械製糸工場の設立が県内各地でみられ(33)、製糸家や有力養蚕農家を中心として「民衆」の購買力が向上したと考えられる。しかも生糸輸出を通して横浜港との結び付きが強まり、そのことが長野県で八〇年代後半以降急速に舶来品を扱う小売商の数が増える要因となり、例えば一八九〇年に有力な養蚕地帯であった南佐久郡の臼田警察署長が知事巡視にあたって差し出した具申書には、現今はややおごりの傾向があり、食生活でも菓子・砂糖などの需要が年々増え、「殆ンド十年以前ノ数々百倍ノ多ヲ重ネ」ているとあった(34)。

表10の下段をみよう。島根県では一八八七年前後より舶来品を扱う小売商の数は増加したものの、その分布にかなり地域偏差があった。例えば、一八八七年に県下に存在した舶来小間物（および蝙蝠傘）小売商九六軒のうち、四四

現住人口は千人）

1897年	
仙台	その他
34	22
33	43
8	22
[1]12	[1]42
20	58
18	88
7	30
5,503	23,064
74	759
1896年	
市街	その他
37	301
25	86
[2]2	[2]20
3	22
2	2
0	22
0	6
0	7
0	1
2,072	24,538
32	1,126

区で，89年以降は
し，それ以外は各
前日本人口統計集

表8　宮城・埼玉県小売商の分布　　　　（単位：軒,

宮城県	1886年		1888年		1890年		1893年	
種類	仙台	その他	仙台	その他	仙台	その他	仙台	その他
革細工・靴	14	5	20	4	64	15	26	19
硝子	11	0	13	1	0	13	16	35
牛乳	8	0	13	2	4	33	5	13
時計	[1)]8	[1)]0	10	0	[1)]9	[1)]12	[1)]18	[1)]21
氷			0	2	0	71	11	69
洋服・帽子					10	14	8	41
新聞・雑誌					0	11	0	25
全小売商軒数	5,697	10,321	5,692	9,770	3,495	18,862	4,144	22,941
現住人口	58	628	73	667	61	692	62	723
埼玉県	1884年		1887年		1890年		1893年	
種類	市街	その他	市街	その他	市街	その他	市街	その他
氷	15	11	0	16	0	263	0	356
洋物	12	11	17	40	13	78	0	75
鳥獣肉	5	8	0	46	0	103		
時計・寒暖計	2	2	3	16	3	12	[2)]2	[2)]20
牛乳	1	0	0	1	0	5	0	9
メリヤス	0	1	0	2	0	0	0	2
新聞・雑誌			1	9	2	7	2	24
硝子			0	1	0	0		
舶来小間物							22	55
ブリキ細工							0	6
靴							0	5
蝙蝠傘							0	1
写真							0	1
全小売商軒数	1,070	17,834	1,932	25,299	1,912	29,045	1,212	33,994
現住人口	17	984	23	1,022	29	1,052	33	1,085

（出所）各年度『宮城県統計書』『埼玉県統計書』より作成.

（注）文明開化と関連する商品を扱っている小売商の軒数を示した. 1888年までの仙台は仙台
仙台市. 埼玉県の市街は川越・熊谷の合計. 現住人口は, 1884年欄は85年1月1日時点を示
年ともその年の12月31日時点を示した. 埼玉県の1890年の現住人口は前掲『国勢調査以
成　第3巻』より. 1)磁石・寒暖計を含む, 2)眼鏡・磁石・鏡商を含む.

表9　富山県小売商の分布

（単位：軒，現住人口は千人）

種類	1885年				1887年			
	富山市街	高岡市街	新湊市街	その他とも計	富山市街	高岡市街	新湊市街	その他とも計
小間物	332	65	35	1,346	232	58	31	1,170
呉服太物	262	150	17	1,110	296	114	21	1,031
魚類	118	69	164	1,977	97	56	120	1,184
八百屋物	82	40	22	686	91	25	8	418
鳥獣肉	30	7	8	188	33	15	0	126
砂糖	19	10	8	146	47	10	7	143
硝子	3	3	0	22	0	3	1	14
時計	1	3	0	5	0	4	0	5
洋酒	1	0	1	3	0	0	0	1
牛乳	0	0	0	3	0	0	0	4
蝙蝠傘	0	0	0	1	0	0	0	3
全小売商軒数	4,268	1,131	884	25,513	2,885	1,046	577	17,627
現住人口	53	28	20	706	51	18	16	717

（出所）明治18・20年度『富山県統計書』より作成.
（注）文明開化に関連するか否かにかかわらず，主要な小売商の分布を示した．現住人口は各年１月１日時点．

軒が周吉郡、二七軒が意宇郡、一一軒が島根郡にあり、それ以外の地域には一四軒しか存在しなかった[35]。周吉郡は隠岐諸島にあり、意宇・島根郡には松江市街が含まれるので、一八八七年前後の島根県では舶来品の普及は松江市街（およびその周辺）と隠岐諸島に偏っていた。島根県下は鉄道の開通が遅れ、畿内と鉄道でつながるのは県東部が一九一〇年代初頭、県西部が二〇年代まで待つ必要があったが、一八八四年に開業した大阪商船が大阪から下関・門司を廻って境・米子（いずれも鳥取県）経由で安来・松江に至る汽船定期航路を開設し、翌八五年には隠岐—境間の汽船定期航路が開設され、八〇年代後半には松江—境・米子・安来を結ぶ中海汽船航路も開設された[36]。つまり島根県では、隠岐と松江・安来を中心として汽船網が整備され、それらが境を経由して大阪・瀬戸内方面と結ばれた。その結果、舶来品はまず汽船輸送を通して境港に入り、そこから隠岐や松江市街へ普及したと考えられる。近代以降は山間部の製鉄業が洋鉄輸入による打撃で衰退したこともあり、製糸業の発達した安来・松江・宍道湖周辺を除けば島根県の産

表10　長野・島根県小売商の分布　（単位：軒，現住人口は千人）

種類	1884年		1885年		1887年		1889年	
長野県	市街	その他	市街	その他	市街	その他	市街	その他
舶来小間物	21	12	14	18	26	73	54	144
時計・眼鏡	8	6	10	14	12	25	12	43
革細工・革	3	18	3	7	8	35	15	46
硝子(器)	3	1	5	10	21	51	22	62
新聞・写真			2	1	19	31	20	55
全小売商軒数	4,429	24,791	4,307	25,262	4,309	34,533	5,950	39,401
現住人口	47	991	57	991	63	1,012	64	1,048
島根県	松江	その他	島根・意宇	その他	島根・意宇	その他	松江	その他
舶来小間物	9	0	26	32	38	58	24	86
硝子(器)	4	6	8	5	10	9	20	11
時計・眼鏡	3	0	2	9	9	1	5	8
ブリキ	2	3						
新聞・写真			1	1	4	10	3	8
全小売商軒数	1,869	9,294	3,073	13,881	3,316	13,792	2,123	20,489
現住人口	35	641	100	582	100	585	33	659

（出所）各年度『長野県統計書』『島根県統計書』より作成．

（注）長野県の市街は長野・上田・松本・飯田の合計．1884年の松江は松江市街．島根県の1885・87年は，松江市街の区分がなかったため，松江市街のあった島根郡と意宇郡の小売商軒数を合計して示した．1889年の松江は松江市．文明開化と関連する商品を扱っている小売商の軒数を示した．舶来小間物商の欄は蝙蝠傘商を，時計・眼鏡商の欄は寒暖計・磁石・鏡商を含む．現住人口は各年の1月1日時点で示したが，1887年欄は86年12月31日時点，89年欄は88年12月31日時点で示した．長野県の1884年の現住人口は前掲『国勢調査以前日本人口統計集成 別巻4』より．

業は近代前期にあまり発展しておらず、米作の生産性拡大も寄生地主制による制約が大きかったため(37)、隠岐と松江周辺以外の地域には消費生活面での文明開化の影響は遅れたといえる。

舶来品普及の地域間の差異

以上、一〇府県について舶来品を扱った小売商の分布を検討した。一八九〇年代には全国的にある程度舶来品を扱った小売商がみられるに至ったが、府県ごとにまた同じ府県でも地域によって小売商の分布に違いがあった。これには近代期の各地の産業発展のあり方や近代的輸送網（鉄道と汽船を軸とした輸送網）の形成の度合いが大きな影響を与えたと考えられ(38)、一八八〇年代後半から養蚕・蚕種・製糸業が発展した長野県ではかなり舶来品の流入が進み、早期に近代的輸送網の形成が進んだ神奈川・滋賀県・仙台などでも八〇年代から舶来品の流入が進んだ。一方、近代期に工業の展開があまりみられなかった島根県や、近代的輸送網の整備が遅れた富山県では舶来品の流入はあまり進まず、大阪府でさえ鉄道開通が遅れた旧和泉国地域への舶来品の流入は遅れた。

そのことを念頭に置いて表2に戻ると、近世来の大藩の城下町で一八七〇年代後半まで比較的人口の多かった地方都市のうち、その後人口の伸び悩んだ都市（金沢・徳島・和歌山・鹿児島）はいずれも近代的輸送網の整備が遅れた都市であったことに気付く(39)。すなわち金沢には大型汽船が停泊できるような外港がなく、鉄道の開通も一八九八年とかなり遅れた。徳島も大阪との間に大阪商船の定期汽船航路が開かれたものの、四国内の鉄道網の形成は一九一〇年代にずれ込んだ。和歌山は距離的に大阪と近かったが、鉄道の開通が一八九八年と遅れたため、畿内のなかでは近代的輸送網から取り残された。そして鹿児島は、大阪商船による大阪—鹿児島間の定期汽船航路が開設されたものの、九州北部と鉄道で結ばれたのは一九〇九年であった。むろん、都市の盛衰には、輸送網のみでなく、都市をとりまく産業の展開やその都市に拠点性を付与するものの有無も影響を与えたと考えられるが、近代的輸送網の形成は文明開化の象徴でもあり、政府の文明開化政策に伴うその整備の跛行性が、地方都市の盛衰をある程度規定した面がある(40)。そのことが同時に、各地の民衆の消費文化への文明開化浸透の跛行性＝地域間の差異をもたらした。

二　有力資産家の舶来品購入

1　東京・横浜近郊地域の動向

本節では、有力資産家層の舶来品購入の動向を検討するが、前節で指摘した地域間の差異を念頭に置いて、都市近郊地域と農村地域に分けて考察する。そこでまず東京・横浜近郊地域の地方資産家層として神奈川県南多摩郡多摩村（一八九三〈明治二六〉年より東京府）の富沢家と神奈川県大住郡土沢村の原家の事例を取り上げる。(41)

富沢家は、近世後期に組合村大惣代を務め、一八七八年に県会議員、八八年に多摩村村長に選ばれた旧家で、七〇年に紺絣二反（銀一二九匁）や縮緬のほかに、金巾六反（銀一四〇匁）を購入し、シャボン・鶏卵も購入した。一八八〇年には、写真を撮り（二円）、ランプを使用し、葡萄酒（一壜三五銭）を購入し、羽二重金巾一反（五七銭）・石炭酸一本（一五銭）も購入した。同年に『朝野新聞』（月五〇銭）・『浜新聞』（月六〇銭）を購読し、新橋―横浜間の汽車に乗車しており、家計帳簿に「出港諸費小買物」の記入があったので、横浜で比較的新しいものを買うことが慣習となりつつあった。大阪府貝塚の有力資産家廣海家も、一八八〇年代に手代を大阪に出張させた際に、文明開化に関連する新たな商品を購入させており（第四章）、大都市近郊に位置した有力資産家は、家内のものを大都市に買物に行かせることで、居住地に舶来品を扱う小売商が存在しなくとも、舶来品を比較的容易に手に入れることができた。富沢家は、一八九〇年には理髪代（一五銭）・時計直し代（四五銭）を支払い、靴一足（二円三〇銭）・帽子（四五銭）・歯磨ようじのほかにマグネシアなどの西洋薬も購入した。一九〇〇年には、年末年始の贈答用にハンカチ（一円五銭）を購入し、鶏肉（二〇銭）・巻煙草（六六銭）・曇硝子四枚（一一銭）・ランプホヤ四個（二六銭）なども購入し、『時事新報』を購読した。

原家も、近世期に庄屋を務めた旧家で、一八六九・七〇年にシャボンや歯磨を、七四年にマッチ・えり巻・メリンス・蝙蝠傘・カステラ・ギヤマン湯呑を購入し、横浜―新橋間の汽車賃を支出した。一八七九年に砂糖（約五円）・メリンス一八尺二寸（二円一銭）・金巾（一円一一銭）を購入し、同年三月に当主が娘の嫁入り仕度の準備で人力車と鉄道を乗り継いで東京へ行き、主に大丸屋で呉服を購入した。東京では生金巾一〇反（三円二八銭）・西洋酒（七銭五厘）・珊瑚玉（三円三〇銭）などを購入し、上野教育博物館・勧工所などを見学した。一八八四年には花色金巾（反当たり三〇～三八銭、計二円七銭）・各種金巾（九八銭）・メリンス（九〇銭三厘）・牛肉（二〇銭）・ランプ各種（九七銭一厘）・コップ一一個（七三銭）・靴三足（二九銭）・蝙蝠傘一本（二七銭）を購入し、時計直し代を支払い、『絵入朝野新聞』（月四八銭）を購読した。

富沢家・原家の事例に後述の廣海家の事例（第四章）を組み合わせて、東京・大阪など大都市近郊地域の有力資産家の文明開化期の消費生活の動向をみると、前節で概観した文明開化による舶来品の地方への普及の様相と平仄が合うように思われる。一八七〇年代はまず横浜と東京に舶来品が普及し、八〇年代には大阪および開港場や東京・大阪と鉄道が結ばれた地域（神奈川県・滋賀県など）にまで舶来品が普及し、九〇年代になって東京・大阪近郊地域や近代的輸送網が整備された地方都市へ舶来品は普及した。神奈川県に所在した富沢家や原家は、一八七〇年代から横浜や東京へ買物に赴くことで舶来品にふれることが可能で、廣海家も大阪へのアクセスを利用して八〇年代から舶来品を消費文化に導入し得た。そして、一八九〇年代になると神奈川県全域や大阪府南部でも舶来品を扱う小売商が存在するようになると、富沢家や原家は日常的に舶来品を購入できるようになり、廣海家も手代を大阪へ買物に遣わすのではなく地元貝塚で舶来品を購入するに至った。

ただし開港場や東京・大阪近郊のすべての家が早期に舶来品を消費生活に導入できたとは考えられず、廣海家の場合は、大阪と商業取引を行っており、大阪へのアクセスを頻繁に行えたという利点も考慮すべきである。また横浜・東京・大阪へのアクセスが行えても、舶来品には高額なものが多く、相応の購買力が必要であった。

2　農村地域の動向

前項と比較するために農村地域の有力資産家の舶来品購入の動向を検討する。取り上げる家は、岩手県紫波郡煙山村の高橋家と秋田県仙北郡高梨村の大西家である(42)。

高橋家は、近世期に肝煎を務め、近代初頭に約一六町歩、一八九七（明治三〇）年に約一八町歩の耕地を所有し、その時点で六町歩強を自作して残りを小作に出していた。同家は、一八七〇年代後半から唐縮緬・唐木綿など舶来物を示すと思われる「唐」を付した織物を購入し、八〇年の収入は約五二六円、支出が約五七五円で、文明開化関連の支出として、メリンス・ビロード・眼鏡・ランプ・小学教科書・宝丹などを購入した。同家の一八八四年の収入は約三四六円、支出が約三〇二円で、文明開化関連の支出として、メリンス・金巾紋付・シャツ・ペンなどを購入した。そして同家の一八九七年の収入は約六一八円、支出が約六四九円で、文明開化関連の支出として、シャツ・綿フランネル・舶来毛布・帽子などを購入した。舶来品衣類も含め、現金支出のうち衣服代（一八八〇年約四一円、八四年約六五円、九七年約一〇八円）の占める比重が増え、高橋家への文明開化の影響が、購入衣料の増大として強く現れたが、それ以外の文明開化関連の支出は、九七年時点でも少なかった。

大西家も、一八世紀前半から長百姓を務め、近代初頭に約二〇町歩、一八九〇年代に約六〇町歩の耕地を所有した。そのうち一九〇〇年代には、飯米用に三反程度を自作して、残りは小作に出した。同家の一八八八年の収入は約二四二〇円、支出が約三二五円で、うち家計支出が約三二五円で、内訳は衣服費約二七円・食物費約四三円・住居費約九四円・その他約一六一円であった。同年の衣服の購入は、縞・絣・紬などの反物が多く、舶来品の購入は金巾八尺（二五銭）がみられる程度で、購入された食物も近世来の食物が多かったが、白砂糖三斤（三五銭）・唐平糖一斤（一六銭）・鶏肉（一六銭七厘）・玉子（四九銭六厘）が購入された。その他に硝子茶碗二つ（一四銭）・石油一斗四升（約二円）・蝙蝠傘一本（一三銭五厘）が購入され、時計掃除料（二五銭）・人力車賃（七二銭）・新聞代（一円一〇銭）が支払われた。同家の一九〇四年の収入は約六八二一円、支出が約六〇一五円で、うち家計支出が約一一六二円で、内訳は衣服費約一二二円・食物費約三七一円・住居費約二三八円・その他約四三一円であり、フランネル大巾一丈（一円）・毛織メリヤス（四円二〇銭）・ソーダ・ラムネ・ビスケット（四〇銭）・ランプ（四五銭）・シャボン（三五銭）・望遠鏡一個（五円）などが購入され、帽子修理料（二二銭）・自転車修繕料（二円四五銭）・人力車（荷車）修繕料（一円六六銭五厘）・新聞代（一円三銭）・『東洋経済新報』代（四四銭）も支出された。そして同家の一九一二（大正元）年の収入は約一万七三七円、支出は約九八五五円で、うち家計支出が約二一二三円で、内訳は衣服費約三〇一円・食物費約五一三円・住居費約五一六円・その他約七九三円であった。この年には文明開化がかなり浸透し、キャラコ一反（七五銭）・モスリン一尺四寸（九八銭）・桃色フランネル大巾四尺（三六銭）・靴下一足（二〇銭）・牛豚肉二斤（五〇銭）・食パン二斤（一四銭）・缶詰一九個（六円一七銭）・ソーセージ五つ（一円五〇銭）・ソース一本（二〇銭）・牛乳（一七円二六銭）・ビール一打（二円八〇銭）・葡萄酒一本（三〇銭）が購入され、電話架設予納金（二〇〇円）・理髪代（三〇銭）などの支出がみられた。

高橋家・大西家の事例に後述の宮林家の事例（第三章）を組み合わせて農村地域の有力資産家の文明開化期の消費生活の動向をみると、これらの家の所在地では一八九〇年代でも舶来品を扱う小売商は数少なく、文明開化期に日常的に舶来品の購入を行える環境にはなかった。宮林家の所在地の富山県新湊やその近郊の高岡では、前述のように一八八七年まで舶来品を扱う小売商はほとんどなく、宮林家当主が金沢に本店がある第十二国立銀行の取締役で、日頃新湊と金沢を往復していたため、舶来品を購入する場所として金沢が考えられる。ところが前述のように金沢は一八八〇～九〇年代前半に現住人口が減少し、都市機能は停滞していたうえに、明治二五年版『日本全国商工人名録』石川県の部では、一八九二年の金沢市で明確に文明開化に関連する商家として、洋反物商一三軒、洋小間物商六軒、洋紙商六軒、洋服裁縫商五軒、洋酒商五軒、石油商三軒、製靴鞄商三軒、ハンカチーフ商二軒、時計・硝子商各一軒、新聞雑誌取次一軒に止まった。明治三一年版『日本全国商工人名録』石川県の部でも、一八九八年時点で、金沢市で同様の商家として、洋服調進商七軒、硝子商五軒、石油商五軒、洋傘製造販売四軒、洋酒商三軒、缶詰商三軒、洋反物商二軒、時計商二軒、写真師二軒、マッチ製造販売二軒が挙げられたに止まった。金銭支払の受け取りをみても、宮林家には金沢の小売商からの舶来品購入はほとんどなく、北陸銀行『創業百年史』には、一八九〇年代の石川県について、「明治二〇年代に入り、産業振興の兆があらわれてくるとは言え、例えば金沢での営業はまだ江戸時代の遺制が強く、古道具屋、古着屋が多数を占め町民の衣食生活の一端が窺われる」とあった(43)。

高橋家の場合、同家が所在した煙山村は盛岡市の南方約七㌔に位置し、舶来品は盛岡を通して普及することになったと考えられるが、明治三一年版『日本全国商工人名録』岩手県の部では、一八九八年時点で、盛岡市で明確に文明開化に関連する商家として、石油商五軒、洋酒商四軒、洋織物商三軒、時計商三軒、洋食料品商二軒、洋紙・石鹼・缶詰商各一軒が挙げられたに止まり、九〇年代には舶来品普及はあまり進んでいなかった。また大西家は舶来品を主に隣接の大曲町で購入したが、大曲町が秋田市や東京と鉄道で結ばれたのは一九〇〇年代後半であり(44)、一八八八年時点では大西家の文明開化関連支出は極めて少なく、それが本格化するのは一九〇〇年代後半であった。

このように農村地域の有力資産家にとっては、一九世紀の間は、購買力はあったとしても舶来品に日常的にふれる機会は少なく、大都市近郊に所在した有力資産家とは消費生活のあり方に大きな相違がみられたといえよう。

三　文明開化と自作農の消費生活

1　山形県加藤家の事例

本節では、前節の有力資産家層の消費生活と比較するために近代期の自作農の消費生活を取り上げる。まず、山形県の加藤家を取り上げる。加藤家は、山形市から一〇キロほど南に位置する南村上郡西郷村にあった。近代初頭の加藤家は、標準的な経営規模の自作農であったが、養蚕業などの副業を積極的に展開し、二〇世紀初頭にかけてかなり経営規模が拡大し、約四町歩の耕地を所有するに至った。特に、一九一〇年代後半の第一次世界大戦下の好況期に副業収入が増大し、二〇年代には収入・支出規模がともにそれ以前に比して格段に上回った。その結果、加藤家は、自作農層のなかでもかなり有力な自作農となった(45)。

加藤家の家計支出を示す帳簿は、一八八〇（明治一三）年前後～一九五〇（昭和二五）年前後まで現存するが(46)、ここでは一八八〇年前後～一九三〇年代を検討する。加藤家の所在地は山形市の南方の盆地であったため、一九二〇年代以前の副食費に占める魚の購入費比率は小さく、酒や調味料の比率が大きかった（表11）。加藤家は米作を主とするものの、畑をある程度所有していたので、野菜を生産していた可能性はあるが、副業の養蚕業のため桑を栽培しており、野菜の生産量は少なかったと考えられる(47)。肉はほとんど購入せず、野菜・果物もあまり買っていない。ここから加藤家の栄養源は、二〇世紀初頭までは主に主食の米や雑穀と、副食の酒であったと考えられる。購入したのは、

表11　加藤家副食費の推移

（単位：円）

項目	1881年	1892年	1902年	1909年	1917年	1925年	1933年
豆腐・豆類	0.6	0.4	0.1	0.4	1.6	5.4	2.0
酒	5.1	0.4	5.6	23.1	6.1	23.0	23.7
調味料	2.3	3.0	3.2	4.7	10.0	14.5	12.3
魚類	6.1	2.3	1.4	2.8	9.9	42.0	32.7
玉子	0.1	0.8	0.2	0.5	0.0	5.6	3.5
牛乳	0.0	0.0	0.0	0.5	1.0	19.0	4.2
肉類	0.0	0.0	0.0	0.2	0.0	0.0	0.0
野菜・果物	2.2	2.1	1.1	1.8	1.1	7.2	4.7
（主要品）	牛房 茄子 芋 桃 瓜 うど 梨 にんにく ねぎ	牛房 茄子 ねぎ 山菜 芋 瓜 梅 大根 桃 栗 くるみ 柿	いちご 芋 瓜 茶茸 梨 もやし	梨 山芋 もやし すいか さつま芋 瓜 蒟蒻 柿 きのこ	牛房 瓜 芋 そば ぶどう 柏 りんご 蒟蒻	みかん 梅 梨 茄子 すいか 桃 ぶどう 瓜 ほうれん草 そば もやし	玉ねぎ 梨 みかん バナナ 長芋 人参 蒟蒻 瓜 りんご 桃
副食費合計	17.1	9.3	13.4	35.3	31.8	124.5	94.5
家計支出計	165.5	102.4	271.8	456.4	450.2	1,853.8	896.6

（出所）『自作農農家々計に関する諸記録』（財団法人農政調査会，1955年）より作成．
（注）家計支出合計には，農家経営などに関する支出は含めていない．主要品は野菜・果物のうち主な購入品を示した．副食費合計欄はその他も含むため各項目の合計を上回ることがある．

ごぼう・茄子・芋・瓜のような近世期から存在した伝統的な野菜のみであり、同家の食生活はあまり豊かとはいえない。しかし、一九二〇年代以降にその様相が大きく転換し、魚の購入額が急増して、魚の種類も多様化した。その背景には、鉄道の開通と冷蔵輸送技術の発達があったと考えられる(48)。二〇世紀初頭まで加藤家が購入した魚は、大半が地元山形県や北海道で獲れる鰊であったが、一九二〇年代以降は冷蔵して鉄道で運ばれるようになったおかげで種類も増えたと考えられる。このころ加藤家は、牛乳のほか、近代期に栽培されるようになった西洋起源の野菜や果物も購入するようになった。ほうれん草・玉ねぎ・バナナなどで、それによって魚ほどではないものの、加藤家の野菜・果物の購入額も増大した。ただし肉類は増えず、結局一九三〇年代も同家の食生活に肉類は定着しなかった。その意味では、魚と野菜を副食の中心とする加藤家の食生活は基本的に変わらなかったものの、その種類が一九二〇年代以降多様化することで、食生活は豊かになったといえよう。

一方、加藤家の衣料関連支出の内訳をみると（表12の上段）、二〇世紀初頭に大きな転換があったことがわかる。一八八一年は九二年に比べて多いが、それは七七～八〇年までインフレが続き、農民の購買力が増大していたためと考えられ、七八年時点の加藤家の衣料関連支出は約一七円であり、それが八一年にかけてインフレにより名目額が増大し、その後八〇年代前半のデフレで、支出額が減少したと考えられる。しかしそのデフレ以上に、一八九二・一九〇二年の支出額は大きく減り、特に高級品の絹製品の購入はほとんどみられなかった。この間は、綿などの原料を購入し、家内副業で自ら布地を織っていたと考えられる。そのような自給の様相は、一九〇九年以降に大きく転換した。家計全体の支出も増大したが、衣料関連では絹製品がかなり購入されるようになり、加藤家は綿などの織物原料もある程度買い入れたが、同時に綿打ち賃や織り賃を支出した。家内副業で織るのはやめ、人を雇って加工させるようになったと考えられる。ただし、洋風の既製品は一九〇九年時点では購入されず、一〇年代後半になってようやくシャツを買っている。その一方で、加藤家は一九〇九年には股引なども多数購入しており、足袋・浴衣など和風の衣類・小間物も買っていた。その点では、加藤家の衣料文化は和風が根強く続いていたといえる。一九二〇年代には加藤家の収入がかなり増え、衣料関連支出も急増した。紬・羽織など和風の高級衣料品が購入され、絹製品の購入額が増大した。洋風衣料としてシャツやネル木綿を求めたが、下着は股引・腰巻、小間物は帯・半襟など、主に和風の商品を買っている。加藤家の衣料文化は和風を維持したといえるが、一九三三年になって変化がみられ始め、加藤家は五十

表12　加藤家衣料・教育関連支出の推移　（単位：円）

項目	1881年	1892年	1902年	1909年	1917年	1925年	1933年
綿・麻製品	5.3	2.2	0.4	1.8	0.2	10.4	7.0
絹製品	7.1			13.9	6.7	43.3	3.1
織物原料	0.3	0.6	1.9	4.0	2.3	9.0	1.1
加工賃	2.1			10.5	1.4	8.4	
洋風既製品					2.8	8.1	4.4
小間物	2.1	1.7	2.7	6.1	6.5	19.3	3.6
着物として	11.4	1.9	3.3	2.3	3.7	6.9	1.7
下着類	1.8	0.0	0.4	4.9	10.4	14.7	2.5
呉服店				3.5			44.3
その他	0.1	0.0					
衣料合計	30.1	6.3	8.8	47.0	33.9	120.0	67.6
書籍代	0.2	0.1	2.9		1.1	15.8	0.2
月謝・授業料	0.2	1.0	5.8	30.7	5.1	16.0	7.9
文具代					0.8	2.6	0.9
教育関係寄付				0.3	1.6		
教育合計	0.4	1.1	8.6	31.0	8.5	34.4	8.9

（出所）表11と同じ．
（注）綿・麻製品と絹製品は商品名より推定したものも含む．織物原料は綿や糸など．洋風既製品はシャツ・帽子など洋風の衣料品．小間物は風呂敷・足袋・羽織紐など．「着物として」は項目が「着物」とのみ示されたもの．呉服店欄は遠隔地の呉服店より購入したと推定される分で，1909年は三越，33年は伊藤呉服店と五十嵐呉服店．

嵐呉服店から三九円で上着二枚を購入したが、価格から考えて洋風の上着を買ったと思われる。小間物でも一九三三年には子ども用の帽子など、一〇年前なら考えられない商品を購入している。

加藤家の教育関連支出は、一九世紀末はかなり少なかった（表12の下段）。一九〇九年には、加藤家は授業料としてある程度の金額を支出し、同家の子弟が高等小学校に進学したため教育費が増大した。収入が増大した後も、年によって支出の増減は激しく、子どもの年齢に応じて教育費はかなり変動するため、高収入になれば支出も増大するとは限らない。その点で、教育関連支出と、病人の有無によってかなり変動する医療関連支出（後述）は類似性があった。実際、加藤家は一九二五（大正一四）年に上の山学校に授業料として一一円を支出しており、就学児童のいなかった一七年・三三年に比べて、二五年の支出はかなり多かった。とはいえ、加藤家には子どもを遠隔地の高等教育機関に留学させる金銭的余裕はなかったため、全体として後述の資産家各家に比べて教育関連支出はかなり少なかった。

加藤家の医療関連支出の内訳をみると、一八七八年と九二年の支出は少なく、年間一円未満であった（表13）。この時期の加藤家は自宅で治療しようとしていたため、生薬代と売薬代が大半を占めた。しかし、二〇世紀に入ると、加藤家の近在の開業医に支払っていることから主治医を抱えるようになったと考えられ、支出の合計額は一一円前後となった。支払額と治療期間を勘案すると、一九二〇～三〇年代の加藤家の主治医は小林医師と考えられる。主治医に完全に頼ったわけではなく、薬も購入していたが、趨勢としては開業医への支払いの比重が増大した。その後一九二〇年に、家族の一人が隣の山形市の病院に入院したため支出は激増し、二〇年の医療関連支出は約三二八円となった。このうち入院費は支出総額の約半分を占めた。医師に対する支払いと市販の薬代もそれぞれ六〇円以上になっている。医師による診療代と自己投薬のほかに、一九一四年以後に目薬と眼洗い費用が、一七年以後に鍼治療と按摩の費用が、二〇年以後に湯治の費用が、それぞれ加藤家の家計支出に計上された。このように、少なくとも一九一〇年代以降の加藤家では、経済的に余裕が生まれたため、治療方法の選択肢を増やすことができた。

2　各地の自作農の事例

加藤家以外にも、自作農の消費生活

（単位:円）

1926年	1929年	1933年
39.1	9.4	11.7
35.6	5.5	6.1
		5.6
3.5	3.9	
6.1	12.4	4.4
8.1	11.3	3.8
8.8		
	0.5	
15.5	7.1	3.4
7.9	17.0	
4.2		
89.7	57.7	23.3

に換算して示した.開業医・病
病院,山形県柏倉門伝村:佐々

表13　加藤家医療関連支出の推移

項目	1878年	1892年	1906年	1911年	1914年	1917年	1920年	1923年
開業医　計	0.1		10.0	10.6	12.2	7.5	82.4	43.7
内　梅津	0.1			10.1	3.6	0.2	10.5	
小林				0.5	8.6	4.2	65.5	28.4
朝倉						2.0		
佐々木分院						1.1	6.4	
二本松								7.8
その他			10.0					7.5
病院　計							156.0	7.2
内　至誠堂							156.0	
済生館								7.2
薬代	0.1	0.4	0.1	0.4		0.1	63.4	4.6
店舗売薬		0.1				0.2	4.0	5.9
配置売薬						2.2	7.5	
眼洗い・目薬					0.2	1.3	0.1	2.4
鍼・按摩						0.6	2.4	1.1
湯治							5.0	14.5
その他							7.4	2.7
合計	0.2	0.5	10.1	11.0	12.4	11.9	328.2	82.1

（出所）表11と同じ.
（注）店舗売薬欄は，薬の名称が記されている有名売薬を示した．1878・92年は銭10貫文＝1円で円
院の所在を示すと，山形県上山町：梅津・小林・朝倉，山形市：二本松・至誠堂病院・市立済生館
木医院である（本田六介編『日本医籍録 第2版』医事時論社，1926年より推定）.

について判明する家が若干存在するので、それらの事例を検討する。表14をみよう。この表では、前述の加藤家も含めて、一八七〇～一九〇〇年代までの自作農の文明開化関連の支出をまとめた。神奈川県南多摩郡川口村（一八九三〈明治二六〉年より東京府）の野口家は[49]、文明開化期には約一町九反の耕地を所有した自作農であったが、居所が八王子に近接していたこともあり、一八八〇年代前半からビロード・蝙蝠傘・写真・ランプなどの舶来品の購入を行っていた。野口家は養蚕・茶業など近代前期日本の主要輸出品に関連する副業を行ったため、一八七〇年代後半のインフレ期に副業の現金収入が急増し、借入金も含めた家全体の現金収入額は、七六年が約一〇四円、八〇年

が約二〇九円、八四年が約二〇三円、八九年が約二三九円と推移した。それを背景に一八八〇年に舶来品の購入が進み、その生活水準が八〇年代以降に定着するに至った。

　前述の加藤家についても、文明開化関連の支出を抽出して表14で示したが、加藤家の現金収入額が、一八七八年に約二四六円、八一年に約三九一円、九二年に約二九一円、九四年に約四三八円、一九〇二年に約八八七円、〇四年に約六七二円、〇六年に約九一八円、〇九年に約一一〇六円と増大した割には、消費支出はそれほど増えず、かなりの部分が貯蓄に回り、文明開化関連の支出も一八九〇年代まではあまり進まなかった(50)。実際、舶来品関係の小売商は、加藤家の所在した山形県南村上郡全体でみても、一八九二年時点で洋物・時計・硝子商は一軒もなく、獣鳥肉商が八軒、石油商が九軒あるに止まった。同年の山形市の小売商でみても、洋物商二軒、時計商一軒、獣鳥肉商六軒、硝子商四軒、石油商三軒であった(51)。こうした小売商の分布のため、現金があっても舶来品の購入が進まなかったと思われる。福島県石城郡草野村の高木家は(52)、一八九〇年に約一町六反の耕地を所有し、雇夫も三人雇っていたが、肥料は一九〇〇年代前半まで自給しており、綿作も行って反物を織って自給したため、家計消費支出はあまり多くなく、一八九〇年時点でも文明開化関連の支出はほとんどなかった。ただし、一八九二年頃に棉作を廃止し、九七年に草野村に

(単位:円)

ビロード	その他とも支出計
	129.84
0.55	311.81
	267.08
	271.41
汽車・汽船賃	179.47
	245.31
	160.60
	200.10
	372.84
0.26	396.60
	528.55
	794.18
	123.27
あり	133.69
	287.33
	236.70
0.45	
1.19	224.69
1)1.81	338.08
	171.78
歯ブラシ	664.21
0.04	450.80

農農家々計に関する諸記
原書房, 1979年)469-482・
稲葉家は鹿股壽美江『明

支出が確認されるもの.
は支出が確認できなかっ
まれるが, それらは加藤

表 14　自作農文明開化関連支出一覧（1876~1909 年）

家	年	砂糖	散髪	蝙蝠傘	写真	石油	ランプ	寒暖計	シャツ	人力車	授業料	靴（下）
野口	1876	0.42										
	1880	0.57	0.20	1.31	0.32							
	1884	0.15	0.08			0.41	あり					
	1889	0.74		1.00	玉子	1.26	0.11	0.21	0.17			0.75
加藤	1878	0.20			0.05				マッチ	0.15		牛乳
	1881	0.17			0.08			0.18			0.24	
	1892	0.24			0.78	2.03			0.23	0.26	1.00	
	1894	0.40		0.09	0.06	2.25	0.20			0.18	1.05	
	1902	0.05	0.48	0.05	0.16	1.50	0.11	0.25			5.77	
	1904	0.03					0.29	牛肉		0.50		0.50
	1906	0.41	0.38		0.45	3.50	0.26	0.26		0.33		0.80
	1909	0.27	0.03		0.47	5.43	0.51	0.24	0.03	0.35		0.53
高木	1880				帽子	0.02	0.03	シャツ	0.01			
	1890	0.58		0.04		0.49	0.04					
	1903	1.07		0.24	0.48	3.21	0.06	0.29				
岡	1881	0.29			写真			鞄		0.30		
	1887	0.50				1.07	あり	0.02	あり			
	1891	0.30		0.06		あり	0.25	画用紙	0.02	0.19		
	1896	0.35			0.21	1.30	0.18	0.06	0.08	0.05	2.64	
	1909	1.57		あり	1.10	2.02			0.43	あり		
森元	1900	あり	あり			あり	あり		あり	車馬賃	0.50	1.00
	1908		1.18			9.84		バケツ		12.33		1.25
稲葉	1904	0.14		1.12		3.41		0.17	0.09			

（出所）野口家は戸谷敏之『近世農業経営史論』（日本評論社, 1949年）第8章, 加藤家は前掲『自作録』, 高木・岡家は財団法人開国百年記念文化事業会編『明治文化史12 生活』（1955年, 復刻版 523-534頁, 森元家は高井進『明治期農民生活の地域的研究』（雄山閣出版, 1978年）165-170頁, 治後期における農家生活の実証的研究』（中央公論事業出版, 1966年）116-153頁より作成.

（注）蝙蝠傘・ランプは修理・芯等の支出も含む. 授業料は学校の授業料.「あり」は金額は不明だが,「その他とも支出計」は文明開化関連のみでなく, すべての現金支出の合計を示す. なお空欄た場合で, おそらく支出がなかったと推定される. 加藤家の支出には銭貫文単位のものが含家の帳簿上の換算にしたがって銭10貫文＝1円で円に換算した. 1）人力車賃も含む.

東京との鉄道が開通した後の一九〇六年には、帽子・シャツの購入や時計直し・蝙蝠直し・汽車賃の支出がみられた[53]。

島根県簸川郡伊波野村大字富村の岡家は[54]、一八八一年に一町歩弱の耕地を所有し、米作・棉作・麦作を行った。同家は近代初頭まで富村の庄屋を務めてきた旧家で、所有耕地以上に家計は比較的豊かであった。そのため一八八一年では、農具は旧態依然として薬も富山の行商に頼っていたものの、八七年には鞄・マッチを購入し、九一年には蝙蝠傘の色上げ代や庄原—松江間の宍道湖汽船賃が、さらに九六年には画用紙購入も家計帳簿にみられた。洋服（制服）着用と靴の使用は、一八九七年に中学に入学した長男によって始まり、靴は松江で購入された。本章第一節で述べたように、一八八〇年代後半の島根県では舶来品を扱う小売商の分布は松江市街（およびその周辺）と隠岐諸島に偏っていたが、簸川郡内の庄原が宍道湖に面しており、宍道湖の湖上汽船航路が開設された一八九〇年代に[55]、松江から簸川郡へも舶来品が流入するようになったと考えられる。

富山県射水郡穴場新村（一八八九年より七美村）の森元家は[56]、一八七四年時点で一町五反弱の耕地を所有して自作するとともに、その他数反の耕地を借りて小作も行った。森元家当主は、農業の傍ら村役場に勤め、一八九六年から助役職に就いた。同家は一九〇〇年に牛乳・石油代、授業・散髪料などを支出したが、全体として支出額は少なく、この時点では文明開化の影響はあまりみられなかった。ところが一九〇八年になると支出額が急増し、牛乳・石油・切手代、理髪料・車馬賃などのほかに、新聞書籍代（一二円一三銭）の支出が新たにみられた。一九〇七年には、穴場新地域で「子作同盟会」が結成され、森元家当主が小作物代に選ばれ、〇八年には森元家当主が村会議員になった。こうした政治意識の高まりに伴い、同家は熱心に新聞購読を行うようになったのであろう。

広島県世羅郡神田村の稲葉家は[57]、一九〇四年時点で二町六反弱の耕地を作付し、一九〇〇年代に村会・農会議員を務めた。同家は主に米作を行ったが、一反程度の棉作も行い、衣料を自給したため、一九〇四年の支出額約四五一円のうち、下駄や蝙蝠傘を含めても衣料関連支出は五円弱に止まった。神田村は山陽鉄道河内駅から一〇キロほど内陸に入った交通の不便な山沿いの村で、稲葉家の文明開化関連の支出は、一九〇〇年代でも少なかったが、村会議員であったためか、〇四年時点で新聞を購読し、二円八九銭を支払った。

以上六家の事例からみて、同じ家計消費レベルでも、居住地の地域差により文明開化関連の支出状況はかなり異なった。東京や横浜の周辺地域に居住した野口家は、一八八〇年前後に文明開化関連の支出が始まり、輸送網の近代化で八〇年代後半に舶来品が普及するに至った松江とアクセスが可能であった岡家は、九〇年前後から文明開化関連の支出が始まった。一方、鉄道の開通が遅れ、(58)一八九〇年代でも舶来品を扱う小売商がほとんど存在しなかった山形県の加藤家や富山県の森元家では、文明開化関連の支出が本格化したのは、一九〇〇年代以降になった。

おわりに

前節までの検討から判断して、文明開化に伴う資産家・自作農上層への舶来品消費の普及は以下の段階を経たと考えられる。まず一八七〇年代は、東京・大阪および開港場での部分的普及に止まり、八〇年代に東京・大阪および開港場周辺の輸送網が整備されたため、東京・大阪や開港場へのアクセスが可能な周辺地域の資産家・自作農上層まで普及した。一八九〇年代になると、その地域の産業化が進展したり輸送網の近代化が進んだ地方都市や地方の市街地で舶来品を扱う小売商がかなり登場し、そこへのアクセスを通して農村地域への舶来品がある程度普及した。一方、地域産業が停滞したり輸送網の近代化が遅れた地域では、舶来品の普及は一九〇〇年代以降にずれ込んだ。

その場合、廣海・富沢・原・宮林・高橋・大西家など有力資産家層と、野口・加藤・高木・岡・森元・稲葉家など自作農層では、文明開化関連支出の程度に大きな差があった。そこで、支出の内容を三つの側面から検討する。

第一は、購入量は異なるものの、資産家層も自作農層のいずれも購入したものである。その代表例として砂糖・ランプ・石油・蝙蝠傘が挙げられる。これらの単価は安くて量の多少にかかわらず使い道のあるもので、ある程度購買力のあった自作農層に最も需要されやすかった文明開化関連商品といえる。よってこれらの商品に関しては、階層間の差は量的な差異に止まった。

第二は、単価が高かったがゆえに、資産家層でしか購入がみられなかったものである。その代表例として（銀）時計・眼鏡・毛織物類が挙げられる。これらは舶来品を代表するものであり、その点で西洋的な生活様式に真にふれることが可能であったのは資産家層に限られたといえよう。

第三は、単価は割と低めだったが、資産家層は支出し、自作農層は支出しなかったもので、代表例として新聞購読と金巾（輸入綿布）購入が挙げられる。

資産家層は会社役員を務めたり政治的活動をしており、そのための情報収集として新聞購読が必要で、高橋家を除き都市近郊・農村地域いずれの資産家層も一八八〇年代から新聞を購読した。他方そうした活動をしなかった時期の自作農は、新聞購読があまり必要でなく、農繁期もあって恒常的に新聞を購読し続ける時間的余裕がなかったこともあり、(59) 野口・加藤・岡家それぞれが文明開化関連の支出をかなり行っていた時期でも、新聞は購読しなかった。とはいえ、自作農層も政治的活動を行うようになると新聞購読が必要となり、森元家は一九〇〇年代後半に、稲葉家は一九〇〇年代前半に新聞購読を始めた。

また金巾については、川勝平太が、薄地布の西欧型木綿市場圏に対し、厚地布の東アジア型木綿市場圏が日本に存在しており、幕末開港後に輸入された舶来織物と国産綿布はそれぞれ使用価値（品質・用途）が異なるため競合せず、むしろ舶来イギリス綿布は絹織物の下級代替財として着物の裏地に用いられたと指摘した(60)。大阪商法会議所の一八七九年の調査では、輸入綿布の価格は在来綿布の価格よりも安く(61)、輸入金巾購入の機会が多く得られた東京・大阪や開港場の近接地域では、自作農上層でも十分に金巾の購入は可能であったと考えられるが、同じ神奈川県南多摩郡の富沢家と野口家を比べると、富沢家は近代初頭から金巾を購入したが、野口家は呉服代として一八七六年に三円八四銭、八〇年に一五円一七銭を支出し、ビロードなどの舶来の添毛織物を若干購入したものの金巾は購入しなかった(62)。日本における農作業には、薄地布の金巾よりも厚地布の在来綿布が適していたと考えられ、「消費生活者」たる資産家層と「生産者」たる自作農層では求める衣料の使用価値（用途）が異なったと思われる(63)。こうした新聞購読や金巾購入に、単なる量に還元され得ない文明開化受容における質的な階層間の差異を読み取れる。

以上述べてきた舶来品普及の地域間・階層間の差異を念頭に置くと、一八八〇年代の資産家層の旅行が舶来品消費の地方への波及に先駆的役割を果たしたと位置付けられる。第二章で取り上げる盛田家、第三章で取り上げる宮林家はいずれも、一八八一年に東京上野で開かれた内国勧業博覧会の見物を兼ねて家族で東京へ旅行して、多くの舶来品を購入した(64)。一八九〇年にも、東京上野でやはり内国勧業博覧会が開かれ、その際も多くの資産家がその見学を兼ねて東京を訪れて多くの舶来品を購入した(65)。

こうした資産家の旅に共通するのは、内国勧業博覧会という文明開化にふれることを旅行の目的としたことと、旅行が家族で長期間にわたって行われ、散財が行われたことである。近世期日本の「民衆」の旅でも旅人は散財をしたが、近世期には家族で旅をすることは少なく、旅の目的が伊勢参宮や富士参詣のように信仰と深く結びついており、散財は行われたもののそれは自分の物的欲求を満たすためというより、旅の安全を祈願して道端の道祖神などに撒き銭をしてまわったことが大きかったと指摘されている(66)。そうであれば文明開化は、新しい文化への目を開かせ、旅に対する人々の価値観をも変えたといえる。

ただし、近代前期の「民衆」生活は、新文化に完全に染まるには至らず、伝統的な生活世界は根強く残った。例えば、廣海家では一八九〇年代でも洋装品購入と併存して呉服購入が恒常的に続き（第四章）、宮林家では一九〇〇年代でも舶来品と併存して近世来の薬や呉服が購入された（第三章）。一八三六（天保七）年、富山県の飢饉時の食生活は、よめな・おばこ・もち草・たんぽぽ・せりなどの摘草や、からむしの根・どくだみ・くすのねなどの採取で、一八六九年は「飢饉にて貧民山に登り、草の根を掘り木の葉（フシグロ、ジョ葉）などを採りて喰ふ。又町へ乞食多く出づ。町の者も頬冠して混り入りて食を乞ふ」であったが、一八九七（明治三〇）年の凶作時は外国米（南京米）の輸入がみられ、「南京米に小豆、稗麦及各々其土地に於て無害なりと称する草根、野菜、雑草等を混和し或は外国米に豆腐糟又は馬鈴薯等を加えて常食と為す」とあった。[67] 一八九七年の凶作時は、秋田・宮城・福島・栃木・埼玉・長野・山梨・石川・和歌山・鳥取・島根・広島・高知・大分・鹿児島の諸県でも、近世来の手法の草の根や雑草に外国米や近代以降に新たに栽培された馬鈴薯を混合して食された。[68] むろん伝統的な生活世界と舶来的な生活世界の融合の度合は有力資産家層と自作農層では大きく異なり、二〇世紀に入っても伝統的な生活世界が根強く残った自作農層に対し、有力資産家層は二〇世紀に入るとかなりの程度舶来的な生活世界を享受し得るようになった。それこそが、近代日本の消費生活の実相であった。

注

（1）飛鳥井雅道『文明開化』（岩波書店、一九八五年）二～三頁。
（2）『岩波講座日本歴史15　近代二』（岩波書店、一九六二年）に所収。
（3）『岩波講座日本歴史14　近代一』（岩波書店、一九七五年）に所収。

(4) ひろたまさき「文明開化と在来思想」(『講座日本史5 明治維新』東京大学出版会、一九七〇年)。
(5) 『岩波講座日本通史 第一六巻 近代一』(岩波書店、一九九四年)に所収。
(6) 林屋辰三郎編『文明開化の研究』(岩波書店、一九七九年)。
(7) 飛鳥井雅道編『国民文化の形成』(筑摩書房、一九八四年)六二頁。
(8) 前掲注(1)飛鳥井書。井上勲『文明開化』(教育社、一九八六年)は、都市における開化の実態を描き、文明開化と国民国家との関連を、西川長夫・松宮秀治編『幕末・明治期の国民国家形成と文化変容』(新曜社、一九九五年)が多面的に検討した。
(9) 財団法人開国百年記念文化事業会編『明治文化史12 生活』(洋々社、一九五五年、新装版原書房、一九七九年)。柳田國男編著『明治大正史 第四巻世相篇』(朝日新聞社、一九三一年)は近世と近代の日本人の生活様式の変化を多様な側面から著し、神立春樹『明治期の庶民生活の諸相』(御茶の水書房、一九九九年)が、明治期岡山県下の都市・農村民の生活状況を分析した。
(10) 村上信彦『明治女性史 上巻 文明開化』(理論社、一九六八年)一七三〜一七五頁。また小木新造は、明治前期の東京区部の庶民生活を検討し、文明開化のさきがけをなす貴顕紳士がいる一方で、江戸時代的生活と意識を貫いた人々も多かったとした(同『東京庶民生活史研究』日本放送出版協会、一九七九年、三頁)。
(11) 芳賀登『明治国家と民衆』(雄山閣出版、一九七四年)、同『日本生活文化史序論—歴史学を人々に—』(つくばね舎、一九九四年)を参照。
(12) 小菅桂子『近代日本食文化年表』(雄山閣出版、一九九七年)一〇頁、石井研堂『明治事物起源7』(ちくま学芸文庫、筑摩書房、一九九七年)五〇一頁。天皇の牛肉試食の記事は、明治五年正月の『新聞雑誌』に、天皇着用の洋服のボタンなどの到着の記事は、『新聞雑誌』第五六号に掲載された。
(13) 前掲注(12)小菅書、二七・三四頁。天皇のアイスクリーム試食の記事は、明治六年七月二九日付『郵便報知新聞』に、パンや葡萄酒の下賜の記事は、明治一〇年四月五日付『横浜毎日新聞』などに掲載された。
(14) 近代前期の代表的な東京の新聞であった『東京日日』『朝野』『郵便報知』『読売』の一八八〇〜九〇年代の一日当たり平均発行部数は、いずれも約五〇〇〇〜二万部で、大阪最大の新聞であった『大阪朝日』の一日当たり平均発行部数は、一八八〇年代前半に約一万〜二万五〇〇〇部、八〇年代後半〜九〇年代前半に約三万〜八万五〇〇〇部で推移した(山本武利『近代日本の新聞読者層』法政大学出版局、一九八一年、巻末別表一〜三)。

(15)　明治一四年度『東京府統計表』一一三頁。
(16)　明治一四年度『大阪府統計表』九二～九三頁。
(17)　司忠編『丸善社史』（丸善株式会社、一九五一年）六六～六七・一〇五頁を参照。
(18)　明治四〇年度「鉄道局年報」（野田正穂・原田勝正・青木栄一編『明治期鉄道史資料　第Ⅰ期第一集第二巻』日本経済評論社、一九八一年）附録：全国鉄道開業明細表。
(19)　明治二四～二六年度『神奈川県統計書』商業の部、二八頁。
(20)　前掲注(18)明治四〇年度「鉄道局年報」附録：全国鉄道開業明細表。
(21)　長崎県史編集委員会編『長崎県史　近代編』（長崎県、一九七六年）七〇～七七頁。
(22)　同右、一七一～一七六頁。
(23)　宮城県史編纂委員会編『宮城県史　第三巻（近代史）』（宮城県史刊行会、一九六四年）二四六～二五九頁、宮城県蚕糸業史編さん委員会編『宮城県蚕糸業史　明治・資料編』（宮城県蚕糸業史編さん委員会、一九八七年）九七一～九七三・九九二～九九三頁。
(24)　前掲注(23)『宮城県史　第三巻（近代史）』二四六～二五九頁。
(25)　日本経営史研究所編『近代日本海運生成史料』（日本郵船株式会社、一九八八年）二五五頁。
(26)　前掲注(18)明治四〇年度「鉄道局年報」附録：全国鉄道開業明細表。
(27)　渋沢青淵記念財団竜門社編『渋澤栄一伝記資料　第一七巻』（渋沢栄一伝記資料刊行会、一九五七年）二六三～二六五頁。
(28)　大阪市役所編『明治大正大阪市史　第七巻史料篇』（一九三三年、復刻版清文堂出版、一九八〇年）四八六～四九一頁。
(29)　埼玉県編『新編埼玉県史　通史編五・近代一』（埼玉県、一九八八年）二八〇～二八一頁。
(30)　末永國紀『近江商人　三方よし経営に学ぶ』（ミネルヴァ書房、二〇一一年）。
(31)　例えば、近江国の肥料商については、水原正亨「近世近江八幡の干鰯屋仲間」（滋賀大学経済学部附属史料館『研究紀要』一一、一九七八年）、同「明治前期における流通機構の再編」（同『研究紀要』一三、一九八〇年）、同「近世近江における肥料商仲間について（一）」（同『研究紀要』一七、一九八四年）を参照。
(32)　原田敏丸・渡辺守順『滋賀県の歴史』（山川出版社、一九七二年）二三九～二四〇頁。
(33)　長野県編『長野県史　通史編第七巻・近代一』（長野県、一九八八年）二六二～二九三頁。

(34) 同右、七八六頁。
(35) 明治二〇・二一年度『島根県統計書』一八〜二〇頁。
(36) 内藤正中『島根県の百年』(山川出版社、一九八二年)九三〜一〇三頁。
(37) 同右、六二〜六七・七一〜八四頁、内藤正中『島根県の歴史』(山川出版社、一九六九年)一六二〜一七〇頁を参照。
(38) むろんその他の要因として近代軍事制度・近代教育制度の普及やキリスト教の普及の度合いなども影響を与えていたと考えられるが、それらは今後の課題としたい。
(39) 以下の記述は、日本経営史研究所編『創業百年史』(大阪商船三井船舶株式会社、一九八五年)二三頁、前掲注(18)明治四〇年度「鉄道局年報」附録：全国鉄道開業明細表、明治四二年度「鉄道院年報 国有鉄道の部」(野田正穂・原田勝正・青木栄一・老川慶喜編『大正期鉄道史資料 第Ⅰ期第一集第二巻』日本経済評論社、一九八三年)はしがき一三頁を参照。
(40) 一八七〇年代後半に各地で民間経営による鉄道事業構想が企画されたが、松方デフレで資金調達難に直面し、その後政府が幹線鉄道官営政策をとったため、民間の鉄道事業構想は挫折を余儀なくされ、その時畿内と金沢・富山を結ぶ東北鉄道会社構想も挫折した(中村尚史『日本鉄道業の形成—鉄道業形成をめぐる企業・国家・地域—』日本経済評論社、一九九八年、第一部第二章)。
(41) 以下の記述は、前掲注(9)『明治文化史12 生活』四八三〜五二二頁を参照。富沢家・原家の史料は、現在国文学研究資料館史料館に収蔵されている(国文学研究資料館史料館編『史料館収蔵史料総覧』名著出版、一九九六年、六二一〜六六六頁)。また同じく横浜近郊の神奈川県橘樹郡生麦村で、近世期に名主を務め、近代初頭に約五町歩の耕地を所有した耕作地主の関口家の家計では、一八六三(文久三)年に天鵞絨と異人笛の購入、六七(慶応三)年以降金巾と葡萄酒の購入と、最幕末期から文明開化に関連する支出がみられ、近代に入ると、七一(明治四)年に人力車や異人時計の、七二年に蝙蝠傘やランプホヤの購入がみられた(横浜市文化財研究調査会編『関口日記 第一五〜一七巻』横浜市文化財調査報告書第八輯の一五〜一七、横浜市教育委員会、一九八〇〜八一年)。大阪近郊でも、兵庫県武庫郡西昆陽村で、近代前期に約五町歩の耕地を所有した耕作地主の氏田家の家計では、一八八二年以降新聞代・郵便料・写真代・汽車賃などの文明開化に関連する支出がみられ、九〇年以降石油が使用されていた(山崎隆三『地主制成立期の農業構造』青木書店、一九六一年、二八五〜二八八頁)。
(42) 高橋家については、中村吉治編『村落構造の史的分析—岩手県煙山村—』(日本評論社、一九五六年、復刻版御茶の水書房、一九八〇年)一五六・八〇三・八五六〜八七八頁を参照。収支の金額は、同書八六三頁に従って銭一〇貫文＝一円で換算して示した。大西家については、鹿股壽美江『大地主の成立過程とその生活』（古今書院、一九七〇年）を参照。
(43) 北陸銀行調査部百年史編纂班編『創業百年史』（株式会社北陸銀行、一九七八年）一四頁。
(44) 前掲注(18)明治四〇年度「鉄道局年報」附録：全国鉄道開業明細表を参照。
(45) 加藤家については、大場正巳『農家経営の史的分析―明治初期以降農地改革にかけての東北一農家経営の展開構造―』（農業総合研究所、一九六〇年）を参照。加藤家の収入は、一九一〇年代後半から急増し、二〇年代には年間三〇〇〇円台になった（『自作農農家々計に関する諸記録』財団法人農政調査会、一九五五年）。
(46) 前掲注(45)財団法人農政調査会書。
(47) 前掲注(45)大場書を参照。
(48) 高宇『戦間期日本の水産物流通』（日本経済評論社、二〇〇九年）を参照。
(49) 以下の記述は、戸谷敏之『近世農業経営史論』（日本評論社、一九四九年）第八章を参照。
(50) 前掲注(45)財団法人農政調査会書を参照。
(51) 明治二五年度『山形県統計書』一六三～一六五頁。
(52) 以下の記述は、前掲注(9)『明治文化史12　生活』五二三～五三四頁を参照。
(53) 前掲注(18)明治四〇年度「鉄道局年報」附録：全国鉄道開業明細表を参照。
(54) 以下の記述は、前掲注(9)『明治文化史12　生活』四六九～四八二頁を参照。
(55) 前掲注(36)内藤書、九三～九九頁を参照。
(56) 以下の記述は、高井進『明治期農民生活の地域的研究』（雄山閣出版、一九七八年）第三章を参照。
(57) 以下の記述は、鹿股壽美江『明治後期における農家生活の実証的研究』（中央公論事業出版、一九六六年）を参照。
(58) 前掲注(18)明治四〇年度「鉄道局年報」附録：全国鉄道開業明細表を参照。
(59) 前掲注(14)山本書、一八九頁。ただし一八八〇年前後に自由民権運動が盛んであった地域では、その時点から自作農層が政治的活動を行い、輪読会や共同購入などの手段によって早期から彼らも新聞に接したと考えられる（同書一八八頁を参照）。新聞の定価は一八八〇年代前半までは、『東京日日』『朝野』『郵便報知』『毎日』などの「大新聞」は高かったものの、自由民権運動が衰退してかつ不況でもあった一八八〇年代中葉には販売部数が伸び悩み、八六年から値下げ競争が生じ、『東京日日』と『朝野』は一ヵ月購読料五〇銭、『郵便報知』は一ヵ月三三銭、『毎日』は一ヵ月二五銭になった（同書八七〜八八頁）。
(60) 川勝平太『日本文明と近代西洋―「鎖国」再考―』（日本放送出版協会、一九九一年）第一部第三章。
(61) 前掲注(28)『明治大正大阪市史 第七巻史料篇』五二一〜五四二頁。ただし近代前期の日本の統計で用いられた輸入綿布と在来綿布の単位面積「一反」の広さは、種類によりかなり異なるので、単位面積を揃えて比較する必要がある（川勝平太「明治前期における内外綿布の価格」『早稲田政治経済学雑誌』二四四・二四五合併号、一九七六年）。また高村直助は、輸入綿布の大部分は、在来綿布とは品質を異にしながらも、大幅な価格差を武器にその市場を現に奪っていたと論じている（同「維新前後の〝外圧〟をめぐる一、二の問題」東京大学『社会科学研究』三九―四、一九八七年、一三頁）。
(62) 前掲注(49)戸谷書、四八七〜四九一頁。また自作農層で金巾の購入がなかった要因として、綿布自家生産の根強さも考える必要がある。一九五三〜五五年にかけて行われた六〇〜八〇歳程度の人への聞き取り調査では、明治中期の時点でも回答者の約七五％の家で何らかの形で自家生産によって衣料品が調達されていた（谷本雅之『日本における在来的経済発展と織物業―市場形成と家族経済―』名古屋大学出版会、一九九八年、二八頁）。
(63) むろん「生産者」のなかでも生産物・生産技術の違いやその転換により、日常的衣料の使用価値（用途）が異なったり変容したりすることはあり得る。よってこの時期の資産家層と自作農層の衣料の使用価値（用途）の差異を固定化して考えるつもりはない。
(64) 中西聡『旅文化と物流―近代日本の輸送体系と空間認識―』（日本経済評論社、二〇一六年）第一章を参照。
(65) 同右、第二章を参照。
(66) 深井甚三『江戸の旅人たち』（吉川弘文館、一九九七年）を参照。
(67) 浦田正吉『近代地方下層社会の研究』（桂書房、一九九四年）四二七〜四二九頁。
(68) 「細民生計の状況」（林英夫編『近代民衆の記録4 流民』新人物往来社、一九七一年、五三七〜五七五頁）。大塚力は、外国米輸入で飢饉時の餓死者がほぼ皆無になったことを開化の現れとした（大塚力編『食生活近代史―食事と食品―』雄山閣出版、一九六九年、三頁）。

第二章　愛知県有力醸造家の消費生活
——盛田久左衛門家の事例——

はじめに

本章では、愛知県小鈴谷の有力醸造家であった盛田久左衛門家の消費生活を検討する。最初に盛田家の歴史を概観する。盛田家は、(1)近世前期から尾張国知多郡小鈴ケ谷村の庄屋を務め、近世中期から醸造業を営んできた旧家で、現在も愛知県常滑市小鈴谷で酒造・醤油醸造業を営んでいる。旧小鈴ケ谷村は、知多半島中央部西海岸に位置し、伊勢湾に面した半農半漁の村で、近世期の農業生産性はそれほど高くなかったが、盛田家は漁業の網元として蓄積を進め、半田の中埜家など村外の親戚と協力して廻船業・醸造業経営を拡大した。

近世後期以降の盛田家は、酒造業を家業とし、酒を主に江戸へ販売し、近代期には静岡県へ販路を拡張して、清水・沼津などに半田の中埜家と共同で酒販売店を開設した。盛田家は酒造米を確保するため、近世後期から土地取得を進め、近代期に約四二町歩の土地を所有した。知多郡では米作が中心で、(2)米の反当たり収量（反収）は、一八八四（明治一七）年が一・二二石、九二年が一・五四石、一九〇二年が一・八一石、一二（大正元）年が二・一四石と増大した。小鈴谷村の米の反収も、一八九七年に二・一六石を示し、近代期に急速に農業生産性が向上した。ただし、小鈴谷村の米の反収は、その後一九一六年に二・二八石、二三年に二・四石、三五（昭和一〇）年に二・三三石と頭打ちになり、平野が少なく用水に恵まれない地域の限界が表面化した。

一方、小鈴谷村では、近世期から醸造業が展開して、その輸送手段として船舶が利用され、近代期の常滑地域では小鈴谷村とそれに隣接した西浦町で工業が発達した。実際、一九〇七年の小鈴谷村では、職工数一〇人以上の工場が一四ヵ所あり、醸造が六、織物製造が四、瓦製造が三、煉瓦製造が一であった。さらに、現在の常滑市域（大野町・三和村・鬼崎村・常滑町・枳豆志〈西浦〉村・小鈴谷村）の一九一〇年時点の主要会社では、最大の資本金が小鈴谷村坂井に所在した知多航業株式会社（資本金二〇万円）で、その次が小鈴谷に所在した盛田合資会社（資本金一〇万円）であった。

醸造業の発展をもとに、知多郡での盛田家の資産家としての地位は、近代期を通して高まった。近代期の知多郡では、中央部東海岸に位置して衣浦に面した半田と亀崎に有力資産家が存在し、盛田家は二〇世紀初頭までは、半田・亀崎の有力資産家より資産規模は少なかった(3)。その後同家は、第一次世界大戦期以降に資産規模がかなり拡大し、半田の小栗冨次郎や井口半兵衛が二〇世紀初頭に没落したのと対照的に、一九三三年時点の資産家番付で、中埜又左衛門家・小栗三郎家・伊藤脩二家に続いて知多郡で四番目に位置した。表15を

表15　盛田家所得金額一覧　（単位：円）

年度	有価証券	貸金·預金	地所	貸家	酒造	味噌溜	船舶	合計
1886	266	180	1,138	16	1,133	1,074	555	1)4,445
1888	229	270	487	38	3,291	5,049	478	9,842
1892	848	140	802	5	1,731	5,405	299	9,230
1893	808		830	12	1,518	5,262	106	8,536
1894	1,700	140	814	13	2,320	6,060	527	11,574
1895	1,863	140	940	13	2,720	5,300	1,143	12,119
1896	2,575	140	781	11	3,953	5,243	818	13,521
1897	8,248	140	941	7	2,413			
1898		140	948	8	1,034			
1899		231	844	△85				
1900			1,045	37				
1901			1,207	45				

（出所）明治20~35年「所得金下調綴」（盛田家文書XⅦa1425）より作成.
（注）有価証券は公債利子と株式配当の合計. 貸金·預金は利子. 年度は所得金申告書の提出時期からみた推定. 1898年1月に盛田合資会社が設立され, 97年度以降の味噌溜·船舶所得, 98年度以降の有価証券所得, 99年度以降の酒造所得は出てこない. いずれも久左衛門分と友吉分の合計を示した. 無印は所得, △印は損失. 1)戸長給料を含む.

みよう。近代期の盛田家では、酒造業よりも醤油醸造業が所得源泉の中心となり、一九世紀末以降は有価証券配当・利子が中心となったと推定される。盛田家の有価証券所有は、一八九〇年代後半から亀崎銀行株や北倉合資会社への出資として増大し、九八年に家業の醸造業を盛田合資会社として会社組織にしたことで、その所有株式が有価証券所有の大部分を占めるに至った(4)。それゆえ、一八九八年以降は、盛田合資会社からの配当金が盛田家の所得の大部分を占めたと考えられる。なお盛田家以外にも家業の醸造業を会社組織にした事例は多く、盛田合資会社が設立された一八九八年一月時点で、小鈴谷村と隣りの坂井村で、北倉合資会社（一八九二年設立、資本金二万四〇〇〇円、酒類醸造販売）、陸井合資会社（一八九〇年設立、資本金二万円、酒造・米糠肥料販売）、西倉合資会社（一八九三年設立、資本金一万円、酒類製造）が存在していた（資本金はいずれも一八九八年一月時点）。ただしそのなかで、盛田合資が資本金額からみて突出して規模が大きかった。

二〇世紀の盛田家は、表16で示したように、盛田合資以外に、地元坂井の知多航業や亀崎の衣浦貯金銀行や半田の丸三麦酒の役員を務め、特に第一次世界大戦期以降は、半田の中埜家と共同して敷島製パン株式会社や中埜酒店株式会社を設立してその役員となり、知多郡を代表する資産家となった。ただ、丸三麦酒や敷島製パンは、盛田家一族の盛田善平が経営を担っており、盛田家の多角化を善平が担っていた(5)。本章が分析対象とする一八七九〜一九〇九年の盛田家は、一〇代久左衛門の弟の一一代久左衛門から一三代久左衛門の時代であり、一一代は一八九四年に、一二代は一九〇六年に亡くなった。一二代は一〇代と一一代の甥であると同時に一〇代の娘婿で、一三代は一二代の息子であった。盛田家と半田の中埜一族は

1926年	1931年
1)監査役	
	1)社長
取締役	取締役
社員	社員
1)代表取締役	1)代表取締役

よび大正5·11·15·昭和6年版『日

名称変更, 会社名の後の(　)内は

表 16　盛田家会社役員一覧

会社名	所在	1894年	1897年	1902年	1907年	1912年	1917年	1922年
北倉合資	小鈴谷	社員			半田市場（半田）		1)取締役	
東海航業合資		1)役員			半田製氷（半田）		1)社長	
衣浦貯金銀行	亀崎		取締役	取締役	取締役		丸三運送店	
知多航業	坂井		取締役	取締役	取締役		敷島屋製粉所（半田）	
丸三麦酒	半田		監査役	1)取締役		中埜酒店（半田）		取締役
盛田合資	小鈴谷			社員	社員	社員	社員	社員
知多貯蓄銀行	野間			監査役	監査役	［知多銀行］	相談役	
西浦商会	小鈴谷			監査役		敷島製パン（名古屋）		監査役
亀甲富醤油	半田					監査役	監査役	

（出所）由井常彦・浅野俊光編『日本全国諸会社役員録　第1·2·6·11·16巻』（柏書房, 1988·89年）お本全国諸会社役員録』（商業興信所, 1916·22·26·31年）より作成.

（注）各年1月頃のデータと考えられる. 無印は久左衛門, 1）は善平. 欄の途中の会社名の［　］内は本社または本店所在.

密接な姻戚関係にあり、一一代久左衛門の兄弟がそれぞれ三代中埜又左衛門・七代中埜半六となり、一三代久左衛門は盛田太助家から妻を迎えたため、前述の盛田善平（後の太助）とは義理の兄弟となった。一三代久左衛門の妻は千代で、後述の教育関連支出で登場する長男彦太郎が後に一四代目を継ぎ、次男萬二が後に一一代中埜半六を継いだ。その他、敬三・ゆき・いとはいずれも一三代久左衛門の子どもである(6)。

一　盛田久左衛門家の家計支出内訳概観

盛田久左衛門家では、家計部門は「入用方」と呼ばれ、「入用方差引帳」「入用方当座帳」「諸入用之帳」の三種類の帳簿が作成された。「入用方差引帳」は、金銭出入が月日順に記載され、金額とともに出入りの相手名が記されたのみで、近世期から継続して記載され続けた。近代に入り、一八七八（明治一一）年からは「入用方当座帳」が作成され、金銭出入はやはり月日順に記載されたが、相手名に加えて内容も記載されるようになり、これ以降、家計分析が可能となった。そして一八九九年からは、「入用方当座帳」の各項目を内容別に分類集計した「諸入用之帳」があわせて作成され始め、盛田家自身が家計支出内容を正確に把握

表17　盛田家家計支出内訳　(単位:円)

項目	1879年度	1889年度	1899年度	1909年度
米麦	14	20	362	455
勝手入用	68	107	423	815
給料	22	110	347	479
修繕	65	59	384	282
音信	69	53	296	199
医薬	78	89	83	220
旅行	277	530	534	2,350
呉服・小間物	385	149	426	664
家具・器具	82	311	402	710
教育	2	18	30	1,255
雑費	778	289	543	566
貯金・寄付	21	3	375	200
諸税		1	480	457
法事			327	283
生命保険				725
年計	1,861	1,739	5,011	9,660

(出所)明治12・22年「入用方当座帳」,明治32・42年「諸入用之帳」(盛田家文書XⅦa1336・1437・1590・1640)より作成.
(注)1899年度と1909年度の「諸入用之帳」の分類に即して,1879年度と89年度の個々のデータを分類した.1879年度は79年1月15日~80年1月10日を集計し,89年度は89年2月1日~90年1月11日を集計した.臨時費の項を雑費・貯金・寄付・法事に分類したが,分類が不明の場合は雑費に入れたので,1879年度は雑費がやや過大である.

するようになったと考えられる。

商家の場合は、一八八七年から所得税が導入されたことを契機として、家業と家計の分離を明確にする必要に迫られて家計支出帳簿体系が整備されたことが多いが、盛田家の場合は、家業は醸造業で、八七年以前から帳簿体系として家業部門の「酒方」と家計部門の「入用方」が分離していたため、八七年を境に家計帳簿体系が変更されてはいなかった(7)。ただし、盛田家は一八九八年に盛田合資会社を成立し、家業部門を会社組織にしており、それを契機に家計帳簿の整備を図ったと推定される。実際、一八九九年のみ、これまでの「入用方当座帳」に加えて、同じ内容で金銭出入りに分類を付したもう一種類の「入用方当座帳」が作成されており、盛田家の試行が垣間見られる。そこで本章では、この一八九九年を基準として、五年おきに七九・八四・八九・九四年の「入用方当座帳」と、九九・一九〇四・〇九年の「諸入用之帳」を用いて、一八七九～一九〇九年の盛田家の家計支出内容の変容を検討する。なお、現在公開されている盛田家の「諸入用之帳」と「入用方当座帳」は一九一一年が最後のため、一〇年代以降の分析は行えない。また、各帳簿の年度の開始月が時期によって異なるため、年ではなく年度として集計した。そして「入用方当座帳」は、内容別に分類されていないため、「入用方当座帳」の各項目を、九九年度の「諸入用之帳」の分類項目に即して分類して比較することとした。

表17をみよう。一八九九年度の「諸入用之帳」は、表17のような各項目に分類されており、末尾の貯金・寄付、法事、生命保険は臨時費として一括されていたが、それをそれらの項目で分類して示した。家計支出規模として一八七九年度と八九年度はほとんど変わらなかったが、九九年度・一九〇九年度と急増した。一八八九年度と九九年度では、各項目ともに支出額は増大したが、特に米麦、勝手入用、修繕、呉服・小間物、貯金・寄付、諸税、法事などが増大し、九九年度と一九〇九年度では、特に勝手入用、旅行、教育、生命保険が増大した。勝手入用は、一八九九年度の「諸入用之帳」では、「薪炭、酒、味噌、溜り、魚類、青乾物等」とされ、いわゆる米麦を除く飲食料品一般と燃料であった。ただし、この年度の「茶、菓子、牛乳」は雑費に算入され、これらはまだ日常的な飲食品とは位置付けられていなかった。それが一九〇九年度の「諸入用之帳」では、勝手入用が「薪炭、酒類、味噌、溜、肉類、青干物、茶、牛乳、菓子、その他食料品一切」とされ、「肉類」や「牛乳」も日常的な飲食品として認識され始めたことがうかがわれる。そのことが一八九九年度から一九〇九年度への勝手入用の急増につながったと考えられるが、本章では、盛田家の消費生活を、衣生活を示す呉服・小間物費、食生活を示す勝手入用、住生活を示す家具・器具費の内容から検討し、社会との関連を、健康面を示す医薬費、教育面を示す教育費、娯楽面を示す旅行費の内容から検討する。

二　盛田家の「衣食住」生活

1　衣料品購入の動向

表18をみよう。盛田家は多様な地域の多様な相手から様々な呉服・小間物類を購入し、その種類は年が経るに伴い広がった。購入金額は、一八七九（明治一二）年度から八九年度に減少したかにみえるが、七九年度の金額の多さは、一二月一四日の大丸屋呉服店（おそらく名古屋店）への約二四二円の支払いによるもので、この金額が特別に多いので、それを除けば、一八七九～一九〇九年度まで支出合計金額は増大した。盛田家は、糸や綿つぎや染め物などは小鈴谷地域で購入したり行わせたりしたが（大谷は一九〇九年に小鈴谷村に合併）、小鈴谷村は町場から離れた半農半漁の村であったため、半田・河和・内海など知多郡各地の町場から呉服を購入するとともに、名古屋でも大丸屋呉服店や伊藤呉服店など後に百貨店に展開する大規模呉服店から呉服物を購入した。大阪府貝塚の廣海家の家計史料でも、廣海家が店員を大阪に派遣して呉服類や舶来品の購入を行わせたことが判明するが（第四章）、知多郡は木綿産地であったが、加工度の低い白木綿産地であり[8]、盛田家は、高級な呉服物を名古屋の大規模呉服店で購入したと考えられる。

むろん、知多郡でも醸造業の主産地かつ交通の要所で、資産家が多数存在した半田では多様な織物が手に入ったと考えられ、盛田家は一八八九年度に親族にあたる半田の中埜半六や中埜又左衛門を介して[9]、フランネルや秩父織を購入した。そして、一八九九年度には当主が東京へ旅行した際に、呉服物を多数購入し、また一九〇九年度には千代が、名古屋のみでなく京都の大丸や高島屋からも呉服を購入するに至った。こうした呉服物の出張購入が頻繁に行えるようになったのは、一八八六年に官営鉄道が武豊と名古屋の間に開通したことに始まる鉄道網の整備が大きかったと考

表18　盛田家衣料関連支出内容（呉服・小間物費）　（単位:円）

月日	金額	内容
1879年度		
1·21	7.73	紺屋助次郎染代払
1·21	6.56	美濃屋惣兵衛呉服物代払
2·9	0.27	ほりで仕立物代
2·24	1.00	糸玉緒〆
2·24	0.46	二日屋庄左衛門呉服物代払
3·1	0.07	蝙蝠傘直し代
3·5	5.57	呉服屋惣兵衛払(木綿・金巾他)
3·8	8.42	桧物屋庄吉払(かんざし他)
3·11	4.24	糸屋甚蔵糸代払
3·17	0.25	村忠兵衛綿つぎ代
4·1	0.25	忠兵衛綿つぎ代
4·10	0.71	豊丈払ビロド代
4·10	0.05	麻代
4·22	0.45	当村三六綿ツギ賃
5·8	4.10	奥田傘屋庄助傘20本代
5·13	7.32	美濃屋惣兵衛買物(糸他)
5·24	2.22	しまいと代
5·31	0.35	糸七払
6·2	0.29	浦藤行〆12反2銭4厘心付
6·9	34.25	ひもの屋庄吉小間物代払
6·13	13.29	大丸屋呉服物払
7·27	1.10	三留中紀立1反代
8·29	4.67	大谷紺屋岩吉染物代払
8·29	0.02	大谷紺嶋払
8·30	8.09	樽水紺彦払
8·30	0.43	樽水紺屋払布上ネル1枚
9·11	1.60	ひもの屋庄吉小間物代払
9·22	0.19	風呂敷代
10·2	0.58	廣月市郎兵衛綿つぎ賃
10·4	1.00	名古屋琴先生仕立代
10·17	0.03	綿引き機械シンク代おとみ渡す
10·21	0.60	罰綿つき代
10·22	0.34	半田神谷貞助木綿1反取替料
10·23	0.88	半田柏屋又左衛門千草2反代払
11·9	5.75	前野小平治払(鏡・襦袢・八丈縞)
11·29	0.30	綿30匁つぎ賃
11·29	6.29	坂井利助縞代払
11·29	7.34	糸屋佐吉払
12·14	241.75	大丸屋払
12·19	5.83	美濃屋惣兵衛着物(木綿)
12·23	0.69	名古屋梅屋払(風呂敷他)
年計	385.30	
1889年度		
2·9	1.15	晒木綿代
2·12	5.80	克巳館肩掛代
2·12	2.00	克巳館フランネルシャツ代
2·20	0.43	衣川久治郎へ羽織他代
2·24	0.19	衣川久治郎へ金巾他代
2·28	0.96	源治郎綿代
3·8	0.26	糸
3·9	0.01	当糸代
3·27	1.23	松田屋豊次郎払縮緬代
3·30	0.42	双子織代
4·4	1.65	河和にて唐縮緬代
4·29	0.49	泉久足袋代払
5·15	2.38	名古屋知多和仕立賃払
5·23	1.48	内海日比吉平払(縞・帯他)
5·25	0.12	彦治郎帽子シャツ代
6·1	3.67	綿打賃源治郎払
6·10	3.41	徳重丸払(糸代)
6·28	19.02	呉服代いとう払
7·21	2.33	内海山城屋地織嶋1反他
8·1	3.60	米田染辰染物代
8·7	5.67	樽水助三郎染物代払
9·10	1.67	井筒屋久兵衛糸代
9·20	0.95	あや名古屋行買物双子織1反代
9·20	20.25	名古屋大丸屋呉服物代払
9·27	3.71	内海日比吉平呉服物代払
10·4	10.40	村中村善六払(糸・直綿代)
11·7	1.65	庄吉かんざし代
11·14	3.23	半田半六払フランネル代
11·22	0.63	河和松浦屋卯八新縮代他
12·3	3.80	東倉払(おおふ1反他)
12·10	3.98	中埜又左衛門払秩父1疋代
12·10	0.15	中埜又左衛門払かんざし1本
12·21	1.30	罰払古手羽織代
12·24	16.62	大丸屋呉服物代払
12·24	2.20	利左衛門大丸屋分
12·25	0.43	松田仕立代
12·27	0.65	森下利七薩摩帯代
12·27	2.95	成岩豊屋利太郎払(糸代他)
12·28	17.89	名古屋伊藤呉服物代〆払
年計	148.71	
1899年度		
3·8	0.80	半田鈴木払縞木綿代

(表18の続き1)

月日	金額	内容
3·9	1.16	張徳張もの代
3·17	2.90	半田にて木綿
3·25	1.20	小栗三平銭入代
3·29	5.60	美濃万払(帽子·メリヤス)
4·24	8.85	桔梗屋縮緬代
4·24	6.05	名古屋金屋シャツ他代
4·24	1.72	大菱屋きれ代
4·24	4.89	糸彦払(唐糸·紡績糸)
4·24	1.45	二子織一反
4·25	5.72	糸佐払(赤紫糸·紺横糸)
4·27	3.43	伊藤呉服店紋縮緬3尺
4·30	1.80	衣川久治郎布類代
5·11	0.44	呉服会社払
5·20	24.95	榛名残品(風呂敷·珊瑚玉)
5·22	1.90	山崎払小紋2反代
6·25	0.92	糸屋佐助払糸代
6·25	6.82	伊藤払(真田帯·晒羽織)
6·30	0.97	衣川久次郎布類
6·30	1.07	中村源左衛門布類
6·30	5.27	糸徳払呉服代
7·9	4.52	美濃万払(足袋·メリヤス)
7·29	2.08	井筒久兵衛(絹·帯)
7·30	5.40	糸徳払(呉服物)
7·30	3.25	百花堂払(象牙)
8·8	1.52	糸屋佐助糸代
8·11	1.22	小栗洗張
8·11	1.66	鈴木助左衛門白縞1反他
8·11	4.09	紺屋助三郎染物
8·11	1.77	晒木綿6反
8·11	0.05	大谷紺屋払染物代
8·16	1.04	田村屋払羽織仕立代
8·17	1.25	糸屋佐助絹物染め代
8·17	1.50	紋織織賃
8·17	4.22	糸徳払(真田·兵児帯)
8·18	7.09	呉服会社払(白モス·繻子)
8·20	4.80	桔梗屋足袋代
8·31	1.35	内海彦治郎払(キャラコ他)
9·1	98.58	久左衛門東京にて買物
9·3	4.50	橋本治平紙徳袋代
9·9	0.57	孫助払縞半反
9·21	0.66	鈴木助左衛門綿代
9·21	0.17	伊藤呉服店染物賃
9·30	0.95	婦人用黄縞2反代
10·4	1.00	呉服物
10·4	0.79	唐縮緬代
11·14	2.00	前野小平二縮緬代
11·18	0.20	縮緬小切代中埜半六払
11·21	1.09	井筒屋払糸代
11·21	3.43	老人名古屋ネルズボン代
12·5	57.95	美濃万払(英ネル·三つ揃)
12·9	1.15	桔梗屋払反物1反
12·9	0.06	足袋不足代
12·12	2.72	双子織3反代
12·31	1.82	大川屋幸助シャツ2反他
12·31	1.29	作五郎晒5反代
12·31	0.26	伊藤払羽織紐1本
12·31	7.10	曽糸織1反
1·16	2.76	糸屋佐助羽織紐他
1·18	1.53	半田末廣屋かんざし7本代
1·21	4.38	ひもの屋庄吉払(かんざし)
1·26	0.42	足袋蓙5尺
1·26	2.89	張徳張もの代
1·27	1.66	紺屋盛左衛門染物代
1·27	18.24	糸徳払(大嶋紬·双子織)
1·27	1.92	紺屋助三郎染代
1·27	5.05	田村屋絹切色々
1·28	0.70	鈴木助左衛門
1·28	3.32	糸屋佐助払(糸代)
1·29	0.92	おすみ仕立物
2·28	0.06	鈴木助左衛門毛繻子えり
2·28	0.75	衣川久次郎足袋6足
2·28	0.30	竹なづ代
2·28	21.89	主人名古屋にて買物
2·28	22.81	盛田本店買物
年計	425.99	
1909年度		
3·21	19.48	大丸屋払通〆
4·4	1.15	新聞払反物代
4·7	5.33	彦太郎シャツ代
4·7	5.60	萬二シャツ代
4·12	10.00	ゆき·いと襦(袢)代
4·12	0.85	帯仕立賃
4·12	2.15	晒木綿5反代
4·12	0.12	銘仙1反湯通し代
4·23	32.20	紋羽二重2疋と1反代
4·26	35.47	千代名古屋にて呉服代
4·28	0.68	太田屋晒2反代

(表18の続き2)

月日	金額	内容	月日	金額	内容
5·29	35.00	縮木綿着物代	10·22	10.85	ひもの屋庄吉玉かんざし外
6·1	4.82	岩本為替甲紋絹代	11·3	63.78	千代名古屋にて呉服買入
6·14	9.29	京星社払米沢染代	11·23	1.00	京星社染物代払
6·15	0.70	袴紫染賃	12·3	1.88	糸屋佐助真綿デンチ·羽織物
6·23	26.98	桔梗屋払前半期呉服代	12·19	1.78	大阪屋呉服物代
6·23	4.63	大丸屋払〆	12·19	0.70	大阪屋メリヤスシャツ1反
6·26	3.14	秀松船紡績1包	12·20	7.60	常滑紺松払納戸織地10反
6·26	28.29	伊藤呉服店呉服代通〆	12·20	3.30	京都奈良屋払縞羽二重半反
7·12	8.46	田村屋払洗張染代	12·20	1.03	知多和払紋羽二重1疋練代
7·20	14.50	増田払セル羽織1反	12·20	0.76	紋羽二重2疋練り代
7·20	0.60	メリヤスシャツ1反	12·20	5.90	節紅絹1疋代
6·29	43.56	千代京都大丸高島屋呉服代	12·20	4.60	袋綿12代
6·29	3.50	いと蝙蝠傘代	12·20	2.81	紅梅甲紋絹代(差引)
8·14	1.62	化粧品クリーム小1瓶代	12·20	2.15	順仙縞1反代
8·18	8.80	京星社払染直し物4反	12·20	1.90	順仙縞絣1反代
8·25	2.72	㊥払糸代	12·28	2.10	綿善払上綿1貫目代
8·25	7.60	衣川払晒木綿絞り	12·28	64.99	桔梗屋払呉服物代〆
8·25	1.80	綿善払ふとん綿1本	12·28	9.73	岩本弥左衛門払(毛布·ネル)
8·26	0.95	坂井紺屋払	12·30	18.01	糸徳払呉服物代
8·26	7.18	張冨払洗張直し	1·19	3.75	大阪屋呉服物色々
8·26	52.49	糸徳払前半期呉服代	1·24	0.20	水油
8·27	1.60	おとら縞2反織賃	2·1	2.45	㊥払呉服物代
8·28	0.68	大谷紺屋払	2·1	2.44	衣川払足袋シャツ
8·28	1.21	武豊日比安吉足袋6足代	2·2	0.60	大阪屋フランネル
9·7	0.79	伊藤新七白エリ3つ	2·8	5.21	日比安吉足袋代
9·26	2.28	大丸屋払呉服物代	2·8	1.69	大谷紺箴染物代
9·30	7.90	千代名古屋にて呉服小間物	2·9	1.79	大谷張冨払洗張色上〆
10·1	1.19	上晒木綿3反	2·18	6.87	岩本弥左衛門仕立物賃払
10·12	6.58	京星社染直し物3反外染賃	2·28	32.23	名古屋支店払(金鎖·帽子)
			年計	663.90	

(出所)表17と同じ.

(注)部分的にかなで記された地名は揃えるために漢字に直し,また様々な当て字で記された人名等は適宜漢字もしくはひらがなに直して揃えて示した.内容欄の括弧書は代表的な購入品.1899·1909年度の年計欄は出所史料による項目別総計額を示した.以上,表20·23ともに同じ.

えられ、盛田家家族の旅行先も愛知県内から関西圏に頻繁に行けるようになった（後述）。ただしその一方、地元でも次第に舶来織物を含む多様な織物を購入するに至り、例えば内海の彦治郎からは、一八八九年度に帽子とシャツを、九九年度にはキャラコなどを盛田家は購入した。

2　食料品購入の動向

つぎに、盛田家の食料品購入について検討するが、盛田家の家計支出を示す帳簿では、米・麦などの主食は量と金額のみ計上されたので、副食費の内容を検討する（表19）。副食費の内容を、一八七九（明治一二）～一九〇九年度まで五年毎にみると、合計額は一八七九年度の五三円から、九四年度の二七一円、一九〇九年度の三九九円へ増大した。一九〇四年度までは魚の購入費が肉のそれを上回っていたが、〇九年度には肉の購入費が魚のそれを上回った。盛田家は臨海部に暮らし、日常的に魚を食べており、一八九四年度まで肉はあまり買わなかったが、九九年度以降は日常的に購入するに至った。ただし、一九〇四年度以降は主に鶏肉を購入し、時々牛肉も購入したが、豚肉は一度もなかった。愛知県では養鶏業が近代期に定着・発展し、常滑市域でも二〇世紀初頭から鶏を飼育する農家が増加しており、小鈴谷村では一九〇五年度に、養鶏農家戸数二一五戸、飼育鶏数九六七羽、集卵数が六万二九〇〇個との記録があった。(10)盛田家の玉子の購入金額は、一八七九年度は一円にすぎなかったが、一九〇四年度は五一円に増えた。鶏肉は主に地元坂井の小売商から買い入れ、この購買行動は、地元の養鶏業の発展と関係していたと思われる。同家は、地域の有力な事業家で、地域の新しい産業の発達を後押しするため積極的に玉子や鶏肉を購入したのであろう。その意味で、盛田家の購買行動は、いわゆる「地産地消（地域生産地域消費）」を体現していた。「牛乳」についても、一八八四年度以降かなり購入されているが、地元坂井の牛乳舎からの購入であり、「地産地消」の意味合いが強かった。

表 19　盛田家副食費の推移

（単位：円）

項目	1879年度	1884年度	1889年度	1894年度	1899年度	1904年度	1909年度
とうふ・あげ	3	8	4	17	12	5	11
酒	1	0	4	3	37	131	94
調味料	4	10	3	14	65	60	71
魚	29	107	38	88	65	94	54
玉子	1	3	5	12	10	51	9
牛乳	0	41	43	71	56	48	39
肉	0	7	9	7	23	55	71
内 鳥肉	0	7	5	6	0	28	53
野菜・果物	15	14	9	59	19	33	51
（主要品）	生姜	生姜	生姜	生姜	生姜	りんご	生姜
	蓮根	蓮根	蓮根	蓮根	蓮根	蓮根	蓮根
	こんにゃく	こんにゃく	こんにゃく	こんにゃく	こんにゃく	こんにゃく	こんにゃく
	茄子	茄子	茄子	胡麻	茄子	茄子	茄子
	竹の子	竹の子	竹の子	竹の子	竹の子	大根	栗
	ふき	ふき	ふき	ふき	ふき	ふき	せり
	人参	人参	柿	人参	人参	人参	柿
	大根	苺	大根	大根	くず	柿	大根
	うど	ぜんまい	うど	うど	ぜんまい	ぜんまい	白菜
	水瓜	瓜	瓜	ぜんまい	瓜	梨	瓜
	ごぼう	ごぼう	馬鈴薯	ごぼう	ごぼう	ごぼう	梨
	椎茸	椎茸	柚	椎茸	椎茸	椎茸	椎茸
	柚	里芋	里芋	里芋	里芋	里芋	里芋
	ねぎ	すいか	すいか	すいか	ねぎ	すいか	ネーブル
	梅		わさび	わさび	わさび	わさび	
	みかん		みかん	梅	つくね芋	みかん	
	薩摩芋		薩摩芋		山芋	薩摩芋	
			山桃			山桃	
			枇杷			枇杷	
副食費合計	53	189	115	271	287	477	399
家計支出計	1,861	2,552	1,739	4,673	5,011	6,929	9,580

（出所）明治12・17・22・27年「入用方当座帳」，明治32・37・42年「諸入用之帳」（以上，盛田家文書XⅦa1336・1398・1437・1496・1590・1626・1640）より作成．

（注）副食費合計はこの表で取り上げた8項目の合計．家計支出計はすべての家計支出合計．「魚・肉代」のように，項目名がまたがって記載された場合が若干あり，それらは除いた．主要品は野菜・果物のうち主な購入品を示した．盛田家の会計年度として3月から翌年2月の年や，2月から翌年1月の年があった．

また、盛田家は、生姜・蓮根・こんにゃく・茄子などの野菜を継続して買い入れていたが、一九〇四年度にりんご、〇九年度に白菜とネーブルを初めて購入した。このうち、富山県新湊の宮林家の野菜類購入や法事の際の献立からみて（第三章）、生姜・蓮根・こんにゃく・うど・椎茸・人参などは幕末期から日本に存在したと考えられるが、馬鈴薯・ネーブル・梨などは近代以降に生産されるようになった野菜・果物と思われ、食物の種類の面で食生活は豊かになったといえる。しかし全体として盛田家の食生活は伝統的側面が強く、近世来の野菜・果物や地元産の鶏肉が消費の中心であった。こうした伝統的な食生活は、同家の家業と関連していたと考えられる。すなわち、盛田家は清酒・醤油醸造家として食文化の伝統を保持しており、地元の有力者として地域産業の発展を担っていた。盛田家は一八九八年に家業を会社組織に転換し、以後、自家用の酒や醤油・味噌は自分の会社から購入する形をとった。近代期には

（単位：円）

月日	金額	内容
12·4	35.00	伊東新造佩文韻府1部
12·9	0.65	名古屋にて炬燵1つ代
12·16	1.25	橋本治平水晶瓶2個
12·23	1.80	盛田会社徳利2本湯沸2個代
12·25	28.23	大橋四五六払（食籠）
12·26	7.50	文人舎敷物代
1·9	2.00	鈴木重安仏通小画帖代
年計	401.66	
1909年度		
3·16	2.45	東京審美書院名画苑代
3·27	9.00	鈴木払花生籠代
3·27	1.20	粗焼湯沸代
4·12	6.88	半六払吉馬茶碗40個
6·12	3.05	南宗名画苑第21号代
6·29	60.43	百花堂払（瓶懸·筆架他）
7·1	2.20	橋本麗次郎払板箱代
7·1	1.00	樟脳1斤
8·16	2.00	弓代
8·25	6.73	表冨払梅装表具·箱代
9·3	3.05	審美書院南宗名画苑代
10·6	0.43	ダルマ大鉢代
10·29	3.05	審美書院南宗名画苑代
11·9	5.00	罰渡茶碗5個
1·23	23.20	平野万三懐中時計
1·23	11.00	平野万三懐中時計
1·23	3.50	時計直し料
1·23	4.00	蓄音機板2つ
2·8	21.00	石荘画3つ
2·13	39.50	磯屋久六郎払（皿·衝立他）
2·13	139.82	陸井太右衛門払（急須·筆筒·火鉢他）
2·19	3.75	鈴木重安払鉄瓶代
2·19	1.95	新渡し湯沸3個
2·28	10.50	盛田会社石油ストーブ代
2·28	100.85	名古屋支店払（椅子·自転車他）
2·28	250.00	毛皮30枚代
年計	709.54	

（出所）表17と同じ.

表20　盛田家住宅用品関連支出内容（家具・器具費）

月日	金額	内容
1879年度		
3·11	0.97	陶師木二払（三つ組·素焼他）
3·25	13.15	磯左堂払
4·22	0.04	坂井源吉ランプ直し賃
5·26	0.20	久米兵八鍋釜いかけ代
6·11	0.13	色々いかけ物代
8·29	1.00	善三郎餅ツキ臼1箇代払
8·29	4.35	善三郎盆製造賃払
10·27	0.03	坂井にてランプ直し代
11·16	0.16	消瓶代
11·28	54.69	織田盆斎道具類
12·9	2.93	清兵衛名古屋江持出（煙草·椀他）
1·5	0.20	苅屋籠屋定助かご5代払
1·9	3.73	戸屋重松払（戸·障子）
1·9	0.38	鍋いかけ代払
年計	81.93	
1889年度		
2·12	0.52	克巳館神酒壺代
2·12	0.13	克巳館前掛け入り石代
2·17	2.50	茶碗代
2·17	2.50	鈴木土産水盤代
2·18	0.01	コンロサナ代
3·12	20.00	山田延章許雲林石画帖払
3·12	2.32	半田末廣屋書付入払
3·13	12.00	百花堂渡
3·17	0.06	すきぐし
4·4	2.50	大橋·柴橋丸主玉代
4·6	0.15	ランプ石傘5ト1枚
4·6	1.31	ランプしん·ホヤ
4·12	1.00	内海水野金蔵網類掛札
4·21	25.00	大橋払
4·29	1.00	天木利左衛門キンコ代
5·11	3.61	名古屋井筒屋久之輔書付入払
5·12	15.00	羊廉堂払
5·17	30.25	時計師修助懐中時計代
5·23	0.14	どびんいかけ代
6·6	0.38	源四郎船椀5人乗代払
6·10	30.00	名古屋百花堂渡久左衛門入用
6·23	10.00	名古屋鈴木小左衛門
6·24	1.69	半田竹田修助払（赤胴鎖他）
7·10	18.50	西京鳩居堂払（借用金）
7·11	0.84	名古屋立田清治郎ランプ硝子板代
8·18	9.91	半田中埜半六渡（書付の分他）
8·18	16.51	大橋渡
9·2	8.50	大橋銀釬葉玉代
9·4	3.50	鈴木柴浅鉢代
9·9	1.45	名古屋安井彦三郎払（鉢類）
9·22	6.00	名古屋鈴木京安渡（水盤·花籠）
10·17	6.00	半田時計修助渡交路水盤代
10·17	1.13	時計修助へ友吉時計直し代他
10·27	7.00	鈴木水びん代
10·27	8.50	大橋蘭の茶碗払
11·7	25.25	鈴木水瓶代
12·8	3.46	内海おさだ道具代払
12·16	1.90	佐々木へ器械代
12·18	9.95	百花堂払（釜·モール）
12·26	3.51	時計修助書付払
1·4	16.70	旧年分鳩居堂借用分友吉へ渡す
年計	310.65	
1899年度		
3·24	126.70	岩本弥左衛門（桐火桶·食籠）
4·27	10.00	苧谷市右衛門湯沸代
5·8	12.00	山本石荘画学3冊代
5·20	5.00	溝口とみ残品箪笥1本代
7月	8.75	百花堂払小物代
7月	135.00	青磁香炉代
8·9	4.00	盛田留三郎瀬戸半二作内池代
8·11	10.00	苧市払交易差金
8·11	9.00	茶椀30代
8·13	4.50	水差し代
8·27	22.00	錫建水代藤葉堂より
9·9	1.50	盛田留三郎白小画帖2組
9·27	3.90	大橋四五六皿18枚他
9·27	11.00	鳩居堂白磁3個
9·27	5.50	白磁3個割料
9·27	2.50	米田
11·4	13.50	真中堂払蓮花1鉢
11·4	0.15	字彫り代
11·4	1.00	仮箱
11·24	5.00	前野直二郎分
11·30	20.00	盛田会社鳩居堂渡し
12·2	5.24	老人名古屋にて火鉢他買入

葡萄酒・ビールの生産を試みたが、一八八〇年代に始めたブドウの栽培は失敗に終わり、同家らが共同で設立したビール会社も中央の大会社に吸収合併された(11)。家業を洋風な食文化に対応させることができなかったこともあって、盛田家は食生活の面で選択的に伝統を強く維持したと考えられる。

3　住宅用品購入の動向

住生活に関わる支出として、燃料費・修繕費・家具費などが想定できるが、盛田家の家計帳簿では、修繕費は木材などの材料費や大工賃金が示され、燃料費に関しては、薪炭はおそらく炊事用の燃料として勝手入用に、種油が明かりとり用の燃料として雑費に分けて入れられ、その変容がつかみにくいため、ここでは家具・器具費を取り上げる。

表20をみよう。家具・器具費は一八七九（明治一二）～一九〇九年度にかけて趨勢として増大し、一八七九年度では、文明開化を示す家具としてランプが登場したものの、それ以外の舶来品は登場しなかったのに対し、八九年度は懐中時計、九九年度は水晶瓶、一九〇九年度は蓄音機・自転車と、新しい生活様式を表す家具・器具類が購入された。ただし、これらは地元小鈴谷では手に入らず、懐中時計は半田の竹田修助から、ランプ硝子板は名古屋の立田清治郎から、自転車は名古屋で購入された。そして、青磁・白磁などの工芸品や名画などの美術品は、名古屋の百花堂、京都の鳩居堂のような道具屋や、東京の審美書院から購入された。日常的に用いる家具については、一九〇九年度に購入された椅子や石油ストーブのように西洋的な側面がみられる一方で、同年に急須・箪笥・火鉢が購入されており、伝統的な住生活の側面も残しており、和洋折衷の住生活が二〇世紀に入っても維持されたと考えられる。そして、一八九九年度に岩本弥左衛門に払われた桐火桶・食籠ほかの代金や一九〇九年度に陸井に払われた急須・箪笥・火鉢ほかの代金など、和式の家具・器具にもかなりの支出をしていた。

三　盛田家の社会生活

1　医療関連支出の動向

社会と密接に関連する生活の側面として、まず健康の問題を取り上げ、盛田家の医療関連支出を、一八七九（明治一二）～一九〇九年度について五年毎に検討する（表21）。まず盛田家と開業医の関係を検討する。他の章の事例でも同様であるが、開業医に対する支出は、薬価（薬料）・薬礼・謝儀からなる。薬価は、開業医に処方してもらった薬の代金で、薬礼が診察料となる。その他に、各期末に謝儀が支払われ、家族が診察を受ける頻度が多い医師には謝儀の金額も多くなる。盛田家は、その期間にまったく診察を受けなかった医師の場合も、以前から診察を受けてきた地元の開業医には期末に謝儀を渡していた。開業医へのこれらの支払いは、各期末にその期間の支払い分をまとめて行われたので、表21に計上された開業医の支払いには、遠方から医師の往診を受けてその都度支払った場合と、地元の開業医で期末に薬価・薬礼・謝儀がまとめて支払われた場合がある。薬価・薬礼・謝儀および盛田家の人々が受診した頻度を考慮すると、一八七九・八四年度は伊東が、一八八九・九四年度は内藤が、一八九九・一九〇四・〇九年度は渡辺八一郎が主治医であったと考えられる。一九二六（昭和元）年版『日本医籍録』によれば、伊東祐吉は、一八八四年に医師開業試験に及第して医師の資格を有した内科医で、小鈴谷村で肇陽堂医院を開業しており、伊東医師は「郡内圭刀界の重鎮」であり、「胃腸病、呼吸器病、婦人病に老巧円熟し遠近より診察を乞うもの常に門前市をなす」と『知多半島大観』（一九三三年刊）で紹介され、地元住民の信頼が厚かったことがうかがわれる(12)。盛田家も毎年のように医療費を払い続けており、開業医のなかで最も長い期間伊東医師と関わった。内藤医師は、一八八九年発行の内

表21　盛田家医療関連支出の推移　(単位:円)

項目	1879年度	1884年度	1889年度	1894年度	1899年度	1904年度	1909年度
開業医　計	17.8	135.6	89.2	190.7	80.6	402.5	118.5
内　伊東	13.3	87.1	35.3	12.0	3.0	13.2	10.6
大澤	2.0	40.5					
内藤			52.7	110.2			
小田			0.2				22.0
鈴木(歯科)				39.0		32.3	
渡辺八一郎				6.5	55.8	140.1	73.9
澤(歯科)					11.7	9.0	
渡辺(歯科)					10.1		
樋口						205.0	
杉原(耳鼻科)						0.9	
加納(皮膚科)						0.8	
多田(小児科)							10.0
その他	2.5	8.0	1.0	23.0		1.2	2.0
病院						7.0	81.3
薬代	54.1	1.5	0.1	2.4	2.4	3.2	0.9
店舗売薬	4.0	4.7		0.1			18.0
産婆				13.0			
看護雇		3.5		1.0		5.0	
按摩				12.6			
医療器具				12.8		4.6	1.3
合計	75.9	145.3	89.3	232.5	83.0	422.3	219.7

(出所)表19と同じ.
(注)店舗売薬欄は薬の名称が記されている有名売薬を示した.1884･94年度の開業医のその他は歯科.開業医のなかで居所が判明したのは以下の通りである.
地元:伊東･内藤･渡辺八一郎,知多郡内海:小田,知多郡半田:鈴木･澤,名古屋:渡辺(歯科)･樋口･多田(本田六介編『日本医籍録 第2版』医事時論社,1926年などより)

務省衛生局編『日本医籍』で名前と住所が確認できる内藤鉄太郎と考えられるが、九八年刊行の『帝国医籍宝鑑』以降の医籍録ではその存在を確認できず(13)、表21でも一八九九・一九〇四・〇九年のいずれにも内藤医師への支出はみられなくなった。それに入れ替わるように、渡辺八一郎が盛田家の主治医となるが、渡辺は一八九二年に医師開業試験に及第して小鈴谷村で開業し(14)、一八九〇年代後半〜一九〇〇年代にかけての開業医のなかでは、盛田家は渡辺医師に頼っていた。ただし、一九〇四年に多額の支払いがみられた相手の樋口は名古屋在住であり、一九〇〇年に体調を崩した一二代盛田家当主は、樋口医師の食餌療法を信頼し、同年六月と七月に名古屋で療養生活を送った[15]。名古屋への交通路は前述のように一八八六年に官営鉄道が武豊まで開通したため、以前よりは往復が便利になったものの、交通費がかなりかかり、樋口の診察を受けるには高額の医療費が必要となった。もっとも樋口医師への支払いは一二代当主が亡くなった一九〇六年以降はみられず、盛田家の主治医とはなり得なかった。

盛田家は、小鈴谷で開業する医師を主治医としつつ、家族の突発的な病気に対して遠方からの医師を招いたといえる。そして交通機関の発達により、名古屋在住の医師にも往診してもらうようになった。例えば、一九〇九年度に診療を受けた多田医師は、名古屋在住であり、一九二六年版『日本医籍録』で名古屋在住の医師を調べると[16]、多田姓は一人しか存在しておらず、それは多田小児科医院を開業する多田学三郎で一八八九年に東京帝国大学の医科を卒業したとされる。おそらく盛田家は、一九〇九年度にこの多田学三郎から、子どもの病気に対する専門医として診察を受けたと推定される。当時多田学三郎は名古屋市中区にある県立愛知病院の産科婦人科および小児科部長を務めており、表21の一九〇九年度欄の病院代約八一円が、おそらく県立愛知病院への子どもの入院費用であり、同年の多田医師への支払いの一〇円が謝儀であった。一方、一八八九・一九〇九年度に支払いがみられた小田医師は、一九二六年版『日本医籍録』によると、一八七四年に知多半島の内海で開業した小田俊作と考えられ、盛田家は、地元の医者では手に負えない場合は、家人の病状に応じて受診する医師を選択していたといえよう。その際、一九〇九年度の約八一円の入院費用は、その年の支出の約三七％を占め、盛田家は、地元の主治医で治療が難しい時は、費用を惜しまず、治療水準の高い都市の大病院に入院させた。歯科治療にも費用をかけ、一八九四年度には約三九円、九九年度には約二二円を支払った。このように、医療関連支出は、家族に健康状況に応じて年ごとにかなり多寡が生じる支出であった。

1905·1	0.06	蒸留水1升	渡辺	地元
1905·1	1.50	検温器1		
1905·2	1.50	カテーテル(7本, 銀1本)		
1905·6	0.50	救命丸代		
1908·3	0.60	氷嚢, 牛乳瓶代	美濃文	
1908·10	1.10	牛乳瓶代	美濃文	
1908·11	1.50	牛乳瓶代	美濃文	
1908·12	2.10	牛乳瓶代	美濃文	
1908·12	2.08	薬代·ミルクフード代	肇陽堂	地元
1909·1	5.52	高シヤスターゼ百入6本	小嶋屋	名古屋
1909·2	1.10	牛乳瓶代	美濃文	
1909·2	1.40	包帯ガーゼ代	清水屋	
1909·12	0.60	氷台2個	肇陽堂	地元
1910·2	8.20	フェラトーゼ5本, 胃活代	小嶋屋	名古屋
1911·8	5.04	高ジヤス2本, 沃度フェラトーゼ2本他	小嶋屋	名古屋
1911·10	5.60	高ジヤ百入6本代	小嶋屋	名古屋
1912·2	1.04	救命丸		

(出所)明治11~29年の各年度「入用方当座帳」, 明治32~44年の各年度「諸入用之帳」(以上, 盛田家文書)より作成.

(注)内容が判明したもののみ示したので, 売薬·薬品類·医療用品購入の全体像を示すわけではない.

それに対して、入院する事態の生じなかった場合に、家庭でどのような医療用品を用いて治癒行為を行っていたかを表22から検討する。初めて購入された医療器具は検温器で、一八九四年に九〇銭で地元開業医の内藤鉄太郎から購入した。検温器はその後も何回か購入されたが、それ以外に開業医から購入した医療用品として、一九〇二年の浣腸器と脱脂綿と天下粉（地元開業医の渡辺八一郎から購入）、〇四年の洗眼器と〇九年の氷台（地元開業医の伊東祐吉から購入）が挙げられる。浣腸器は一九〇三年には大阪で購入しており、盛田家では初めて使う医療用品は地元開業医から購入することが多かったが、使用方法を理解した後は、同様の医療用品が再び必要になった場合、他の購入先から買ったと思われる。その他の医療用品では、一八九七年に吸入器、一九〇二年に綿花、〇四～〇五年にカテーテル、〇九年には包帯ガーゼなどを購入した。こうして一八九〇年代後半以降、盛田家では現代日本の家庭で広く使用されている医療用品を使用するに至った。

表22　盛田家薬種・売薬・医療用品の購入一覧　(単位:円)

年月	金額	内容	購入先	所在
1879·5	3.50	救命丸, 枸塩酸2本	中埜又左衛門	半田
1879·7~10	54.00	五苓散, 楮苓·澤瀉, 茯苓, 桂枝, 蒼朮	川井屋茂助	
1879·8	0.25	稀硫酸2本	川本	
1879·9	0.06	膏薬3目代	茂平	内海
1881·10	0.06	せいき水1瓶代		
1884·2	0.13	丁子, 梹榔子		
1884·4	0.15	弘法大師諸薬		
1884·9	2.40	煎薬3貫目	油屋六兵衛	大野
1889·8	0.15	薬師代払	山口文七	名古屋
1890·3	0.03	精木水代		
1891·1	0.04	精気水代		
1894·2	0.90	検温器1丁代	内藤鉄太郎	地元
1894·3	0.10	萬金丹		
1894·4	0.66	片脳120匁	鈴木浦治郎	地元
1894·6	1.00	検温器1丁代		
1894·7	0.03	精キ水瓶	鈴木浦治郎	地元
1897·2	1.80	吸入器代		鳴海
1899·8	0.48	石炭酸1本代		
1900·3	0.90	脱脂綿, 昇汞ガーゼ代	八神幸助	
1900·8	2.05	ハマトーゼ1個	小嶋忠助	名古屋
1901·5	1.16	樟脳1斤	鈴木俊二	
1901·8	1.14	礬倉膏その他薬品代	鈴木俊二	
1901·11	4.20	沃剤1ポンド	渡辺薬局	地元
1902·2	0.43	胃散, 硼酸	鈴木俊二	
1902·2	0.20	万金丹1袋		
1902·5	0.48	硼酸2ポンド	小嶋屋	名古屋
1902·8	0.48	里斯林1本	鈴木俊二	
1902·8	2.02	浣腸器, 蒸留水代	渡辺薬局	地元
1902·8	0.01	浅井膏		
1902·12	0.30	綿花代		
1903·1	0.12	綿花, 葛根湯		
1903·4	0.90	浣腸器代		大阪
1903·6	0.45	グリセンリン1ポンド代	渡辺八一郎	地元
1903·9	0.30	脱脂綿, 天下粉代	渡辺薬局	地元
1904·2	0.20	洗眼器3個	肇陽堂	地元
1904·2	0.16	浅井膏薬, 綿花		
1904·3	1.10	カテーテル(金2, ゴム5)	美濃文	
1904·3	0.40	カテーテル(7号1)	奈良太郎	
1904·3	0.10	脱脂綿		
1904·4	1.00	検温器		
1904·5	0.55	キニーネ, リスリン(グリセリン)		
1904·8	0.50	インセットボー代	渡辺	地元

盛田家の医薬品の購入を表22に戻ってみると、日本全国でコレラが大流行した一八七九年七～八月に、盛田家は、本店・北蔵・清蔵・守田屋・濱蔵・東蔵で働く人々に五苓散を施薬した。[17]その費用は、七月二八日～一〇月二四日で合計約五四円と、一八七九年度の医療関係支出全体の約七割を占めた。施薬を始めた当初は、川井屋茂助から調製済みの五苓散を購入したが、表の出所資料の八月九日の項目には、「川茂より受取、楮苓・澤瀉・茯苓・桂枝・蒼朮」とあり、コレラ流行が拡大した時期には、五種類の和漢薬原料を購入して、五苓散を自宅で調合して施薬したと考えられる。ちなみに五苓散の効能は、「水瀉性下痢・急性胃腸炎・暑気あたり・頭痛・むくみ」である。[18]八月一四日には稀硫酸二本二五銭を購入したが、この薬品は当時、清涼・強壮・収斂剤として使用され、「下痢ヲ防クノ効アリ」とされていた。[19]五苓散の施薬は、盛田家が期待するような効果をもたらさなかったためか、和漢薬の薬種を購入した五日後には、洋薬の稀硫酸が購入された。ところで政府は、コレラ流行に対し、一八七九年六月一七日の内務省衛生局報告第一一号「コレラ病予防法及消毒法心得」で消毒薬として石炭酸を推奨していた。[20]しかしこの当時、盛田家は石炭酸を購入しておらず、一八七九年のコレラ流行に対しては、和漢薬であれ洋薬であれ、薬を服用して応対する姿勢で臨んだ。ところが表22をみると、一八九九年八月には石炭酸一本四八銭の購入があり、当時流行していた赤痢などの水系伝染病には、石炭酸を購入して消毒を行ったと考えられる。コレラや赤痢などの水系伝染病に対する盛田家の認識が、この二〇年間に変化したといえる。

次に売薬とその他の薬品購入について検討する。薬の購入先と所在は、出所資料に記述がある場合のみ表に掲げた。表22の購入先の所在に注目すると、一八八四年までは半田在住の親戚である中野（埜）又左衛門を介して救命丸と枸塩酸を購入したり、内海・大野など知多半島の各地域から薬を購入していたが、八六年に名古屋―武豊間の鉄道が開通すると、八九年八月には、名古屋の山口文七薬師（薬剤師と思われる）に薬代を支払っており、薬の購入先は知多半島から名古屋まで広がった。その際、地元で薬種を販売していた鈴木浦治郎からは、一八九四年に片脳一二〇匁六六銭や精錡水瓶三銭を購入したが、名古屋の小嶋屋からは、一九〇〇年にハマトーゼ一個二円五銭、〇九年にタカジアスターゼ六本五円五二銭、同年にフェトラーゼ二本三円など高額な新薬・新製剤を購入していた。そして掛かり付けの開業医からも医薬品を購入した。例えば、渡辺八一郎医師から、一九〇二年八月に蒸留水一二銭、〇三年六月にグリセリン四五銭を、伊東祐吉からは、〇八年一二月に乳幼児のための薬・ミルクフード二円八銭を購入した。鉄道の開通後は、旧来からの薬種や近代初頭に発売された売薬は地元で、新薬・新製剤は名古屋でと購入先が異なり、種類によっては開業医を通して入手する医薬品があった。

ところで盛田家が購入した売薬の種類に注目すると、一九〇八年までは救命丸・膏薬・万金丹・丁子・槟榔子・煎薬など、[21]和漢薬や和漢薬を主原料とした伝承薬の購入頻度が多い。その一方で、近代初頭に岸田吟香が宣教師兼医師のヘボンの硫酸亜鉛の目薬の処方をもらい受けて発売した水薬の精錡水も一八八一・九〇・九一・九四年にそれぞれ購入し、[22]一九〇二年には胃散（太田胃散）も購入しており、[23]盛田家は近代初頭に発売された有名売薬を一八八〇年代には早くも使い始めていた。二〇世紀に入ると、キニーネ・リスリン（グリセリン）・タカジアスターゼ・フェトラーゼ・胃活など、西洋薬と新薬・新製剤の購入頻度は明らかに増えたが、[24]葛根湯・浅井膏薬・救命丸などの伝承薬も購入し続けた。すなわち一九〇〇年代には従来通りの和漢薬を主体とした伝承薬と、近代以降に発売された有名売薬、西洋生薬類のチンキやエキスなどの西洋薬、生薬の有効成分を単離・結晶化させた新薬・新製剤などの医薬品を組み合わせ、盛田家は薬による治癒行為を行っていた。

2　教育関連支出の動向

小鈴谷では、幕末期に寺子屋が二つ開設されていたが、近代教育は一八七二（明治五）年の学制に基づき、七四年に鈴渓小学校（七六年から小鈴谷小学校）が設立されたことで始まった。[25]小鈴谷小学校は、隣接地域の大谷小学校と坂井小学校と合併して一八八七年に小鈴谷尋常小学校となったが、高等小学校の設立は遅れた。そこで盛田家当主は、有志と図って一八八八年に私立鈴渓義塾を設立し、溝口幹を招いた。[26]現在の常滑市域では鈴渓義塾が最初の本格的私学校で、知多郡内から生徒が集まった。鈴渓義塾は、一八九二年に鈴渓高等小学校として公立となった。表23をみよう。教育費の内容として、授業料・書籍代・文具代などが中心であったが、一八七九・八四年度時点では、小学校に就学する子弟が盛田家にいなかったと考えられ、授業料の支出はなかった。一八八九年度になると、私立鈴渓義塾が前年に設立されており、伊三（蔵）・のぶ・平助・熊吉・半助の義塾授業料が支出された。このうち、のぶは、一八九〇年一月一〇日に「のぶ殿授業料」とあり、盛田家一〇代当主の娘と考えられるが、[27]「店伊三」「店の平助」「小僧熊吉」とあるように、伊三・平助・熊吉は丁稚あるいは店員の子弟であったと考えられ、盛田家は使用人やその家族の教育費を自ら負担して教育を行わせていた。

盛田家は、鈴渓義塾設立のことからみても教育にかなりの熱意をもっていたと考えられ、家族のみでなく使用人にも近代的教育が必要と考えていた。実際、伊三・のぶ・平助のために、洋紙・消しゴム・鉛筆などを購入しており、鈴渓義塾では洋式の文房具を利用して教育が行われていたと推定される。また、のぶと秀次郎（使用人の子弟と思われる）は絵を学んでいたと思われ、画業洋紙や画学手本も購入された。その後、鈴渓義塾が公立の高等小学校となると、一八九九年度時点では、丁稚や使用人の子弟の授業料を盛田家が負担することはなく、盛田家の子弟が増え、彼らの授業料がかなり増大した。特に彦太郎は通常の公教育のほかに、高木学校という私塾でも学んでおり、その学校用の文房具を盛田家は名古屋で購入した。

そして一九〇九年度になり、内容から推定して盛田家の子弟・子女が大学や女学校に入学するようになると、教育費は急増した。すなわち、彦太郎は関西大学に籍を置いていたと考えられるが、東京への留学のために前田先生に個別に指導を受けたと思われ、また萬二も英語講習会で英語を学び、最終的に彦太郎と萬二が東京へ留学した。二人の東京留学の費用として盛田家は約五〇四円を支出し、彦太郎の関西大学関係の支出とあわせると約七二五円となり、一九〇九年度の教育費の過半を占めた。盛田家は女子教育にも力を入れ、ゆきといとを神戸女学院に入学させ、その関係費用として約二〇八円を支出した。子女に琴を習わせるとともに、うめに英語を学ばせたと思われ、また敬三はテニスを嗜んだと考えられ、「ラケット直し賃」「テニス入用」などの項目がみられた。

3 旅行関連支出の動向

「諸入用之帳」には旅行費という項目があるが、このなかに含まれるのは、行楽・参詣など旅文化に関する旅費のみでなく、使用人の交通費なども含まれた。表24をみよう。盛田家では家族や使用人が遠方にでかける際に、予めある程度の金額を持ち出し、残った金額は戻された。持ち出す際に、行き先が家計帳簿に明記されることが多かったので、そこから家族や使用人がどの場所へ何回赴いたかを示した。

一八七九（明治一二）年時点では、官営鉄道の武豊線がまだ未開通のため、家族や使用人の移動は知多郡内がほとんどであり、知多郡以外では、名古屋への旅行がみられる程度であった。その一方、知多半島の対岸の半田・河和との行き来は頻繁で、専ら人力車での移動であったが、その背景には、盛田家の力が大きかった。すなわち、小鈴谷か

月日	金額	内容
12·5	0.400	彦太郎月謝
12·6	0.078	彦太郎
12·27	0.008	萬二紙代
1·11	0.400	彦太郎月謝
2·27	0.400	彦太郎月謝
2·28	0.400	彦太郎月謝
年計	29.707	
1909年度		
3·5	1.200	月謝5人分
3·5	0.070	手帳本2冊
3·16	1.280	萬二辞書代
3·19	0.125	儀一他運動会入用
3·27	0.330	ゴムマリ3個
4·2	0.675	うめ本6代
4·5	0.100	敬三理科本代
4·7	0.750	月謝3人
4·7	0.080	敬三図画手本代
4·9	0.200	みよ本代
4·11	0.280	ボール代
4·13	0.120	うめ英書代
4·14	0.050	うめ本代
4·22	0.085	みよ鞄代
5·6	0.400	儀一·重平遠足運動会
5·21	0.750	月謝3人
5·24	0.150	ゴムマリ
5·24	0.120	休暇日誌3冊
5·24	0.450	いろは字引
5·24	7.000	日本百科全書第1巻
5·30	0.350	敬三本3冊
6·5	0.040	敬三作文帳
6·7	0.010	みよ学校用
6·7	0.750	月謝3人分
6·7	0.050	みよ筆代
7·8	0.030	敬三運動会費
7·10	0.750	月謝3人分
7·12	0.520	ゆき本代
7·27	22.700	琴師木村2人分
8·12	1.210	ラケット2ケ直し賃
8·24	1.000	英語講習寄付
8·24	0.600	萬二英語講習会費
8·25	1.958	㊥払筆紙絵具
8·25	0.415	衣川払インキ手帳

月日	金額	内容
8·25	5.000	前田先生前半期謝儀
8·25	10.000	琴師礼
8·27	0.745	鈴木俊二鉛筆他
9·8	0.450	うめ·重平月謝
10·6	0.950	月謝3人分
10·6	0.300	儀一9日分
10·7	1.065	女学世界初雑誌6冊
10·7	7.000	日本百科大辞典第二
10·13	0.200	墨1丁
10·16	2.710	永東書店万二四書代
10·25	25.920	漢籍国字解2部代
10·30	1.660	萬二本代
11·8	0.750	月謝
11·17	0.510	萬二本代
11·25	1.000	萬二絵具代
12·7	0.500	萬二本代
12·8	0.750	月謝
12·14	6.300	同盟書林払萬二本代
12·14	0.430	地図知愛2冊
12·14	0.170	敬三用スケッチ帳
12·17	0.050	御綿
12·17	0.600	萬二絵具代
12·17	0.850	萬二書物代
12·27	5.000	前田先生後半期謝儀
1·7	50.000	彦太郎東京留学中謝儀
1·8	0.750	月謝3人分
1·9	0.180	筆3対
2·1	4.390	丸中払学校用具〆
2·1	1.145	衣川払学校用具〆
2·5	0.750	月謝3人分
2·7	2.040	筆鉛筆草紙
2·7	0.535	鈴木俊二絵具鉛筆代
2·20	0.020	敬三テニス入用
2·23	0.040	敬三作文帳
2·26	50.000	本店為替第二学校寄付
2·28	35.620	支店払育英学校寄付他
	38.860	日比野払萬二食料他
	503.670	彦太郎萬二東京留学
	208.045	ゆき·いと神戸女学院
	221.660	彦太郎関西大学入用
	20.000	双葉教育会寄付金
年計	1,255.013	

（出所）表17と同じ.

表23　盛田家教育関連支出内容（教育費）　（単位:円）

月日	金額	内容
1879年度		
3·23	0.070	本代
10·28	0.600	治郎八大野行持出本代
11·18	0.003	吉之助読本一冊借賃
11·26	0.003	吉之助本借賃
12·24	1.330	中野善吉本代
年計	2.006	
1889年度		
2·17	0.024	のぶ消しゴム代
2·23	0.930	義塾
2·23	0.050	伊三義塾
3·4	0.730	旧約聖書代
3·7	0.908	伊三月謝
3·7	0.900	伊三月謝
3·23	0.690	のぶ書籍代義塾払
4·4	0.400	のぶ授業料
4·4	0.040	のぶ画学手本代
4·4	0.850	平助·伊蔵月謝
4·4	0.060	伊蔵ペンマンシップ代
4·6	0.042	洋紙代
4·6	0.034	伊蔵洋紙代
4·6	0.037	平助洋紙代
4·12	0.055	秀次郎手本代
4·13	0.055	耕一手本代
4·17	0.032	伊蔵本筆代
4·17	0.008	秀次郎本筆代
4·23	0.085	伊蔵書帳代
4·24	0.010	耕一消しゴム代
5·4	1.250	義塾授業料(伊蔵·熊吉·のぶ)
5·6	0.400	店の平助義塾授業料
5·9	0.035	店の秀治郎画業洋紙代渡
5·9	0.550	大野本屋新助グウトリチ代
5·28	0.006	画洋紙代
5·29	0.055	のぶペンマンシップ代
6·5	1.650	義塾授業料(のぶ·伊蔵·半助·熊吉)
7·13	1.650	義塾授業料(伊三·のぶ·半助·熊吉)
7·24	0.009	伊三消しゴム代
7·29	0.060	伊三ペンマンシップ代
8·20	0.048	のぶ画学手本代
8·23	0.625	義塾授業料(のぶ·熊吉·伊三)
8·23	0.090	熊吉義塾払水の代
9·1	0.090	秀治郎本ノ代
9·7	1.250	義塾授業料(のぶ·熊吉·伊三)
9·26	0.010	のぶペン筆代
10·5	1.250	義塾授業料(伊三·のぶ·熊吉)
10·18	0.041	熊吉界紙代
10·18	0.033	のぶ木筆代
10·27	0.055	のぶペンマンシップ代
10·28	0.025	熊吉小界紙1帖代
10·28	0.025	耕一小界紙1帖代
11·24	0.010	伊蔵消しゴム代
11·30	0.033	店伊三鉛筆代
12·5	2.500	鈴渓義塾授業料(のぶ·熊吉·伊三)
12·14	0.022	小界紙代
1·10	0.400	のぶ殿授業料
1·10	0.055	小僧熊吉本代
年計	18.167	
1899年度		
3·6	2.750	豊三郎5ヵ月分授業料
3·6	1.850	助三郎4ヵ月授業料
3·24	2.500	当選石画1冊
4·1	0.750	彦太郎書籍·木筆代
4·1	0.520	彦太郎授業料
4·23	0.360	尋常学校3人3ヵ月月謝
4·24	4.560	名古屋文明堂払(高木学校用具)
4·24	0.420	万国大年表1冊代
4·30	0.400	彦太郎高木学校4月授業料
6·5	0.400	彦太郎5月分授業料
6·30	1.650	玉篇1部代
7·5	0.800	彦太郎6·7月授業料
7·5	5.060	書籍5冊送本代
7·5	0.160	書籍5冊送金書留料
8月	3.000	森下子供教授半期礼
8月	0.200	彦太郎8月分授業料
8月	0.141	彦太郎本代
9·15	0.400	彦太郎9月分授業料
9·21	0.120	彦太郎高等読本字引1冊
10·1	0.150	彦太郎
10·4	0.400	彦太郎月謝
10·16	0.240	萬二·ゆき尋常学校月謝
10·24	0.600	彦太郎算術教科書
10·24	0.190	彦太郎高等読本
11·6	0.400	彦太郎月謝

旅行者	分類	旅行先(地名の後ろは回数)
その他	10名	半田5, 内海4, 三重1
1904年度		
萬二	家族	名古屋6, 津島1
内室	家族	半田2, 名古屋1, 常滑1, 大野1, 野間1, 河和1
弥平	下男	半田5, 鳴海1, 武豊1
みよ		半田4, 名古屋1, 刈谷1
治助	店員	名古屋4, 津島1, 秋葉山1
主人	家族	河和2, 東京1, 内海1, 武豊1
老人	家族	名古屋2, 河和2, 多賀神社1
彦太郎	家族	名古屋3, 東京1, 半田1
ゆき	家族	半田3, 名古屋2
いと	家族	名古屋2, 半田2
友吉	家族	名古屋1, 半田1, 河和1
敬三	家族	名古屋2, 河和1
藤助	下男	半田1, 野間1
貞吉		半田1, 常滑1
その他	11名	名古屋4, 東京2, 半田2, 常滑1, 河和1, 多賀神社1
1909年度		
彦太郎	家族	名古屋2, 大阪1, 三宮1, 大野1, (秋)葉山1, 曲馬1
萬二	家族	名古屋2, 大野2, 半田1, 大阪1, (秋)葉山1
千代	家族	名古屋3, 河和1, 京都1
みよ	家族	名古屋2, 武豊1, 京都1
ゆき	家族	名古屋1, 大野1, 京都1, 三宮1
主人	家族	名古屋1, 大野1, 神戸1
敬三	家族	半田3
治助		半田3
亮三		半田1, 大府1, 秋葉(山)1
いと	家族	京都1, 三宮1
その他	3名	河和1, 武豊1, 大府1

(出所)表19と同じ.

(注)旅行者と旅行先が判明するものを集計し, 旅行者のみ・旅行先のみの場合は除いたので, 全体像を示すわけではない. 分類は出所資料の給金欄や教育費欄などを参照した. 分類・旅行先欄の括弧書は推定. その他欄は旅行が1回のもの. 旅行先の西京は京都と記した. 1899年度は久左衛門とその号の命彦と主人が出てきたが, それらは同一人物とみて合算した. 多賀(神社)は小鈴谷近隣の苅屋にあった. 内室は当主の妻, 老人は前当主, 老母は前当主の妻と思われる. 1879年の彦太郎は後に12代を襲名, 常助は当主の息子で後に13代を襲名, 友吉は常助の兄弟, ゆいは12代の妻, 1899年以降の彦太郎は13代の息子で後に14代を襲名, 千代は13代の妻, 萬二・ゆき・いと・敬三・みよはいずれも13代の子どもたち.

ら知多半島対岸に位置する武豊は、港湾としての将来性があり、そこに注目した盛田家当主は、自ら費用を負担して一八七六年に小鈴谷—武豊間の道路を改修して人力車が通れるようにした[28]。

前述のように盛田家は、半田の醸造家の中埜又左衛門家や地主の中埜半六家と密接な姻戚関係にあり、知多郡の企業勃興に際しても盛田家と中埜両家は共同で丸三麦酒・中埜酒店などの会社を設立した[29]。それゆえ当主の移動では半田との往復が最も頻繁であった。なお、一八八九年度に下女おさだが頻繁に内海と往復したが、盛田家一〇代当主の娘が内海の前野家に嫁に行っており、その世話に通ったと思われ、また盛田家家族の河和への往復が多いのも、盛田家一一代当主の妻が河和の岩本家の出身であったことが大

表24　盛田家家族・店員等旅行先一覧

旅行者	分類	旅行先（地名の後ろは回数）
1879年度		
彦太郎	家族	半田11, 内海1, 名古屋1, 三河1
老母	家族	河和6, 半田1, 内海1, 成岩1
南畝		半田2, 名古屋2, 内海1
善蔵	下男	半田2, 河和1, 常滑1, 中須1
幸助		常滑2, 内海1, 名古屋1
治平		名古屋2
源四郎		名古屋2
庄助		半田1, 大野1
その他	12名	河和3, 半田2, 名古屋2, 内海1, 大野1, 白子1, 三河1, 牛塚1
1884年度		
与八	店員	半田7, 常滑4, 内海2, 河和2, 亀崎1
主人	家族	半田8, 内海3, 名古屋1, 亀崎1, 清水1
永之助	店員	半田4, 大野2, 常滑1, 成岩1
勝治郎		半田4, 常滑4
久治郎		半田2, 名古屋2, 内海1, 大野1
源四郎船	清水屋	名古屋6
弥平	店員	大野3, 常滑1, 布土1
松太郎	下男	半田3, 内海2
老母	家族	河和2, 半田1, 成岩1
友吉	家族	半田2, 常滑1, 内海1
隆吉	店員	大野2, 常滑1, 半田1
太七		内海2, 半田1, 河和1
春吉	店員	半田3
荒吉	店員	半田1, 名古屋1, 大野1
喜助	清水屋	名古屋2, 内海1
吉助	作男	常滑2, 内海1
善造	下男	大野2, 常滑1
常助	家族	半田1, 内海1
ゆい	家族	河和2
仙助	蔵人	名古屋2
利助		名古屋1, 三河1
甚三郎		半田2
吉之助		内海2
その他	16名	半田6, 名古屋4, 大野3, 内海2, 河和1
1889年度		
主人	家族	半田11, 名古屋7, 内海3, 河和3, 豊橋1
おさだ	（下女）	内海13
友吉	家族	京都4, 名古屋2
常助	家族	名古屋2, 半田1, 河和1, 伊勢1
ゆい	家族	名古屋3, 坂井1, 内海1
老母	家族	河和3
幸太郎		半田2, 岡田1
老人	家族	半田2
常七		武豊1, 時志1
その他	21名	半田8, 名古屋3, 常滑2, 武豊2, 内海1, 河和1, 岡田1, 布土1, 時志1, 伊勢1
1894年度		
主人	家族	名古屋5, 半田2, 三河1, 内海1, 武豊1, 布土1
常助	家族	半田5, 京都1, 名古屋1, 鳴海1, 亀崎1
吉助	店員	常滑4, 半田3, 亀崎1
友吉	家族	半田3, 名古屋1, 三河1, 布土1
かね	乳母	鳴海3, 名古屋2, 亀崎1
伝助	下男	半田3, 常滑1, 武豊1
萬二	家族	半田3
ゆい	家族	半田3
与八	店員	半田2, 常滑1
仙太郎	店員	常滑2, 内海1
荒吉	店員	半田2, 常滑1
茂兵衛	蔵人	半田2
昇七	店員	名古屋1, 武豊1
平助	店員	半田1, 常滑1
久治郎		名古屋1, 常滑1
喜助		半田1, 常滑1
その他	15名	半田5, 名古屋3, 鳴海3, 武豊2, 河和1, 内海1
1899年度		
老人	家族	名古屋4, 内海2, 河和2, 坂井1, 半田1, 京都1, 月の瀬1
主人	家族	名古屋7, 内海1, 京都1, 東京1
千代	家族	半田3, 内海1, 布土1, 名古屋1
彦太郎	家族	内海3, 半田1, 多賀（神社）1
彦三郎		半田2, 名古屋1
おね		半田3
藤助	下男	半田2, 内海1
萬二	家族	半田1, 多賀（神社）1
源吉	店員	半田1, 内海1
吉助	作男	半田1, 内海1
おさい	下女	半田1, 京都1
昇七	店員	半田1, 白子1

きかったと思われる（30）。

鉄道網が整備されていない時期に、名古屋よりさらに遠くへ行く旅行は盛田家にとっては一大旅行で、例えば一八八一年に第二回内国勧業博覧会に合わせて盛田家家族が関東方面へ旅行した際には、五一日間という長期間にわたった（31）。その経路は、六月二一日に小鈴谷を出発し、伊勢湾の対岸に渡り、四日市から汽船で横浜へ、横浜から鉄道で東京へと当時としては最短時間で知多から東京へ到達したと考えられるが、それでも四日市—横浜間が汽船で約二六時間半かかっており、横浜到着が六月二四日であった。東京では約一ヵ月間当主は滞在し、内国勧業博覧会のほかに、品川ガラス製造所・印刷局・絨織場・駒場野農学場・三田育種場・青山開拓使園・洋傘工場などの諸施設を見物して新しい文物の購入に努めた。当主の東京滞在の間に家族は善光寺を参詣し、その後当主も含めて日光を参詣してから愛知県に戻ったが、帰路は陸路東海道を馬車や人力車で移動して帰宅したため、東京を八月三日に出立し、途中箱根湯本で二泊したこともあり、自宅に到着したのは八月一〇日であった。この旅行で盛田家は、地元で購入し得ない新しい物などを約二三〇円購入しており、馬車・人力賃の合計約一四〇円も加え、全体で約五四八円の支出をした。しかも、東京では盛田家は知人宅に滞在したと考えられ、宿泊費を支出しておらず、もしそれを支払ったとすると、全体で六〇〇円以上の支出になったと推定される。表17に戻ると、盛田家の一八七九年度の旅行費は合計で二七七円であったので、八一年には通常年度の旅行費の二倍以上の金額をかけて関東地方へ家族旅行を行ったことになろう。

名古屋との交通路では一八八六年三月の官営鉄道武豊線の開通が大きかった（32）。この時は、あわせて大府—名古屋間の東海道線も開通したことで、小鈴谷—武豊間を人力車で、武豊—名古屋間を鉄道で往復することが可能となった。表24に戻ろう。一八八九年度になると、盛田家家族の名古屋往復が八四年度に比べてかなり増加した。表18で一八八九年度の呉服・小間物費の内容をみると、名古屋の大丸屋・伊藤呉服店などからかなりの呉服を購入しているので、これほど頻繁の名古屋行きは、観光や交際ではなく買物のためと考えられる。実際、一八八九年度の盛田家の呉服・小間物費約一五六円のうち約八四円が名古屋での購入であった。

また、一八八九年度には友吉（一二代当主の息子）が京都へ四回赴いた。一八八九年七月に官営鉄道東海道線が全通したことで、武豊から京都まで鉄道で直接行けるようになり、京都への旅行が身近になった。そして一八九六年には、京都の五二会全国品評会見物と吉野見物を兼ねた観光旅行を家族で行った(33)。この時の盛田家の経路は、武豊から鉄道に乗り、名古屋で関西鉄道に乗り換えて草津経由で京都へ入り、奈良鉄道で京都から奈良に入った。奈良から法隆寺を参詣して主目的地の吉野へ行き、吉野の参詣後は和歌山県の紀三井寺を参詣した。その後は大阪と京都でそれぞれ数日間滞在し、大阪では芝居見物や住吉神社参詣を、京都では五二会全国品評会の見物と買物を主に行った。この時の関西旅行で盛田家の総支出額は約四九〇円で、一八八一年の旅行に比して割安となった。表17に戻り、一八八九年度と九九年度の旅行費をみるといずれも五三〇円前後で、通常の年間旅行費よりは少ない額で関西旅行を済ませたこととなる。その要因は、鉄道利用により、小鈴谷—京都間を一日で移動しており、全体の旅行期間が一八八一年時点の五一日から九六年時点の一九日へ短縮したことがあり、交通費でも鉄道賃は増加したが人力車・馬車賃が減少したことで、交通費全体は一八八一年の旅行より九六年の旅行の方が少なくすんでいた。

そして一八九九年度には、再び盛田家当主が東京へ赴いた（表24）。この時も当主は多額の買物をしており、主なものを示すと、フロックコート一組（三二円八五銭）、三井呉服店浴衣地六反（九円一五銭）、パナマ帽子一つ（八円五〇銭）、三井呉服店縮セル一反（七円三二銭五厘）などで合計約九九円に上った(34)。

その後一九〇九年度になると、呉服費の分析でふれたように、京都へ呉服の買物に赴くことが当たり前のようにみられ、まだ年齢の低かったと思われる敬三を除き盛田家家族はみな、〇九年度に一回は京都・大阪・神戸へ赴いた。

四　盛田家と地域社会

本節では「社会」のあり方が「家」の生活様式に大きな影響を与えた局面として、冠婚葬祭などの慶弔行事や寄付活動を通した地域貢献を取り上げる。盛田家の「諸入用之帳」では末尾に臨時費の項目が設けられ、その内容は、主に貯金・寄付や慶弔費であり、表25でその内容を示した。慶弔行事では、「諸入用之帳」が存在した一九〇〇年代には婚姻や葬式が少なくて法事が中心であり、一八九〇年代半ばに一一代当主夫妻や一二代当主の妻があいついで亡くなったために、その法事が定期的に行われた。その金額は一〇〇円前後であまり変化がなく、遠方から高僧を招いての法事も行った(35)。例えば、一九〇四(明治三七)年度には、永平寺の悟由大祥師を招いて一一代当主の施餓鬼を行い、一一年度にも悟由大祥師を招いて法事を行った。盛田家の菩提寺の心月齋は曹洞宗であり、一九〇一年度にも永平寺に寄付をしており、盛田家は永平寺とのつながりが深かった。

地域社会への貢献の面では、食生活における「地産地消」の側面をすでに指摘したが、一九〇〇年代前半は、村長入用の形で、定期的に年間六〇円を拠出しており、勤倹貯蓄会を通して定期的な貯金も行った。特に、女子のための積立金を継続して行い、前述のように盛田家が二名の娘をいずれも遠隔地の神戸女学院に留学させたのも、この積立金を利用してのことと考えられる。もっとも、長男の彦九郎には積立金をしていないが、一九〇三・〇四年度のように多額の留学費を支出しているので、娘の場合は積立金をする代わりに、その範囲での支出と限られていた可能性もあり、教育機会では息子が娘よりも優遇されていたとも考えられる。地域社会のインフラ整備で盛田家が力を入れたのは道路整備であり、前述のように一八七六年に小鈴谷—武豊間の道路を改修したことがよく指摘されるが、その後

表 25　盛田家家計支出臨時費の内訳

（単位：円）

金額	内容
1899年度	
200.00	女子積立金
175.00	日本赤十字社へ寄付
125.91	功芳操勲尼上座5回忌法会
102.93	功学霊勲尼上座3回忌法会
97.76	至孝雄道上座5回忌法会
60.00	村長入用
年計	761.60
1900年度	
670.09	命彦食餌療養費
300.00	女子積立金
100.00	西浦道路改修費へ寄付
77.27	茶会兼老人療養全快祝
60.00	村長入用
37.03	天木理右衛門喜寿祝銀杯
年計	1,244.39
1901年度	
960.04	隠居宅建直し費
300.00	女子積立金
96.04	功学霊勲尼上座5回忌法会
63.75	永平寺改修費へ寄付
60.00	村長入用
50.00	勤倹貯蓄会へ貯金
年計	1,529.83
1902年度	
517.00	衆議院運動費
400.38	隠居宅普請入用
300.00	女子積立金
100.00	勤倹貯蓄会へ貯金
90.73	大光玄道上座ほか年忌法会
60.00	村長入用
28.44	承陽大師650年忌法会
24.13	次郎吉屋敷井戸出管修繕費
年計	1,520.68
1903年度	
562.17	彦太郎東京留学入用
355.03	元紙倉再建入費
300.00	女子3名積立金
200.00	宝珠庵へ寄付
194.50	小鈴谷・武豊間道路改修費
100.00	勤倹貯蓄会へ貯金
100.00	内海馬場磯部茶席1棟買入
88.25	應栄全相大姉250回忌法会
60.00	村長入用
53.96	次郎吉屋敷井戸出管修繕費
年計	2,013.91
1904年度	
420.84	彦太郎東京留学費
310.75	元紙倉再建入費
300.00	女子3名積立金
101.40	萬二名古屋留学費
100.00	勤倹貯蓄会へ貯金
74.32	至孝雄道上座施餓鬼執行
60.00	村長入用
55.73	功芳操勲尼上座10年忌法会
47.77	至孝雄道上座10年忌法会
40.40	入用方差引
年計	1,511.21
1905年度	
1,000.00	署長邸書冊
100.00	老人入用
100.00	勤倹貯蓄会へ貯金
40.53	元紙倉再建入費
年計	1,240.53
1908年度	
1,376.16	茶会入用
151.18	法事入用
100.00	勤倹貯蓄会へ貯金
年計	1,627.34
1909年度	
283.48	法事入用
100.00	総持寺再建寄付
100.00	勤倹貯蓄会へ貯金
年計	483.48
1911年度	
275.10	悟由祥師招待
116.50	東京火災保険料
50.00	半田倶楽部出金
年計	441.60

（出所）各年度「諸入用之帳」（盛田家文書）より作成.

（注）至孝雄道は11代久左衛門, 功学霊勲尼は11代の妻, 功芳操勲尼は12代久左衛門の妻と考えられる. 命彦は12代久左衛門のことで, 家族の名前は表24の注を参照.

も一九〇〇年度に西浦道路改修費、〇三年度に小鈴谷―武豊間道路改修費の寄付を行った。しかしそれ以外の地域社会への寄付として、一九〇五年度に署長邸（おそらく官邸）への書物の寄付が行われた以外はあまり多くなく、後述の各地方資産家に比べると地域社会への寄付活動は限られていた。盛田家の地域社会との関わりは、醸造家としての側面が強く、前述の「地産地消」に盛田家の地域貢献の特徴がみられたといえよう。

おわりに

本章では、愛知県知多郡の有力醸造家兼資産家の盛田家の近代期の消費生活を、生活様式に内在的に関わる「衣食住」の側面と、同家を取り巻く社会環境との接点に位置する社会生活の側面、そしてより社会からの影響を強く受ける慶弔行事や寄付活動から検討した。そこで明らかになった点をまとめる。

盛田家の「衣食住」生活では、文明開化の影響で、洋風の文物を取り入れたもののそれが主流とは成り得ず、和風の生活様式が根強く維持された。例えば、「衣生活」ではシャツはかなり頻繁に購入されたものの、依然として多様な呉服物が購入され続け、交通網の整備に伴い、名古屋のみでなく京都まで赴いて大量の呉服が購入されるようになった。「食生活」では、一九〇〇年代に肉と野菜・果物の購入が急増し、大きな変容がみられたかに思われるが、肉は大部分が鶏肉で、知多郡で一九〇〇年代に養鶏業が盛んになったことがその背景にあり、野菜・果物の内容でも、ネーブルや白菜など近代以降に生産されるに至ったと思われる野菜・果物も購入されたがそれは少数で、近世来の野菜・果物が消費の中心であった。「住生活」でも、ランプの導入はかなり早く、一九〇九（明治四二）年度に椅子・石油ストーブが購入されたが、同年度は急須・箪笥・火鉢など和風の家具・器具も購入され、それらが椅子・石油ストーブより高価であったので、盛田家は洋風生活を経験したうえで、和風を好んで選択したと考えられる。

一方、健康・教育・旅行などの社会生活の側面では、洋風の要素が急速に流入した。例えば健康面では、一八七九年のコレラ流行への対応では、まだそれに十分対応し得る西洋薬を施薬できなかったが、九九年度に石炭酸が購入され、消毒の意識が確認された。さらに、一九〇九年度には当時の日本の近代医学でかなりの技術水準にあったと思われる医師（多田学三郎）に診てもらった。教育面では、もともと盛田家は鈴渓義塾を設立して教育に熱心であったが、鈴渓義塾では、設立当初から洋紙・鉛筆・消しゴムなど舶来品を用いた教育が行われたと推定され、その後盛田家は子弟の英語教育にも力を入れた。そして旅行面では、博覧会見物など新しい文物への興味が全面的に示され、社寺参詣を目的とする伝統的な旅文化から、新しい文物の見学と買物を主目的とする旅文化へと転換した。(36)

このように盛田家の消費生活では、伝統的側面の維持と近代的側面の導入が局面ごとに選択的に区別されていたが、それは盛田家の家業の展開と関連していたと考えられる。すなわち、盛田家は清酒・醬油醸造家として、食文化としての伝統的側面を体現しており、地域有力者として地域産業の発展の担い手でもあった。盛田家は一八九八年に家業を会社組織に変えて以降は、その会社から酒を購入する記載が家計帳簿にみられ始め、(37)また小鈴谷が半漁半農の地域であったことから、副食費のなかで魚代の比重が大きく、一九〇九年度には地元で発展し始めた養鶏業の影響で、鶏肉の購入が増大するなど、「食生活」では「地産地消」の側面が強くみられた。

なお盛田家は、文明開化に対応させて家業を葡萄酒・麦酒生産に展開させることも試みたが、一八八〇年代に始めた葡萄の栽培は失敗に終わり、半田の中埜家と共同で始めた麦酒会社はまもなく中央資本の大麦酒会社に吸収合併されたため、家業を洋風な食文化に対応させるに至らなかった。(38)そのことが背景にあって、盛田家は「衣食住」生活の側面で選択的に伝統性を強く維持するに至ったと考えられる。もっとも本章は、史料上の制約から一九一〇年前後までの分析に過ぎず、一〇年代以降に盛田家の「衣食住」生活で洋風化が進んだ可能性はある。表16からみて盛田家は一九二〇年代以降、敷島屋製粉所・敷島製パンと製粉・パン製造業に進出した。パンを中心とする食文化の洋風化に貢献するなかで、盛田家の食生活がどのように変容したかは今後の課題である。

注

（1）以下の記述は、財団法人鈴渓学術財団編『盛田家文書目録 上下巻』（財団法人鈴渓学術財団、一九八三・八七年）の解説を参照。盛田家に関する先行研究として、篠田壽夫「知多酒の市場」（豊田工業高等専門学校『研究紀要』一六、一九八三年）、同「知多の在郷商人経営」（同『研究紀要』一八、一九八五年）などがある。
（2）以下の記述は、常滑市誌編さん委員会編『常滑市誌』（常滑市、一九七六年）二九四〜二九五・三〇九・四〇〇〜四〇二頁を参照。
（3）以下の記述は、中西聡・井奥成彦編著『近代日本の地方事業家―萬三商店小栗家と地域の工業化―』（日本経済評論社、二〇一五年）二二一〜二二三頁の表序―7を参照。
（4）明治二〇〜三五年「所得金下調綴」（盛田家文書ⅩⅦａ一四二五）を参照。また以下の記述は、由井常彦・浅野俊光編『日本全国諸会社役員録 第三巻』（柏書房、一九八八年）を参照。
（5）丸三麦酒については、半田市誌編さん委員会編『新修半田市誌 本文篇中巻』（愛知県半田市、一九八九年）一七六〜一八〇・三〇六〜三〇九頁を参照。また盛田善平は敷島製パンの代表取締役を務めた（表16）。
（6）盛田家と中埜一族の家系については、前掲注（1）『盛田家文書目録 上下巻』の解説および、ミツカングループ創業二〇〇周年記念誌編纂委員会編『MATAZAEMON 七人の又左衛門 新訂版』（株式会社ミツカングループ本社、二〇〇四年）三〇頁を参照。
（7）例えば、大阪府貝塚の廣海惣太郎家は、一八八七年以降家計支出帳簿が営業費と家事費に分類された（第四章を参照）。また盛田家の帳簿体系については、前掲注（1）篠田「知多の在郷商人経営」を参照。
（8）近代期の知多木綿に関する近年の研究として、浦長瀬隆『近代知多綿織物業の発展―竹之内商店の場合―』（勁草書房、二〇〇八年）および橋口勝利『近代日本の地域工業化と下請制』（京都大学学術出版会、二〇一七年）がある。
（9）九代盛田久左衛門の息子が中埜又左衛門家の娘婿となり三代又左衛門を継ぎ、九代盛田久左衛門の息子が中埜半六家の養子となり七代半六を継いだ（前掲注(6)『MATAZAEON』三〇頁）。
(10) 以下の記述は、前掲注(2)『常滑市誌』三一六頁を参照。
(11) 前掲注(5)『新修半田市誌 本文篇中巻』を参照。
(12) 本田六介編『日本医籍録 第二版』（医事時論社、一九二六年）愛知県の部二七頁および、坂井の歩みと祭り編集委員会編『坂井の歩みと祭り』（坂井の歩みと祭り出版委員会、二〇〇五年）五〇頁を参照。
(13) 内務省衛生局編『日本医籍』（忠愛社、一八八九年）一五五頁、および山口力之助編『帝国医籍宝鑑』（南江堂、一八九八年）などを参照。
(14) 前掲注(12)本田編書、愛知県の部二八頁。
(15) 明治三三・三四・三五・三六年「諸入用之帳」（盛田家文書XⅦa一六〇二・一六〇九・一六一七・一六二二）。明治三三年「諸入用之帳」に初めて登場した樋口祐次郎を前掲(13)『日本医籍』・『帝国医籍宝鑑』などで調べたが、名古屋市内在住医師として樋口祐次郎は確認できなかった。
(16) 以下の記述は、前掲注(12)本田編書、愛知県の部三・二八頁を参照。
(17) 明治一二年「入用方当座帳」（盛田家文書XⅦa一三三六）より。
(18) 岡崎寛蔵『くすりの歴史』（講談社、一九七六年）二九六頁。
(19) 桑田衡平譯述『改訂袖珍薬説』（一八七六年）六三〜六四頁。
(20) 山本俊一『日本コレラ史』（東京大学出版会、一九八二年）四七三〜四七八・四八〇〜四八五頁、および渡辺則雄『愛知県の疫病史』（現代企画室、一九九九年）第三章を参照。
(21) 以下、和漢薬を主原料とする売薬については、宗田一『日本の名薬』（八坂書房、一九八一年）および鈴木昶『日本の伝承薬―江戸売薬から家庭薬まで―』（薬事日報社、二〇〇五年）を参照。
(22) 前掲注(18)岡崎書、二三二頁を参照。
(23) 前掲注(21)鈴木書、三七九〜三八四頁を参照。
(24) 前掲注(18)岡崎書、二四三〜二四四頁、三共九十年史編集委員会編『三共九十年史』（三共株式会社、一九九〇年）一〜二頁、および深谷義雄『愛知県薬業史』（社団法人名古屋薬業倶楽部、一九六五年）三五八頁。

(25) 以下の記述は、前掲注(2)『常滑市誌』七九八～七九九・八〇二・八一二～八一三頁を参照。
(26) 溝口幹については、松尾由希子「伊勢国溝口幹の『日乗』にみる生涯学習主体の形成過程」(幕末維新期学校研究会・高木靖文編『近世日本における「学び」の時間と空間』溪水社、二〇一〇年)を参照。
(27) 前掲注(1)篠田「知多の在郷商人経営」二〇頁の盛田家系図を参照。
(28) 前掲注(2)『常滑市誌』五二八頁。
(29) 丸三麦酒は、盛田家一族の盛田善平が半田に移り、中埜又左衛門らの援助によって設立(前掲注(2)『常滑市誌』四八三頁)。また盛田家と中埜又左衛門家は、一八七五(明治八)年に清水の酒問屋を譲り受けて中泉現金店を創業し、七六年には沼津の酒問屋も買収して盛田支店とした。中泉現金店は一八九八年に合資会社盛田商店、沼津店は同年に合資会社中埜酒店となり、この両社は一九〇八年に合併して合資会社中埜酒店(本社半田)となった(『中泉株式会社小史』中泉株式会社本店総務部、一～二頁)。
(30) 前掲注(1)篠田「知多の在郷商人経営」二〇頁の盛田家系図を参照。
(31) 以下の記述は、中西聡『旅文化と物流―近代日本の輸送体系と空間認識―』(日本経済評論社、二〇一六年)四五～四八頁を参照。
(32) 以下の記述は、明治四〇年「鉄道局年報」(野田正穂・原田勝正・青木栄一編『明治期鉄道史資料　第Ⅰ期第一集第二巻』日本経済評論社、一九八一年)附録：全国鉄道開業明細表を参照。
(33) 以下の記述は、前掲注(31)中西書、八七～八九・一二八～一二九頁参照。
(34) 明治三二年「諸入用之帳」(盛田家文書ＸⅦａ一五九〇)。
(35) 前掲注(1)『盛田家文書目録　下巻』解説によると盛田家の菩提寺は、知多郡布土の心月齋である。
(36) この点については、前掲注(31)中西書を参照。
(37) 明治三二・四二年「諸入用之帳」(盛田家文書ＸⅦａ一五九〇・一六四〇)。
(38) 葡萄園については、前掲注(1)『盛田家文書目録　下巻』の解説を、丸三麦酒については、前掲注(5)『新修半田市誌　本文篇中巻』一七六～一八〇・三〇六～三〇九頁を参照。

第三章　富山県有力資産家の消費生活

——宮林彦九郎家の事例——

はじめに

本章では、富山県新湊（近世期は放生津）の有力資産家であった綿屋宮林彦九郎家の消費生活を検討する。最初に宮林家の歴史を概観する。宮林家は、(1)日本海沿岸の主要湊であった伏木湊に隣接した放生津の網元として一八世紀に大規模な鰤漁を行い、その後一九世紀前半に和船を所有して金沢・富山藩の領主米輸送に携わり、一八四〇年代以降に村役人を務め、幕末期から土地取得も進めた。明治維新による特権の廃止は、綿屋に少なからず打撃を与え、近代初頭に綿屋宮林家の所有船数は半減した。しかし、同時に宮林家廻船は積極的に北海道交易に進出し、活動範囲は西廻り航路全域に拡大した。一八七〇年代後半は北海道・大阪間の北海道産魚肥の価格差はかなり大きく、七七（明治一〇）年の福寿丸は、北海道で一〇七三円にて買い入れた魚肥を、兵庫県と大阪で一七八七円にて販売し、七八年の神速丸は、北海道で三一〇三円にて買い入れた魚肥を、大阪で三九三一円にて販売し、八一年の観喜丸は、北海道で四九四五円にて買い入れた魚肥を、大阪で六〇七五円にて販売した。(2)こうした商業的蓄積をいかして、宮林家は近代初頭の旧金沢藩領域の会社設立に関与した。例えば、明治政府は政府発行の太政官札を流通させるため、一八六九年に通商司を設置し、その指揮・監督の下に全国八ヵ所に為替会社を設置したが、金沢藩も藩主導で官金運用を図るべく金沢為替会社を六九年に設置した。(3)その際、藩御用商人の資金力が頼られ、七一年時点で為替会社総棟取の七名に宮林家当主彦九郎も名を連ねた。金沢為替会社は一八七一年の廃藩置県後も存続し、官金の取り扱いと士族層の預金の増大で次第に経営規模が拡大し、七七年に金沢で第十二国立銀行が設立された際も、士族の小幡が頭取になった以外は、副頭取・取締役は全て金沢為替会社の役員であった。宮林彦九郎も、金沢為替会社と第十二国立銀行の両方の取締役となり、その後一八八〇年に石川県会議員となるなど（当時は現富山県域も石川県）、地域社会の政治・経済に大きく関わった。宮林家は、地元で設立された海運会社にも参画し、一八八一年四月の越中風帆船会社の設立に際して一万円を出資し、(4)同年九月の北陸通船会社の設立に際しても主要株主となった。

しかし、これら宮林家が関与した銀行・海運会社は、一八八一年以降の松方デフレのなかで次第に経営が苦しくなった。金沢為替会社は、主要預金層の士族の衰退が顕著で、経営が悪化し、一八八三年に役員層が私財を提供して増資し、北陸銀行（現在の北陸銀行とは別の銀行）と改称したものの八四年に休業し、八六年に解散した。(5)その結果、宮林家を含め、(旧)北陸銀行の役員層は北陸銀行破綻を回避するために投入した私財を失った。そして宮林家は一八八〇年代に、船主が商業活動も行う北前船経営から撤退して船を手放した。

第十二国立銀行は、旧金沢藩主の前田家と旧金沢藩御用北前船主層の出資で設立されたが、松方デフレが深刻になるにつれ前田家が第十二国立銀行への出資金を引き揚げたため、前田家出資分を北前船主層が負担し、頭取であった士族の小幡が退き、一八八三年末時点で、木谷藤十郎（木谷本家）が頭取、嶋崎徳兵衛が副頭取、藤井能三・宮林彦九郎・木谷豊松が取締役となった。(6)しかし北陸銀行の役員を兼ねていた第十二国立銀行の役員は、北陸銀行の破綻回避の努力で手いっぱいで、第十二国立銀行の経営意欲が減退しており、一八八四年に金沢第十二国立銀行は富山第百二十三国立銀行と合併して、富山第十二国立銀行となり、本店は富山に置かれた。そして一八八五年に宮林彦九郎も含め、旧金沢第十二国立銀行の役員は全員退陣した。また、北陸通船会社も、伏木を拠点として越後地方と能登半島を結ぶ航路を開設したが、松方デフレのなかで一八八五年に解散した(7)。

宮林家は、近代初頭から金沢・伏木などの銀行・諸会社に経営参加や出資したが、それらがいずれも松方デフレによる経営悪化で解散あるいは合併され、その負債の返済のために家産をかなり失うこととなった。宮林家は一八七〇年代に北海道交易へ進出することで得た商業的蓄積を土地取得に運用したと考えられ、土地所有面積は急増し、一八八六年に約一〇〇町歩を示した。しかし、ここで土地を売却してその代金を破綻した会社の負債返済に充てたと考えられ、一八八七年に土地所有面積は約七〇町歩に急減した。そして、それ以後一九〇〇年代まで、宮林家は会社経営にまったく関与しなかった(8)。

なお本章が分析対象とする近代期は五世彦九郎から六世彦九郎の時代であったが、五世彦九郎が一八九二年に亡くなった時に、その息子六世彦九郎が幼少のため、六世が成人するまでの間、五世の養弟の伴二郎が後見人となったと考えられる(9)。そのことが、一八九〇~一九〇〇年代に宮林家が会社経営に関与しなかった背景にあったと思われる。

一　宮林彦九郎家の収益基盤と家計支出内訳概観

前述のように、一八八七（明治二〇）年に所有耕地を急減させた宮林彦九郎家であったが、その後の経営は土地経営を基盤とし、一九〇七年時点でも収益基盤の中心は土地経営から得た作徳米の販売収入であった。表26をみよう。一八九五~一九〇六年の宮林家は株式投資や銀行預金を行っていなかったと考えられ、その間作徳米の販売収入は、消費支出に使われた分以外はそのまま繰り越されて一九〇七年初頭時点では約一万四〇〇〇円の繰り越しが残されていた。それがこの年に株式買入・地所買入・建築費などでかなり支出され、それ以後前年末の繰越金は減少した。ただし作徳米の販売収入は毎年継続して五〇〇〇円以上計上され、一九〇九年度は国庫債券の売却でかなりの収入を得て、それを岩脇銀行への出資に向けたと考えられる。その意味でも、一九〇九年は宮林家の有価証券所有の公債中心から株式中心への転換点でもあった。なお一九〇七年には網方支出があり、宮林家はこの頃まで網元であり続けたが、同年の網方収入は七円にすぎず、その翌年からは網方収支がまったくみられなかったので、この時点で一八世紀以来の家業であった漁業から完全に撤退したといえる。ここで、一九〇七年時点の家計支出の内容を表26より検討する。

支出を大きく、投資と消費に分けて考えると、投資として公債購入・株式購入・地所購入を行ったが、比較的多かったのが株式投資で高岡銀行株を新たに購入した分の所有額が増えた。そして消費では、税金支払いが多く、建築・修繕費がそれに続いた。被服費では地元新湊の中島商店や京都のまるや梅田家の高岡支店（梅田支店）など呉服商への支払いが比較的大きく、それに次いで寄付・祝儀などの臨時費の支出が多かった。賃銀欄からおそらく番頭と下女四名を雇用していたことが予想され、この年に宮林家に電話が設置された。食品では肉は購入されず魚が中心で

（単位:円）

1908年度	1909年度	1910年度
5,645	1,682	1,056
6,238	6,089	8,199
1,057	483	540
	銀行借入	1,587
	160	
	4,757	1,845
1,748	32	489
14,688	13,203	13,715
2,050		
550	3,864	3,558
	116	1,484
255	142	432
473	488	524
120	111	131
260	59	70
1,552	1,041	694
42	35	19
5	0	0
31	25	38
1,497	522	759
27	33	257
107	59	88
106	98	83
143	108	117
316	198	158
240	250	240
3,153	3,745	3,233
51	63	56
1,780	609	558
貸金償却	157	
208	370	382
41	54	31
13,007	12,147	12,909
1,682	1,056	805

A-72･75）より作成.
内容のうち，△印は支出，無印は収

表 26　宮林家収支内訳（1907~10 年）

項目	1907年度	
収入		主要内訳
前年末繰越	14,228	
払米代	5,065	
利子・配当収入	972	国債利子(374), 新湊銀行預金(189), 株式配当(112), 公債利子(103)
網方収入	7	鈴島6番残金(7)
地所売却		
公債売却・償還		
雑収入	372	繰越金(206), 用水敷地売却(150)
収入計	20,644	
支出		主要内訳
公債買入	982	公債買入代(△1,102), 公債償還(150)
株式買入・払込	3,251	高岡銀行株買入(△2,750), 日本汽船株売買(△246)
地所買入	1,244	
建築費	1,845	建物の建築・修繕代
器具費	290	茶器・人力車・食器代など
保険料	112	生命保険料など
頼母子費	50	講掛金など
修繕費	58	金物代・塗師賃金など
被服費	1,170	中島商店支払(△576), 梅田支店支払(△303)など
交際費	36	香(典)料など
教育費	17	(当主)授業料, (当主)短靴1足代(△3)
図書費	35	新聞代・書籍代など
臨時費	627	寄付・謝礼・祝儀など
医薬費	64	
雑品費	134	荒物代・豆腐代など
薪炭費	61	
雑費	102	登記書換手数料・高岡行費用・当主金沢行費用など
賃銀	291	給金二三郎渡(△50), 給金女中4名分(△37), 運賃・人力車賃など
小払	235	月ごとに母などへ渡す
諸税	3,102	田租, 所得税, 村税, 戸数割町税など
通信費	130	電話架設費(△105), 電話申込証拠金(△15), 電報料・切手代など
小間物・食料品費等	781	小間物(△67), 酒(△10), 味噌醤油(△52), 石油(△8), 魚(△246), 青物(△177), 茶(△7), 煙草(△19), 菓子(△131)
網方支出	44	鈴島仕入金(△35), 人足賃(△9)
義捐金	180	義勇艦隊寄付金(△50), 軍人応援特別会費(△10), 東京慈恵院(△10)
神仏費	158	法事布施支払(△121), 祭礼布施など
支出計	14,999	
差引計	5,645	

(出所)明治40年度「出納仕訳帳」,明治41~43年度「年度末収支計算簿」(以上,宮林家文書

(注)1907年度は,翌年度への繰越金額より前年繰越額を推計して収入額を計算した. 1907年度主要

入,主要内容は金額の多いものや支出回数の多いもをの示した.

義捐金や神仏費もそれなりに支出された。

その後一九〇九年に岩脇銀行設立に際し、多額の出資をして同行の取締役となった宮林家は、一〇年代になると本格的に株式投資を開始した。(10)一九一〇年時点の宮林家の株式所有残額は約一万円であったが、二二（大正一一）年頃では約八万円に増加した。一九二〇年恐慌による株価下落で、(11)二二年頃には株式購入価格と時価にかなり差があったと考えられ、宮林家も含み損益を計算しており、その合計が約二万円の含み損であったので、一〇年代末には株式投資残額は約一〇万円に達していたと推測できる。この間に、主に購入されたのは高岡銀行株と新湊銀行株であった。この両行とも宮林彦九郎が取締役となり、彦九郎は銀行経営にも直接関与した。高岡銀行への積極的な投資は、宮林彦九郎の妻が菅野家出身で、(12)彦九郎が高岡銀行頭取の菅野伝右衛門と義兄弟の関係にあったことが大きいと考えられる。また新湊銀行は、新湊の中心的金融機関として一八九五年に創業し、新湊の有力資産家が役員となっており、(13)宮林家は一九〇七年に株式投資を再開した後に少しずつ投資額を増やした。それ以外の銘柄では、高岡化学工業など製造会社への投資もみられたが、それ以外の高岡の諸会社（北一、高岡打綿、高岡電灯）はいずれも菅野家が関与し、(14)菅野家との縁で宮林家が出資したと思われる。越中製軸・新湊運送は地元新湊の会社で、(15)取締役として経営にも関与したが、中央の株式市場で取引される銘柄の購入は少なく、横浜正金銀行株と東洋汽船株をあわせても一九二二年頃の評価額で約六五〇〇円に過ぎなかった。また一九二二年頃には銀行定期預金額や公社債資産額も少なく、動産のほとんどが株式資産であり、それに続く資産として保険料が計上され、特に当主彦九郎に対し、彦九郎が成人を迎えた〇八年より高額の生命保険金が掛けられた。

第一次世界大戦を挟んだ一九一〇年と二二年頃で宮林家の資産は約一〇万円から約三七万円へ急増した。資産増大の要因として株式投資の増加もあったが、地価の上昇が最も大きく、土地所有面積はそれほど変化がなかったが、地価評価額は一九一〇年の約八万円から二二年頃の約二六万円に増大した[16]。第一次世界大戦期に日本全体で重化学工業化がある程度進んだが、富山県では伏木港を中心とする臨海部で重化学工業関係の大工場が建設された[17]。宮林家が所有した土地は、前述のように同家が居住した新湊市街に隣接した村々にあり、伏木臨海部の工業化が、新湊地域の地価上昇をもたらしたと考えられる。

したがって宮林家の有価証券投資が進んだ一九二〇年代においても同家の収益基盤は不動産であった。第一次世界大戦期の株式投資により配当収入は次第に増大したが、第一次世界大戦期の米価上昇に伴い、作徳米販売収入が一九一七〜一九年に急増しており、一七年に多額の有価証券投資が行われて配当収入が増大した一八年時点をみても、配当・利息収入が約三〇〇〇円に対し、作徳米売却収入は約一万一〇〇〇円に上った[18]。もっとも、一九一七年の有価証券投資は、約三万円の買入・払込に対して、約二万一〇〇〇円の売却・償還があり、株式売買利益獲得目的の投資もあったと考えられ、配当収入をそれほど重視はできないが、一九一七〜一九年まで有価証券の売却・償還額より、買入・払込額がかなり上回り、その原資を全体としては作徳米販売収入がまかなったといえる。

第一次世界大戦期には土地売買も若干みられたが、売買損益ではほぼ均衡しており、この間土地所有面積はそれほど変化しなかったと考えられる。しかし一九二七（昭和二）年以降の恐慌のなかで、前述のように作徳米の取得が予定量よりも減少したこともあり、二八年に宮林家はかなりの土地を売却した[19]。一九二七年の同家所有地の石高が約五九〇石に対し、二九年の石高が約四三〇石なので、石高で全体の約二七％にあたる土地を二八年に売却したと推定できる。その結果として、米価の下落もあり、一九二九年一〜六月の作徳米販売収入は約三六〇〇円に止まり、二八年一〜六月の作徳米販売収入が約八七〇〇円であったので、土地経営から上がる収益がかなり減少した[20]。一方、配当収入は昭和恐慌下でもそれほど減少せずに得られ続け、会社役員報酬もあわせると、一九二九年以降は株式配当と役員報酬の合計が土地経営の収入を上回るようになった。

二　宮林家の「衣食」生活

1　衣料品購入の動向

本節では、宮林家の消費生活の基本となる衣料品・食料品の購入を検討する。宮林家には小売商から後払い（「付け」）で購入したことを記す「通帳」が多数残されており、「通帳」から同家の衣料品・食料品などの購入が判明する。衣料品購入を示した表27をみよう。宮林家は、一九世紀までは新湊から少し内陸に入った高岡町の呉服店中川小平から主に反物を購入していた。中川小平は、明治三一（一八九八）年版『日本全国商工人名録』に高岡市の呉服太物商として営業税額約三八円で記載され、高岡市の呉服太物商五八軒のうち四番目に営業税額の多い有力商であった[21]。しかし、明治四〇・四一年版『日本商工人名録』では、中川小平の営業税額は約二七円と減少しており、宮林家が一九〇三年に取引した高岡市の梅田支店（京都の呉服商まるや梅田家の支店）の方が、同資料での営業税額は約五〇円と多

代金
銀301匁8分, 金3両
銀872匁3分, 銭28貫842文
銭231貫313文
銭12貫345文
18円34銭
128円27銭
51円38銭
94円70銭
55円11銭
85円21銭
99円01銭
70円98銭
224円88銭
224円52銭
169円86銭
68円05銭
26円10銭
461円66銭
417円24銭
114円50銭
67円57銭
32円60銭
231円54銭
19円93銭

上通」「物品売上通」（以

のを示した（以上, 表29~31

表27　宮林家所蔵呉服通帳一覧

年	種類	購入先	所在	主要品目
(1859)	呉服	中川屋小兵衛	高岡	黒五日市,紫錦帯,紫指面,納戸友禅,黒繻子
(1861)	呉服	中川屋小兵衛	高岡	茶のび繻子,柏〆指面,鹿の子絞り,納戸縮緬,白木綿,紺風呂敷,唐金巾
(1861)	呉服	関屋吉兵衛		黒繻子,上田縞,花色絣,唐木綿,黒木綿,白羽二重,米沢納戸縞,黒友禅,白浜縮緬
(1861)	御通	冬口屋宇左衛門		手拭,縮緬,大和紺絣,晒木綿,京手拭,白足袋,紺絣
1877	布	亀谷佐平		白絣,紺絣,大島絣,上晒布
1888	呉服	中川小平	高岡	黒毛繻子,京手拭,納戸金巾,紺絣,羽二重,縮緬,白木綿,シャツ,晒木綿,紺金巾
1888	呉服太物	宮林長太郎		双子縞,上ムスリン,晒木綿,縮毛繻子,南京繻子,手拭,紺金巾,唐木綿,真綿
1889	呉服	中川小平	高岡	白木綿,シャツ,双子縞,晒木綿,羽二重,紺金巾,八丈島,京手拭,紺絣,越後縮
1889	物品	宮林長太郎		南京繻子,毛繻子,手拭,ムスリン,唐納戸,双子縞,晒木綿,紺金巾,千草絣
1893	呉服	中川小平	高岡	納戸金巾,シャツ,白羽二重,晒木綿,晒金巾,手拭,黒毛繻子,中入金巾,本ネル
1900	呉服	中川小平	高岡	白キャラコ,信玄袋,金巾,白縮緬,黒繻子,シャツ,黒羅紗,羽二重,白奉書
1900	現金通	中島商店	新湊	唐友仙,真岡,キャラコ,伊太利ネル
1901	呉服物	千田屋	金沢	白浜紬物,紋通,黒繻子,白キャラコ,小紋羽織,風呂敷,屛風
1902	呉服物	千田屋	金沢	繻子羽織,テレキ,瓦斯絣,黒八丈,丸帯,白キャラコ,生地モス,晒布,ハンカチ
1902	呉服	中川小平	高岡	金巾,白羽二重,真岡,紺絣,黒毛繻子,生モス,羅紗コート,紺縮緬,大島絣
1902	物品	中島商店	新湊	米沢織,キャラコ,唐友禅,白金巾,白生モス,シャツ,伊太利ネル,瓦斯縞,南京
1902	御通	廣瀬喜三郎	高岡	瓦斯縞,十五匁,双子縞,手拭,晒木綿,白縮緬,備後縞,唐納戸,更紗,紺裏地
1903	現金売上	[1]梅田支店	高岡	備中更紗,更紗金巾,真綿,白縮緬,丸帯,綸子打掛,博多,花色秩父,羽二重紋
1903	呉服物	千田屋	金沢	京羽二重,博多,紺絣,綸子打掛,モス袴,真綿,イタリヤ,敷布,金巾,帯地
1903	呉服	中川小平	高岡	白キャラコ,中入木綿,ウコン縮緬,花色金巾,伊勢崎絣,フラシ金茶色,木綿絣
1903	物品	中島商店	新湊	唐納戸,毛繻子,紺秩父,晒金巾,伊予絣,紺絣,白キャラコ,双子縞,洋手拭,生モス
1903	物品売上	廣瀬喜三郎	高岡	繰綿,白繰綿,手拭,縞綿縮,紺絣,金巾花色,瓦斯縞,白足袋
1923	御通	中島呉服店	新湊	伊太利モス,縞五日市,縮紺,双子縞,モス友仙,絽縮,ライトモス,白金巾,手拭,絹大島,白縞,花モス,瓦斯縞
1929	御通	中島呉服店	新湊	裏地,絽縮緬,モス,伊太利,手拭,吹上縮

(出所)各年度「呉服通」「御通」「布通」「呉服太物通」「物品通」「現金通」「呉服物通」「現金売上,宮林家文書)より作成.

(注)年の括弧書は推定.主要品目として比較的購入金額・購入回数の多かったものや,特徴的なもも同じ).1)本店は京都.

かった。(22) 二〇世紀に入ると隣県の県庁所在地の金沢や、地元新湊の呉服店からも宮林家は呉服類を購入するに至り、購入金額が急激に増大した。一九〇〇年代以降の衣料品購入額を相手先別にまとめた表28の上段をみると、購入金額からみて宮林家は比較的高級な呉服を、梅田支店や金沢の呉服店から購入した。新湊の中島呉服店も『日本全国商工人名録』に掲載されており、明治三一年版の同資料では営業税額が約一六円の中島まさが、大正三（一九一四）年版の同資料では営業税額約七五円の中島正雄がそれにあたると考えられる。(23) 中島呉服店は順調に経営規模を拡大しており、宮林家は呉服類購入の比重を中川小平から中島呉服店へ移していった。また、金沢の千田屋は、明治三一年版『日本全国商工人名録』で、営業税額一八六円として挙げられた千田勘左衛門と考えられ、同資料で挙げられた金沢市の呉服太物商二七軒のうち二番目に営業税額が多い有力呉服商であった。(24)

これらの呉服店から宮林家は多種多様な織物を買い求めたが、一九世紀末からはシャツ・ムスリン・キャラコなどの舶来品を購入するようになった（表27）。なお、金巾も一九世紀末には毎年のように買い入れたが、この頃の金巾は輸入綿布ではなく、国産の薄地綿布の可能性もある。宮林家が、一九世紀までは地元新湊ではなく、少し離れた高岡の呉服店から主に購入していた背景には、小売商の分布があったと考えられる。(25) 例えば、一八八五・八七年の高岡市街と新湊市街の現住人口にはあまり差がなかったが、新湊市街は漁港町で、八五年には魚類小売商一六四軒に対し、呉服太物商は一七軒、八七年には魚類小売商一二〇軒に対し、呉服太物商は二一軒に過ぎなかった。一方高岡市街は、近世期に高岡「綿場」が設置され、繰

（単位:円）

1928年度	1930年度
80.0	0.8
2,693.0	1,980.0
	3.1
85.0	
68.7	119.0
松坂屋	48.5
	82.0
3,228.9	2,233.4
90.6	21.9
150.0	40.0
1,457.0	195.0
1,697.6	256.9

「物品売上通」, 明治40
宮林家文書L-35-8, L-
より作成.
出の1930年度欄は31年
学校に在籍させるため

表28　宮林家衣料関連支出相手先・教育関連支出内容一覧

相手先・項目	所在	1900年度	1903年度	1907年度	1909年度	1913年度	1917年度
中川呉服店	高岡	99.0	114.5				6.0
中島呉服店	新湊	71.0	68.1	575.5	418.3	220.4	186.0
梅田呉服店（支店）	高岡		461.7	302.9	314.0	487.4	461.1
千田屋	金沢		417.2		22.0		
廣瀬喜三郎	高岡		32.6	65.0	128.0	104.2	
亀井洋太郎				212.4	17.5		
河崎覚太郎	東京			21.1		65.8	
塚本洋服店				5.0	0.9	47.5	
田守政七	金沢				86.3	7.5	
宝田長五郎					24.7	14.9	8.5
石橋						4.5	
小泉洋服店							1.9
三越呉服店					22.5	4.7	
白木屋呉服店	東京						232.7
その他とも衣料計			1,094.1	1,214.9	1,068.9	1,053.4	1,080.2
書籍代				16.5	2.9	4.2	7.6
授業料				14.0			
文具代				49.9	23.9	2.6	3.5
教育関係寄付				100.0		3.0	
短靴代				3.0			学資
教育関係支出計				183.4	26.8	9.8	11.1

（出所）明治33年「呉服通」「現金通」，明治36年「現金売上通」「呉服物通」「呉服通」「物品通」
年「出納仕訳帳」，明治42年「金銭出納帳」，大正2・4年「金銀出納帳」，「累年出納簿」（以上，
35-7, L-36-57, L-36-58, L-36-58, L-36-42, L-36-55, L-36-68, A-72, A-73, A-71, A-69, C-18）
（注）1900年と03年は通帳として残されたものについて集計し，教育関連支出は不明．教育関連支
1~6月の6ヵ月分を示した．三越，白木屋，松坂屋は百貨店と考えられる．学資欄は遠隔地の
の費用で仕送りも含む．

綿・綿布流通の結節点でもあったため、一八八五年に魚類小売商六九軒に対し、呉服太物商は一五〇軒、八七年にも魚類小売商五六軒に対し、呉服太物商は一一四軒と、新湊市街に比べて圧倒的に呉服商が多かった。特に宮林家のような有力資産家の購入する比較的高級な呉服や舶来織物は一八八〇年代までの新湊では販売されていなかったと考えられ、二〇世紀に入り舶来起源の織物を新湊の呉服店でも扱うようになると、宮林家も新湊の呉服店から呉服を購入するようになったと考えられる。

　二〇世紀初頭に急増した宮林家の衣料品購入金額は、一九一

〇年代は比較的停滞する（表28の上段）。ただしそうしたなかで、三越や白木屋など、近代的百貨店に展開しつつあった大規模小売店からも購入するようになったことに注目したい。もっとも宮林家が東京など大都市にあるこれらの店舗に直接出向いたのではなく、通信販売・出張販売などを利用したり(26)、東京の河崎覚太郎に依頼して買い求めたと考えられる。また、塚本洋服店など洋服を専門に扱う店でも買い物をするようになり、衣料の洋風化が次第に進展した。

一九二〇年代前半は、家計支出の史料が残されていないが、二三年の中島呉服店の通帳で宮林家の購入内容をみると(27)、購入品全体のなかでモス（リン）がかなりの比重を示した。友禅も買い入れているがモス生地で、舶来起源の織物の購入で反物の単価を抑えている傾向がうかがえる。その後宮林家の衣料品購入額は、一九二〇年代後半に急増したと思われ、購入先は専ら梅田呉服店の高岡支店となった。そして一九二九（昭和四）年からの昭和恐慌により再び衣料品の購入は減少し、小泉洋服店や白木屋・松坂屋などを中心に、洋装品の比重が高まったと考えられる。

2　食料品購入の動向

食生活を解明するには、毎日の食事の献立がわかるとよいが、日常の献立は記録のないことが多いため、購入した食料品から推定する。表29をみよう。宮林家は、野菜類は基本的に、地元新湊（放生津）の長岡商店から購入し、足りない分を高岡の大橋商店から購入していた。新湊の長岡商店は、明治三一（一八九八）・四〇・四一年版のいずれの『日本全国商工人名録』に登場しなかったが、大正三（一九一四）年版『日本全国商工人名録』に営業税額約五八円で新湊の八百屋商長岡清蔵として挙げられる(28)。宮林家が購入した野菜類の種類は、近世末期から二〇世紀初頭まで基本的に変わらず、一八八六年の『改訂増補船来穀菜要覧』には、明治期に西洋から移入され栽培された野菜として、レタス・アスパラガス・パセリ・キャベツ・カリフラワー・セロリ・たまねぎ・ほうれんそう・じゃがたらいも・ト

表29　宮林家所蔵野菜類·魚類通帳一覧

年	種類	購入先	所在	主要品目	代金
(1859)	御通	高木屋市左衛門		玉子, 葛切,塩, 蓮根, 厚麩, わさび, 縄, 糸蒟蒻, 草履, 松露, 松茸, 素麺, 山芋	銭41貫706文
(1861)	八百屋物	高木屋市左衛門		生麩, 糸蒟蒻, 椎茸, 葛切, 布海苔, 蓮根	銭36貫719文
(1861)	八百屋物	手丸屋長左衛門		玉子, 芹, 蓮根, きくらげ, 若布, 焼麩, 糸蒟蒻, 葛切, 山芋, 糸山吹, 熊茸, 南天	銭19貫45文
1888	八百屋物	長岡久左衛門	放生津	木瓜, 干茸, 大根, 玉子, 小豆, 葛切, 山芋, 厚麩, 湯葉, 桃, 金物, 柴茸, 生姜	17円47銭
1888	青草	大橋治三吉	高岡	ねぎ, 蓮根, 山芋, 木瓜, 茄子, 大根, ふき	7円20銭
1889	八百屋物	長岡久左衛門	放生津	生姜, 黒砂糖, 小豆, 木瓜, 蓮根, 昆布, 竹の子, 厚麩, 大根, 干茸, 湯葉, 若布	19円56銭
1889	青草	大橋治三吉	高岡	ねぎ, 芹, 芋, 角麩, 蓮根, ふき, 木瓜	2円40銭
1893	八百屋物	長岡久左衛門	放生津	黒砂糖, 白砂糖, 黒大豆, 玉子, 牛蒡, 蓮根, 花麩, 木瓜, 厚麩, 番茶, 竹の子	13円60銭
1893	八百屋物	長岡久次郎	放生津	玉子, きなこ, 山芋, 竹の子, わさび, ふき, 若布, 木瓜, 大根, 葡萄, ねぎ, 枇杷	10円73銭
1893	青草	大橋治三吉	高岡	ふき, 木瓜, 茄子, 大根	3円32銭
1900	八百屋物	長岡清蔵	放生津	玉子, ごぼう, 大根, ねぎ, 油飯, 葛切, 蓮根, 干茸, 大麦, 筵, 昆布, 縄, 湯葉	36円20銭
1900	八百屋物	大橋屋		生姜, 茄子, 南瓜, 芋, 人参, 胡麻, 片栗粉, 大根, ふき	11円81銭
1902	八百屋物	長岡清蔵	放生津	ごぼう, ねぎ, 山芋, 蓮根, 干茸, 葛切, 焼き塩, 玉子, 若布, 木瓜, 土佐節, 蒟蒻	34円48銭
1902	八百屋物	大橋治三吉	高岡	赤芋, ふき, ぜんまい, 平茸, 丸麩, 葛根, 大根, 茄子, 瓜, 薩摩芋, 胡麻, 栗	7円93銭
1903	八百屋物	長岡清蔵	放生津	玉子, 黒砂糖, 昆布, 葛切, 芹, 蜜柑, きくらげ, 大根, 椎茸, 蓮根, 南瓜, 厚麩	35円31銭
1903	八百屋物	大橋治三吉	高岡	赤芋, ねぎ, 干大根, ふき, 夏豆, 湯葉, 茄子, 木瓜, ごぼう, 薩摩芋, 西瓜, 平茸	11円84銭
1929	御通	長岡清蔵	新湊	蜜柑, 大根, 人参, 西瓜, 法連草, 干茸, 角天, 南瓜, ぜんまい, 蓮根, 生姜, ごぼう	33円90銭
1932	八百物·諸乾物	長岡清蔵	新湊	こまざらい, ぜんまい, 干茸, 人参, 大根, 葡萄, 法連草, 松茸, 南瓜, 胡麻, きくらげ, 竹の子	17円02銭
1933	八百物·諸乾物	長岡清蔵	新湊	玉子, 木瓜, ほうき, 小豆, 蓮根, 法連草, 夏柑, ぜんまい, バナナ, 黒豆, 南瓜, 竹の子	25円44銭
1940	八百物·諸乾物	長岡清一	新湊	蕗, 竹の子, そば粉, こまざらい, 白砂糖, 蓮根, キザラ, ほうき, 角天, じゃが芋, 金時豆, 茄子	59円21銭
(1859)	御肴	善兵衛	湊	たい, あじ, きす, なめこ, さば, いわし, かれい, いか, こち, すずき, 数の子	銭109貫170文
1888	肴	竹内次郎七		ぎんだら, いわし, あじ, かはりめ, こち, かれい, 北海たら, いか, たい, くらげ	66円95銭

1889	肴	竹内次平		ぶり, たら, いわし, いか, かれい, たい, いなだ, あじ, くらげ	82円26銭
1893	魚類	竹内次郎七		くらげ, いわし, いか, たら, ぶり, かれい, たい, あじ	52円26銭
1900	魚	摺寺彦右衛門	新湊	すずき, あじ, いわし, たら, いか, たい, 黒鯛, たこ, にしん, きす, 鯨, しらこ, ぶり	85円65銭
1902	魚	串田甚吉	放生津	きす, たい, いか, あじ, いわし, かれい, 鯖, くじら, 鰤	49円04銭
1902	魚	摺寺彦右衛門	新湊	たら, いわし, ぶり, あじ, いか, たい, かれい, いなだ, 黒鯛, くらげ	34円50銭
1903	魚	串田甚吉	放生津	きす, いわし, たら, 鯛, いか, あじ, 鰤, くらげ, 鯖	40円07銭
1903	魚	摺寺彦右衛門	新湊	ぶり, 鯛, すずき, あじ, たら, いわし, たこ, きす, くらげ, たらこ, 黒鯛, いか, いなだ	67円45銭
1923	魚	摺寺松太郎	新湊	たら, いわし, いか, かれい, 鯛, 白魚, あじ, きす	131円50銭
1929	魚	摺寺松太郎		きす, たら, いわし, かれい, あじ, 鯛, いか, 車海老, ぶり	398円07銭
1932	魚	不明		いわし, たら, 車海老, ぶり, いか, きす, さけ, 白魚, 鯛, あじ	297円08銭
1933	魚	摺寺松太郎		鯛, たら, たらこ, あじ, かれい, いわし, きす, 白子, さけ, ぶり, いなだ, 白魚	462円73銭
1940	御通	能登三右衛門	新湊	丸干, たら, いか, 身欠, 貝耳, さけ, 数の子	117円80銭
(1940)	鮮魚・御料理	能登家	新湊	太刀魚, さば, いわし, いか, きす, あじ, かれい, 平目, 黒鯛, こち, 海老, 刺身	163円56銭
1941	御通	能登三右衛門	新湊	丸干, たら, 身欠, 煮干, いか, 新巻	53円19銭

(出所)各年度「御通」「八百屋物通」「青草通」「八百物・諸乾物御通」「御肴通」「魚類通帳」「魚通」「御魚通」「鮮魚・御料理御通」(以上, 宮林家文書)より作成.

マトなどが挙げられるが[29]、一九〇〇年代までそれらの購入はみられず、三〇年代になるとほうれん草やジャガイモなど舶来起源の野菜が購入されるに至った。あわせて、一九三〇年代にみかんやバナナなどの果物も購入されるようになり、同家の食生活は、一九一〇～二〇年代に大きく転換したと推測される。ただし、購入先の小売商は一九世紀末～一九三〇年代まで同じであり、年間に購入した代金もそれほど変化はなかった。宮林家は港町に住んでおり、地元の小売商から魚も多数購入した。魚の種類は、ぶり・いか・いわし・たらなど地元富山湾で漁獲されたものが多く[30]、購入額は一九世紀末が一〇〇円前後であったのに対し、一九三〇年代は三〇〇～四〇〇円に増大した。ただし、購入先は一九世紀末～一九三〇年代まで新湊の摺寺商店が中心で、四〇（昭和一五）・四一年は料理店を兼ねた能登家から魚類を購入した。

表30をみよう。酒・醬油などの醸造製品も、宮林家は地元新湊の小売商から主に購入していた。酒では、隣接県である石川県鵜島の宗玄酒造会社の銘柄酒と思われる宗玄の購入が多く、石川県北部の能登地方とりわけ七尾が酒の産地であり、七尾酒・能登酒の購入もかなりみられた[31]。それが二〇世紀初頭になると、「正宗」や「月桂冠」など全国的に有名な遠隔地の銘酒やビールを地元の酒店から購入するようになった[32]。醬油に関しては、近世期の通帳の記載は、「白醬油」「たまり醬油」といった種類だけであったが、二〇世紀に入ると、大野醬油、辰（龍）野醬油と産地が記載され始め、一九三〇年代には、旭（朝日）、太陽、キッコ印などの醬油の銘柄が記載されるようになった[33]。醬油類は年間購入額にそれほど変化はなかったが、酒類は年によって購入額が大きく異なった。酒類の消費量は、冠婚葬祭などの家の行事によってかなり変動したと思われる。

表31をみよう。その他として、売薬類・豆腐類・菓子類・砂糖類・金物陶器類・紙・蠟燭などを宮林家は小売商から「付け」で購入したが、売薬類については次節で触れ、それ以外は断片的にしか通帳が残されていないため詳細は不明である。ただ、豆腐類に関しては、一九一〇年代までは生豆腐、焼豆腐、揚げの三種類が購入品目のほとんどであったが、二〇年代以降は、こんにゃくやおからの購入がみられ始め、食生活のバリエーションが広がったこと、電灯があまり普及していない一九〇〇年代までは、蠟燭が日用必需品として重要であったことがわかる。なお、金物陶器商の近岡七四郎は、新湊では有力な小売商で、明治三一年版『日本全国商工人名録』では営業税額二四円、大正三年版の同資料では営業税額約三六円の金物商として挙げられた[34]。また、近岡七四郎と高松権四郎（宮林家の紙・蠟燭購入先）は、いずれも一九〇〇年代に新湊銀行の取締役となっていた[35]。

宮林家に残されている一八七七・七九・八六・八八・九〇年の金銭支払受取から文明開化に関連するものを拾って

表30　宮林家所蔵酒・醤油類通帳一覧

年	種類	購入先	所在	主要品目	代金
(1859)	酒	糀屋小右衛門		大印, 上印, 白菊, 谷風, 七尾	銭124貫200文
(1861)	酒	糀屋小右衛門		大夏, 七尾	銭77貫99文
(1861)	酒	姫野屋伊右衛門	放生津	名酒	銭15貫600文
(1865)	酒	堀江又二郎	新湊	宗玄, 七尾, 大島	銭467貫500文
1876	酒	片岡八郎	新湊		
1876	酒	氏家七次郎		七尾, 別極上, 宗玄, 大夏	銭315貫660文
1888	酒	宮林七之助		能登, 宗玄	6円53銭
1888	酒・醤油	堀江竹次郎		二葉, 宗玄, 小夏, 大夏, 七尾	25円58銭
1888	酒	石井万平店		伊丹, 宗玄	
1889	酒	宮林七之助	新湊	宗玄, 七尾	
1893	酒・醤油	堀江又二郎	新湊	酢, 能登, 宗玄, 醤油, 小夏	10円50銭
1893	諸酒	宮林七之助		宗玄, 能登, 七尾	46円21銭
1900	酒・たばこ	中野宗次郎	放生津	宗玄	2円86銭
1902	酒・醤油	木谷市左衛門	新湊	大野醤油, 正宗, 辰野醤油	10円72銭
1903	酒・酢・醤油	宮林清平	新湊	正宗	8円07銭
1908	諸銘酒	宮林七之助		宗玄	54円23銭
1923	銘酒	宮林彦三		宗玄, 月桂冠, 味醂, さつき, 敷島, ビール, あやめ	260円06銭
1929	酒	宮林清平	新湊	宗玄, 味醂, 月桂冠, ビール, 酒粕	241円62銭
1929	御通	宮林彦三		さつき, 敷島, 宗玄, 月桂冠, バット	
1929	酒(醤油)	京又酒店		朝日醤油, 上三輪, 太陽, キッコ印	13円05銭
1932	御通	宮林彦三		白梅, さつき, 敷島, 宗玄, バット, 月桂冠	52円75銭
1932	御通	宮林清平	新湊	宗玄, 月桂冠, 敷島, 酒粕, ビール	192円70銭
1933	御通	宮林彦三		宗玄, さつき, 白梅, 敷島, 朝日	41円75銭
1933	御通	宮林清平		宗玄, 月桂冠	
(1859)	醤油・酢	野村屋文兵衛		白醤油, 白味噌	銭4貫835文
(1861)	醤油・酢	野村屋文兵衛		白醤油, 酢, たまり醤油, 白味噌	銭10貫15文
1888	醤油	守越八郎右衛門			11円10銭
1889	醤油	守越八郎右衛門			19円14銭
1893	醤油	八坂茂三郎	伏木		12円65銭
1894	醤油	堀江又二郎	新湊	醤油, 酢	2円40銭
1902	醤油	小塚栄太郎	新湊		1円17銭
1903	醤油・諸国酒	小塚栄太郎	新湊		12円91銭
1929	通	板林商店	新湊	旭	46円50銭
1933	通	板林商店	新湊	旭	31円50銭
1940	御通	板林常吉	新湊	旭	43円74銭
1941	御通	板林常吉			22円62銭

(出所)各年度「酒御通」「醤油御通」「醤油・酢御通」「御通」(以上, 宮林家文書)より作成.
(注)代金が空欄のものは, 合計金額が不明の「通帳」(表31も同じ).

表 31　宮林家所蔵売薬･その他通帳一覧

年	種類	購入先	所在	主要品目	代金
(1859)	薬種	野村屋喜兵衛	放生津	薬種七味, 赤丁子, 石葛根, 角石, ウコン, 御種人参, 白檀, 橙皮, 面胡粉	銭42貫256文,銀104匁5分
(1859)	薬種	牧屋仁兵衛		サフラン, 山枹子, 唐木香, 角石, 光明丹	銭13貫688文
1859	薬種	大和屋藤兵衛		サフラン, 唐鳥薬, 丁子, 大西香, 唐木香	銭8貫852文
(1861)	薬種蠟燭	野村屋喜兵衛	放生津	蠟燭, 人参, 猪吟, サフラン, 角石, 唐牡中, 煎茶, よもぎ, 桔梗, 草薬, 柴胡	銭32貫964文
(1861)	薬種蠟燭	牧屋仁兵衛		唐木瓜, 香附木, 唐牡中, 葛根, 唐木香	銭14貫276文
1888	売薬蠟燭	吉野喜平	放生津	十種香, 沈木	1円38銭
1889	売薬蠟燭	吉野喜平	放生津	十種香, サフラン, 沈木, 粉茶, 精綺水, 葛根湯, 安息香, 西洋茄子, 硝酸加里	3円31銭
1893	薬	池田薬局		水薬, 丸薬, 塗薬, 安息丸	9円17銭
1893	売薬蠟燭	吉野喜平	放生津	煎茶, 粉茶, 十種香, サフラン, 宝丹, 樟脳, 安息香, 葛根湯, 蠟燭	6円32銭
1900	薬種	吉野喜平	放生津	石鹼, 蘭麝香, キメチンキ, 宝丹, 一帖湯, 沈木, 洗ソーダ, 樟脳, 一点水, 歯痛液	13円49銭
1902	薬品	吉野喜平	放生津	蘭麝香, 一帖湯, 洗ソーダ, 十種香, 氷酢酸, 一点水, 石鹼, 丁子, サフラン	8円07銭
1903	各国売薬	吉野商店	放生津	十種香, 沈木, 氷酢酸, 洗ソーダ, 硫鉄, 宝丹, 石鹼, 歯磨粉, アンチピリン丸, 白壇	11円93銭
1929	御通	泉田薬局	新湊	酸素, 石炭酸, ホスビン, ゴム布, 氷枕, 綿花, クロール水, グリセリン, オキシフール	41円03銭
1929	御通	今泉薬局	新湊	石炭酸, エキシカ, 酒精, ホスビン, クレゾール, 氷嚢, 噴霧器, 金鳥香, 脱脂綿, ナフタリン	63円14銭
(1859)	豆腐	堀田屋庄八		生豆腐, 焼豆腐, 揚げ, 酢	銭25貫316文
(1861)	豆腐	京屋彦三郎		生豆腐, 焼豆腐, 揚げ, 茶碗	銭15貫255文
(1861)	豆腐	堀田屋庄八		生豆腐, 焼豆腐, 揚げ, 酢	銭17貫723文
1888	豆腐	氷甚与左衛門		生豆腐, 焼豆腐, 揚げ	56銭
1889	豆腐	堀彦四郎		生豆腐, 焼豆腐	16銭
1916	豆腐	作道太四郎		焼豆腐	15銭
1923	御通	鎧塚喜七郎	新湊	蒟蒻, 揚げ, おから, 焼豆腐	9円41銭
1929	豆腐	作道太四郎		生豆腐, 焼豆腐, 蒟蒻, 揚げ, おから	8円60銭
1929	御通	京谷弥四郎	新湊	揚げ, 蒟蒻, 生豆腐	
(1930頃)	御通	作道太四郎		焼豆腐, 蒟蒻, 揚げ, 生豆腐, おから, 茶碗	12円06銭
(1959)	菓子	井波屋孫兵衛	放生津	寿, 花橘, 夫菓子, 羊羹, 大白, 千代物	銭15貫125文
1902	菓子	花鳥堂	高岡	京煎餅, 置菓子, 羊羹	1円35銭
1903	菓子	花鳥堂	高岡	福梅, 松葉, 桃山, 京煎餅, 置江錦, 州浜, 青餅, 羊羹巻, 舞鶴, 味噌松風, 寿巻	5円79銭
1902	御通	六野店		染め, 玉子, 白砂糖, 黒砂糖	6円25銭
1903	砂糖	六野甚蔵	新湊	玉子, 中砂糖, 片栗粉, 白砂糖, きな粉, 椎茸, 湯葉, 黒海苔, 蒟蒻, 白箸, 焼塩	19円21銭

1902	金物陶器	近岡七四郎	新湊	唐紙, 下皿, 湯呑, バケツ, 針金, 折釘, 丸棒, ランプ釣, のこぎり, 硝子, 金網	18円01銭
1903	金物陶器	近岡七四郎	新湊	鍋釣, 上等鋏, 硝子, 金網, 茶碗, 針金	3円28銭
(1861)	蠟燭	大西			銭3貫800文
1888	紙・蠟燭	高松権四郎		蠟燭, 美濃紙	3円72銭
1889	紙・蠟燭	高松権四郎		蠟燭, 松糸紙, 朱蠟燭	6円30銭
1893	紙・蠟燭	高松権四郎		蠟燭, 松糸紙, 朱蠟燭, 美濃紙	5円62銭
1900	紙・蠟燭	高松権四郎	新湊	蠟燭, 朱蠟燭	9円43銭
1902	紙・蠟燭	高松権四郎		蠟燭, 朱蠟燭	7円46銭
1903	紙・蠟燭	高松権四郎		蠟燭, 朱蠟燭	11円80銭
1916	紙・蠟燭	高松権四郎		蠟燭, 朱蠟燭	1円06銭
(1859)	染物	紺屋吉三郎		縮緬	
(1861)	材木	沼屋助四郎		松角, 竹	銭7貫340文, 金1両2朱

(出所)各年度「薬種通」「薬種蠟燭通」「売薬蠟燭通」「薬通」「薬品通」「各国売薬通」「御通」「豆腐御通」「菓子御通」「砂糖御通」「金物陶器御通」「諸紙蠟燭御通」「染物通」「材木御通」(以上, 宮林家文書)より作成.

みる。[36] 宮林家は、一八七七年に中田屋八左衛門から西洋紙五枚(銭四〇〇文)、八六年に同じ中田屋から西洋紙、西川薬局から赤葡萄酒を購入した。一八八八年に時計作事料を奥蔵に支払い、その時点で時計を使用していた。一八七九年に金沢の北溟社へ新聞代(三ヵ月分一円八五銭)と金沢の雲根堂へ『東京日日新聞』購読料(一ヵ月九一銭)を、九〇年に『富山日報』配達料(一ヵ月五銭)・『東京日日新聞』購読料(三ヵ月郵送料共一円二七銭五厘)を支払い、新聞を購読した。また同年に金沢の菓子屋からパンを購入し、斎藤和三郎診療所で薬の処方を受けて薬料を支払った。各年の金銭出入の受け取りが、一八七七年七〇通、七九年一六通、八六年六六通、八八年五六通、九〇年一四一通あったなかで、文明開化に関するものがこれだけしかなかったので、一八八〇年代までは、舶来品購入は新湊ではほとんどみられなかったといえよう。なお金銭支払先を地域別にみると、地元新湊以外では、高岡(萬染物所北川屋、御茶所木四衛門、和洋服仕立職車幸平次、木村薬局など)や金沢(御菓子所森下森八、八百屋物秋野喜右衛門、仕立師番市平など)が多く、富山は一軒も出てこなかった。新湊(放生津)は近世期から高岡とともに金沢藩領に属し、富山が富山藩領に属したため、近世以来高岡・金沢との結びつきが強かった。こうした地域性が近代も続いており、新湊からは、金沢より富山の方が距離的に近いものの、新湊・高岡・金沢で小売商の販売圏が形成されていた。

三　宮林家の社会生活

1　医療関連支出の動向

本節では、宮林家が主に社会との関連で支出した分のうち日常生活に関わるものとして医療・教育を、非日常生活に関わるものとして旅行・法事について検討する。まず、医療関連支出を検討する。表31からわかるように、薬の購入費は、宮林家では、食料費や衣料費に比べてはるかに少なかった。購入先は地元新湊の野村屋（吉野）喜平からが大部分を占め、吉野喜平は新湊の代表的薬種商で、明治三一（一八九八）年版『日本全国商工人名録』では営業税額約一二円、大正三（一九一四）年版の同資料では営業税額約四二円の薬種商として挙げられ、一九〇〇年代に新湊銀行の取締役になった[37]。前述の近岡七四郎や高松権四郎と同様に、宮林家は衣料品や食料品以外は、新湊銀行の取締役を務めるような有力な地元小売商から主に購入していたといえる。薬の購入品目からみて宮林家は、近世期にすでに長崎貿易を通して日本に輸入されていた生薬に加え、二〇世紀初頭には洗ソーダ・アンチピリン丸など西洋から輸入された原料を使用した薬を利用するに至った。表32より、二〇世紀初頭の宮林家の医療関連支出をみると、一九〇八（明治四一）・〇九年の医療関連支出は少なく、特に〇九年はほとんどなかった。一九一〇年代になると、一九〇〇年代より増大し、開業医に支払った医療費が増大した。この背景として、第一次世界大戦期の開業医の医療価格の上昇が大きいが[38]、一九一七（大正六）年の金沢の病院への入院費も大きな負担で、宮林家の地元には設備の整った病院が

（単位：円）

1916年	1917年	1918年	相手先・内容	1928年	1929年	1930年	1931年	1932年
66.0	153.4	38.6	堀井医師（歯科）	285.6				
3.0			大澤医師（眼科）	9.5	4.4	5.0		
30.7	20.1	26.1	坂井医師		28.8			
水野医師（高岡）		5.1						
30.9		7.7	高田看護婦				14.0	
			宗玄病院		3.8			
100.0			不明（病院か）				200.0	
	137.1							
19.5	21.9	27.7	→		0.2	1.0		
			救命堂	23.7	26.8			
			泉田薬局	4.1	7.7	10.5		8.3
			→（医師・薬店）	14.2	6.7	30.1	23.3	43.3
	6.6	14.4	→	1.5	18.4	0.5		
6.1			森永与作（薬局）	2.8		0.9		0.7
0.7			今泉薬店		62.0	12.4	5.9	8.2
256.7	339.1	119.5		341.4	158.7	60.4	243.1	60.4

年出納簿」（以上，宮林家文書A-72・74・73・68・71・69・70，C-18）より作成．
事時論社，1926年などより）．右側の相手先・内容欄の→は左側と同じことを示す．

なかったと思われ、多額の費用をかけて地方都市の金沢の病院へ入院させた。

一九二八（昭和三）〜三二年は年により支出額の増減が激しく、二八年は歯科治療で多額の出費をしたが、それ以外の年の支出は少なく、宮林家は、入院や歯科治療のような特別な医療行為には金を惜しまなかったが、日常的な医療費はあまり使わなかった。一九二九年の医薬品の購入内容を「通帳」でみると（表31）、二〇世紀初頭までと購入先が変化し、品目もオキシフール・クレゾールなど消毒薬が多く、脱脂綿や氷枕のような家庭内医療用品なども購入した。逆に生薬はほとんど購入されず、一九三〇年前後には、薬は医者の処方薬を飲用し、町の薬局では消毒薬や家庭内医療用品を主に買うなど、医薬品の利用方法の棲み分けが進んだと考えられる。

表32　宮林家医療関連支出の推移（1907~32年）

相手先・内容	1907年	1908年	1909年	1911年	1913年	1914年	1915年
河合医師（高岡）	5.6	0.8	0.7		98.0	45.3	20.5
岩城医師	4.4	0.4	久々港歯科		0.3		7.0
和田医師（歯科）	4.0				英医師	4.4	51.1
山田医院（新湊）		1.7	0.4		三越医師		0.7
越野医師（高岡）			1.1	26.4		8.2	
飯野蕃医師（新湊）				14.0			
不明（開業医）薬料						39.7	0.2
立作治療代	6.4	3.2	1.7				
金城病院（金沢）	9.9	3.7	1.5				
名古屋前田病院入院費							
金沢病院入院費							
吉野嘉平（薬局）	12.9	19.1			15.3	23.0	28.6
吉野幸次郎（薬品代）	12.6			27.5			
大日斬（薬）	7.3						
杉本捨六（薬品）（新湊）			0.3	15.5	24.9	3.5	
その他薬代	0.3			3.7	0.5	11.5	2.8
牛乳（江尻へ）	8.4		6.6	2.1	1.0		
斉藤和三郎		0.8				池田実政（伏木）	
計	71.7	29.6	12.4	89.2	140.0	135.4	110.8

（出所）明治40年「出納仕訳帳」，明治41・42年「金銭出納帳」，明治44・大正2・4・7年「金銀出納帳」，「累

（注）高岡・新湊・金沢・伏木はそれぞれ医師の居所を示したもの（本田六介編『日本医籍録 第2版』医

2　教育関連支出の動向

教育関連支出は、学齢期の子どもの存在に大きく左右される。表28の下段に戻ろう。一九〇七（明治四〇）年度は学齢期の子どもがいたため授業料がかかり、学校にも一〇〇円の寄付を行ったが、学齢期の子どものいない〇九～一七（大正六）年度にはほとんど支出はなかった。ところが、一九二八（昭和三）年度は、三名の子どもを東京の学校に行かせていたと推定され、授業料のほかに多額の学資（生活費の仕送り）を支出した。三名のうち二名が学校を修了し東京にいるのは一名だけになった一九三一年度には支出は急減した。

その意味では、教育関連支出は不定期に家計に大きな負担となるが、地方から東京の学校に行かせると、授業料をはるかに上

回る多額の学資が必要となり、それが可能となったのは宮林家が有力資産家であったからといえよう。

3　旅行関連支出の動向

一八八一（明治一四）年に第二回内国勧業博覧会が東京上野で開催されると、その見物を主目的として宮林家は家族で七六日間にわたり関東・関西方面へ旅行した。(39) この時の一行は五～六名で、四月二〇日（新暦と判断）に金沢を出立し、名古屋を経由して人力車と駕籠を乗り継いで五月一日に横浜に到着し、横浜で二、三日遊覧した後、五月五日から東京に滞在し、一ヵ月余りの東京滞在で主目的の内国勧業博覧会のほかにも王子製紙場や博物館など東京内をくまなく見物した。六月二日に横浜に鉄道で移動したが、中等運賃一名六〇銭であり、横浜からは汽船で横須賀・鎌倉に渡り、江ノ島で一泊して六月五日に川崎到着、横浜へ鉄道を利用して移動し、横浜―神戸間は汽船を利用して船中一泊の旅で、上等を利用したため相当な運賃がかかった。大阪・京都でも各一週間程度滞在して、社寺参詣を行ない、帰路は京都から大津まで鉄道で（上等運賃一名五〇銭）、大津から琵琶湖上を塩津まで汽船で、そこから人力車を乗り継いで、六月二九日に金沢に到着した。一八八一年時点では、鉄道の開業区間は短く、汽船運賃も高額であったため、宮林家一行は陸路で主に人力車を利用した。人力車は一八七〇年前後に発明されたとされ、(40) その後爆発的に普及した。人力車の長距離輸送制度も整備され、東海道では、一八七二年開業の新橋―横浜間の鉄道と、七七年開業の京都―神戸間の鉄道を人力車で結ぶ事業が、内国通運会社が中心となり、客車商会という人力車組合によって行われた。そこでは神奈川―京都間を八区に分けて一里あたり一朱（六銭二厘五毛）の運賃で継ぎ立て旅客輸送を行ったという。この旅行において、宮林家一行は西洋料理を何度も食し、葡萄酒の購入や牛乳の飲用など、西洋的な食生活を意図的に送ろうとしたと思われる。衣類ではシャツ・帽子など、日用品では蝙蝠傘・眼鏡・歯磨などの舶来品を購入

表33　1921年宮林家富士登山旅行旅費一覧　(単位:円)

月日	旅程(見学場所)	宿泊地	主要出費内容
(7·24)	新　湊—	(車中泊)	新湊—上野間汽車賃大人2名分(20.54),高岡—上野間汽車賃大人3名·小人1名分(35.72),長野駅弁当2名分(0.8),五家宝2つ(0.4),敷島1箱(0.15),時事新聞(0.05)
7·25	—上　野	東　京	上野駅·旅館車賃(2.8),白木屋にて履物·ボタン·靴下·金物·海水浴帽子(16.85),白木屋にて高岡まで運送賃(1.0),白木屋にて中食(2.25),電車回数券50回(3.0),電車賃(1.32)
~7·27		東　京	帽子(0.6),不明(1.25),アイスクリン(2.7),賽銭(0.6),時事新報(0.02),敷島1箱(0.15),三越にて羽織(7.65),三越にて中食他(3.18),ニコライ堂賽銭(0.6),浅草芝居(3.8),花(1.65),浅草観音賽銭(0.2),藪そば(2.4),腹巻(7.3),公子様(4.4),電車賃(0.51),動物館(0.02),植物園札4枚(0.3),植物園にてサイダラムネ(0.66),敷島2箱(0.3),焼芋(0.4),上野世界館中食(12.19),上野世界館下女(0.5),博物館(0.3),動物館(0.25),シャツ1枚(2.4),中食藪そば(1.2),関根屋旅館宿料(80.69),関根屋下男女(5.0),関根屋旅館受持下女(1.0)
7·28	東　京—御殿場	御殿場	東京駅(1.86),あんころ(1.0),東京駅赤帽(0.5),鯛飯(0.35),電車賃他(0.92),切手(0.55),はたき(0.78),東京—御殿場間汽車賃(19.3),東京駅にて関根屋下男(1.0),横浜駅にてアイスクリン(1.0),御殿場宿料6名(35.36)
7·29	御殿場—富士山	7合目	御殿場駅弁当(16.4),御殿場駅(10.7),富士途中(0.1),御殿場浅間神社賽銭(0.5),敷島4箱(0.6),馬方茶代(0.6),大島防茶代(2.28),1合目(0.3),2合目(0.9),2合2勺写真3枚(3.5),2合5勺堅パン(0.8),3合(1.2),4合(0.3),5合馬方賃金(7.9),5合馬方酒代(2.0),5合茶代(1.9),5合5勺茶代(3.9),6合茶代(0.9),7合酒代·丹前(2.0)
7·30	富士山—	(車中泊)	7合宿料6名分(16.9),7合枕(0.35),7合8勺茶代(1.0),8合茶代(2.1),9合茶代(2.35),頂上焼判(0.3),7合目戻り道(2.51),写真代(3.5),焼判(0.3),2合2勺戻り道(2.35),大島防茶代(1.8),御殿場宿茶代(3.0),御殿場宿夕食6名(19.4),御殿場下女(1.0),御殿場—新湊間汽車賃(25.06),御殿場—高岡間汽車賃(44.56),御殿場駅サイダー(0.5),静岡にて急行券(7.65)
(7·31)	—金　沢		敦賀駅弁当(2.4),敦賀茶代(0.16),電報(0.6),御茶(0.2),サイダー(0.6),アイスクリン(0.6),松任にてあんころ餅(0.5),金沢にてあんころ餅(1.0),金沢にて弁当(0.8),金沢にて氷(0.2)

(出所)「メモ」(宮林家文書O-13-97)より作成.
(注)月日·宿泊地の括弧書は推定.主要出費内容の括弧書は支出金額.

した。こうした舶来品には高価なものが多く、土産物として極めて高額の水晶瓶や時計なども購入した。その結果この旅行で宮林家は約四〇〇〇円の出費となり、かなりの散財をした。宮林家の旅行の主目的は内国勧業博覧会の見物にあり、近世期に多く行われた伊勢参宮は行わず、行く先々で地図を購入したり、写真を撮ったりして、新文明を満喫しようとした様子がうかがえた。

さらに宮林家は、一九二一（大正一〇）年七月に一行六名で富士登山を行っており、その経路を示すと、最寄り駅の新湊から上野まで鉄道で行き、東京では白木屋百貨店で買物をしたり、浅草で芝居見物を楽しんでから御殿場まで鉄道で移動して、そこから富士山に登った（表33）。東京では三日間滞在し、白木屋・三越などの百貨店でボタン・靴下・海水浴帽子など洋風の品物を購入するとともに、百貨店で昼食をとった。宮林家の地元では百貨店がなかったため、旅行の際にそうした洋風な生活が堪能されたと考えられる。その他、夏場のためアイスクリンやサイダーが、また「敷島」などのタバコも購入された。

4　法事関連支出の動向

非日常生活でも、旅行の際と異なり地元での法事における食事の食材にはそれほど変化がなかった。宮林家は、家族が亡くなると、葬式ののち一周忌・三・七・一三・一七・二七・三三・五〇回忌を大々的に行ったため、毎年のようにこうした法事が営まれた。それら法事に関しての記録から、表34で宮林家歴代当主やその妻の法事の献立を適当な期間をおいて示した。一八四九（嘉永二）年に比べ、六五（慶応元）年以降は献立の数が少し増えて全体的に豪華になった感じがするが、使用食材はほとんど変化がなく、文明開化によって新しい食材が利用されるようになったとは言い難い。法事の献立は基本的に精進料理のため、魚・肉類が出されず、普段の食生活の食材と直接結び付けるわ

表 34　宮林家法事献立の変遷

年月	坪	汁	中盛	平	大皿	重引・台引	蓋茶碗	重引	丼	菓子椀	広蓋	吸物
1849年 3月		すまし 坪椎茸 芋煎餅 青実	葛切 熊茸 糸麩 錦糸湯葉 白山海苔	生湯葉 葛あん わさび	山芋 厚麩 蓮根 橙 椎茸	花くわい きくらげ 昆布 羊羹	揚麩 三つ葉		水あえ	白も素麺 松露 銀杏 百合根		
1855年 3月		すまし 坪芝茸 銀杏麩 青実	葛切 熊茸 糸麩 錦糸湯葉 白山海苔	釣豆腐 挽あん はり生姜	山芋 厚麩 蓮根 孟宗 松茸	花くわい きくらげ 昆布 羊羹	揚麩	蓮根 里あえ	きくらげ 干蒟蒻 はり生姜	素麺 松露 百合根 真竹 金柑	麩 椎茸 山芋 青実 田麩	白味噌 おろし芋
1859年 11月	蓮根 きくらげ 銀杏	すまし 松茸 青菜	錦糸湯葉 熊茸 葛切	生姜 あんかけ	厚麩 指茸 山茸 蓮根 京味噌	筋茸 きくらげ 焼昆布 水羊羹	芹 巻湯葉			うんとん 松露 小菜	麩 山芋 熊茸 九年母 蓮根	味噌 うど芽
								吸物	大平・重引			
1865年 11月	蓮根 砂糖合 露あられ	すまし 柴茸 青実 焼き芋	葛切 糸麩 錦糸湯葉 青山海苔 椎茸	生湯葉 あんかけ わさび	蓮根 麩 山芋 椎茸	人参 百合 昆布 羊羹	松露麩 揚物 きくらげ 真竹	白味噌 松茸 ふきのとう	煮付 蜜柑 蕨	白も素麺 芹 松露	巻芋 厚麩 ゆびろ 角椎茸 くわい	振出味噌 おろし芋
1870年 11月	蓮根 砂糖合 露あられ	すまし 柴茸 観世麩 青菜	平茸 葛切 糸麩 錦糸湯葉 青山海苔	生湯葉 あんかけ わさび	麩 蓮根 山芋 柑子 椎茸	人参 百合 昆布 羊羹	玉子豆腐 糸菜	白味噌 松茸 蕗	焚付蜜柑 花蕨	白も素麺 松露 芹	巻芋 厚麩 ゆびろ 角椎茸 蜜柑	振出味噌 おろし芋

1876年 5月	百合根 辛子合 挽茶	すまし 椎茸 松露麩 青菜	巻麩 紅葛切 岩茸 錦糸湯葉	大椎茸 砂糖 卸わさび	菓子	色くわい きくらげ のし昆布 水羊羹	茄子 厚麩 松茸 蓮根 巻湯葉	名古屋味噌 松茸	釣豆腐 板蕨	水仙寺海苔 竹菜麩 新菊 金柑	田麩 熊茸 巻芋	すまし 白も昆布
1880年 11月		白味噌 柴茸	（5種）	山芋 あんかけ わさび	厚麩 蓮根 山芋 蜜柑 大椎茸	くわい きくらげ 色菓子 のし昆布	揚麩 芹	すまし 生松露	丼	生平茸 妻ひろ菜 薄麩	くわい 蜜柑 厚麩 山芋 熊茸	
1890年 10月	胡麻砂糖 蓮根 あらき	すまし 塩芝茸 麩 青実	葛切 糸麩 湯葉 椎茸 胡瓜	あんかけ 大椎茸 わさび	菓子5種	干蒟蒻 きくらげ のし昆布 菓子	厚麩 山芋 椎茸 蓮根 板蕨	白味噌 焼き芋 松茸 白湯	酢物 張芋 蓮根 海苔	栗芋 巻湯葉 青実	湯葉 巻芋 厚麩 熊茸 蜜柑	白湯 炊き揚げ 朧昆布
1896年 10月	栗 銀杏	すまし 五色麩 ごぼう	ほうずき 蜜柑亀甲 糸椎茸	あんかけ 大椎茸 わさび	蓮根 山芋 厚麩	青なんば 奥わら漬 菓子 昆布	栗茸 板蕨 芹	白味噌 清水茸	玉子 海素麺 大平・重引	水仙寺海苔 松茸 百合根 すだれ麩	鯨亀甲 椎茸 白蓮根 山芋	いそ梅 うどん
1902年 5月	百合根 挽茶	すまし 塩芝茸 芹	糸椎茸 糸麩 葛切紅白 花木瓜	大椎茸 わさび	菓子3種	花くわい きくらげ 口扇昆布 菓子	芹 竹の子 蓮根 巻湯葉 新菊	味噌 松露	むしうど 揚物 栗砂糖 生麩 六つ豆	松茸 麩 三つ葉	巻芋 酒粕 雲州 熊茸 蓮根	不如帰巻 水仙寺海苔

1907年 10月	くるみ合	松葉椎茸 松露麩	白の葛切	めくろ芋	菓子5種	蒲焼 豆腐 日扇子	茶そば 法竹茸	味噌したて 栗竹	巴大根 松露 鉢盛	松茸 玉子湯葉	熊茸 麩 焼き芋 百合根	ほんほろ 大根 わさび
1913年 10月	海苔 蓮大根	小口茗荷 柴茸		豆腐 岩茸 吉野折 わさび	菓子5種	蒲焼豆腐 花木瓜 梅羊羹 天蓋昆布	宝蓮草 焼湯葉 松露	栗茸 針ごぼう	あまづき 針うど 巻生姜 辛子酢味噌	鴨もどき 清水茸 赤三つ葉 わさび	甲州酢橘 蓮根 松茸 林檎	蓮根 水辛子 丼
1923年 5月	猪口	清水茸 青実	うど 梅海苔 杏子	干茸 あんかけ わさび	羊羹 きんとん 干菓子 煎餅	湯挽 葡花 うど 昆布	松茸 丸麩	松露 芋づき 白味噌 酢物	梨 湯葉	松茸 茄子 水仙寺味噌 小皿盛	竹の子 木瓜 百合根 梨	栗 竹の子 くるみ合い
1937年 11月	蓮根 胡麻和え	花麩 青味	葛切 椎茸 簾麩	松茸 あんかけ わさび			しめじ茸 巻湯葉 芹	じゅんさい 酢味噌		松茸 芋 三つ葉 揚物	胡瓜 林檎 きんとん 甘煮栗 末広昆布	

(出所)「釈安證居士年回法会記」, 元治元年「大心院釈安諦居士法会招客献立記」, 明治35年「静好院釈眞證二十三回忌・幽香院釈智證十七回忌法会帳」, 明治40年「静好院釈眞證二十七回忌・幽香院釈智證二十三回忌・大悟院釈安祥十七回忌法会帳」, 大正2年「釈安諦五十回忌・静好院釈眞證三十三回忌・幽香院釈智證二十七回忌・大悟院釈安祥二十三回忌法会帳」, 大正12年「亡父三十三回忌・亡祖母五十回忌法会諸事控」, 昭和12年「宝林院釈尼妙春三回忌法要記」(以上, 宮林家文書K-39・19・34・76・78・97・86)より作成.

(注)原史料では, 同じ献立でもひらがなと複数の漢字表記が混在していたため, 表記をいずれかに統一して示した. 重引・台引の欄は上2つが重引で, 下2つが台引. 大平・重引の欄は, 会によって大平もしくは重引の名称で出された. 判読不能のものは除いた.

けにはいかないが、使用された野菜の種類はほとんど変化がなく、表29でみられるような宮林家が八百屋から日常的に購入したものが食材として主に用いられた。ただし、一八六五年以降砂糖が献立に登場するようになり、果物の内容にも変化があり、近世期は、「橙」「九年母」「金柑」のような伝統的な柑橘類が中心であったが、近代期は「みかん」が、二〇世紀に入ると「リンゴ」「梨」などがよく用いられるようになった。むろん、献立の数からみて、法事の食事が日常とは異なる豪華な食事であったと推測できる。宮林家の献立に比べれば質素であるものの、一般民衆層でも婚礼時などの供応食はやはり日常とは異なる豪華さであり、そうした供応食では、客の階層に応じて格付けされ、近代になってもその格付けは細分化・数量化されて残ったとされる(41)。

宮林家は法事に際し、近隣一円の寺から僧侶を招き、一〇〇人規模の参列者を含め大々的に行った。例えば三世彦九郎の一八六五年の一周忌法要では、初日の夕方に近隣の五つの寺からの僧侶と、九二名の客を招いて行い、翌日の朝にも近隣の六つの寺から僧侶と、四二名の客を招いて行った。同じ三世彦九郎の一八九六年の三三回忌法要でも、初日の夕方に近隣の五つの寺からの僧侶を招き、六九名の客を招いて行い、翌日の朝にも近隣の一三の寺から僧侶と、六二名の客を招いて行った(42)。また、五世彦九郎の法要の費用をまとめると、一八九三年の一周忌法要では、各寺への布施が合計約八一円、その他費用が合計約六九円に、九四年の三回忌法要では、各寺への布施が合計約九円、その他費用が合計約四九円に、九八年の七回忌法要では、各寺への布施が合計約三二円、その他費用が合計約一九四円に上った(43)。旅行と同様に法事においてもかなりの散財が行われた。

四　宮林家の贈答文化

1　神仏への贈与

序章の研究史整理で贈答文化研究にふれたが、贈与は大きく神仏への贈与と人々への贈与に大きく区別できる。本節は、宮林家の贈答文化を検討するが、まず神仏への贈与をみてみよう。宮林家は当主が亡くなると祠堂金を拠出してその当主の祠堂を設け、地元の寺に定期的に祠堂の法要を営んでもらった。一八七六（明治九）～一九〇五年のその内容を表35にまとめた。大心院が一八六四（元治元）年に亡くなった三世彦九郎の院号で、基本的にその月命日である毎月二八日に宮林家は大心院祠堂会を地元の寺に順番に宿寺になってもらって開催した。少数の家族が参列することが基本であったが、毎月となるとすべての会に宮林家家族が参列するのは難しく、知人に代参してもらうこともあった。供え物としては、布施金のほかに蠟燭が多く、菓子を供えることも多かった。安證は一八四三（天保一四）年に亡くなった二世彦九郎の戒名であり、四世（作太郎）は三世存命中の一八五〇年に幼少で亡くなり大乗院を院号としたが、安證や大乗院の祠堂会は地元放生津よりやや離れた高岡にある著名な寺の瑞龍寺でおよそ年一回の割合で開催された。

大乗院の祠堂会は大心院（三世彦九郎の院号）と合同で行われたが、三世彦九郎の妻が一八八一年に亡くなって静好院の院号をもらうと、大心院と静好院の合同での祠堂が設けられて、定期的に祠堂会が開催されるようになり、瑞龍寺の大心院と大乗院の合同祠堂は、それ以後大乗院単独の祠堂となった。その後、五世彦九郎の先妻が一八八六年に亡くなって幽香院の院号をもらい、さらに九二年に五世彦九郎が亡くなって大悟院の院号をもらうと、三世彦九郎

表35　宮林家の祠堂会実施一覧

年月日	名目	宿寺	参詣人	供物
1876·1·28	大心院祠堂	長朔寺	静壽代参	
1876·3·15	同上	光山寺	家族4名	布施20銭, 蠟燭5本, 花足30, 白米2升
1876·3·28	同上	大楽寺	家族3名	
1876·4·28	同上	曼陀羅寺	家族4名, 僧3名	布施30銭, 手拭2筋
1876·7·28	同上	宮林宅	正覚寺, 曼荼羅寺	布施金2朱, 花足30, 菓子箱1つ, 食事, 能州産白絣2反
1877·3·15	同上	光山寺	家族4名	布施30銭, 蠟燭5本, 花足30, 菓子箱1つ, 白米3升, 黒唐縮緬半切1つ
1877·3·28	同上	大楽寺	徳八郎代参	蠟燭5本, 菓子箱1つ
1877·6·28	同上	曼陀羅寺	家族3名, 3寺社	蠟燭7本, 丹酒2本
1877·7·17	安證祠堂	瑞龍寺	家族4名	布施20銭, 琥珀糖1箱, 水引10袋, 蠟燭5本
1877·8·28	大心院·大乗院	瑞龍寺	家族2名	祠堂金2円, 素麺7玉
1877·10·27	大心院祠堂	桂月庵	静壽代参	寄付6円
1877·11·28	同上	浄蓮寺		
1877·12·28	同上	専念寺		
1878·1·28	同上	長朔寺	静壽·又七代参	
1878·2·17	同上	長寿庵	徳八郎代参	吉野餅20, 蠟燭3本
1878·2·28	同上	大楽寺	家族4名, 尼僧1名	京春菓子1箱, 蠟燭8本, 真綿20匁
1878·3·28	同上	光山寺	家族3名	花足1升, 蠟燭
1878·4·28	同上	曼陀羅寺	家族2名, 3寺	菓子1箱, 蠟燭5本
1878·5·27	同上	桂月庵	家族1名, 中又屋	蠟燭5本, 花足1升
1879·1·28	同上	長朔寺	静壽·又七代参	
1879·3·28	同上	大楽寺	中又屋母代参	
1879·5·27	同上	桂月庵	静壽·中又屋代参	花足30, 蠟燭5本
1879·5·28	同上	曼陀羅寺	約10名, 尼·僧7名	蠟燭5本, 御鉢1つ, 尼4名へそれぞれ風呂敷, 僧3名へそれぞれ手拭
1879·6·17	安證祠堂	瑞龍寺	西野代参	蠟燭5本
1879·6·28	大心院祠堂	光山寺	家族4名	布施30銭, 白米3升, 蠟燭5本, 手拭2つ, 尼ら3名へそれぞれ風呂敷
1879·8·9	大心院·大乗院	瑞龍寺	徳八郎·助六代参	丹酒3升, 素麺10玉, コレラ病退散祈禱依頼(8寺に計3円弱布施)
1879·10·28	大心院祠堂	長楽寺	家族1名	餅米, 花足, 蠟燭5本, 菓子1箱
1879·11·27	同上	3つの寺	信平代参	各寺へ布施30銭ずつ
1880·1·28	同上	長朔寺	静壽代参	蠟燭5本, 温純5把
1880·2·27	同上	長寿庵	伝七代参	菓子1箱, 蠟燭5本
1880·4·17	安證祠堂	瑞龍寺	静壽代参	
1880·4·27	大心院祠堂	桂月庵	家族4名	花足1升, 蠟燭8本, 菓子1箱, 尼へ銭200文ずつ
1880·6·17	同上	曼陀羅寺	家族6名	延命酒3升, 蠟燭5本
1880·6·28	同上	大楽寺	家族3名	琥珀糖1箱, 羊羹2本
1880·12·14	同上	浄蓮寺	家族5名, 僧2名	花足2升, 蠟燭28本, 供米3升, 僧2名にそれぞれ布施20銭

1880·12·17	同上	曼陀羅寺	家族4名, 徳八郎	布施2円, 花足2升, 菓子1箱, 蠟燭20本, 丹酒3升, 各宿寺へ紙1束ずつ
1881·1·28	同上	長朔寺	静壽·諦信代参	
1881·3·28	同上	光山寺	家族2名, 徳八郎	布施50銭, 蠟燭8本, 供米2升, 花足米1升
1881·4·28	同上	大楽寺	徳八郎·内藤代参	蠟燭5本
1882·1·28	同上	長朔寺	静壽·諦信代参	御所落雁1箱, 蠟燭5本
1883·1·28	同上	長朔寺	静壽·諦信代参	羊羹5本, 蠟燭5本
1883·5·28	安證祠堂	瑞龍寺	家族2名	
1884·2·28	大心院祠堂	光山寺	徳八郎·妙信代参	花足1升, 蠟燭5本
1884·5·3	同上	曼陀羅寺	家族1名, 妙信	蠟燭10本, 宗玄酒2升
1884·5·27	同上	桂月庵	専念寺内室代参	花足1金, 蠟燭5本
1884·5·28	安證祠堂	瑞龍寺	家族2名, 静壽	
1884·7·3	大心院·静好院	大楽寺	家族ほか8名	蠟燭10本, 琥珀糖1箱
1884·10·9	大乗院祠堂	瑞龍寺	諦信代参	蠟燭10本
1885·7·3	大心院·静好院	曼陀羅寺	家族ほか7名	蠟燭10本, 羊羹10本
1885·10·9	大乗院祠堂	瑞龍寺	家族2名, 浄蓮社	蠟燭10本
1886·4·28	大心院祠堂	曼陀羅寺	妙信代参	蠟燭10本, 宗玄酒2升
1890·5·28	大心院·静好院	大楽寺	主人等10名	香料1円50銭, 蒸菓子1箱, 蠟燭10本, 尼6名へ10銭ずつ
1891·4·27	同上	曼陀羅寺	家族ほか5名	越乃春菓子1箱, 蠟燭10本
1892·6·8	大悟院祠堂	浄蓮時	家族ほか16名	香料7円, 白米3升, 蠟燭30本, 沈木1包, 酒5升
1892·7·3	大心院·静好院	光山寺	家族ほか5名	御所落雁1箱, 蠟燭10本
1892·7·8	大悟院祠堂	長朔寺	家族ほか7名	祠堂金10円, 香料1円, 白米2升, 蠟燭10本, 尼層·小僧等へ計40銭
1893·4·8	大悟院祠堂	浄蓮時	家族ほか10名	香料1円50銭, 白米3升, 蠟燭12本
1893·5·5	大心院·静好院	大楽寺	家族ほか6名	香料1円, 交菓子1箱, 蠟燭10本, 尼3名へ風呂敷, 賽銭等で計40銭
1893·6·3	大心院祠堂	曼陀羅寺	家族1名	蠟燭5本
1893·10·17	静好院祠堂	浄蓮寺	家族ほか8名	羊羹5本, 蠟燭20本, 賽銭等で45銭, 料理人·下男·下女へ計20銭
1893·11·7	五霊祠堂	長朔寺	家族3名	蠟燭5本, 蒸菓子1箱, 賽銭等で25銭, 小僧·家来へ計15銭
1893·11·8	大悟院祠堂	極楽寺	家族ほか8名	祠堂金25円, 香料2円, 蠟燭10本, 賽銭5銭, 小僧らへ計40銭
1894·4·20	大心院·静好院	曼陀羅寺	家族ほか5名	蠟燭5本, 越乃春菓子1箱, 更紗風呂敷4つ, 賽銭10銭
1894·4·21	大悟院祠堂	浄蓮寺	家族ほか10名	白米2升, 蠟燭5本, 賽銭等で30銭, 料理人·下男·下女へ計35銭
1894·10·8	五霊祠堂	長朔寺	家族3名	蠟燭5本, 羊羹5本, 賽銭等で30銭, 小僧·家来へ15銭
1894·12·28	大心院祠堂	浄蓮寺	諦信代参	蠟燭5本
1895·1·28	同上	長朔寺	諦信代参	蠟燭5本
1895·3·7	大悟院祠堂	浄蓮寺	家族ほか3名	蠟燭5本
1895·4·28	大心院祠堂	大楽寺	諦信代参	蠟燭5本

1895·11·21	五霊祠堂	長朔寺	家族3名	蠟燭5本, 羊羹5本, 賽銭等で30銭, 小僧·家来へ15銭
1896·8·20	大心院·静好院	光山寺	家族ほか5名	蠟燭10本, 琥珀糖羊羹5本, 賽銭5銭, 尼5名へ5銭ずつ, 手伝人へ5銭
1896·11·4	同上	大楽寺	家族ほか6名	蠟燭10本, 蒸菓子1箱, 香料1円, 賽銭5銭, 尼6名へ5銭ずつ, 下男へ5銭
1897·4·20	同上	大楽寺	家族ほか4名	蠟燭10本, 蒸菓子1箱, 賽銭5銭, 尼4名へ風呂敷1つずつ, 下男へ5銭
1897·4·28	大心院祠堂	大楽寺	徳八郎代参	蠟燭5本
1897·12·3	五霊祠堂	長朔寺	家族2名	蠟燭5本, 羊羹5本, 賽銭5銭, 尼へ5銭, 小僧·下男へ20銭
1898·4·8	大悟院·智證	浄蓮寺	家族ほか15名	玄米5升, 蠟燭20本, 賽銭等で50銭, 料理人·下男·下女へ25銭
1898·11·17	五霊祠堂	長朔寺	家族3名	蠟燭7本, 羊羹5本, 賽銭等で35銭, 小僧·下男へ15銭
1900·11·3	同上	長朔寺	家族ほか3名	蠟燭7本, 菓子1箱, 賽銭等で35銭, 小僧·下男へ10銭
1901·11·15	同上	長朔寺	家族2名	蠟燭7本, 菓子1箱, 賽銭等で35銭, 小僧·下男へ10銭
1902·10·17	大心院·静好院	光山寺	家族3名	蠟燭10本, 菓子1箱, 尼5名へ風呂敷1つずつ, 賽銭5銭, 下男へ5銭
1902·11·16	五霊祠堂	長朔寺	家族ほか2名	蠟燭5本, 交菓子1箱, 賽銭等で35銭, 小僧·下男へ10銭
1903·4·20	大心院·静好院	曼陀羅寺	家族3名	蠟燭10本, 菓子1箱, 尼へ風呂敷1つずつ, 賽銭5銭, 下男へ5銭
1903·11·12	五霊祠堂	長朔寺	家族1名	蠟燭10本, 菓子1箱, 賽銭等で45銭, 小僧·下男へ60銭
1904·4·20	大心院·静好院	大楽寺	家族ほか3名	蠟燭10本, 菓子1箱, 尼1名へ風呂敷1つ, 賽銭5銭, 下男へ5銭
1904·6·8	大悟院祠堂	浄蓮寺	家族7名	白米5升, 蠟燭10本, 賽銭等で75銭, 料理人·下男·下女へ10銭ずつ
1904·11·12	五霊祠堂	長朔寺		蠟燭10本, 菓子1箱, 賽銭等で35銭, 参詣尼·小僧·下男へ5銭ずつ
1905·11·12	五霊祠堂	長朔寺	家族3名	蠟燭7本, 蒸菓子1箱, 賽銭等で35銭, 参詣尼·小僧·下男へ5銭ずつ

(出所)明治9年「四季諸事留」(宮林家文書K-74)より作成.

(注)安證は1843年没の2世彦九郎, 大心院安諦は1864年没の3世彦九郎, 大悟院安祥は1892年没の5世彦九郎, 大乗院安慰は1850年没の4世(作太郎), 静好院眞證は3世彦九郎の妻で1881年没(以上,「系図」宮林家文書K-88). 名目欄の「大心院·静好院」は「両霊祠堂」, 五霊祠堂は大心院·大乗院·大悟院·静好院·智證(大悟院の妻)の合同祠堂. 参詣人欄の家族は親族も含む. 供物欄の賽銭等には, 参詣僧·尼への布施も含む. 宿寺の所在は, 長朔寺·曼陀羅寺·大楽寺(新湊放生津), 光山寺(新湊荒屋), 専念寺(三日曽根), 浄蓮寺(四日曽根), 長寿庵(和田), 瑞龍寺(高岡)で, 瑞龍寺以外はいずれも宮林宅(新湊三日曽根)の近隣に所在(高岡市史編纂委員会編『高岡市史』下巻, 青林書院新社, 1969年, 984-994頁). 1913·14年にも1回ずつ祠堂会が行われたが省略.

夫妻・四世（作太郎）・五世彦九郎夫妻の五名の霊を合わせた五霊祠堂が設けられ、九三年から毎年一一月か一二月に地元の長朔寺で祠堂会が行われた。それとは別に、三世彦九郎夫妻の大心院・静好院祠堂と五世彦九郎の大悟院祠堂も設けられており、前者については、地元の寺が順番に宿寺となり、後者は主に浄蓮寺が宿寺となり、祠堂会が行われた。もっとも、一八八〇年代前半のように毎月行われることはなくなり、それぞれについて年一回程度の頻度で行われるようになり、その代わりに家族参列者の数が増えた。供え物は蠟燭と菓子が標準となり、賽銭のほかに、参列した僧・尼への布施や、料理人・小僧・下男・下女への謝儀も支払われた。

祠堂会以外にも、宮林家は毎年のように先祖の回忌法要を行っていたが、各年の参列者の供え物の変遷を検討する。表36をみよう。一八九三・一九〇四・一三・二三年の四回の法事を取り上げたが、いずれも大悟院（五世彦九郎）の法要に関係する。もっとも、複数の先祖の回忌を合同で行っているため、一八九三年の法事は安證（二世彦九郎）五〇回忌・妙證（二世彦九郎妻）五〇回忌・静好院一三回忌・大悟院一周忌の合同法要、一九〇四年の法事は大悟院一三回忌、一三年の法事は安諦（三世彦九郎）五〇回忌・静好院三三回忌・幽香院二七回忌・大悟院二三回忌の合同法要、二三年の法事は静好院五〇回忌・大悟院三三回忌の合同法要であった。宮林一族で「家」としてあるのは、その家の当主のほかに妻や子どもに寺を挙げ、下段にその他の参詣者を挙げた。宮林一族で「家」としてあるのは、その家の当主のほかに妻や子どもも供え物を出している場合で、有力な分家は家族で供え物を出していたことがうかがわれる。一八九三年の法事の供え物の内容は蠟（燭）が中心であるが、それとあわせて、一般的な蒸菓子のほかに「花の盛」も多く供えられた。蠟（燭）には朱・白・金の三種類がみられたが、金蠟が最も高価と思われ、一般参列者には、白蠟のみを供え物として持参した者も多かった。

一九〇四年の法事になると、供え物に金銭がみられるようになる。もっともその数は少なく、供え物の基本は蠟

1913年の法事		1923年の法事	
氏名	内容	氏名	内容
黒川珠枝・宮林	松の月, 浅草海苔	宮林立作家	金20円, 金蠟, 蒸菓子
		→	金1円
→	沈木, 椎茸	→(菊松)	梅の香, 王華香
→	白蠟, 砂糖, 酒	→	金3円, 白砂糖
→	金1円, 朱蠟, 干饂飩	宮林須太郎家	金12円, 蒸菓子, 茶, 線香
→	朱蠟, 砂糖	→	金1円
宮林治吉郎	白檀	→	金3円
→	金50銭, 砂糖	→	金1円
→	金50銭		
→	金1円	→	金1円
宮林彦三家	金2円, 白檀, 蒸菓子	→	金10円, 砂糖, 茶
		→(家)	金2円
→	朱蠟		
→(清造)	朱蠟, 厚麩	→(清吉)	小蠟燭
宮林栄次郎	朱蠟	→	砂糖
→	朱蠟, 金つば		
→	朱蠟	→	金2円
→	朱蠟, 蒸菓子	→	白蠟, 蒸菓子
→	蒸菓子		
→	朱蠟, かたこ	中野仁	金2円
		→	金1円
副田真	朱蠟, 石川饅頭	長慶みよ	金70銭
→(徳太郎)	朱蠟, 蒸菓子	→	金1円, 京都銘菓
→	朱蠟, 蒸菓子	堀井又次郎	金1円
菅野伝右衛門	金8円, 沈木, 長生殿	→	金15円, 茶, 清蓮香, 菓子
→	白蠟	串田乙吉	金1円
菅野啓二郎	松茸, 線香	→	沈木, 椎茸
吉田善右衛門	金50銭	→(政信家)	金1円
→(家)	朱蠟, 菓子, 厚麩	→	金5円, 朱蠟, 蒸菓子, 厚麩
→(家)	朱蠟, 正宗, 琥珀糖	→	宗玄, 蒸菓子, 線香
→	朱蠟, 蒸菓子, 嵐山香	→(恵二家)	金7円, 金・朱蠟
→	白蠟, 厚麩	→(甚太郎)	金2円, 線香
→	朱蠟, 蒸菓子	→	金蠟, 氷見饂飩
→	朱蠟, 蒸菓子	原松次郎	金1円
矢野ちい	白蠟, 白砂糖	→	金50銭

表36　宮林家法事における香典の変化

1893年の法事		1904年の法事	
氏名	内容	氏名	内容
宮林七之助家	白・朱蠟, 蒸菓子, 厚麩, 酒	→	白・朱蠟, 蒸菓子
宮林彦三郎	白蠟, 厚麩	→	白蠟, 蒸菓子
宮林伴二郎家	白・朱蠟, 蒸菓子, 厚麩	→	白・朱蠟, 蒸菓子
宮林善次郎家	金・白・朱蠟, 蒸菓子, 羊羹	宮林清平	朱蠟, 蒸菓子
宮林荘造家	朱蠟, 蒸菓子, 白砂糖	→	金1円, 朱蠟, 葛, 清涼香
宮林彦八	朱蠟	→	白蠟
宮林長太郎家	朱蠟, 切饂飩, 角焼麩	→	白・朱蠟, 羊羹
宮林彦次郎	朱蠟, 花の盛	→	白蠟, 厚麩
宮林彦七	金・白蠟	→	白蠟
宮林孫八	金20銭	→	金20銭
宮林源蔵	厚麩	→	朱蠟
宮林とら	朱蠟	宮林彦太郎	金30銭
		宮林彦五郎	白蠟
		宮林清吉	白蠟, 片栗粉
		宮林久太郎	白蠟, 千代の梅, 線香
長楽寺	白・朱蠟, 揚豆腐	→	白蠟, 蒸菓子
極楽寺	白蠟, 花の盛	長澤寺	白・朱蠟, 蒸菓子
光徳寺	白蠟, 花の盛	→	沈木, 竹の子
専念寺	白蠟, 蒸菓子	→	沈木
長朔寺	金蠟	勝円寺	白蠟, 蒸菓子
曼陀羅寺	蒸菓子	観道寺	花の盛
大楽寺	花の盛	無量寺	白蠟, 蒸菓子
光山寺	花の盛		
西光寺	朱蠟, 蒸菓子	大和寺	朱蠟, 線香
江守助六家	朱蠟, 蒸菓子	→(貞二)	朱蠟, 蒸菓子
四日善左衛門	朱蠟, 虎巻菓子		
藤澤長平	朱蠟, 花の盛	→	朱蠟, 蒸菓子
藤澤善六郎	朱蠟, 金花山焼麩	京谷孫四郎	朱蠟, 蒸菓子
本郷又次郎	金蠟, 蒸菓子	→	朱蠟, 蒸菓子
笠間之幹	朱蠟, 花の盛	→	朱蠟, 蒸菓子
黒川捨次郎	金蠟, 香	→	白蠟
越村次太郎	朱蠟	→	朱蠟, 半紙
越村祐二	朱蠟, 蒸菓子	宝田辰五郎	白砂糖
南宗造	白蠟, 厚麩	→	朱蠟, 蒸菓子, 厚麩
菅谷二平	白蠟, 蒸菓子, 酒	→	朱蠟, 白砂糖
高松権四郎家	白・朱蠟, 蒸菓子, 花の盛	→	朱蠟, 蒸菓子
中杉五平	白蠟, 厚麩	→	白蠟, 厚麩
片岡八郎	白蠟, 吉野餅	→	朱蠟, 花の盛
永森菊太郎	白蠟, 蒸菓子	→	酒, 洋酒, 聞明香
利汲万右衛門	白蠟, 花の盛	→	金20銭, 朱蠟

1913年の法事		1923年の法事	
氏名	内容	氏名	内容
→	白蠟,蒸菓子	石井長次郎	金1円
→	朱蠟,蒸菓子	→	金蠟,蒸菓子
小川勝太郎	朱蠟	→(ひな)	小蠟燭
		→	金5円
→	朱蠟,奈浦	牛亀次郎	金1円
岡田次平	白蠟	津田與作	金1円
→(よしい)	金50銭	→	金2円,白蠟
杉本捨六	朱蠟,蒸菓子	八嶋八郎	金2円,線香
高道松枝	金蠟,線香		
摺寺彦右衛門	白蠟,線香	→	金1円
→	朱蠟,海苔	→(家)	中砂糖
→	金1円	本江久松	金5円
		川口外次郎	金1円
→(徳次)	白蠟	→	金1円
→(与三平)	金1円	→	金1円,蒸菓子
→	金1円	沖與三右衛門	金1円
		→	金2円
		糸岡栄造	金1円
→	朱蠟,奉書紙,茶		
→(傅吉)	朱蠟	→	金1円
→	朱蠟	→	金1円
		→	金50銭
→	朱蠟,厚麩	→(家)	中砂糖
→	金・朱蠟	→	金蠟

典帳」,大正2年「大悟院釈安祥二十三回忌ほか法会帳」,大正12年「亡祖母五十回忌・亡父三十三

要.いずれの法事も5世彦九郎は関係している.寺の所在は表35の注を参照.表35に出てこない寺
『高岡市史』下巻,984-994頁および新湊市史編さん委員会編『新湊市史』近現代,新湊市,1992年,
(東京),宮林伴二郎家(大阪),江守貞二(高岡),副田真(金沢),菅野伝右衛門(高岡),片岡八郎(片

（表36の続き）

1893年の法事		1904年の法事	
氏名	内容	氏名	内容
利汲庄吉	白蠟, 厚麩	→	白蠟, 厚麩
魚倉いと	朱蠟, 蒸菓子	→	白檀, 蒸菓子
岩城静壽	白蠟, 蒸菓子	→（隆一）	白蠟, 醤油
宮袋長左衛門	白・朱蠟	→	朱蠟, 蒸菓子
荒木岡右衛門	白・朱蠟, 蒸菓子, カステラ	→	白蠟, 白砂糖
渋谷三郎	白蠟, 白檀	竹内治郎七	白蠟
川崎法三郎	太蓮根	林権吉家	金蠟
富田松枝	白蠟	廣渡元吉	白蠟
本江又次郎	朱蠟, 厚麩	正倉音吉	白蠟
内田政豊	白蠟, 蒸菓子	稲尾清三郎	朱蠟, 蒸菓子
坪内仁四郎	朱蠟	高嶋徳太郎	金10銭
菅谷清平	白蠟, 花の盛	→	朱蠟, 蒸菓子
堀江竹次郎	朱蠟, 粟ヶ崎醤油	→	金蠟
真野徳八郎	白蠟, 白羊羹	→	白蠟
林與三郎	白蠟, 蒸菓子	→	朱蠟, 蒸菓子
野畑藤平	白蠟, 花の盛	→	白蠟, 蜀江錦
亀田市太郎	白蠟		
吉川與十郎	金20銭	彦田治八郎	朱蠟
野上半平	白蠟, 蒸菓子	池田六右衛門	鳳凰香
亀井佐平	白蠟	→	白蠟, 蒸菓子
中村傳七郎	白蠟	→	朱蠟
安川庄左衛門	白蠟	→（彦次郎）	朱蠟
斎藤四郎右衛門	白蠟	利汲与之助	干饂飩, 線香
花木米次郎	白蠟	→	白蠟
大和宗平	白蠟	作道甚平	白蠟
室田長左衛門	白蠟	松蒲せつ	朱蠟
津川ひな	白蠟	→	白蠟
高嶋七次郎	白蠟	→	白蠟, 楠葉
中野忠平	白蠟	→	白蠟
新開三右衛門	白蠟	→	朱蠟

（出所）明治26年「釈安證居士五十回忌ほか香典受納記」, 明治37年「大悟院釈安祥十三回忌法会香回忌法会諸事控」（以上, 宮林家文書K-51・8・78・10）より作成.

（注）氏名欄の→は左欄に同じことを示す. 1893・1913年の法事は4名, 1923年の法事は2名の合同法の所在は, 長楽寺・極楽寺・西光寺（高岡）, 光徳寺（中曽根）, 勝円寺（片口）, 無量寺（鏡宮）（前掲1153頁を参照）. 1913年は参列者の所在が付記されたが, 地元以外の参列者として, 黒川珠枝口）, 池田六右衛門（氷見）があげられた。

（燭）で変わらず、それと蒸菓子の組み合わせが標準で、線香などの香物が若干みられるようになった。ところが一九一三（大正二）年の法事になると供え物として金銭を包む参列者が増えてくる。前述のように、宮林彦九郎家と親戚になった高岡の菅野伝右衛門は、高岡財界の重鎮で、自らが頭取の高岡銀行に宮林家が一九一〇年代以降積極的に投資したこともあり、一三年の宮林家の法事に金八円の香料（香典）を出した。その他に、一般参列者にも吉田善右衛門・林よしい・菅谷清平・林与三平・野畑藤平など金銭を供え物とした参列者もおり、これらの参列者は多くは金銭のみで品物を供え物として持参しなかった。そして一九二三年の法事になると、金銭での供え物が一般的となる。その金額は、第一次世界大戦期の物価上昇もあって増大したが、品物を持参する参列者も存在し、氷見饂飩のような特産品や「梅の香」「王華香」「清蓮香」などの香ブランドも供えられた。金銭が一般化した結果として蠟（燭）の供え物がほとんどなくなった。香典としてお金を包む現代の法要文化は、もともとは蠟燭代であったことがうかがわれ

1935年の出産祝い品		
種類	数量	人数
呉服	122円分（切手）	14
白モス	11丈6尺	12
富士絹	6丈，袷1枚	7
羽二重友禅	4丈7尺	5
締魚節	19本	5
菓子	4箱，3円分（切手）	5
鮮魚	3円・7枚分（切手）	4
モス友禅	3丈	3
羽二重1身	2枚，1着	2
洋菓子	2箱	2
果物	2籠	2
鹿子餅	1箱，40個	2
羽二重	4身1枚，白1反	2
ベビー服	1つ，袖なし1枚	2
御召	1反	1
縮緬袖なし	1つ	1
羽二重袖なし	1つ	1
伊勢崎	1反	1
おくるみ	1つ	1
子ども毛布	1つ	1
子ども蒲団	1つ	1
ベビーセット	7つ組	1
毛糸マント	1つ	1
御園金紗	1つ	1
セルロイド玩具	1つ	1
玉子	25個	1
砂糖	3本	1
蒲鉾	7本	1
パイナップル缶	2缶	1

た. 1929年の病気は当主の病気で, 7~9月にか

表 37　宮林家への病気見舞いと出産祝い

1929年の病気見舞い品					
種類	数量	人数	種類	数量	人数
牛乳	1石8斗8升	52	レツキス	2本	1
菓子	11箱, 40個, 42円分(切手)	24	リンゴ	25個	1
玉子(切手)	140個, 1円分, 245個分(切手)	13	メロン	2個	1
魚	4籠, 1皿, 21円50銭分(切手)	10	バナナ		1
果物	6籠, 3箱	8	パイナップル缶	3個	1
西瓜	11個, 7貫匁(切手)	8	罐詰	1籠	1
(甘)鯛	28尾, 1籠	8	蓮根	1束	1
白砂糖	23斤, 1円20銭	8	百合根	1箱	1
正金	81円	8	味噌	2種	1
カステラ	4.5釜, 2箱	7	鯛味噌	1つ	1
キス	72尾, 1皿	5	スッポン味噌	1つ	1
月世界(菓子)	5箱	5	海苔	1缶	1
ブドウ	5箱	5	赤玉ポートワイン	3本	1
小鯛	25尾	4	森永ビスケット	1缶	1
砂糖	1箱, 3斤, 9斤分(切手)	4	ロールケーキ	3本	1
明治ビスケット	3缶, 1箱	4	葛饅頭	30個	1
蜂ブドウ酒	6本	3	きんつば	1袋	1
カマス	24尾	2	琥珀糖	50個	1
鮎	17尾	2	羊羹	5本	1
コヅクラ	15尾	2	チョコレート	1箱	1
鴨	3羽	2	真葛	1缶	1
長生殿(菓子)	2箱	2	ウェハース	1箱	1
西洋菓子	2箱	2	明治屋(切手)	10円分	1
八百物	1箱, 3円分(切手)	2	不破(切手)	5円分	1
松茸	1籠, 1包	2	摺字屋(切手)	3円分	1
梨	1箱, 5個	2	真綿	100匁	1
篠原	15円分(切手)	2	床撒香水	2瓶	1
サイダー	1.5ダース	2			
氷	1箱, 18貫匁分(切手)	2			

(出所)昭和4年「病気御見舞控帳」, 昭和10年「利子出産祝」(以上, 宮林家文書K-4·1)より作成.
(注)人数は, その品物を持参した人の数で, 複数種類を持参した場合は, それぞれについて加算し
けての3ヵ月程度. 切手とは, その品物と交換できる商品券のこと.

る。そして参列した寺の数も、明治期に比して一九二三年はかなり少なくなった。

2　交友関係と贈答

金銭に代替されるようになった香典と異なり、病気見舞いや出産祝いでは品物の贈答慣行が根強く残った。表37をみよう。宮林家当主六世彦九郎は、一九二九（昭和四）年に病気をしたが、その三ヵ月間に多くの見舞い客が訪れ、膨大な見舞い品を持参した。特に牛乳を持参した見舞い客が多く、延べ五二名が合計一石八斗八升の牛乳を持参した。牛乳が栄養品として貴重であったことがうかがわれるが、病人一人で飲める分量よりはるかに多く、宮林家の家族はこの間、牛乳過剰の状態にあったと考えられる。玉子や菓子を持参した見舞い客も多かったが、玉子や菓子はそれらの品物と引き換え可能な商品券（切手）で受け取ったので、病人の病気回復後も宮林家の家族は、当分玉子や菓子に困らなかったと思われる。さらに、魚や果物など比較的高価な食べ物が病気見舞い品として好まれ、宮林家は当主の病気の間に主に看護婦や看護人の謝礼や給料で四〇〇円以上を支出したが(44)、それを補う膨大な飲食物を見舞い品として受け取った。一方、一九三五年の宮林家当主の娘の出産に際しての祝い品の内容は、病気見舞い品と大きく異なった。生まれた子ども向けの衣料品も含めて呉服の贈物が大部分で、出産した母親への栄養を考えた玉子・魚なども贈られたが、呉服・魚・菓子ともに商品券が多く、祝物や見舞い品を品物で贈る文化は変わっていないものの、贈り方が現物から次第に商品券へ変化している様子がうかがわれる。そして一九三五年の出産祝では、祝物としてよく贈られる魚節の贈物も多かった。

また病気や出産などの特定の事態に対しての贈答ではなく、中元や歳暮のような季節に応じた定期的な贈答も宮林家は明治期から行っていた。その代表的なものが、宮林家の旧主君前田侯爵家への贈り物であった。表38をみよう。

表38　宮林家の前田・有栖川宮家との贈答

送付年月日	宮林家→前田家	前田家→宮林家	宮林家→有栖川宮家	有栖川宮家→宮林家
1875・12・8	御白粉1箱, 絵手紙48枚, 鬢付油			
1876・1・6	塩鰤2葉, 干鰯200, 鮭塩引2葉			
1876・1・18		鬢付13, 分け物油5つ, 浅草海苔5把		
1876・7・28		団扇7本		
1876・8・7	鮲4枚			
1876・12・8	鮭塩引1尾, 海鼠30			
1877・7・22	生白粉大1箱・小1箱	写真1葉, 裸木偶1つ, 玩具7つ, 竿2本		
1877・9・2	蒸貝7つ			
1877・9・4		掛物1幅, 髪紐10筋, 赤縮羅半幅2筋		
1877・11・12	蒸貝11個, 鬢付1つ, 風鎮2つ			
1877・12・12	塩鱈1尾, 鮎2つ, 五藤イカ2抱	鬢付7つ, 小物油7つ		
1878・6・9		熨紙10枚, 汗拭3つ, 櫛1枚, 元結10把		
1878・6・11	鮲2葉			
1878・6・17	縮緬切包, 臀衡器, 金花糖, 鰹節	金5円, 扇子, 胸紐, 紫縮緬, 絽袴, 鶏卵		
1878・10・16	鮭塩干2葉			
1879・1・24		鬢付7つ, 曲物付け油7つ, 縮緬半襟1筋		
1879・1・30	紅葉子1箱, 干鰯100, 筋鱈6枚			
1879・6・11	鮲2葉			
1879・12・12		絵半紙100葉, 赤縮緬, 曲物付け油, 鬢付		
1879・12・26	鮭1葉, 鮲1葉			
1880・2・14	干鰯100, 干塩鱈3枚, イカ20枚			
1880・12・18	鮭塩引1本, 塩鰤2葉, 塩鱈2尾			
1881・1・28		桄榔子表着1枚, 白縮緬2尺, 赤縮緬2尺		
1881・4・13		赤縮緬半襟, 鹿子切1つ, 胸紐		
1881・5・12		八丈縞1反, 緋縮緬5尺, 菓子2箱		
1881・6・15			鮲4尾	
1881・6・23				下駄2足
1881・12・21			塩鰤1尾, 干鰯150疋	
1882・2・中				金造文鎮1つ, 竿1本, 海苔1箱
1882・3・上			紅葉子大1曲・小1曲	
1882・4・22				縞子地額1葉
1882・5・27			鮲6葉	

1882・12・14			塩鰤2尾	
1883・3・11			紅葉子大2曲・小2曲	
1883・3・15				海苔2箱, 襟うけ3筋
1883・5・31			鮲8葉	
1883・11・上				縮緬箱1個
1883・12・18			塩鰤2尾	
1884・3・12			紅葉子大2曲・小2曲	
1884・4・3				浅草海苔2箱, 半襟3筋, 紅絹1反
1884・6・18			鮲8枚	
1884・11・10				短冊3葉, 縮緬襟巻1つ, 煙草入1つ
1884・12・23			塩鰤3尾	
1885・2・12			紅葉子大2曲・小2曲	
1885・3・18				浅草海苔1箱, 縮緬袱紗, 浅黄鹿子
1885・6・16			鮲8葉	
1886・4・4			紅葉子大2曲・小2曲	
1887・1・8				御写真3枚, 白羽二重1疋, 一茶織
1887・1・19			塩鰤3尾	
1887・4・1			紅葉子大2曲・小2曲	
1887・7			鮲6枚	
1887・9・19				縮緬帯地1筋
1888・1・10			塩鰤3尾	
1890・6			鮲4枚	
1890・6・12				手箱, 麻子縮緬1尺, 筆上げ, 半襟
1890・7・22				縮緬縦縞1反, 紅無地縮緬6尺
1890・12			塩鰤2尾	
1891・3・25				縮緬半襟3筋, 浅草海苔1箱ほか
1891・4・3			紅葉子大1曲・小1曲	
1891・6・24			鮲4枚	
1891・7・14				阿波縮緬1反, 紅友禅縮緬1丈
1891・12・22	塩鰤2尾		塩鰤2尾	
1892・2・13		縮緬半襟, 紫縮緬, 黒海苔, 東京手拭		板締縮緬, 白織半襟, 黒海苔
1892・4・19	紅葉子大1曲・小1曲		紅葉子大1曲・小1曲	
1892・6・29	鮲4枚		鮲4枚	縮緬縞1反
1892・8・12		糸入反物, 紫縮緬, 花籠, 東京手拭		

1893·1·27		短冊1葉, 黒繻子帯, 黒海苔5把		
1893·2·9				黒海苔7把, 紅紗練1反
1893·3	紅葉子大1曲·小1曲		紅葉子大1曲·小1曲	
1893·6·9	鰍4枚		鰍4枚	
1893·7·7と23		縮緬地1反, 帯〆, 紬1筋, 手拭, 紙張箱		縮緬1反, 博多帯男物1筋, 帯〆
1893·12·26	塩鰤2尾		塩鰤2尾	
1894·2·16				銘仙縞2丈9尺, 半襟, 浅草海苔
1894·4·8		絹糸製帯〆, 絹糸鹿子, 縞二子, 半襟		
1894·4·13	紅葉子大1曲·小1曲		紅葉子大1曲·小1曲	
1894·5·23				浴衣地1反, 紋縮緬1筋, 帯上げ
1894·6·6	鰍4枚		鰍4枚	
1894·7·23		縮緬絽半襟, 縮緬半襟, 白織糸絛衣地		
1894·12·3	塩鰤2尾		塩鰤2尾	
1895·2·5				白糸桟織帯上げ, 黒縮緬半襟ほか
1895·3·10と17		木綿縞1反, 双子縞, 浅草海苔1箱		塩製御菓子1箱
1895·4·1	紅葉子大1曲·小1曲		紅葉子大1曲·小1曲	
1895·6·19	鰍4枚		鰍4枚	
1895·8·7		白織羽二重1反, 白絣1反, 手拭1反		
1895·12·27	塩鰤2尾		塩鰤2尾	
1896·2·6と12		縞反物1反, 浅草海苔1箱, 熨紙4枚		友禅縮緬, 友禅帯地, 浅草海苔
1896·3·29	紅葉子大1曲·小1曲		紅葉子大1曲·小1曲	
1896·6·18	鰍4枚		鰍4枚	
1896·10·7				東京染絞地1反, 白絽6尺
1897·2·16と27		双子縞1反, 半襟, 更紗風呂敷, 盃		東京絵画帖, 紫友禅縮緬, 浅草海苔
1897·4·21	紅葉子大1曲·小1曲		紅葉子大1曲·小1曲	
1897·6·25	鰍4枚		鰍4枚	
1897·7·27		帯地1反, 帯〆, 友禅風呂敷, 手拭1反		
1897·12	塩鰤2尾		塩鰤2尾	
1898·2·1		木綿縞, 紋縮緬, 帯〆, 更紗風呂敷, 紬		縮緬, 無地半襟2つ, 浅草海苔1箱
1898·4·16	紅葉子大1曲·小1曲		紅葉子大1曲·小1曲	
1898·6	鰍2枚		鰍2枚	
1898·12·28	塩鰤2尾		塩鰤2尾	
1899·1·14と24		紬縞1反, ハンカチ1ダース, 更紗風呂敷		米沢縞, 白絹糸製胸紐, 手帳, ペン

(出所)明治9年「四季諸事留」(宮林家文書K-74)より作成.
(注)宮林家が前田家や有栖川家に送る場合は, 御付きの者への贈り物も含む. 送付年月日は送る側の送付年月日. →の左側が贈り主で右側が受け取り主.

前述のように宮林家は、幕末期に金沢藩前田家の御用を引き受けており、前田家から扶持米をもらう主従関係にあったが、前田家の姫君の養育に宮林家が関わったことがあり、近代以降も宮林家は東京の前田邸に居住する前田家の姫君に定期的に贈り物を送っていた。その内容は、富山湾で獲れる鰤に加えて、一八八〇（明治一三）年頃までは前述のように宮林家が北前船経営を行っていた関係から北海道産の鮭や鱈も贈っていた。前田家の姫君は一八八一年に有栖川宮家に嫁ぎ、以後有栖川宮邸に居住するため、一八八〇年代の宮林家の前田家姫君への贈り物は有栖川宮邸に送られた。宮林家が一八八〇年代に海運経営から撤退したこともあり、贈り物の内容は、春に紅葉子、夏に鰍、年末から年始に塩鰤と決まってくるが、一八九一年以降は、同じ内容の贈り物を有栖川宮邸と前田邸に送るようになった。これらの贈り物に対して、前田家や有栖川宮家からも返礼の贈り物が宮林家に送られた。その内容は、婚姻前の姫君からはおそらく姫君が選んだと思われる小物や呉服類が贈られ、婚姻後は、呉服類に加えて浅草海苔が主に贈られた。特に一八九〇年代以降は、有栖川宮邸からに加えて前田邸からも様々な種類の呉服や衣料品が贈られ、そのなかにはハンカチ・手帳・ペンなどの舶来文化の品物も含まれた。このように、宮林家は地元の伝統産品を東京の主家筋に贈り、その返礼として東京で手に入る名産や舶来文化の品物、そして高級呉服を受け取ることができた。ここにも東京の文化の地方への波及の経路がみられた。

おわりに

本章の最後に、宮林家の消費文化が地域社会に与えた影響をまとめたい。前章で取り上げた盛田家は、自家産の醸造品に加えて、地元産の魚や鶏肉を主に購入することで地産地消を進めて、消費行動から地域経済に貢献したことを指摘した。宮林家の場合は、地域社会への普及の遅れた船来品を自らの購買活動を通して遠隔地から引き入れる役割を果たしたといえる。すなわち、旅行の際には、過剰なほどの大量の船来品を土産物として購入して、帰村後にそれらを地元の関係者に配ったと考えられる。また、一八七九（明治一二）年に全国的にコレラが蔓延し多くの死者が出たが、宮林家が当時所有していた廻船の乗組員にも死者が出た。そうした状況下で宮林家当主は、廻船業を営んでいたメリットをいかし、各地から情報を集め、速やかな対応をとった[45]。例えば、射水郡新湊三日曾根村の富田嘉一郎は、次のような原稿を新聞に投書したい旨、一八七九年八月二七日に宮林家の了解を求めている[46]。

虎列刺病ノ我県江侵入スルヤ最近石川新聞ニ記載アレハ［中略］新湊町戸数五千斗最モ盛ントス、日々死亡スル者三十人ツ、本月一日ヨリ本日マテ已ニ七百人ニナラントス、実ニ惨状見ニ不堪、即秋気ノ徴シカ少シク病勢衰タリ、此ニ一美事ナルハ同町三日曽根村宮林彦九郎氏ナル慈善家アリ、同村貧者二百戸江石炭酸水五合ツ、キリフキ一本ツ、相添、懐中薬三包ツ、予防トシテ本月十三日ヨリ施サセラレタリ、此代価合計百円斗夫レ故カ同村ハ外町村ニ比スレハ患者少ナシ、日今之処新患者一名モ無シ［後略］。

石炭酸は、当時コレラ予防に最も効果があるといわれた輸入消毒薬で、需要の増大とともに在庫が払底し、射水郡では十分に配れず、行政担当者が輸入を求めていた[47]。宮林彦九郎は、予防薬の入手に関して知人に問い合わせており[48]、独自のルートで石炭酸を手に入れ、地元の村人に配ったと考えられる。一八七九年七月三一日付の清平（宮林家番頭）の手紙に、

新湊町放生津コレラ予防方幷ニ検疫所ト不都合ニ付、本県ヨリ官員射水郡役所へ御派出ニ相成リ候趣ニ付、郡長林君モ二三日前ニ新湊町へ派出ニ相成リ予防方厳敷御説諭ニ相成候ニ付テハ、下民ノ者右病気ニ掛リ候時ハ薬等手当テ無覚束ニ付、右等ノ義其町村ノ富家ニテ救貰度旨、戸長中へ御尋ニ相成候所、幸イ菅清出席ニ付、先達懐

中薬下民へ施度趣、菅清へ咄いたし置候云々郡長へ上申候。郡長誠ニ喜候由ニ御座候、懐中薬ハ止メニシテ、サフ［ラ］ン薬ヲ施シ貰度旨、深く御依頼ニ相成候(49)

とあるように、石炭酸・キリフキ・懐中薬を自村内の貧民に配布した宮林家の活動は、石川県や射水郡からの依頼ではなく、同家が自発的に計画したものであった。表35に戻ろう。一八七九年八月九日に宮林家は八つの寺にそれぞれコレラ病退散の祈禱を依頼している。前述の手紙によると宮林家は石炭酸水などを八月一三日より配ったと思われるが、その直前に祈禱を依頼しているところからみて、コレラ流行の鎮静化のために宮林家はできる限りの手段をとっていたといえよう。

地元村落の貧窮民の救済は、一八九二年の五世彦九郎の死去の際にも行われ、新湊町の貧民八八八戸に宮林家は白米を施与して（合計一二石余）、富山県から賞杯を贈られた(50)。それに加えて同家は、近代的な制度を地域社会に定着させるため、一八七八年に富山病院新築費として五〇円の寄付、八〇年一月に高岡警察署伏木分署新築費として五〇円の寄付、同年三月に富山病院射水郡出張所新築費として一五〇円の寄付、八一年八月に石川県私立変則学校設立費として一〇〇円の寄付、八四年三月に高岡病院新築費として一〇〇円の寄付、八八年一〇月に高岡警察署放生津分署新築費として一二円の寄付など、病院・警察・学校など近代的な制度の整備新築のために多額の寄付を行った(51)。

地方資産家が、地域社会の様々な公共財のために寄付をすることはよくみられ、第六章で取り上げる小栗家も熱心に寄付を行った。ただし、小栗家が地域社会の公共財にための寄付を積極的に行い始めるのは、二〇世紀に入ってからであり、宮林家の場合は、そうした行動が近代初頭から行われたことに特徴がある。それは、宮林家が近世来の御用商人の家で、近世期から村の有力層として地域貢献を期待されていた家柄であったことが大きく、近代前期の地方への文明開化の波及は、こうした近世来の地域有力層の自発的な行動が重要な役割を果たしていたといえよう。

注

（1）宮林家の概略については、中西聡『海の富豪の資本主義—北前船と日本の産業化—』（名古屋大学出版会、二〇〇九年）第六章を参照。

（2）「[仕切綴]」（宮林家文書L—三八・三九）。

（3）以下の記述は、北陸銀行調査部百年史編纂班編『創業百年史』（株式会社北陸銀行、一九七八年）四二～五四・二九六～三〇四頁を参照。

（4）以下の記述は、新湊市史編纂委員会編『新湊市史 近現代』（新湊市、一九九二年）六四二頁、および高瀬保『加賀藩海運史の研究』（雄山閣出版、一九七九年）五四八頁を参照。

（5）前掲注（3）『創業百年史』五三～五四頁を参照。

（6）同右、二九六～三〇四・三一八～三二〇頁を参照。

（7）以下の記述は、前掲注（4）『新湊市史 近現代』六四三頁、および正和勝之助『越中伏木湊と海商百家』（桂書房、一九九五年）二五六頁（折込一）を参照。

（8）由井常彦・浅野俊光編『日本全国諸会社役員録』全一六巻（柏書房、一九八八～八九年）を参照。

（9）「系図」（宮林家文書K—八八）を参照。

（10）以下の記述は、前掲注（1）中西書、三二二頁の表六—九を参照。

（11）一九二〇年恐慌については、武田晴人「恐慌」（一九二〇年代史研究会編『一九二〇年代の日本資本主義』東京大学出版会、一九八三年）を参照。

（12）富山新聞社報道局編『越中百家 上巻』（富山新聞社、一九七三年）一六九～一七四頁、同下巻、一九七四年、二〇七頁。高岡銀行については、前掲注（3）『創業百年史』三七六～四一九頁を参照。

（13）新湊銀行については、前掲注（4）『新湊市史 近現代』四九五～四九六頁を参照。

（14）一九二二（大正一一）年時点で、菅野伝右衛門は、北一株式会社取締役、高岡打綿株式会社取締役、高岡電灯株式会社社長を務めていた（大正一一年版『日本全国諸会社役員録 下編』商業興信所、一九二二年、四八五～四八六・四九三頁）。

（15）同右、四九二・四九五頁。

(16) 前掲注(1)中西書、三二二頁の表六―九を参照。
(17) 高岡市史編纂委員会編『高岡市史　下巻』(清林書院新社、一九六九年、増補版一九八二年)六八八～六九三頁。
(18) 大正四・七年「金銭出納帳」(宮林家文書A―六九・七〇)。
(19) 昭和二・四年「小作米取立帳」(宮林家文書A―六・二五)。
(20) 「累年出納簿」(宮林家文書C―一八)。
(21) 渋谷隆一編『明治期日本全国資産家・地主資料集成　第三巻』(柏書房、一九八四年)一〇二～一〇三頁。
(22) 明治四〇・四一年版『日本全国商工人名録』(商工社)一二五二頁。
(23) 前掲注(21)渋谷編書、一一一頁、明治四〇・四一年版『日本全国商工人名録』(商工社)一二六四～一二六八頁。渋谷隆一編『都道府県別資産家地主総覧　富山・石川・福井編』(日本図書センター、一九九七年)三三五頁。
(24) 前掲注(21)渋谷編書、七六頁。
(25) 以下の記述は、明治一八・二〇年度『富山県統計書』を参照。
(26) 通信販売については、満薗勇『日本型大衆消費社会への胎動―戦前期日本の通信販売と月賦販売―』(東京大学出版会、二〇一四年)第三章を参照。
(27) 大正一二年「御通」(中島呉服店)」(宮林家文書O―一七―一二)。
(28) 前掲注(21)渋谷編書、一一一頁、明治四〇・四一年版『日本全国商工人名録』(商工社)一二六四～一二六八頁、前掲注(23)渋谷編『都道府県別資産家地主総覧　富山・石川・福井編』三三五頁。
(29) 岡田章雄「文明開化と食物」(大塚力編『食生活近代史―食事と食品―』雄山閣出版、一九六九年)四四～五〇頁。
(30) 前掲注(4)『新湊市史　近現代』三九三～四三二頁を参照。
(31) 宗玄酒造会社については、前掲注(8)由井・浅野編書、第五巻(一九八八年)三〇二頁、七尾酒については、七尾市史編纂専門委員会編『七尾市史』(石川県七尾市役所、一九七四年)四七二～四七五・六八七～六八八頁を参照。
(32) 正宗は兵庫県灘の銘酒、月桂冠は京都府伏見の銘酒と考えられる(稲垣真実『日本の名酒』新潮社、一九八四年、八一～八七・二〇五～二〇六頁を参照)。
(33) 大野醤油の産地は石川県大野(石川県石川郡自治協会編『石川県石川郡誌』石川県公民館協議会、一九二七年、復刻版一九七〇

年、五二八～五三二頁）、辰（龍）野醤油の産地は兵庫県龍野（長谷川彰『近世特産物流通史論—龍野醤油と幕藩制市場—』柏書房、一九九三年）と考えられる。また、旭は富山県西礪波郡の旭醤油会社の醤油銘柄、太陽は富山県福野町の北一醤油会社の醤油銘柄と思われる（大正一〇年版『日本全国商工人名録』〈商工社〉富山県の部より）。

(34) 前掲注(21)渋谷編書、一一一頁、前掲注(23)渋谷編『都道府県別資産家地主総覧 富山・石川・福井編』三二五頁。

(35) 前掲注(8)由井・浅野編、第五巻、三〇四頁、第一五巻、三八一頁。

(36) 各年度「諸方書出し一集」（宮林家文書M—九・一〇・一八）。いずれも一枚物史料が束になったもので、一八七九年のみ書簡束（宮林家文書M—五一・二四）に混在。

(37) 前掲注(21)渋谷編書、一一一頁、前掲注(23)渋谷編『都道府県別資産家地主総覧 富山・石川・福井編』三二五頁、前掲注(8)由井・浅野編、第五巻、三〇四頁。

(38) 青柳精一『診療報酬の歴史』（思文閣出版、一九九六年）を参照。

(39) 日本では、一八七七（明治一〇）・八一・九〇年に東京で第一～三回、九五年に京都で第四回、一九〇三年に大阪で第五回の内国勧業博覧会が開催され、第一回から順に、約四五万人、約八二万人、約一〇二万人、約一一四万人、約四三五万人の入場者を集めた（吉見俊哉『博覧会の政治学—まなざしの近代—』中央公論社、一九九二年、一二七頁）。なお、以下の記述は、中西聡『旅文化と物流—近代日本の輸送体系と空間認識—』（日本経済評論社、二〇一六年）四二～四五頁を参照。

(40) 以下の記述は、齊藤俊彦『人力車』（産業技術センター、一九七九年）第二～四章を参照。

(41) 大塚力『「食」の近代史』（教育社、一九七九年）四一～四四頁、および秋山照子『近世から近代における儀礼と供応食の構造—讃岐地域の庄屋文書の分析を通して—』（美巧社、二〇一一年）を参照。

(42) 元治元年「大心院釈安諦居士法会招客献立記」（宮林家文書K—一九）。

(43) 明治二五年「大悟院安祥詳信士法会布施並招客献立記」（宮林家文書K—七三）。

(44) 昭和四年「病気費用控帳」（宮林家文書K—五）。

(45) 宮林家には、一八七九年六月二三日～九月二七日の約三ヵ月間に宮林家に到着した約七〇通の書簡が残され、そのすべてにコレラ流行に関する情報や対処法が記されていた。その多くは、宮林家所有船の船頭から当主に宛てたものや当時金沢に滞在していた当主と本宅の番頭とのやりとりであった（二谷智子「一八七九年コレラ流行時の有力船主による防疫活動」『社会経済史学』七五

—三、二〇〇九年)。

(46) 明治一二年「(書簡)」(宮林家文書M—五一)。

(47) 同右。

(48) 宮林家には、当主彦九郎が知人に宛てた手紙(一八七九年八月一四日宛)の下書きが残されており、それには放生津の薬店では石炭酸水が売り切れのため、石炭酸を購入したいが、素人へは販売できないことになっているので、当地薬店の古野喜平方を調合方にして購入したい旨記されていた。また覚太郎から宮林宛の一八七九年八月一五日の書簡には、予防薬が入用な場合はいつでも知らせてくれればすぐに送る旨が記されていた。

(49) 明治一二年七月三一日付「書簡」(宮林家文書M—五一に含まれる)。

(50) 明治二五年「父彦九郎病死ニ付新湊町貧救人江施与米壱件」(宮林家文書K—九二)。

(51) 前掲注(1)中西書、三五五頁の表六—一五を参照。

第四章　大阪府有力肥料商の消費生活
――廣海惣太郎家の事例――

はじめに

本章では、大阪府南部の貝塚町の有力肥料商であった廣海惣太郎家の消費生活を検討する。はじめに、商家の消費生活を検討する際の留意点にふれておきたい。近代日本の商家の多くは、会社形態をとらずに個人経営形態で行われており、店主から給金をもらっていた店員であっても、その生活費の多くを店主が立て替えたり、店主家族と店員が共用したりしていた(1)。例えば、商家が飯米を購入する場合、店主家族用と店員用を区別して購入するのではなく、まとめて購入され、それが共用されたため、明確には店員の生活費が区別できない側面があった。むろん、店主が購入した飯米を店員が食した場合、その対価を給料から飯米代として便宜的に差し引く操作は行われており、帳簿上は区別することは可能であったが、実態としてはどんぶり勘定になりやすかった。

その点では、商家経営のコストとしての営業費という概念は当初はそれほどはっきりしなかったが、明治政府が一八八〇年代後半から所得税を徴収するようになると、商家の店主も、自らの家の所得を明確にする必要に迫られ、家計と営業を分離するようになった。それゆえ多くの商家で、一八八〇年代後半に帳簿体系の整備が行われるとともに、それ以降家事費と営業費が区別され、家計が意識されるに至った(2)。もっとも、すぐに明確に分離するのは難しく、例えば店主（当主）の日常的な出費を、営業費として把握するか、家事費として把握するかは、実際にはなかなか難しく、廣海家の場合も、一八八六（明治一九）年から支出帳簿体系が整備されて、家事費・営業費・諸税・修繕費に分離されるようになったものの、当初は、その項目の入れ替えなどがあり、試行錯誤が続いた。(3)

営業部門が、会社として法人化され、当主家族もこうした家業会社に雇用される形態をとったり、家業会社から利益配当を受け取る形になれば、家計と営業の分離は客観的になるが、廣海家は最後まで肥料商部門の法人化をしなかったため、家事費と営業費のあいまいな部分は残り続けた。その点を考慮して、家計支出を検討する必要がある。

今一つ廣海家の家計帳簿の限界として、小売商から「付け」で購入した部分の支払いが、節季ごとにまとめて行われ、その際に家計帳簿には金額のみ記されたため、「付け」で購入したものの内容が不明なことがある。(4)前章の宮林家の家計帳簿もその面はあったが、宮林家には、小売商が「付け」で販売した代金を回収した際に購入者に渡す「通帳」が多数残されていたため、その内容が判明したが、廣海家には「通帳」はほとんど残されていないため、家計帳簿に内容が記された現金での支出内容しか判明しない。そのため、本章の消費生活の検討は、衣食品に関する日常的な購入の検討よりも、やや金額が大きく、その都度現金で支払いが行われた内容についての検討となる。

本論に入る前に廣海家の歴史を概観する。(5)廣海惣太郎家は、一八三五（天保六）年に開業した和泉国貝塚浦の廻船問屋で、近世期は主に北国から和船業者が運んできた米穀を扱っていた。その後、近代期になり廃藩置県で米穀流通が大きく転換し、その混乱を米穀取引から肥料取引へ転換することで乗り切った廣海家は、大阪府貝塚町を代表する肥料商となった。廣海家が扱った肥料は北海道産魚肥が中心で、二〇世紀になると店員を直接北海道へ派遣して魚肥を買い付けるなど商業経営を積極的に展開しようとしたものの、産地からの直接買付はコスト高のため、一九一四（大正三）年を最後に止めて、以後は主に大阪・兵庫の肥料商から魚肥・大豆粕肥料などを仕入れたり、人造肥料メーカーの多木製肥所と特約を結んで多木肥料を仕入れたりして、それらを貝塚の後背地農村に販売した。肥料商業では利益が安定しなかった廣海家は、別の収益源を求めて積極的に株式投資を進めて、二〇世紀に入ると商業利益よりも株式配当収入がかなり上回るようになった。

廣海家の収入規模は、一九世紀末頃は年間数千円程度で、一九〇〇年代に年間一万円を超えるようになり、第一次世界大戦期に急速に株式投資を進めたことで、二〇年代は年間五万〜六万円を上げるようになった。その後昭和恐慌期に株式を売却して株式配当収入が若干減少したため、三〇年代の収入額は年間四万〜五万円程度となった。

廣海家の家系をみると、幕末期の当主二代惣太郎が比較的若くして一八七八年に亡くなり、後を継いだ三代惣太郎には、五名の娘がいてそれぞれ大阪府や奈良県の有力者の家に嫁いだが、成人した男子は後の四代惣太郎のみで、一九〇一年に三代惣太郎は四代惣太郎に家督を譲った。四代惣太郎は第二次世界大戦後まで存命で、本章が対象とする廣海家は、二〜四代惣太郎にかけての時代である。そして四代惣太郎は、一九〇六年以降地元貝塚銀行の頭取を長期にわたり務め、一七年に貝塚町会議員に当選して、貝塚町の政界・財界で活躍した。また店員や使用人の数は、時期によってばらつきがあるが、おおむね店員が七〜八名前後、使用人も七〜八名前後であった(6)。

一　廣海惣太郎家の近代前期の家計支出

本節では、廣海惣太郎家の近代前期の消費生活を検討する。前述のように幕末維新期の廣海家には「(金銀)入払帳」「小(諸)払帳」が残され、日々の細かい支出が判明するが、帳簿上は家と店の支出が未分離のため、これらの帳面に記された購入品が、家と店のどちらで消費されたかは不明である。また「(金銀)入払帳」「小(諸)払帳」には二～三ヵ月毎に「節季（小）払〆高」として金額表示があり、小売商から「付け」で購入した商品は、期末ごとに清算されていた。その場合、金額表示のみで内容は不明である。まず幕末開港後の一八六六（慶応二）年の状況を表39で検討する。船来品はこの表に登場しなかったが、薪・酒・油などまとめ買いが可能なもののほかに、わらじ・草履・下駄などの履物や、扇子・猪口・櫛などの小道具も現金払いで購入されていた。この年の「小払帳」では「小払〆高」の項目は六回挙げられ、その合計は銀五二貫九六六匁であり、たばこなど生活必需品以外の購入もかなりみられた。一八六六年の「小払帳」には「御主人大坂行」・「大坂行飛脚賃」・「店儀助大坂行小遣」など大坂との直接的な交流を示す項目が二五項目みられ、特に四月一七日には「若旦那入用大坂ニ而買物代」として銀三九匁三分七厘が記された。この背景には廣海家の大坂との取引が最幕末期に拡大したことがあり、一八五九（安政六）年時点で廣海家は貝塚湊で和船業者から魚肥を引き受け、その大部分を貝塚の仲買商に販売していたが、六二（文久二）年以降大坂の肥料仲買商への販売が増大し、六六年の魚肥販売量の約一五％が大坂の肥料仲買商への販売であった(7)。

近代に入ると、若干文明開化の影響が垣間見られ、一八七五（明治八）年の「入払帳」には、牛肉・銀瓶など船来関係の商品の購入が記された。ただしそれらはごく少量で、大部分は近世来の商品の購入であった（表39）。呉服・たばこの購入は一八六六年と同様にみられたが全体として目立つほどではなく、呉服代は主に三井と林喜助へ支払われた。その他頻繁にみられた支出として薬代があり、それには「山田先生薬料」・「新川先生薬料」のように医者に処方してもらった薬代と、「解毒丸代」のように店舗で購入した薬代が記された。「節季（小）払〆高」は六回挙げられ、それらの合計は約二八〇円と銭二五九一貫文で、同年の日用品などの購入のなかでかなりの比重を示した。大阪との交流も一八六六年と同様にみられたが、大阪買物代としての記載は一回のみで、「忠平大坂買物代」となっており、店の手代を大阪に出張させた時に大阪で買物をさせたと考えられる。大阪のみでなく一八七五年の「入払帳」には、

表39　1866･75･86年廣海家買物一覧

月	品目
1866年	(単位:銀匁)
1月	附木1本(13.0),こたつ(4.0),扇子10箱(18.6),薪32俵(600.0),線香(0.5)
2月	木綿10反(405.0),松の木1本･さつき1本(268.2),炭29俵(1,187.5),呉服当年分(3,000.0)
3月	傘30本(405.0),樟脳(0.5),半切2,000枚(307.5),鳥(12.0),わらじ52足(18.72),合羽2反(12.76),柳合利(149.1),酒呑猪口(19.5),櫛(38.16),はいふき27個(9.0),あなご(15.2)
4月	糸(3.0),ふき5包(4.0),竹の子1貫550目(8.52),筆121本ほか(103.2),大坂買物代(39.37),碇1丁(153.0),扇子1本(6.6),餅(1.0),茶20斤半(71.5),縄(36.0)
5月	呉服当年分(1,000.0),針(2.5),すべり板(28.0),えんどう豆･空豆(46.9),酒(2.0),海苔(2.5),草履55足(19.8),合利6つ(30.2),小麦2石(800.0),木綿1反(48.0),かしわ餅他(1.5)
6月	海苔(1.5),呉服3反(416.3),硯箱(170.4),下駄(33.2),炭50俵ほか(2,316.0),茄子(43.3),たばこ(97.5),胡瓜83本(6.64)
7月	西瓜(21.9),算盤本1冊(8.21),どじょう(7.0),縄(28.2),草鞋20足(7.2),茄子(8.17),素麺2箱(330.0),炭俵5つ(2.9),空豆5斗(229.0),鳥(15.37),海苔(1.0),墨1丁(4.2)
8月	たばこ50斤(410.6),附木(9.0),提灯4張(64.0),松茸(12.9),しらす(8.0)
9月	下駄(33.6),たばこ25斤(37.9),実綿17貫800目(1,602.0),植木(5.0),煮干1斗(57.0),鰯(2.0),さつまいも(26.66)
10月	小鳥3つ(6.9),傘14本(197.58),干鰯1斗･煮干1斗(90.0),算盤(5.0),大根･かぶら(48.8),さつまいも(7.0),縮緬1反(555.0),たばこ入(397.5),羽織1反･秩父織2反(1,208.6)
11月	鳥(36.9),かぶら(34.0),苫200反(820.0),薪96斤(1,483.0)
12月	かぶら大根20箱(1,100.0),砂糖12斤(168.0),草履20足(10.0),白酒(50.0),空豆(240.0),白木綿5反(311.5),身欠鯡1本(396.6),秋田米10俵(2,415.0),加賀白米12俵(3, 875.0)
1875年	(単位:円,銭は貫文)
1月	奈良漬け(銭3.0),うどん(銭0.885),牛肉(銭2.4)
2月	大根(3.71),薬種(7.25),のり(銭0.1)
3月	薬種(1.19,銭7.0),菓子(0.06),柴(銭1.75),鰯(銭1.6),空豆(0.23),油(22.13)
4月	草履10足(銭0.55),小糸･粕(0.1),竹の子(0.1),花(銭0.15),薬(7.8)
5月	箒2本(0.25)
6月	豆(銭0.811),薬(銭15.0),手拭10反(5.0),呉服(3.5),薬(4.1)
7月	豆(銭1.05),解毒丸(銭0.3),蠟燭30斤(3.0),茄子(銭2.598),鰯(銭0.35),呉服(1.0),筆(0.06),薬(銭2.0),印手拭480本(24.94)
8月	どじょう(銭1.5),薬(0.06),渋3升(銭1.5),薪152斤半(31.72),呉服(4.56),薬(4.2)
9月	薬(1.5,銭0.7),焼餅(銭0.6),大阪買物代(1.98),白木綿･縞木綿(8.6),蒟蒻6箱(銭4.8),銀瓶1つ(0.5),たばこ17玉(銭24.0)
10月	肴(2.91),丸薬(0.09),帳紙(11.12),薬(2.1,銭3.3),富山薬料(0.94),たばこ(2.0),呉服(2.05)
11月	大根(銭4.2),牛肉(銭3.7),呉服(1.5),竿竹6本(銭1.5),干鰯(銭10.5),面皮･縄(1.5),煎干20杯(銭14.4),芋(銭4.412),かぶら(銭4.8)
12月	白墨(銭0.1),大根(銭2.96),かぶら(銭4.9),縄(銭28.55),チンギ(2.85),丸薬(0.1,銭6.0),鰆(銭1.8),煎餅(銭2.3),牛肉(0.2),実綿2本(7.35),針金(銭12.22),肴(12.85),足袋(0.16)
1886年	(単位:円)
1月	葉書･切手(2.5),給仕箱(2.35),旅鏡台(0.4),香物大根(2.316),遠眼鏡(0.35),味噌糀2斗(1.0),縞2反･双子織1反(1.79),琴糸(1.6),大阪買物代(3.34),石灯籠･具足(2.0)

2月	縄66貫目(1.275), 切手(1.0), 葉書(1.0), 呉服(2.0), 薬(3.96), 相場・新聞(1.0)
3月	切手(2.0), 灰2袋(0.036), 花籠(1.5), 道具(25.57), 書幅(0.5), 植木5本(0.08), 花器(4.2), 薬(1.0), 大阪買物代(18.775), 砂糖166斤(10.04)
4月	干鰈(0.867), 煙草9貫500目(11.2), 半紙1〆(1.2), 石油1函(1.9), しもやけ薬(2.3), 傘1本(0.15), 葉書(1.0), 縄25貫400目(0.32), 呉服(9.57), 道具(5.6), 薬(7.01), 藤樹1株(0.05)
5月	道具(35.48), 計次(0.9), 男帯(0.18), 大阪買物代(4.9), 火鉢2つ(5.5), 切手(1.5)
6月	大豆3升(0.15), 植木(1.713), 呉服(7.15), 縄(0.58), 買物代(3.29), 足袋5足(0.65), サンゴ珠玉(4.2), 葉書(0.5), 切手(1.0), 蚊ヤリ(0.135), 薬(3.85)
7月	肴(0.345), 麹6升(0.275), 葉書(1.0), 予防薬(0.2), 傘20本(2.4), 空豆3斗(1.08), なすび(0.058), 切手(2.0), ギヤマン徳利(0.2), 道具(3.65), 手形紙(0.25)
8月	柴(0.06), 大阪買物代(1.28), 三条公額面(8.0), 薬(7.24), 花(0.073), 呉服(6.034)
9月	大阪買物代(10.48), 切手・葉書(2.0), 炭団605玉(1.0), 菊4束(0.08), 算盤3丁(0.38), 瓦(0.506), 植木(3.0), 薪25斤(5.0)
10月	印紙・葉書(2.5), 薬(6.2), 筆(0.15), 煙草12玉(1.2), 薪89斤4合(21.0), 呉服(43.07)
11月	道具(14.7), 切手・葉書(2.5), チンギ25貫目(2.75), 小間物(0.3), 学校用洋服(15.0), 五升釜(0.25), ランプホヤ(0.14)
12月	印手拭30反(12.16), 葉書(1.0), 呉服(9.978), 薪125斤(2.0), 薬(6.4), 香物大根9丁半(3.04), 帳紙(10.0)

(出所)慶応2・明治19年「小払帳」, 明治8年「入払帳」(以上, 廣海家文書A067・K072・A146)より作成.

(注)日々のこまごまとした支出のうち, 日用品等の購入の分を示した. 品名の後ろの括弧書は価額. 近い日付で同じ品名がでてきた場合はまとめて価額を示した(表41も同じ).

「源蔵河内行渡」・「富田林行善八渡」・「久吉堺行入用」・「利平高名行入用」など各地域へ店員が派遣され、その都度旅費が渡された。そして大阪との交通は、「主人大坂行人力車賃」とあり、主人の場合は人力車が利用されていた。

一八八〇年代前半の松方デフレ期は廣海家の商業経営も苦しかったが、それを乗り切った後の八六年の状況を検討する（表39）。この年も遠眼鏡・新聞・ギヤマン徳利・ランプホヤなどの購入に文明開化の影響がみられたが、量的には少なく、購入した日用品のほとんどが近世来の商品であった。ただし砂糖の購入量は、一八六六年の一二斤に比べて一六六斤とかなり増大した。また廣海家の子弟が学校に通い始めたと思われ[8]、一八八六年の「小払帳」には四月から五人分の学校授業料一ヵ月一九銭が毎月記録され、学校用制服が購入された。学校制度をきっかけに廣海家も制服を購入することとなったが、通常の衣類として呉服の購入（主に三越）は頻繁に行われ、日常生活ではまだ和服が中心であったと考えられる。

薬代も頻繁に登場したが、店舗で購入した薬代はみられず、医者から処方された薬代に限られた。それに代わり「お貞大坂病院行入用」・「コレラ病避病院協議神費共」など病院に関する支出がみられた。「節季払〆高」は、一八八六年の「小払帳」でも六回記され、その合計は約四二七円で、やはり同年の日用品などの購入のなかでかなりの比重を占めた。なお、一八八六年以降は「小払帳」の合計金額が末尾に集計され、内訳がある程度示された。一八八六年は合計約二〇四六円のうち約九六一円が商業の営業費、約一六六円が地租・営業税などの税金、約九一九円が台所用であった。

合計金額は「節季払〆高」ほどではないが、「大坂買物代」も一八八六年の「小払帳」に毎月のように記された。これは店員を大阪に派遣した際に、前もってお金を渡して大阪で様々な買物をさせたことを示しており、その内容を表40で示した。一八八二〜八九年に店員が大阪で購入したものは、「小払帳」の内容とはかなり異なり、舶来品が数多くみられた。これらの消費主体が家か店かあるいは贈答品かは不明であるが、廣海家は日用品の購買行動において、貝塚と大阪で使い分けをしていたと考えられる。

第一章で示したように、大阪府では一八八〇年代前半に舶来品を扱った小売商は大阪四区に集中しており、大阪府南部の旧和泉国地域では、貝塚はむろんのこと、区部の堺ですらほとんどみられなかった(表5)。廣海家は一八八〇年代前半に肥料市場の流動化のなかで大阪・兵庫との取引を拡大しており、商売上の必要から大阪・兵庫へ頻繁に店員を派遣していた。例えば、一八八一年には、萬助を兵庫へ三回、三重・愛知県へ一回出張させ、翌八二年には、忠平を大阪・兵庫へ三回、久吉を大阪・兵庫へ三回、米吉を兵庫へ二回出張させ、さらに翌八三年には、米吉を大阪・兵庫へ一九回と堺へ三回出張させた(9)。こうした商家としての特徴をいかして、舶来品の購買行動を行っていたといえる。なお、表39と表40を比べると、廣海家店員が前もって受け取った「大阪買物代金」と実際に大阪で購入した

表40　廣海家店員による大阪買物一覧

(単位:円)

年	品目
1882	白フランネル5尺5寸(2.76),赤フランネル2尺(0.9),足袋多数(3.45),算盤(0.5),バルサン(0.23),半切4,000枚(4.66),靴2足(1.0),ガマ筵10反ほか(6.1),セーローフカン油1函(0.65),煙草(0.2),木筆60本(0.6),ゴム木筆・字消し(0.7),西洋紙60枚(0.12),雪駄5足(0.81),三味線糸(0.3),ヒゲソリ(0.15)
1883	バケツ2つ(1.4),かむり傘1つ(0.36),印ズミ7丁(0.16),ボウシ掛け6つ・ヨナ入1つ(0.14),よしず2枚(0.8)
1884	下駄2つ(0.11),洋紙15枚(0.15),洋傘3本(0.22),サスガ1本(0.05),字ツキ5本(0.075),靴1足(0.42)
1885	靴1足(0.35),下駄1足(0.13),半切1,000枚(0.42),丸髷2つ(0.36),瀬戸物(0.2),丁子香おしろい(0.2),画用紙20枚(0.34),元鋏(0.355),フ箱1つ(0.15),筒筆刺し(0.04),薪・手水・手桶(0.3),楊枝3本(0.045),硯石2つ(0.96),時雨表2枚(0.135),鋏3丁(0.3),釘刺し2個(0.9),足袋5足(0.65),煙草入れ(1.77)
1886	鹿子5尺(1.51),本函1つ(0.4),木鋏1丁(0.4),ジタンランプ台1つ(0.5),コタツ2つ(0.56),足袋3足(0.4),矢倉コタツ5つ(1.2),髷の形2つ外(0.23),下駄1つ(0.5),ハケ1つ(0.13),半切3,000枚(1.795),笹巻ずし(2.0),銅シャク1本(0.08),煙草8貫目(10.0),石油1箱(1.9)
1887	丸髷の形(0.15),熨斗紙(0.2),ヘアピン3ダース外(0.72),罫紙300枚(0.165),煙草(0.2),西洋手帳(0.18),靴下ゴム(0.08)
1888	パイプシガレート入(2.65),銀時計1個(25.0),時計紐(1.1),煙草7貫目(9.6),運動靴1足(0.85),郵便切手(8.0),はがき(0.02),ガラス玉2個(0.7),糸巻20(0.04),草履(0.02),陶器(0.43),出刃刀(0.21),鏡4面(0.42),尺度2本(0.02),鏡立2つ(0.22),米箱(0.5),硯(0.14),机2脚ほか7品(3.4),火斗(0.17),桶5つ・柄杓2本(0.65),藍2つ・切わら(0.05),薪炭(0.44),金網(0.06),釣瓶縄外庭箒(0.17),陶器弁当2つほか7品(0.34),牛肉店行2人分(0.25),ランプ(0.11),箸2つ・箸箱2つ(0.06),マッチ13(0.26),竈箒ほか1品(0.04),風呂敷(0.16),書物6冊(0.68),金子先生進物(0.25),油入ほか3品(0.17),ゴールデンタクワン(0.28),巻煙草(0.96),足袋53足(6.6),櫃3つ(0.9),絣1反(1.22),煙草(0.6),フランネル6尺半(3.5),ネルバッチ1足(1.275),ヨナ掃1つ(0.03),毛糸9オンス(0.765),元緒100包(0.14),手帳1冊(0.1),靴下2足(0.11),下駄1足(0.3),伏袋1,000枚(0.43)
1889	算盤3丁(0.81),下駄箱3つ(0.92),煙草インキ(0.2),蝙蝠傘3本(2.85),止敷4枚(2.4),傘6本(1.53),下駄4足(0.68),燈籠台(0.17),スコット記章(0.65),釣瓶鎖2組(0.37),本(1.0),スコートニウクツ(0.68),燈籠瓦1つ(0.07),チリセンクリ(3.5),釣瓶1組(0.55),郵便切手(0.3),爪楊枝・房楊枝(0.2),靴(0.8),蚊帳吊り具4口(0.415),傘(0.62),皮枕4つ(1.0),シャップ代(0.1),時計代(0.1),靴下(0.045),牛肉店・寿司代(0.23),牛肉(0.26),ハサミ(0.02),水こぼし(0.2),キセル(0.1),急須(0.07),鉄瓶(0.55),茶瓶2つ(0.74),折熨斗(0.13)

(出所)明治14年「他所行入費帳」(廣海家文書Q080)より作成.

(注)同じ商品で同じ年に購入したものはまとめて示した.品目の後ろの括弧書は価格.

品物の代金が一致していない。貝塚の廣海家が大阪の船来品小売価格を完全に把握できるはずはないので、差額が出るのはやむを得ないが、この差額分は店員が「大阪行入用」として前もって渡された交通費などの差額分と合わせて貝塚に戻った後に清算された。「他所行入費帳」には、店員が出張に際して支出した交通費の支払いも記されており、貝塚―大阪間は人力車（堺―大阪間は馬車の場合あり）、大阪―兵庫間は鉄道が利用された。そして一八八一年末～八二年初頭に店員が三重・愛知県に出張した際には、行きは汽船（社寮丸）で神戸から四日市に入り（下等運賃四円）、名古屋・半田・亀崎を人力車で回り、帰りは四日市から草津まで人力車で戻り、草津―大津間は船（上等運賃五銭）、大津―大阪間は鉄道（運賃五五銭）を利用していた。

一八九〇年代に入ると「小払帳」（九一年より「諸払帳」）の内容がかなり変化した。表41をみよう。一八九五年には、「大阪買物代」の記載はほとんどなくなり、鞄・パイプ・洋燈台・マッチなどの船来品購入が多数みられた。これらの船来品は「時計直し代」や「蝙蝠傘張替」などの記載もあったので、廣海家が日常生活のなかで使用したと考えられる。衣類では呉服の購入は依然としてみられたが、帽子・マントなど洋装品や金巾（貝塚織布会社産か）の購入もみられ、食生活でも鶏卵や牛乳が食された。そして『東京日日新聞』と『毎日新聞』を購読した。学校の授業料としてこの年は娘二人分毎月三五銭を支払ったが、店員の子弟への学校授業料の支払いはなく、第二章の盛田家の事例と同様に、義務教育制度の定着とともに、当主が店員の子弟の授業料を負担することはなくなったと考えられる。薬代は依然として頻繁に登場したが、医者に処方してもらった薬代が中心で、「大阪病院行持金」のように病院に入院した患者の費用を持参したことも記載された。

「大阪買物代」の項がなくなったのは、店員の大阪出張が減ったからではなく、それまで大阪でしか購入できなかった船来品を貝塚でも購入できるようになったからと思われる。一八九五年分だけでも計二五回店員を大阪・兵庫に

表41　1895年廣海家買物一覧

(単位:円)

月	品目
1月	糀(1.48), 赤十字社雑誌13冊(0.65), 八百宇(0.044), 箪笥1棹(6.0), フンゴ1個(1.1), 桐火鉢4個(12.5), 鞄1個(3.27), 紺色帽子1個(3.0), 婦人用鞄1個(2.0), 琥珀パイプ1個(1.5), 葉書(1.0), 莨10袋(3.0)
2月	洋燈台3個及錦絵3組(1.37), 巻莨2個(0.08), 薪80斤(23.0), 纏頭袋220枚(0.3), 花(0.02), 歯磨1袋(0.04), 蛤具香合1個(0.35), 榎本中将書幅(6.0), 生花用花留器(0.35), 薄茶及煙草入金物(1.8), 縄24貫600目(0.985), 薬(4.305), 雨傘50本(6.7)
3月	酒糟(0.018), 砂糖2丁(14.0), 白唐紙48枚(0.45), 雀13羽(0.36), 卵355匁(0.282), 葉書(1.0), マッチ100箱(1.4), チリ仙花4束(3.1), 封箱1個(0.25), 輪燈1対(2.75), 東京日々新聞半年分(3.03), 小間筆(0.2), 絹糸(1.35)
4月	歯磨・巻煙草(0.22), 小説本(0.4), 海堂2株(0.15), 薬種(0.71), 切手(1.5), 蒸茶半斤半(1.7), 呉服(21.06), 産麿画賛幅物(1.5), 薬(6.85)
5月	西京買物代(10.51), 鶏卵(0.9), 牛乳乾製1罐(0.4), 葉書(1.0), 纏頭袋50枚(0.15), 鳩10羽(2.21), 金縁眼鏡(10.2), 空気洋燈傘(0.26), 尿瓶1個(0.5), 蜜柑空箱5個(0.125)
6月	鶏卵(0.54), 琴糸(1.8), 煙草60玉(9.45), 大豆(1.4), 呉服(21.335), 小間物(19.21), 猪口30個(0.7), 薬(8.75)
7月	薪120斤(32.4), 呉服(5.0), 畳4枚・戸襖2枚(3.0), 薬(3.97), 畳6枚(5.0), 金巾(貝塚織布会社)3反(4.9), 箒4本(0.43), 鶏卵(0.45), 琴糸(0.75), 牛乳2合(0.05)
8月	新井白石幅(6.5), 切炭7俵(1.5), 台所用品5点(2.56), 葉書(1.0), 茶碗20個(3.5), 小間物(1.195), 帳面用紙(10.668), 呉服(8.495), 茶(1.2), 子供車1基(2.8), 薬(7.38), 毎日新聞2ケ月分(0.56)
9月	ポチ袋400枚(0.88), 絹糸(1.7), 炭団1,200(1.2), 葉書(1.0), 呉服(16.0), 薬(1.5), 渋2升(0.06), 小間物(0.25), 花籠1個(0.85), 鶏卵(0.55), 炭取籠1個(0.8), 赤画茶碗9人分(1.35)
10月	鶏卵(0.61), 切手・葉書(2.0), 呉服(59.375), 大阪兵庫行買物代(2.07), 切手(8.0), 廉紙1〆(0.37), 桶(0.45), 植木鉢2個(0.68), (売)薬(0.81), 煙草2袋(0.6), 茶1斤(0.9), 小間物(2.2), 薬(5.65)
11月	葉書(1.0), 切手(0.5), 大根(0.4), 巻煙草(1.0), 炭59(18.25), 煙草107個(10.93), 盆栽(1.95), 植木(0.35), 古天幕6張(18.0), 独逸マント2つ(34.0), ハンカチ(2.5), 小豆1斗5升(2.025), サクラ木(0.6), 楓1本(0.55), セン檀木1本(0.1), 麹1斗(0.81), 小説本3冊(0.27), 毎日新聞11月分(0.28)
12月	電信切手(5.0), 昔はなし(0.15), 煎鰯1籠(1.03), 茶碗20個本箱共(1.75), 葉書(1.0), マッチ1箱(3.5), 墨大形10丁(0.875), 明俵56枚(2.32), 年始状200枚(2.0), 神花立1個及ヒフ綛1組(0.68), 牛肉200匁(0.3), 縄27貫目(1.454), 呉服(10.03), 卵(0.35), 薬(7.41)

(出所)明治24年「諸払帳」(廣海家文書L 231)より作成.

出張させ、「店安平大阪行入用」として交通費は手渡された。また「節季払〆高」は同年分で六回にわたり合計約七五九円が計上され、その内訳は商業用が約三七一円、台所用が約三六四円、修繕用が約二四円であった。商業用は店の営業に必要な支払い、台所用は日常生活に必要な支払い、修繕用は建物などの修繕に必要な支払いを示すと考えられる。そしてこの年も「諸払帳」の年度末に合計金額とその内訳が記されている。すなわち合計支出額約二九一四円のうち約一三五一円が商売の営業費、約一四二円が地租・地方税・営業税などの税金、建物の修繕費が約七七円、そして約一三四五円が台所用（家事費）とされた(10)。

二　廣海家の営業費からみる店員の生活

1　営業費と家事費

前節で検討した幕末維新期の廣海家の支出構造からわかるように、廣海家では家と店の支出が未分離で、店員の日常生活に関わる支出も廣海家が店員に代わって行っていた。二〇世紀に入ると、店の支出と家の支出が分離され始め、店員の日常生活に関わる支出は営業費のなかから支出されるに至った。そこで本節は、家計支出一般から営業費が分離された後の営業費を検討することで、廣海家店員の消費生活を明らかにしたい。表42をみよう。前述のように一八八六（明治一九）年以降の「小（諸）払帳」は各年度の末尾にその年度の合計支出額が集計され、内訳が営業費・家事費・諸税・修繕費に分類されるようになる。そこで、それ以降の各年度の合計支出額とその内訳を示した。

「小（諸）払帳」の支出合計は、一八八六年の二〇四六円から一九一八（大正七）年まで短期的な増減はあるものの、趨勢としては徐々に増加した。一九一八〜一九年に第一次世界大戦末期の大戦ブームによる物価上昇で一挙に急増し、

1934	3,936	25.6	10,853	70.6	4,746	30.9	1,464	9.5	15,352
1935	2,757	17.8	9,425	61.0	5,265	34.1	3,244	21.0	15,426
1936	2,935	13.9	17,661	83.9	5,699	27.0	1,231	5.8	21,046
1937	3,190	16.9	14,817	78.9	8,193	43.6	764	4.0	18,770

(出所)各年度「小払帳」「諸払帳」(以上,廣海家文書)より作成.
(注)営業費の項目は,1886~1909年は商業費とされた.1901~09年は営業費に諸税が含まれていたので,営業費から諸税項目を分離して集計し直して示した.なお,1937年欄は1~6月の合計値である.1)修繕費を含む.

二〇年代は約三万円台、三〇年代は約一万五〇〇〇〜二万円の間を推移した。家事費は一八八七年の一一七一円から一九三六（昭和一一）年の一万七六六一円と約一五倍に膨らんだが、営業費は一八八七年の五九六円から一九三六年の二九三五円と約五倍の増加に止まり、営業費より家事費の増加率が大きかった。営業費には家事費への計上が適当と思われる費目が当初はかなり混在していたが、次第に整理されて営業費から除かれて家事費に算入されたため、営業費より家事費の増加率が大きくなったと考えられる。家事費の増減は、家族構成員の誕生、病気、死亡、結婚など不確定要因に左右され、その際の臨時出費は金額的にかなり大きかった。内訳の構成比では、一八八七〜一九〇五年は、家事費が営業費の約一〜一・五倍、〇六〜一八年は約一・五〜二倍強、一九〜三六年は約二〜九倍強の金額を示した。営業費は、一九〇七年に二二九九円を計上した後は、大戦ブーム期の一八〜二〇年を除いてほぼ二〇〇〇〜三〇〇〇円台を維持したが、家事費は大戦ブーム期から増加し続けて、二〇〜三一年は約一万〜三万二〇〇〇円余を推移した。また廣海家の貸家業経費である（貸家）修繕費は、一八九五年まで比較的小額に止まっていたが、一九〇一年時点では四二七円と増大しており、特に一九年以降は一〇〇〇円を超える修繕を頻繁に行い、二四年には七〇〇九円と巨額の修繕費を計上した。

　諸税の推移に注目すると、一八八六〜九五年は一一五〜一八三円を推移したが、一九〇〇年代にほぼ毎年増加し、一七年に少し減額したが、二一年に三八〇六円、二三年には一万九〇二七円と急増し、支出合計の約半分を占めた。その後、税額は株式売却を行った一九三〇

表 42　廣海家「諸(小)払帳」内訳一覧　(単位:円)

年	営業費	比率(%)	家事費	比率(%)	諸税	比率(%)	修繕費	比率(%)	合計
1886	[1)]961	46.9	919	44.8	166	8.0			2,046
1887	596	30.3	1,171	59.6	183	9.1	12	0.6	1,963
1888	714	40.1	834	46.9	180	10.0	47	2.5	1,775
1889	810	43.6	857	46.2	160	8.5	27	1.4	1,854
1890	814	36.6	1,171	52.7	115	5.1	122	5.4	2,222
1891	822	23.4	2,394	68.2	139	3.8	151	4.3	3,507
1892	931	40.5	1,143	49.8	143	6.2	77	3.3	2,294
1893	1,057	42.1	1,235	49.2	130	5.1	87	3.4	2,509
1894	1,242	50.5	1,009	41.0	156	6.2	49	1.9	2,456
1895	1,351	46.3	1,345	46.1	142	4.7	77	2.6	2,914
1901	1,336	31.5	2,132	50.3	292	6.9	472	11.1	4,231
1902	1,660	23.8	4,859	69.7	344	4.9	104	1.4	6,967
1903	1,402	35.7	2,032	51.7	322	8.2	167	4.2	3,922
1904	1,664	36.5	2,120	46.5	453	9.9	317	6.9	4,553
1905	1,715	36.2	2,284	48.1	514	10.8	229	4.8	4,742
1906	1,761	32.1	2,741	50.0	630	11.5	340	6.2	5,473
1907	2,299	31.3	3,624	49.4	716	9.8	685	9.3	7,325
1908	2,192	34.7	3,305	52.3	777	12.3	41	0.6	6,312
1909	2,372	31.3	4,161	54.8	845	11.1	203	2.6	7,581
1910	2,287	29.4	3,928	50.6	893	11.5	646	8.3	7,754
1911	2,253	29.3	3,992	52.0	820	10.6	603	7.8	7,668
1912	2,177	18.3	8,583	72.2	818	6.5	300	2.5	11,878
1913	2,592	27.8	5,554	59.6	818	8.7	343	3.6	9,307
1914	1,978	33.6	2,855	48.5	814	13.8	237	4.0	5,884
1915	2,056	29.0	4,023	56.8	642	9.0	357	5.0	7,078
1916	2,006	31.1	3,352	52.0	684	10.6	392	6.0	6,433
1917	2,612	35.0	4,018	53.8	654	8.7	174	2.3	7,458
1918	4,423	44.6	4,337	43.8	782	7.9	355	3.5	9,898
1919	4,005	26.4	8,479	56.0	1,337	8.8	1,317	8.6	15,138
1920	6,404	22.9	18,269	65.5	1,649	5.9	1,534	5.5	27,856
1921	2,864	16.3	10,297	59.2	3,806	21.7	503	2.8	17,471
1922	2,879	8.4	22,370	65.8	7,451	21.9	2,257	6.6	33,956
1923	2,891	7.6	14,060	36.9	19,027	50.0	2,101	5.5	38,080
1924	2,372	4.5	32,592	62.2	10,423	19.8	7,009	13.3	52,395
1925	2,093	6.7	19,065	61.6	9,162	29.6	620	2.0	30,940
1926	2,786	9.8	15,069	53.4	8,984	31.8	1,355	4.8	28,193
1927	2,908	10.3	15,238	54.1	9,333	33.1	676	2.3	28,154
1928	3,469	11.1	17,778	56.9	8,866	28.3	1,105	3.5	31,218
1929	3,321	8.9	24,249	65.3	8,448	22.7	1,111	2.9	37,129
1930	3,033	12.1	13,361	53.3	7,947	31.7	683	2.7	25,024
1931	2,996	13.0	14,757	64.0	4,456	19.0	860	4.0	18,612
1932	2,701	13.7	10,476	53.2	4,164	21.1	2,316	11.7	19,657
1933	2,965	20.5	5,950	41.2	4,186	29.0	1,313	9.1	14,414

年に七九四七円となるまで、約九〇〇〇～一万円の間を推移したが、三三年以降は、約四〇〇〇～六〇〇〇円とそれまでの約半分の水準を推移した。支出全体に占める諸税の比率は、一九二三年を除けば二一年以降は約二〇～三四％を推移し、同時期の営業費額の比率より一〇％以上も高かった。

2　営業費の動向

続いて、営業費の内容の検討に入る。表43をみよう。約五年おきに営業費の内容を項目別に集計したが、まず廣海家の主人と家族および親戚に関係した家計費的出費が、当初は混在していた営業費から除かれて整理されていく過程を押さえる。「他所行入用・買物代・宿料」は、主人または店員が米穀・肥料取引および販売に関する諸経費、例えば大阪・兵庫・堺など大阪湾岸地域や北海道への出張旅費や、岸和田・佐野・熊取など貝塚周辺地域への交通費が中心で、一八八七（明治二〇）～九五年は店員の他所行入用に併記して、しばしば「買物代」が記載された。前述のように廣海家では、店員が大阪や京都に出張した時に、貝塚で入手できない品物を店員に購入させた。ただし一九〇一年以降、店員の買物代はなくなったが、主人の買物代は二〇（大正九）年まで営業費に計上された。「主人・家族・親戚入用」をみると、主人の場合は、一八八七～一九二〇年まで簿記学校の学費、病院入院費や病院薬代、往診した医者の薬礼、床屋代、煙草代、衣料・帽子・時計・傘・靴の購入費および修理代、生命保険料、娯楽費、臨時の小遣いなど、食住関係費用を除いた様々な費用が計上されたが、徐々に整理され、二五年以降は床屋代のみが確認できる。

家族親戚入用で興味深いのは、「小遣い」である。一八九五年には当主の息子の惣十郎に月二円（八ヵ月分）の定額で、当主の甥の益十郎には二～五円の間で必要な時に「小遣い」が渡された。ただし惣十郎に対しては、当主就任が迫った一九〇一年に月五円（九ヵ月分）が渡された。また四代当主の息子の昌蔵には一九三〇（昭和五）年に月六

表 43　廣海家営業費内訳

（単位：円）

項目	1887年	1890年	1895年	1901年	1905年	1910年	1915年	1920年	1925年	1930年	1935年
他所行入用・買物代・宿料	136.2	121.4	135.1	96.3	119.1	117.5	84.0	166.3	33.3	22.3	27.5
内　店員買物代	24.3	[1]88.9	30.4								
店員入用	47.7		84.1	94.5	113.2	44.7	84.0	71.7	33.3	22.3	27.5
主人買物代	20.5					4.8		38.3			
主人入用	4.1			1.8	5.8	68.0		56.3			
宿料	39.7	32.6	20.6								
主人・家族・親戚入用	1.0	12.9	74.2	119.9	131.9	242.0	186.2	19.8	10.4	715.5	900.0
内　主人小遣・入用		10.2	1.0		60.1	3.0					
主人病院・医者・薬代		1.1				33.0		7.8			
惣十郎・益十郎・昌蔵小遣			43.0	45.0						715.0	900.0
明瀬扶助料							180.5				
髪結賃・床屋			0.2					7.9	10.4		
教育費			30.0							0.5	
修理代・修繕料	1.0	0.2		1.2		1.6	1.2	4.1			
保険支出				71.8	71.8	201.3					
親戚小遣		1.0									
娯楽		0.5		1.8		3.2	4.6				
交通費	4.4	8.4	15.8	3.0	2.9	4.3	0.8	7.5	2.7	0.9	△0.4
内　店員車賃	4.2	8.4		0.9		0.1					
主人車賃（駕籠賃を含む）				2.1		2.6		6.5			
車賃	0.3		7.9		2.1		0.8				△0.4
汽車・電車賃			7.9		0.8	1.5		1.0	2.7	0.9	
通信費	31.2	51.9	72.3	77.8	78.9	172.7	144.2	193.3	190.4	231.3	221.8

内　電信印紙・電信切手	3.6	15.0	34.2	32.3	32.6	44.4	26.0	26.0	15.0		
郵便印紙・郵便切手	15.3	21.8	26.9	25.6	26.6	31.6	34.8	55.3	35.5	51.2	40.7
郵便葉書	9.3	15.2	10.0	18.0	14.0	32.4	13.8	6.8	3.0	10.5	19.9
小包料・書留料									2.4	0.2	0.9
古切手											3.0
電信料（届賃を含む）	3.1	0.0	1.3	0.7	5.3				1.0		
電話料（交換維持料を含む）				1.3	0.5	64.3	69.6	105.3	133.5	169.4	157.3
営業関係諸費用	25.8	34.3	16.8	34.2	44.2	73.9	105.7	16.9	65.5	38.8	142.0
内　証券（収入）印紙・約束手形用紙	13.1	8.5	11.2	18.0	24.3	17.3	9.2	3.5		1.8	1.8
広告料				0.6		3.5	3.0	4.0	34.0	18.2	4.0
印刷料											81.2
諸手数料	11.2		5.7	2.5	11.3	16.6	90.6	1.4	2.9	2.8	2.8
（電信）為替料	0.1					2.4		0.8		0.3	0.1
送金・渡金		14.4				25.0					
借地料（浜地貸下料を含む）	0.5			10.3	5.3	9.2					
新聞・相場表・雑誌代	1.0	0.8		2.6	3.3	2.1	5.7	7.1	28.6	15.7	52.0
荷物運賃		10.7		0.2		2.2	0.2	0.2		0.2	
高石村共有地関係						21.6					
水光熱費				7.2			44.3	177.7	245.9	320.8	276.0
内　電灯料（準備料を含む）				7.2			44.3	177.7	204.8	189.5	188.3
ガス代									41.2	119.4	80.5
水道代											1.0
ラジオ放送料										12.0	6.3
店中入用購入	216.5	305.4	373.6	636.0	830.7	1,238.8	902.6	2,544.2	900.8	960.3	781.9
内　節季払商用	216.5	303.7	370.6	635.6	823.6	1,234.7	901.7	2,526.8	900.8	946.3	779.2
湯札			3.0			3.3		8.3			

洗濯料		1.7									
飯米料(飯米求賃を含む)					7.1						
床屋								8.0			
修理代										14.0	2.7
富山薬代				0.4		0.8	1.0	1.1			
交際費	31.3	115.0	35.6	92.1	222.4	154.8	198.0	2,353.2	292.6	190.6	178.6
内　寄付		15.0		14.0	139.8	71.7	130.9	489.6	87.3	35.9	77.0
祝儀	1.8	1.8	2.5	13.5	6.7	15.2	16.5	33.5	65.5	28.5	2.5
進物・贈答	17.0	17.5	1.5	16.1	2.2	21.7	9.0	1,537.6	13.0		
返礼・御礼	3.1	40.0	4.0	18.6	36.8	△0.5	6.5	12.0	2.0	90.0	
香典(仏事・祭事割当を含む)	0.3	4.0	0.8	3.2	5.6	4.5	18.6	127.5	67.0	22.0	20.1
報謝・賽銭		0.2	0.9	1.0	4.5	6.9	2.9	13.0	53.7	6.5	79.0
見舞・慰労金	8.1	22.1	15.0	20.8	3.3	21.9	6.0	107.9	0.2	5.0	
心附(タメ金を含む)・餞別	1.0	5.2	2.7	4.4	20.2	13.4	6.2	32.0	4.0	2.0	
接待費		9.3	8.2	0.6	3.4		1.4			0.7	
諸品買入・売却	71.1	104.9	189.2	193.6	204.9	268.1	221.4	367.2	307.2	342.4	93.3
日用賃	70.9	12.5	189.1	12.7	2.9	19.0	0.8	29.1	11.5		
団体・仲間会費，会合参加費	0.6	3.7	0.7	7.7	51.5	21.4	23.6	198.0	35.3	13.0	89.8
その他	7.4	43.2	248.0	55.6	25.4	△25.8	144.1	331.0	△2.9	197.0	46.4
合計	596.2	813.7	1,350.6	1,335.8	1,714.6	2,286.7	2,055.7	6,404.2	2,092.7	3,032.9	2,756.8

(出所)明治19年「小払帳」，明治24・34・38・43・大正4・9・13・昭和4・8年「諸払帳」(以上，廣海家文書K072・L231・L230・L232・L234・L235・J155・I044・C167・F028)より作成．
(注)無印は支出，△印は収入．保険支出は保険料支払から保険配当金収入を引いた金額を示した．1)店員他所行買物代と入用を含む．

五円、三五年に月七五円の「小遣い」が付与されていたが、この金額を長期勤続店員の月額ベースでみた給金の最高額と比較すると、三〇年時点で七円、三五年時点で二〇円高かった。「小遣い」は、必ずしも連年で営業費に計上されず、何がしか店の仕事を手伝った当主家族に付与されたと思われる。その意味で、これらの小遣いは給金としての意味合いが強かったといえよう。(11)

次に交通費と通信費に注目する。交通費は、それまでの人力車に加えて一八九五年から汽車賃が登場した。通信費は、郵便・電信の利用に加えて、一九〇一年に一・二五円と小額ながらも電話料金が計上され、一〇年になると廣海家が電話を架設したことがわかる。この変化を「宿料」の推移と合わせて考察する。一八九五年頃までは主要な店員が大阪・兵庫で活動するため、定宿に長期滞在した「宿料」が経費として計上されたが、一九〇一年以降は「宿料」は営業費にみられなくなる。丁度この頃に「汽車賃」が登場し、また電信使用料も一八九五年の約一五円から一九〇一年には三四円強に増え、新たな交通・通信手段を頻繁に利用することで、店員の大阪湾岸地域への長期出張はなくなり、同地域での用件は日帰りで済ますことが多くなったと推察できる。

電信の利用も、一九一〇年の四四円三七銭がピークで、同年に電話が架設された影響からか、一五年と二〇年の電信料は二六円、二五年には一五円と一〇年時点の三分の一まで減額し、三〇年以降は「営業費」に電信料金が登場しなくなった。これに対して電話料金（交換維持料を含む）は一九一五年の約七〇円から二五年の一三三円余へと約二倍に増え、さらに三〇年代以降は電話料金が通信費の七割以上を占めた。なお郵便切手やはがきは贈答用としても購入され、そのために約一五～五〇円と金額に幅はあるが購入され続けた。広告料は一九〇一年一月の新年恭賀新聞広告代が初出で、その後は二〇年に『南海日々新聞』（暑中見舞広告）まで新聞広告料は計上されていない。もっとも一九二五年に九社、三〇年と三五年に三社の新聞広告料の支払いがあり、特に二五年は三・八・九月を除いて毎月広告(12)

料が確認され、新年慶賀や暑中見舞の広告以外の広告を掲載したと思われる。その他には一九一〇年に共同広告看板代三円五〇銭、一五年に帝国興信所一〇周年記念号広告料三円、三〇年には駅前広告看板五〇銭がみられた。廣海家は一九二〇年代以降、泉南地方を中心に肥料の小売に力を注いで多数の販売店を獲得したが、このような商業部門の営業活動の一端が、新聞・看板・雑誌など様々な媒体を通じた広告活動からみえる。

団体・仲間・会合参加費は、一九〇一年まで八円未満に止まったが、〇五年に約五一円まで増加した。それ以降は年度により変動はあるが、一八八七〜九五年と比較すると各種団体に払われた会費や祝儀・心付は増えた。例えば、南浜・西浜・沖士仲戎講や米商仲戎講は一九世紀来の商人仲間で、毎年正月に酒料と祝儀を渡すことは廣海家の慣習であった。その他では一九〇一年に本船場仲戎講と渡海仲戎講、一〇年に団体の内容は不明だが、丸平講、丸一仲戎講、東水揚仲戎講、飛脚仲戎講、兵庫鄙船浜仲間に祝儀と心付を渡し、同年に商工会、鳳鳴会、未生会などの諸団体にも会費を納めた。廣海家は、一九二〇年に南水揚仲戎講と駅沖使戎講に祝儀を渡し、二五年には和泉肥料組合への加入金を支払い、三〇年には日根野組合員として佐野駅での会食の昼食代も営業費に含まれ、岸和田市政クラブや教育会の会費も支払っており、これらの諸団体と関わりつつ営業をしていた。

仲間・団体の経費は、各時期に廣海家がどのような仲間・団体と関わって商業活動をしたかを知るうえで興味深い。特に一九二〇年には各種沖士戎講への祝儀がなくなり、代わりに駅沖使戎講と南水揚仲戎講への祝儀（二〇〜三五年まで継続）が現れたが、この変化は、本店の取扱肥料の品種が豊富化するとともに、輸送手段も海運に加えて鉄道を利用するようになったことを示す。一九一七年以降、北海道産肥料の輸送コストは汽船賃より鉄道賃が高く、また本店は多木肥料に加え二〇年から豊年豆粕を本格的に取扱い始めた(13)。こうした変化からみて、本船（汽船）・艀船間で積荷を搬出入する仲仕の仕事よりも、駅における積荷の搬出入と大阪湾岸地域を廻船する艀船から積荷を陸に水揚する仕事を、本店は商品の輸送面において、より重要視するようになったと思われる。

その他、廣海家四代惣太郎は前述のように一九一七年に貝塚町会議員に当選して政界でも活躍したが、そうした活動の痕跡が岸和田市政クラブへの会費納入にも現れた。それ以外の交際費をみると、神社祭礼の諸費用（太鼓皮張え賃、賽銭、御膳料、感田神社敷地拡張に伴う寄付）、避病舎新築など、地域で必要とされた施設・設備に多額の寄付を行っており、地域の産業化や商品流通など経済的な局面のみならず、宗教や医療の施設充実など地域の社会福祉的な局面にも積極的に寄与した商家の姿が浮かび上がる(14)。

三　廣海家の健康生活

1　一八七〇～一九一〇年代前半の医療関連支出

廣海家の消費生活の特徴は、医師への薬料や病院関係費用のように医療関係支出が頻繁にみられたことであった（第一節）。そこで、本節では「小（諸）払帳」が残されている一八八六（明治一九）～一九三八（昭和一三）年の医療関連支出の動向を検討する。

近代初頭の廣海家は、開業医への支払いは行っておらず、医療では主に配置売薬を利用していた(15)。例えば、一八六八年には店舗売薬の購入に銀六七・五匁を支払い、配置売薬として銀九二・三匁を支払った。また一八七〇年には寺の住職に薬を処方してもらい、金七両二朱と銭六貫六〇〇文を支払った。同年には祈禱料として金一両三歩が支払われており、近世来の医療サービスの形態が色濃く残っていた。

しかし一八八〇年代後半～九〇年代前半には、医療関連支出の大部分は、地元の開業医への支払いとなった。表44

をみよう。廣海家は配置売薬を利用し続けていたが、配置売薬は開業医への支払いに比べると安価で、時により大阪の医者（白井）や病院も利用した。なおここでは史料の記載にしたがって病院と開業医を区別した。家計支出に占める医療関連支出の比率は約三〜六％であったが、大阪の医者や病院での診療を受けた一八八九年や九五年は、医療関連支出が増えて、家計支出総額の一〇％前後を占めた。

開業医では、新川医師と大澤医師を掛り付け医としており、その両医師への支払いが医療関連支出のかなりの部分を占め、それ以外に適宜、地元の医師や大阪の医師を使い分けた。両医師のうち、一八八九年までは新川医師を、九〇年以降は大澤医師を主治医としたと思われる。特定の医師に頼り切らないところに、医療サービスに対する廣海家の弾力的な対応をみることができる。その他、一八八六年には「流行病入費」を役場に支払っており[16]、同年はコレラが全国的に流行した年で、その対策として行政から寄付を求められたことへの対応と考えられ、表45をみると、八六年に予防薬を購入したことがわかる。この時期の店舗売薬の購入として、同表では万金丹や千金丹がみられたが、万金丹は食あたりや毒消しの薬として、千金丹は下痢・胃痛止めの薬として著名である[17]。

二〇世紀に入ると、一九〇一・〇三年にそれぞれ産婆への謝礼が支出され（表44）、この年に当主の子どもが誕生した。一九〇一年には、産衣・付属品・呉服代の購入に約一〇三円をまとめて支払っており、この年は、出産に関わる費用が家計支出のうちかなりの比重を占めた。出産があった年のみでなく、一九〇三・〇四・〇七・一〇年など、家族構成員が大阪の病院（緒方）や堺の病院（常持）に入院した年は診察料・薬代に加えて、入院中の付添人を雇う費用や看護婦への心付などが発生し、多額の医療関連支出が必要となった。開業医では、地元の開業医と大阪の開業医を使い分けたことは、一八九〇年代と同様であったが、その選択肢がさらに広がった。支払い額からみて一九〇一年以降は笠原医師が主治医であったと考えられるが、乳幼児は笠原医師の専門外であったためか、廣海家は子どもが

表44　廣海家医療関連支出一覧

（単位：円）

年	開業医				病院			産婆	看護	店舗売薬	配置売薬	祈禱	医療用品	合計	家計支出計
1886	38.6	新川(21)	大澤(16)	藤田(1)	12.0					0.2	1.9			52.7	919
1887	33.0	新川(18)	大澤(13)	有澤(3)						0.1	1.7			34.7	1,171
1888	35.9	新川(20)	大澤(13)	有澤(3)						0.1	1.0			37.0	834
1889	57.7	新川(29)	大澤(22)	有澤(3)	18.2	緒方(14)	吉田(4)			1.4	1.0			78.4	857
1890	69.2	大澤(34)	新川(20)	白井(16)	23.9	吉田(23)	緒方(1)			1.1	0.8			95.0	1,171
1891	67.8	大澤(42)	白井(15)	新川(10)	2.5	吉田(3)					0.7			71.0	2,394
1892	61.9	大澤(32)	新川(17)	白井(7)	0.7	吉田(1)					0.7			60.3	1,143
1893	75.3	大澤(51)	新川(23)	藤田(1)						0.3	1.1			76.7	1,235
1894	43.6	大澤(27)	新川(15)	藤田(1)	4.7					0.2	1.0			49.5	1,009
1895	47.8	大澤(28)	新川(17)	山田(3)	93.0						1.5			142.3	1,345
1901	59.7	笠原(33)	大澤(24)	新川(2)	22.9	常持(23)	緒方(0)	42.9	8.0		0.4		5.2	139.1	2,132
1902	31.6	笠原(26)	大澤(3)	新川(3)						0.3				31.9	4,859
1903	97.4	笠原(80)	小谷(11)	新川(6)	94.5	常持(94)		34.3	46.1		2.7	0.6	5.6	281.2	2,032
1904	105.3	笠原(75)	山本(16)	大澤(10)	161.0	緒方(111)	常持(45)		39.7	0.7	3.0			309.7	2,120
1905	67.0	笠原(56)	大澤(8)	新川(2)	57.2	緒方(37)		1.8	7.1	0.1	3.1			136.3	2,284
1906	54.1	笠原(47)	大澤(7)		3.4	緒方(3)		2.0			2.7			62.2	2,741
1907	104.4	笠原(97)	大澤(6)		222.8	緒方(46)			15.8	1.9	1.8		2.2	348.9	3,624
1908	91.6	笠原(76)	佐竹(12)	大澤(4)	32.2	坪井(17)	緒方(15)				3.7		1.0	128.4	3,305
1909	90.9	笠原(82)	大澤(9)		31.3	緒方(25)					1.9			124.2	4,161
1910	156.8	笠原(94)	高嶋(41)	大澤(3)	80.0	緒方(36)		29.4	24.3		0.8			291.2	3,928
1911	95.1	笠原(55)	佐竹(8)	大澤(3)	57.2	緒方(57)					0.7			152.9	3,992
1912	132.5	笠原(124)	大澤(7)	佐竹(2)	138.4	回生(54)	緒方(42)				1.8			272.8	8,583
1913	144.1	笠原(102)	井崎(25)	大澤(2)	89.8	緒方(47)	坪井(40)		26.3	2.8	1.4			264.4	5,554
1914	116.0	笠原(113)	佐竹(2)	大澤(1)	36.7	緒方(37)					0.5			153.2	2,855
1915	92.2	笠原(92)									1.0			93.2	4,023

1916	84.3	笠原(62)	佐竹(23)		26.5	回生(24)	秋山(2)		6.3		1.4	按摩		118.4	3,352
1917	116.4	笠原(96)	井崎(20)		11.3	回生(11)			33.5		1.9	2.0		165.1	4,018
1918	234.4	笠原(133)	田中(83)	佐竹(19)	4.3	回生(4)			10.1	1.7	1.5		0.6	252.5	4,337
1919	165.5	笠原(141)	佐竹(11)	落合(11)	23.3	回生(16)	坪井(8)		65.1		1.5	0.6		256.0	8,479
1920	151.8	笠原(122)	井崎(30)						23.2	2.5	1.5			178.9	18,269
1921	148.8	笠原(139)	田中(10)		65.1	回生(52)	坪井(13)		6.3	25.4	1.5		1.1	248.2	10,297
1922	145.0	笠原(131)	藤野(10)	田中(1)	46.0	回生(46)			164.2	1.9	1.9		1.7	360.7	22,370
1923	132.8	笠原(77)	藤野(52)	田中(4)	12.0	木村(12)				4.3	0.9			150.0	14,060
1924	203.5	笠原(107)	佐竹(4)								1.0	0.8	2.2	207.5	32,592
1925	165.6	笠原(156)	佐竹(10)		15.0	森(15)			20.7	4.2				205.4	19,065
1926	492.9	奥野(323)	笠原(119)	下村(40)	139.2	横田(139)		10.0	138.2		5.5		7.0	792.8	15,069
1927	418.0	奥野(163)	笠原(145)	小野(87)	593.4	横田(357)	加藤(216)		14.8	44.7	1.7		9.1	1,081.5	15,238
1928	1,531.3	奥野(1,180)	笠原(188)	長雄(152)					262.0	42.7			17.3	1,853.3	17,778
1929	2,498.4	奥野(1,683)	笠原(341)	長雄(209)	840.8	中出(50)			569.9	58.6	4.8		9.8	3,982.2	24,249
1930	1,297.4	奥野(502)	笠原(437)	長雄(293)	310.0	岩佐(289)			308.0	85.3	1.9		4.6	2,007.0	13,361
1931	684.9	笠原(404)	奥野(235)	利斎(33)	61.6	岩佐(61)	回生(1)		50.7	53.4	5.2		1.0	855.7	14,757
1932	482.8	笠原(200)	奥野(91)	酒井(68)	14.8	回生(11)	岩佐(4)	8.0		39.9	5.4			550.9	10,476
1933	765.0	奥野(507)	笠原(136)	酒井(33)	3.4	岩佐(3)		32.0	142.8	77.8	4.1	0.5		1,025.6	5,950
1934	285.3	笠原(115)	奥野(106)	下村(65)	78.3	回生(7)			21.0	83.0	5.7		54.6	527.8	10,853
1935	209.5	奥野(104)	笠原(76)	下村(25)						6.0	4.7		3.7	223.8	9,425
1936	351.7	長雄(146)	笠原(128)	奥野(77)	1,862.2	回生(1,862)			146.7	0.2	3.8			2,364.7	17,661
1937	672.7	笠原(340)	長雄(245)	奥野(55)	2,226.3	回生(2,107)	岩佐(120)		101.2	5.1				3,005.2	14,817
1938	70.5	笠原(70)			2,600.0	回生(2,600)			76.7		2.0			2,749.1	7,789

(出所)明治19年「小払帳」,各年度「諸払帳」(以上,廣海家文書)より作成.

(注)家計支出計は廣海家の家事費計.1938年は1~6月の半年分. 開業医・病院欄は,名称が判明したもののうち,支出額が多かった相手を挙げ,支出額を括弧書で示した.開業医・病院への支出額は菓子料・祝儀・交通費を含む.病院への支出のうち,回生病院は菊池病院分を含む.乳母代・牛乳代は除いた.
開業医・病院の専門と所在地が判明したのは以下の通り(本田六介編『日本医籍録 第2版』医事時論社,1926年などより).
開業医:白井(大阪)・笠原(貝塚)・小谷(大阪)・佐竹(歯科・岸和田)・山本(大阪)・田中(歯科・大阪)・落合(岸和田)・藤野(京都)・奥野(小児科)・下村(歯科・貝塚)・長雄(大阪)・酒井(大阪),病院:緒方(大阪)・常持(堺)・坪井(大阪)・回生(大阪)・森(堺)・横田(産婦人科・大阪)・岩佐(大阪)

表 45　廣海家店舗売薬・医療用品の購入内容

（単位：円）

年	内容	購入額	購入先
1886	予防薬	0.2	三田村
1888	万金丹	0.1	津　田
	金雲丹	0.1	下　間
1889	肝油	0.3	
	万金丹	0.1	朝熊山
1890	丸薬代	0.5	岸少歳
1893	千金丹・犀角湯	0.2	
1894	万金丹	0.1	朝熊山
	千金丹	0.1	
1901	消毒器・洗浄器・ガーゼ・脱脂綿	4.0	
1903	浣腸器1個	1.4	
	体温器1個	0.9	
1905	宝寿丸	0.1	
1907	体温器1個	1.2	
	検温器1個	1.0	
1908	体温器1個	1.0	
1913	煎薬代	2.8	
1918	煎薬代	1.4	
	呼吸器2個	0.6	
1920	ルーベン	2.5	
1921	煎薬代	5.5	小　田
	吸入器	1.1	
1922	煎薬代	1.9	辻
	検温器	1.7	
1923	ビタミンA	4.3	
1924	体温器	2.2	笠　原
1925	アニモスターゼ	4.2	
1926	吸入器	7.0	
	丹平	3.8	
1927	樟脳・ナフタリン・肝油	10.0	
	デリゴールド・肝油	8.5	
	デリゴールド	7.9	
	丹平	4.0	
	塩酸他薬品	2.5	
	注射薬	2.5	石　神
	ラキサトール	2.2	
	歯磨	1.2	田　中
1928	奇応丸	11.0	
	樟脳・奇応丸	8.0	
	体温器（計）3個	7.6	
	カテーテル1本	0.4	
1929	酸素	35.5	伊　藤
	クレゾール・酒精	7.0	
	ジフテリア血清	6.3	今村薬局
	血清	5.0	今村薬局
	リゾール液・注射針	2.4	
	体温計	2.3	
	カテーテル1本	0.7	
1930	ヒギヤマ他	57.6	
	奇応丸	10.0	
	滋養品ヒギヤマ・丹平	5.0	
	浣腸器一式	3.6	
	胃腸薬	2.1	
	肝油ゼリー	1.6	
	便器洗	1.0	
1931	肝油他	10.7	
	奇応丸	10.0	
	ヒギヤマ他薬品代	9.7	今　林
	ヒギヤマ	9.5	
	ヒギヤマ・ソマトーゼ他	8.5	今　林
	肝油ゼリー・オートミール	7.3	
	ソマトーゼ他	4.3	
	痔薬	3.2	橋　本
	水歯磨	0.5	
1932	肝油・オートミール・水歯磨	11.6	
	奇応丸	10.0	
	肝油・オートミール	4.0	
	肝油・パン	3.6	
1933	酸素	56.0	
	肝油	10.0	
	胃腸薬	7.2	
	マルセル石鹸	3.0	
	小茴香	0.9	
	薬湯代	0.5	
1934	仁丹・歯磨	82.6	
	粉石鹸・歯ブラシ	49.0	
	石鹼	5.1	
1935	奇応丸	5.4	
	石鹼	3.7	三　宅

（出所）表44と同じ.

（注）薬や医療用品の内容が判明したもののみ年ごとに集計し，多い順に示した.

病気の場合に、堺の常持病院を利用した。大きくなった子どもが診療を受ける場合は、鉄道を利用して通院したが、乳児が診療を受ける場合は、常持院長に往診を依頼した。その際には、廣海家が医師の往復の汽車賃を負担し、時には同家の使用人を堺まで出迎えに行かせた。ここでは病院の院長に往診に来てもらった場合も、病院への医療支出に含めた。貝塚には一八九七年に阪堺鉄道（翌年南海鉄道）が大阪から開通しており[18]、鉄道で大阪・堺へのアクセスが可能になったことが、廣海家が受けられる医療サービスの選択の幅を広げた。ただし遠隔地の医療サービスを受けるには、受診者が医療機関に行く場合も、医師に往診を依頼する場合も、往復の交通費が必要となった。この意味で遠隔地の医療サービスを利用する可能性を判断する場合は患者が負担する交通費を考慮に入れる必要がある。また廣海家では、開業医に薬礼・診察料・交通費のほかに、「菓子料」の名目で謝礼を出す慣行があり、第一次世界大戦期以降に薬礼が高騰してからは、それまでに比較すれば医療関連支出における菓子料の比重は低くなったものの、この時期は薬礼の増減にそれほど連動せずに、ある程度の金額が菓子料として開業医に支払われた。

その他に一九〇〇年代に廣海家が新たに利用した医療サービスとして派出看護婦があった[19]。前述のように一九〇三年に当主の妻が子どもを出産したが、この年には当主の子どもの病気も重なり、使用人のみでこの事態に対応することができず、約二ヵ月間にわたって派出看護婦のサービスを利用した。また生まれた子どもに対して乳母も雇った。乳母への不定期の心付は家計帳簿に記載されたが、乳母に支払った給金は、廣海家の「諸払帳」には記載されず、別の帳簿に店員や使用人に支払われた給金とともに記載された[20]。よって本章では乳母への支払いは医療関連支出に含めなかった。また富山の配置売薬は、家事費よりも主に営業費から支出され、家族が使用したというよりも、店に置いて主に店員が利用したと思われる。家事費には店舗で購入した売薬代の支出が計上され、この頃には体温器や浣腸器など自宅で使用する医療用品も購入した（表45）。また一八八九年には「歯埋細工賃」が計上され、歯科治療を受け

たことが確認できる。(21)

家計支出総額に占める医療関連支出の比率は、通常期で約二～六％であったが、出産・入院など特別な医療関連支出がみられた年は約一二～一四％を占めた。医療関連支出の中心は開業医への支出であったが、一九一〇年代前半に当主が恒常的に大阪の緒方病院に通院したため、年度によっては病院への支出が開業医への支出を上回った。特に一九一二（大正元）年の大阪回生病院への支出が注目される。大阪回生病院は、(22)元第四師団（大阪）軍医部長であった菊池篤忠が、軍医を辞して一九〇〇年七月に大阪市北区に開設した私立総合病院で、当時の最先端の医療技術を取り入れることに熱心であったようである。廣海家の医療関連支出に、一九一二年に菊池病院（回生病院）への支払いもみられ、それ以後も廣海家は回生病院を頻繁に利用した。

2　一九一〇年代後半～二〇年代前半の医療関連支出

一九一〇年代後半の廣海家は、派出看護婦のサービスを恒常的に利用するようになった（表44）。一九一三（大正二）年に前当主が病気になり、大阪の坪井病院院長の往診を受けたが、この時の闘病生活が約一ヵ月に及び、この間は派出看護婦を日雇いして前当主の看護に当たらせた。その後前当主夫妻がいずれも高齢になり、体力が衰えたと思われ、一九一七・一九年に前当主夫人が按摩のサービスを受け、一〇年代後半に看護婦の派遣を毎年受けるに至った。派出看護を利用した前後には、一九〇〇年代初頭からの主治医である笠原医師が診察に来ており、前当主夫妻のために看護婦は雇用されたと思われる。一方、一九一〇年代後半は、当主の二名の子どもが回生病院を連年利用した。通常の歯科治療では岸和田の佐竹医師を利用したが、一九一八年に当主の次男が大阪の田中歯科医院に通院した。同年の田中歯科の治療費八三円に「金冠手術料六一円」が含まれており、特殊技術治療のためと考えられる。

一九二〇年代前半の廣海家は、家計支出総額の急増に対して医療関連支出は比較的低水準に止まったため、家計支出総額に占める医療関連支出は約一％前後に減少した。ただし、一九二二年に派出看護婦費用が約一六四円と多額に上ったが、これは就学のため京都に下宿していた当主の三男が「風邪」で寝込んだため、看護婦を京都に派遣したからであった。これとあわせて、一九二二・二三年のみ京都の藤野医師への薬代などの支出がみられた。

廣海家の主治医は引き続き笠原医師であったが、代替わりしたと考えられ、この時期以降の笠原医師は、一八九二（明治二五）年に大阪医学校を卒業した後に東京大学選科で修業し、それから神戸県立病院の院長を務めた後に、廣海家の地元で一九一一年に開業した笠原春之助と思われる。(23) 笠原春之助は、内科・小児科医を兼ねたが、当主の子どもたちは少年時代から馴染みのある回生病院を利用し、当主夫人は坪井病院と木村病院を利用した。この頃、廣海家の地元貝塚で歯科医が開業したようで、岸和田の佐竹歯科に代わって、一九二四年以降は貝塚の下村歯科への支出が恒常的にみられるようになり、また専門医として二一年に耳鼻科医への医療費支出があった。売薬では、店舗で高価な新薬・新製剤を購入する一方で（表45）、富山の配置売薬では行商人が同家を毎年訪問し、購入回数は一～二回であったが、必ず一～二円の支出があった。

3　一九二〇年代後半～三〇年代の医療関連支出

廣海家の医療関連支出額は、一九二〇年代前半まで比較的安定していたが、二六（昭和元）年以降に急増し、家計支出総額に占める医療関連支出は少ない年でも五％前後、多い年は二〇％前後を占めた（表44）。また営業費に医療費の計上がなくなり、配置売薬や当主の医療費もすべて家事費から支出された。以下、医療関連支出急増の要因を検討する。一九二六年は、当主の次男に子ども（男子）が誕生した。(24) この出産は、それまでのように自宅ではなく、横田産婦人科病院で行われた。廣海家は乳児に対して乳母二名を雇用し、雇用の際に同家が費用を負担して血液検査を受けさせた。乳母が雇われていた期間に、乳母が二名とも眼病に罹って市民病院の眼科で治療を受けたが、その治療費も廣海家が負担した。廣海家は、男子誕生に際して非常に慎重に対応したといえる。乳児を診察したのが奥野医師（小児科医）で、乳児が母親の実家から廣海家に戻って以降は、奥野医師の往診が頻繁になり、乳児のために一九二七年からは、肝油ゼリーや高額の奇応丸（小児疳薬）(25)が定期的に購入され始めた（表45）。また一九二七年は病院への支払いが急増したが、当主の次男が加藤病院で、当主の次男の妻（前年出産）が横田産婦人科で手術を受けたことがあり、表の金額には入院料・薬代・手術料・その他入院中の諸費用を含んだ。

一九二八年は奥野医師に対する支払いが医療関連支出の大部分を占めた（表44）。一九二七年に「奥野小児医謝礼」と記され、奥野医師は小児科が専門と推測されるが、内科も兼ねており、当主の妻や次男も奥野医師の診察を受けた。それまで当主の次男と三男は大阪の回生病院で診察を受けていたが、一九二〇年代後半に回生病院への支払いがほとんどなくなり、代わりに奥野医師への支払いが急増した。一九二六年版『日本医籍録』には、泉南郡に奥野医師の名前は見当たらなかった(26)。一九三三年四月に「レントゲン　二口代奥野医師」との記述が「諸払帳」にあり(27)、奥野医師は近代的医療機器を使用して患者を診断していた。また同医師の往診の交通費として一回あたり車代三五銭と、大阪・堺付近の医師の往診時の交通費と比較すると安価であったので、奥野医師は廣海家に比較的近い場所で一九二六年頃に開業したと考えられる。奥野医師の開業直後から廣海家は頻繁に診察を受けており、近代的医療を提供できる医師が自宅近辺で開業したことで、廣海家は大阪市の病院で受診しなくなった。

一九二八年に京都で就学中の当主の三男がチフスに罹り、その看病に廣海家から手伝いに派遣された女中も同家に戻ってからチフスを発病した。そして一九二九年に当主の次男の妻もチフスを発病した。廣海家では、主治医の笠原・奥野医師を中心に、大阪の高名な医師（長雄・酒井博士）[28]を招き、自宅で次男の妻の治療を行わせた。この時には、注射液が使用され、ジフテリア血清の投与や酸素治療も行われた（表45）が、しかし様々な治療の甲斐なく、次男の妻は亡くなった。前年に発病した女中や看護婦も亡くなり、女中の医療費、女中・看護婦の供養代を廣海家は支払った。この間の派出看護婦代は約五七〇円と高額で（表44）、チフス感染終息後にクレゾールと酒精を購入しており（表45）、廣海家は家の中を消毒したと考えられる。コレラやチフスなど近代日本が直面した急性伝染病は、いかなる社会階層でも感染する可能性があり、この時期の先端医療技術でも急性伝染病に十分に対応することは難しかった。チフス関連以外にも一九二九年は医療関連支出が多かった（表44）。京都にいる当主の三男は大阪の長雄博士に往診してもらい、当主も大阪の病院に入院し、また前当主もこの年に亡くなったので、チフス関連以外の派出看護婦費用も多額となった。一九二九年の廣海家は、急性伝染病で家族を失い、また同家の女中や看護婦も亡くなったため、医療関連支出は約四〇〇〇円に上り、家計にとって大きな負担となった。一九三〇年も長雄博士の往診や派出看護婦費用で多額の医療関係支出があったが、三一年以降は家族の健康状態が安定して、三五年まで家計支出総額に占める医療関連支出の比率は約三〜六％に止まった。

この間、当主の三男の妻の出産があった一九三三年のみ医療関連支出が増大した。三男の妻は実家で出産したが、廣海家は出産費の負担はしない代わりに、乳児の母親が実家で過ごすための諸経費と産婆らへの心付を負担した。廣海家は、乳母を雇う際に、健康状態を確認するために奥野医師のところでレントゲン検査を受けさせた。レントゲン検査は一枚五円と高額であったが、一九二六年に当主の孫が誕生した時と同様に、子育てに関わる事柄に慎重に対応した。それゆえ乳母に採用した場合は、日当は約一円と下女に比べて高給で[29]、乳母の子どもの預け賃も廣海家が一部負担するとともに、母乳の出を良くするための漢方薬も購入した。また一九三三〜三五年には石鹸を大量に購入しており（表45）、乳幼児のいる生活を送るうえで、清潔で衛生的な環境を保とうとする廣海家の姿勢がみえる。さらに一九三〇〜三三年に、店舗売薬で肝油ゼリーや奇応丸だけでなく滋養新剤（三共株式会社が発売したヒギヤマ）を定期的に購入しており、二九年にチフスで家族を亡くした教訓から、廣海家は従前よりも一層「健康」に注意を払うに至った。

その後一九三六年から再び回生病院への支出が急増した（表44）。一九三六年に当主の妻が体調を崩し、長雄博士の往診を受けながら自宅で派出看護婦のサービスを受けて療養していたが、回復が思わしくなく、同年秋に回生病院に入院し、翌年初春に退院した。ところが一九三七年春から当主の次男が体調を崩し、笠原医師や長雄博士の診察を受けたが回復せず、同年八月から回生病院に入院した。当主の次男は結核に罹り、長期の闘病生活を余儀なくされた。史料が残されている一九三八年六月までに、廣海家は二〇日ごとに二〇〇円の入院費用を回生病院に送り、同年三月には、当主の三男の妻が第二子を回生病院の産婦人科で出産しており、同時期に家族二名が同じ病院に入院したため、当主の妻が度々二人を見舞いに出向き、医務局への差し入れや看護婦・付添人への心付などを渡していた。それゆえ一九三八年は、前半の半年間で医療関連支出約二七〇〇円が計上された。

廣海家の医療関連支出を検討すると、そのかなりの部分が、治療行為そのものの対価ではなく、送迎・看護・心付など治療環境を整えることに充てられたことがわかる。

四　廣海家の慶弔行事・寄付活動と地域社会

廣海家に残された多数の調度品が京都国立博物館に寄贈され、その内容から廣海家の「ハレ」の生活の様子がうかがわれる[30]。民俗学では、人々の生活に非日常の「ハレ・ケガレ」の空間と日常の「ケ」の空間があり、民衆が年中行事を通して生活のリズムを作っていたことが指摘されているが[31]、廣海家も、「ハレ・ケガレ」の空間と「ケ」の空間でかなり消費行動に相違があった。むろん日常においても、重篤の病人の発生や、学齢期の子どもの存在でかなりの出費を招く費目があったが、それ以上に「ハレ」の空間での消費は多額であった。表46の上段をみよう。廣海家三代当主には多くの娘があり、そのうち三名の娘を嫁に出した際の慶事費と四代当主が嫁を迎えた際の慶事費を上段に示した。表42で示した家事費総額と比べると、一八九一（明治二四）年時点で家事費総額約二四〇〇円のうち慶事費（約一〇〇〇円）が四〇％以上を占め、前後年に比べて、この年は家事費が二倍以上となっていた。一九〇二年時点でも、家事費総額約四九〇〇円のうち慶事費（約二八〇〇円）が過半数を占め、前後年に比べてこの年も家事費は二倍以上になっていた。一九一二（大正元）～一三年でも同様に、この二年間の家事費総額約一万四〇〇〇円の半分の約七〇〇〇円弱を慶事費が占めた。このように廣海家は、数年置きに生じた娘の婚姻に際し、通常の年の一年分に相当する婚姻関係の支出をした。娘の婚姻は当時の社会風潮から推測すれば適齢期に行われるため、予測がある程度可能であり、それを見越して通常の年は消費を節約して蓄積し、それを「ハレ」の年に放出することで、節約と浪費のリズムをとっていたといえる。

婚姻に際して最も多く支出されたのが、花嫁の呉服代で、それに花嫁道具代が続いた（表46）。一八九一・一九〇二年の事例では箪笥や長持が花嫁道具として高価であったが、一九一二～一三年の事例では、多数の漆器類を道具として持参した。一方、嫁を迎える立場の一九二四～二五年の事例では、呉服は新郎側でも用意したが、箪笥・長持は嫁側に任せ、代わりに高額なダイヤ入指輪と帯留を新婦に贈った。さらに洋風机・洋本棚も新郎側は用意しており、生活様式の洋風化がうかがわれる。第一次世界大戦を経た後の一九二〇年代はそれ以前よりかなり物価が上昇したと

表46　廣海家慶弔関連支出の動向

（単位：円）

婚姻	1891年の事例	1902年の事例	1912〜13年の事例	1924〜25年の事例
調度品代	834.3	2,557.9	5,053.1	10,807.0
内　衣類	538.7	1,956.2	3,314.7	6,039.0
道具	295.6	601.7	1,738.5	4,768.0
雑費・祝儀	426.6	287.4	1,869.2	11,315.7
内　祝儀・心付	98.9	113.9	562.7	3,578.8
内祝・謝礼	22.5	0.0	167.2	770.5
土産・進物	49.0	16.4	156.4	847.9
総計	1,260.9	2,845.3	6,922.3	21,122.7
主な道具	箪笥・長持(70) 鼈甲指物(37) 金時計(23)	箪笥・長持(160) 金懐中時計(33) 純金指輪(24) 純金鎖(14)	漆器類(325) 箪笥・長持(221) 純金時計・鎖(61) 盆石用品(39) 真珠入指輪(18)	ダイヤ入指輪(1,665) ダイヤ入帯留(1,191) 白金時計(253) 洋風机(65) 洋本棚(40)

葬式	1922年の事例	1929年の事例1	1929年の事例2
香典	△1,253.0	△346.0	△662.0
布施・供養料	391.5	900.5	941.7
寸志	655.5	364.0	366.0
広告料	182.9	140.1	259.0
寄付	430.0	630.0	
遺物用品	820.4		354.2
その他諸費用	4,020.8	1,852.7	2,494.9
総計	5,248.1	3,541.3	3,753.8
返礼品	ハンカチ	切手帖	商品券・団扇

(出所)明治24・34・43・45・大正9・11・13・昭和4年「諸払帳」(以上，廣海家文書 L 231・L 230・L 234・L 236・J 155・I 046・I 044・C-167)より作成．

(注)△は収入，無印は支出．婚姻の1891年は貞子を河盛家に嫁に出し，1902年は千代を金沢家に嫁に出し，13年は未尾を相馬家に嫁に出し，25年は本咲家から昌蔵の嫁を迎えた．貞子・千代・未尾はいずれも3代惣太郎の娘，昌蔵は4代惣太郎の息子．葬式の1922年は3代惣太郎の妻の事例，29年の事例1は昌蔵の妻の事例，29年の事例2は3代惣太郎の事例．調度品の道具には小間物も含む．土産・進物欄には引出物を含む．主な道具欄の括弧書はその金額を示す．

はいえ、二四～二五年の事例の慶事費総額約二万二〇〇〇円はかなり多額であり、表42でみても二四年の家事費は突出して多かった。もっとも、どこから嫁を迎えるかで慶事費は大きく変わると考えられ、一九二四～二五年の事例では当主の息子は京都の本咲家から嫁を迎えており、それだけ上等の呉服・道具を準備して迎えたと思われる[32]。また婚礼内祝として高島屋の切手（商品券）が用いられ、後述する一九二九年の葬儀の際の香典への返礼でも切手（商品券）が用いられたが、二〇年代になると贈答文化で百貨店の商品券が普及していた。この時の花嫁は、その後一九二九年に亡くなり（表46一九二九年の事例1）、そのため当主の息子は三七（昭和一二）年に再婚した。その時は結納に際して、品物ではなく結納金一〇〇〇円を新婦側に収めており、結婚式は新大阪ホテルで行った[33]。むろんその後、地元でのお披露目も必要なため、貝塚でも祝宴が催されたが、ホテルを利用することで慶事費はかなりの節約が可能になっており、新大阪ホテルの挙式宴会費約九〇〇円を含めても、慶事費総額で約七四〇〇円に止まった。

ある程度予測可能な慶事費に比べて、葬式は突然生じる場合があり、婚姻ほどの出費を葬式で行うのは困難である。廣海家の場合、一八九〇～一九一〇年代は、葬式はほとんどなかったが、二〇年代に続けて家族が亡くなった。特に一九二九年は当主の息子の妻と前当主がともに亡くなったために、婚姻はなかったものの前後年に比べて家事費の支出がかなり増大した（表42）。表46の下段で一九二二年の前当主の妻の葬式、二九年の右記の二つの葬式の事例を示した。一九二二年は前当主の妻で現当主の母であったため、葬式はかなり盛大に行われ、『朝日新聞』と『毎日新聞』に広告が出され、布施・寸志以外の諸支払額も相当に上った。また本書の他の章の家でもよくみられるが、葬式に際して寄付が行われ、一九二二年の事例と二九年の当主の息子の嫁の事例ともに地元の小学校・幼稚園の基本財産として寄付が行われた。一九二九年の前当主の葬式では、小学校・幼稚園への寄付は行われなかったので、女性が亡くなった場合に初等教育機関への寄付が行われる慣習があった可能性が高い。その代わり、前当主の妻や前当主が亡くなった際には、遺産分与が行われ、いずれの場合も呉服で渡された。なお、香典の返礼品にも時代の変化がみられ、一九二二年の事例では主にハンカチが用いられたが二九年の事例では切手（商品券）が主に用いられた。この商品券は百貨店のものと考えられ、一九二九年の事例1では、布施・供養料約九〇〇円のうち約八三〇円は、「妙圓満中陰永代粗供養代同店［高島屋］払」とされ、おそらく廣海家が高島屋に葬儀の段取りを任せていたと考えられる。そして同年の事例2でも、廣海家は高島屋に仏事用として一一三〇円を支払っており、葬儀関連用品のかなりの部分を高島屋が調達していた(34)。葬式時以外の寄付は、貝塚が願泉寺の寺内町であったこともあり、家事費では、願泉寺など寺社への寄付が行われた。地域社会のインフラ整備への寄付は前述のように営業費から行われており、廣海家は店と家で地域社会との関わりを変えていたと考えられる。なお願泉寺の宗旨は浄土真宗であり(35)、一九二二年の廣海家の葬儀の際も、親鸞の墓所である西大谷廟に納骨された。

おわりに

商家の消費生活の視点から廣海家の消費生活をまとめる。廣海家の購買行動は、当初家族と店員・使用人を一体とした性格の強いものであった。その際、舶来品の購買行動において、店員の大阪出張の際に買物を行わせたように、商業経営のあり方と購買行動が密接に関連していた。それに対して、前述の盛田家の場合は、家業が醸造業であり、使用人の出張先は同じ醸造産地の知多郡半田など知多郡内が多く、都市での買物の視点では、当主家族が地域の主要都市名古屋へ出かけることが多く、その際に買物が行われた（第二章）。しかも、盛田家は購買行動において地元を重視し、自ら醸造品を生産していたこともあり、消費生活における地産地消の側面が強かった。その点で、廣海家には、商家として積極的に新しい消費生活を受容する側面が強かったと思われる。むろん、醸造家のなかにも、千葉県野田の髙梨家のように、近世期から江戸（東京）に支店を設けて、醸造品を東京で主に販売していた家は、店員・使用人が頻繁に野田と東京の間を往復しており、野田で手に入らない物品を東京に出張した店員・使用人が東京で購入して野田に持ち帰っていた(36)。その家の購買行動は家業の経営形態と大きく関わっていたといえる。

その意味で、廣海家の消費生活を考える上で家業意識は重要であった。廣海家には、近世来の商業活動に家業意識があり、営業費（商用費）が「小（諸）払帳」に計上され始めた一八八六（明治一九）年〜一九一〇年前半までは、主人や家族の身の回りに関する諸経費も部分的に営業費に含まれ、営業費と家計費の区別にあいまいな部分が残されていた。しかし営業費の内訳を詳細にみると、家計費的性格の経費が、一九一〇年代後半以降には少なくなり、個人商店の廣海家でも営業費と家事費の分離が進んだ。特に一九三〇年代以降は店の経営に関与した息子に「給金」的に意味合いのある「小遣」を毎月定額支給し、その額は「支配人」格店員の月額ベースの給金より多く、実質的に店が当主の息子に「給金」を払っていたといえる。

そして家事費の支出では、本章では廣海家に特徴的にみられた医療関連支出を取り上げた。近代初頭の廣海家は近世来の医療サービスのみを受けていたが、一八八〇年代後半になると地元の開業医の医療サービスを利用するようになり、開業医では治療が難しい病人が家族に発生した場合、鉄道賃などの交通費や付添人に掛かる多額の諸費用を負担して、その地方の有力な病院に入院または通院させた。この点は、第二章で取り上げた盛田家と相通じるものがあり、廣海家も盛田家もともに家族構成員の年齢や疾患内容によって地元開業医を選択したり、交通費などを負担しても病院の医療サービスを受けたりした。

ただし、家庭で購入した売薬に注目すると、近代初頭に発売された有名売薬や、西洋薬、新薬・新製剤を、廣海家も盛田家もともに購入したが、その一方で旧来からの和漢薬や伝承薬の購入も根強く続けた。そして廣海家は、一九〇一年には家庭用医療用品も購入し、近代的な医療サービスと伝統的な医療サービスが家庭のなかで併存するに至った。また、二〇世紀に入ると、派出看護婦を利用して看護ケアを受けたり、滋養新剤などの購入を続けた。さらに必要に応じて歯科医を選択し、乳母の選択時には念入りに検査を受けさせ、乳母の健康状態にまで細心の注意を払うなど、資産家だからこそ可能な医療環境を作り上げた。

しかし、当時の最先端に近い医療サービスでも、第一次医療技術革新（対症療法的治療技術や看護技術の革新）に止まり、(37)抗生物質が未開発な状況下では、廣海家の場合もチフスの脅威から逃れられなかった。このような医療技術水準でも、これを享受するには多額の費用が必要で、家族が入院した年と通常の年で医療関連支出に大きな差が出た。問題は、家族が入院するような事態が生じた時に起こり、治療のために選択し得る医療サービスの内容や、医療サービスを利用する頻度や期間、また医師の診察料・薬料に加えて、医療費の発生に付随して生じる費用、例えば交通費や看護婦・付添人への支払いや心付、高額なレントゲン検査料などを含めると、必要となる医療関連支出が多額となった。前節では廣海家の婚姻と葬儀を取り上げたが、婚礼費や教育費は必要な年とそうでない年によって家計支出の波が大きいが（第二・三章も参照）、ライフサイクルに応じてある程度計画的にそのための貯蓄をして、支出に備えることが可能である。しかし葬儀費と医療費は、いつそれが必要な事態になるかの予測をすることが難しく、とはいえそのような緊急の事態が生じた場合、必要不可欠の経費として家計を圧迫することになり、その意味で潜在的に重要な家計支出要素であった。

注

（1）店員・支配人を含めた商家の経営組織に関する先行研究として、上村雅洋『近江商人の経営史』（清文堂出版、二〇〇〇年）、西坂靖『三井越後屋奉公人の研究』（東京大学出版会、二〇〇六年）、上村雅洋『近江日野商人の経営史―近江から関東へ―』（清文堂出版、二〇一四年）などを参照。

（2）所得税法に関しては、雪岡重喜『所得税・法人税制度史草稿』（大蔵省主税局調査課、一九五五年）を参照。廣海家のほかに、小栗家は一八九一（明治二四）年から（本書第六章）、富山県高岡の商家岡本家も一八九〇年から帳簿体系が変わった（二谷智子「商人ネットワークと地域社会」武田晴人編『地域の社会経済史―産業化と地域社会のダイナミズム―』有斐閣、二〇〇三年）。

（3）明治一九年「小払帳」（廣海家文書K〇七二）は、日付順に家計と営業経費の区別なく支払金額と内容が記されたが、最初の一八八六年分の総額の上に張り紙があり、ある程度の分類とその集計値が示され、翌八七年分は、各内容に記号が付され、末尾で「商用費」「商業税」「地租地方税船税公儲町費共〆」「借家修繕費」「勝手用」に分類集計された。

（4）廣海家には、一八六五（慶応元）〜七〇年と一八八六〜九〇年の「小払帳」と、一八九一〜一九三八（昭和一三）年の「諸払帳」（ただし一八九六〜一九〇〇年は欠）が残されている。欠けた期間も「（金銀）入払帳」（廣海家文書）で補えるが、「（金銀）入払帳」は、「小払帳」「諸払帳」に分類された以外の金銭出入りも含み、連続した分析は困難である。

（5）以下の記述は、石井寛治・中西聡編『産業化と商家経営―米穀肥料商廣海家の近世・近代―』（名古屋大学出版会、二〇〇六年）序章第四節・第三章（中西聡執筆）・第一章（花井俊介・中西聡執筆）を参照。

（6）廣海家店員数は、二谷智子「営業支出と店員の活動」（同右編書）、使用人数は、荻山正浩「産業化の開始と家事使用人」（『社会経済史学』六四―五、一九九九年）・同「第一次大戦期における家事使用人」（『土地制度史学』一六四、一九九九年）を参照。

（7）中西聡『近世・近代日本の市場構造―「松前鯡」肥料取引の研究―』（東京大学出版会、一九九八年）一四六頁の第四―一七表を参照。

（8）貝塚では、一八七四年に貝塚小学校が開校、八三年に同校に小学中等科が増設された（臨時貝塚市史編纂部編『貝塚市史　第一巻通史』貝塚市役所、一九五五年、六七一〜六七四頁）。

（9）明治一四年「他所行入費帳」（廣海家文書Q〇八〇）。

（10）一八八六〜九五年の「小払帳」と「諸払帳」では、営業費を商業費、家事費を台所用と称したが、一九〇一年以降はそれぞれ営業費と家事費となった。また一九〇一〜〇九年の営業費は諸税を含んだが、一〇年以降は、諸税は営業費から分離して計上された。

(11)　廣海家店員の給金については、前掲注(6)二谷論文を参照。

(12)　広告を掲載した新聞は、一九二五（大正一四）年は実業新聞、阪南毎日、南海日々、南海自由、南海時事、民友新聞、商工新聞、南海国民新聞、南海朝日新聞（大正一三年「諸払帳」）で、三〇年は実業新聞、南海朝日新聞、南海時事新聞（昭和四年「諸払帳」）で、三五年は南海朝日新聞、南海時事新聞、岸和田実業新聞（昭和八年「諸払帳」）であった（史料はいずれも廣海家文書Ⅰ〇四四、C一六七、F〇二八）。

(13)　中西聡「商業経営と不動産経営」（前掲注(5)石井・中西編書）を参照。

(14)　例えば、一九一九年に避病舎新築に二四五円、二〇年に感田神社境内拡張敷地代として一八〇円の寄付をした（大正九年「諸払帳」廣海家文書J一五五）。

(15)　以下の記述は、慶応四年「小払帳」（廣海家文書A〇六七）を参照。

(16)　明治一九年「小払帳」（廣海家文書K〇七二）。

(17)　鈴木昶『日本の伝承薬―江戸売薬から家庭薬まで―』（薬事日報社、二〇〇五年）七七〜八二・一三二〜一三六頁を参照。

(18)　一八九七年に大阪難波から大阪府南部の佐野まで開通した（明治三〇年度「鉄道局年報」野田正穂・原田勝正・青木栄一編『明治期鉄道史資料　第Ⅰ期第一集 第四巻』、日本経済評論社、一八八〇年）。

(19)　派出看護婦については、山下麻衣『看護婦の歴史―寄り添う専門職の誕生―』（吉川弘文館、二〇一七年）を参照。

(20)　「万覚帳」（廣海家文書）の給金座に記載。

(21)　明治一九年「小払帳」（廣海家文書K〇七二）。

(22)　回生病院については、『大阪回生病院沿革史』（大阪回生病院、一九二四年）を参照。

(23)　本田六介編『日本医籍録　第二版』（医事時論社、一九二六年）大阪府の部五九頁。

(24)　以下の記述は、一九二六年以降の「諸払帳」（廣海家文書）を参照。

(25)　奇応丸については、『増補改訂　売薬製法全書』（大阪薬業新聞社、一九二六年）を参照。

(26)　前掲注(23)本田編書、大阪府の部五八〜六〇頁。

(27)　昭和八年「諸払帳」（廣海家文書F〇二八）。

(28) 長雄博士は一九〇九年に大阪高等医学校を卒業した医学博士の長雄勝馬、酒井博士は一九〇四年に大阪高等医学校を卒業し、二四年に医学博士となった大阪医科大学小児科教授の酒井幹夫と考えられる（前掲注(23)本田編書、大阪府の部四・一二三頁）。
(29) 昭和九年「万覚帳」（廣海家文書B〇一六）。
(30) 京都国立博物館編『豪商の蔵―美しい暮らしの遺産（貝塚廣海家コレクション受贈記念特別企画）―』（京都国立博物館、二〇一八年）。
(31) 例えば、和歌森太郎『年中行事』（至文堂、一九五七年）二・一〇頁。
(32) 大正一一・一三年「諸払帳」（廣海家文書I〇四六・I〇四四）。
(33) 昭和一一年「諸払帳」（廣海家文書F〇二七）。
(34) 大正一一・昭和四年「諸払帳」（廣海家文書I〇四六・C一六七）。
(35) 前掲注(8)『貝塚市史　第一巻通史』を参照。
(36) 中西聡『旅文化と物流―近代日本の輸送体系と空間認識―』（日本経済評論社、二〇一六年）第三章を参照。
(37) 川上武『技術進歩と医療費―医療経済論―』（勁草書房、一九八六年）一〇二～一〇三頁を参照。

第Ⅱ部　都市化と生活世界の変容

第Ⅱ部のねらい

第Ⅱ部では、生活世界の近代化の第二段階である「都市化」を主に取り上げる。そこで、都市化に伴う消費社会の変化を象徴する百貨店について論じた第五章と、一九一〇〜二〇年代の家計史料が充実している地方資産家三家の分析を組み合わせて、四章立てで構成した。都市化は、人々の生活様式を大きく変える契機となり、消費者としての意識が生活世界で重要となる。消費者意識の視点から生活世界を捉え直すことが第Ⅱ部の主題となる。

第五章の主な論点は、百貨店の経営戦略と顧客の意識のズレの問題である。一九一〇年代に名古屋と東京に百貨店を開店した「いとう呉服店」は、当初は高級呉服を主に扱いつつ近代的設備を投入して高級店のイメージを作ったが、第一次世界大戦末期の物価高騰のなかで人々の廉売要求が高まり、それに引きずられて低価格帯品を扱うに至った。そのため店舗入場者数は大幅に増えて売上額も伸びたものの客単価はかなり減少し、利益率は漸減した。しかも低価格帯品を扱うことで百貨店同士や一般小売商との競争も激しくなり、そのなかで百貨店は萌芽的「大衆消費社会」の形成に正面から対応せざるを得なかった。なお、本書では大衆消費社会を、大衆社会と消費社会が組み合わさって成立した社会と考え、大衆社会とは、所得面で分厚い中間層が形成されて比較的均質化した社会をイメージし、消費社会とは、人々の経済的・社会的関係が主に消費を通して形成されていく社会をイメージしている。

第六章の主な論点は、家の精神性が消費行動に与えた影響である。愛知県半田の小栗家は仏教信仰の影響が強く、家業継承のために過剰な内部蓄積をしつつ、地域社会への多額の寄付を行う一方で、消費生活が資産規模に比して質素であった。消費市場論的視角では、小栗家の購買力はかなり上位に位置付けられるが、その購買力を発揮させない消費文化が小栗家にあった。ただし小栗家は過少消費によって進めた内部蓄積を地域社会へ多額の寄付で放出しており、それが地域社会における階層間の生活水準の格差を緩和させる面があった。一九一〇～二〇年代は、半田でも地方都市化が進みつつあり、道路・上水道・港湾など都市的機能の整備が、小栗家らの多額の寄付を梃子に進展した。

第七章の主な論点は、都市化と無縁に思える山村で、大阪などの大都市の成立が消費生活に与えた影響である。奈良県吉野郡下市は、一九一二（大正元）年に大阪と鉄道で結ばれたものの、谷沿いの山村であり、同地域最大の資産家永田家は下市の都市的機能の整備には消極的であった。同家の地域社会への寄付対象は小学校や寺社が中心であり、住環境面での都市化は進まなかった。ところが、大阪での百貨店設立は永田家に大きな影響を与え、大阪の百貨店からの衣料品購入が急増した。それは店舗での購入ではなく、百貨店が地方販売に対応した面もあったが、それ以外に永田家は人を定期的に大阪に派遣して、特定の菓子店のブランド品の購入や、地元では手に入らない商品のまとめ買いを行わせていた。

第八章の主な論点は、大都市に居所を移した地方資産家の生活のあり方である。滋賀県能登川の阿部市太郎家は、一九一〇年代に事業の拠点を大阪に移し、国鉄沿線の住吉（後に阪急電鉄沿線の夙川）に居宅を設け、京都にも別邸を設けた。阿部家のような近江商人は、宗教倫理の影響を受けて勤勉・信用・節約の精神があるといわれ、消費生活においても節約の気質が強いとされる。小栗家と同様に、阿部家も地域社会への多額の寄付を出身地元や大阪に対して行ったが、その内容は、家業の商業に関連する学校や、貧窮民の救済が主な目的であった。阿部家が居住した住吉・夙川や京都は、都市的機能の整備が進展しており、そうした都市的サービスを受ける側として逆に日常の出費がかさんだ。特に、瓦斯代・電灯代などの光熱費が京都別邸の消費支出での比重が高く、それらは都市生活に最低限必要な支出でもあった。

第五〜八章の分析を通してみると、一九一〇〜二〇年代の都市化のなかで育まれた消費者意識が、都市的な生活様式を地方へ波及させる原動力となったと思われる。跛行的であったとはいえ一九〇〇年代までに地方への回路が開かれた文明品の普及経路を、押し広げるように人々の消費欲求が高まったのが第一次世界大戦期であった。財・サービスから消費者意識へと大衆消費社会への準備は進んだ。しかし、人々の消費欲求は、購買力の壁に阻まれる。一九二〇〜三〇年代は二重構造と呼ばれるように所得格差が拡大した時期でもあり（中村隆英・尾高煌之助編『日本経済史六　二重構造』岩波書店、一九八九年）、人々の購買力を超える購入の仕組みが整備されていない段階では、消費市場の拡大にも限界があった。本格的な大衆消費社会の成立は、社会全体として所得水準の上昇がみられ、なおかつ消費者向けの金融会社が登場した第二次世界大戦後に持ち越されたのである。

第五章　百貨店の成立と大衆化

はじめに

本章では、一九一〇年代に登場してきた大都市の百貨店が、都市化のなかでどのように性格変化を遂げたかを検討する。両大戦間期（一九一〇〜三〇年代）日本の百貨店研究は、大衆消費社会の形成に百貨店の果たした役割の解明を目指す文化史の視点を含んだ社会史的視角からの研究と、呉服店の経営近代化との関連で「百貨店」化のプロセスの解明を目指す経営史あるいは商業論の視角からの研究の二つの流れで進められてきた。

例えば前者については、百貨店の大衆化が文化・社会に与えた影響に関し、建築面から初田亨が、ショーウィンドーや流行など文化面から高柳美香や神野由紀が、そして総合的に山本武利・西沢保編書が研究を進めた(1)。これらの研究により、「百貨店文化」といえる独特の社会状況を百貨店が創り上げたことが明らかにされたが、それが逆に百貨店経営に与えた作用の具体的な解明に至らず、百貨店の大衆化と百貨店経営の発展を安易に結び付ける傾向があった。

また後者については、社史・伝記資料・営業報告書などをもとにした検討が、前田和利・藤岡里圭・末田智樹などによって進められ(2)、特に藤岡と末田が実証水準を高めた。藤岡は、高島屋を取り上げ、商業論の立場から百貨店化から商品部門別管理が確立する過程を検討し、百貨店は部門管理の導入によりその大規模性をコントロールし得たのであり、部門管理を導入したことに単なる大規模小売商ではない革新性が認められるとした(3)。末田は、これまでの百貨店の経営史研究では、百貨店創業期の経営者の意思決定や経営活動への関心が乏しいとして、三越の日比翁助、高島屋の飯田家同族会、松坂屋の伊藤祐民、大丸の下村正太郎、阪急の小林一三、伊勢丹の小菅丹治、岩田屋の中牟田喜兵衛など主要百貨店の創業期の経営者の企業家活動を包括的に論じた(4)。

こうした研究動向に対し、本章では、呉服店の「百貨店」化のプロセスとその内実を、百貨店が所蔵する資料を基に分析して解明するとともに、それとあわせて進んだ大衆化が百貨店経営に与えた影響も検討して大衆消費社会の形成と百貨店経営の関連を考察することを課題とする。その場合、本章では、経営帳簿の分析を通して経営の内実の変容を解明することに努める。なお日本では、大衆消費社会は第二次世界大戦後の高度成長期に本格的に成立したとの考え方が一般的であるが、日本は第一次世界大戦末期に工業国家へ離陸し、それとともに大量生産と大量消費の萌芽が誕生し、萌芽的大衆消費社会の出現を典型的に示すのが、百貨店と公設市場の発展であったとする見方がある(5)。本章でも、消費文化の変容と百貨店の成立が密接に結びついた両大戦間期日本を大衆消費社会の萌芽的形成期と考えるが、萌芽的としたのは、両大戦間期においては、大衆社会の中心的担い手となる中間層の形成が都市部に限られるとともに、大量消費の面でも百貨店や公設市場で主に提供された品物が衣料・食料などに限られ、家電製品など住生活を大きく変容させる財に至っていなかったことなど、量的・質的に限界性を持っていたことを念頭においている(6)。

百貨店の考え方は時代によって変化したが、本章では、両大戦間期の百貨店を分析対象とするため、一九三〇年代の日本で概念化された百貨店の特徴である大規模な店舗・多種類の販売商品・商品部門制度の採用の三点を備えたものを「百貨店」と考え(7)、「百貨店」化を、①店舗の大規模化、②販売商品の多様化、③商品部門制度の機能が本格的に発揮されることの三点から評価する。そして、そうした大規模小売店が大勢の店舗入場者を集め、呉服以外の商品も含め、多様な商品を廉価で大量販売するに至ったことを大衆化とする(8)。その意味で「百貨店」化と大衆化は相互に関連していたが、その関連のあり方は経営主体によって異なったと考えられるため、個々の経営の内実から検討する必要があろう。これまでの研究では一九〇〇～一〇年代に大都市の先駆的な大規模呉服商が百貨店への転換を進め、その後二〇年代の不況期に関東大震災などの影響で百貨店の大衆化が進展したと捉えられているが[9]、結論を先取りすれば、本章の分析対象である「いとう呉服店」（一九二五〈大正一四〉年に松坂屋と改称したので[10]、以下松坂屋で統一）の場合は、「百貨店」化と大衆化が二〇年代を通して関連しつつ並行して進み、三〇年代初頭に「百貨店」として確立したと考えられる。詳しくは後述するが、松坂屋の大衆化の時期をこれまでの研究より早めたのは、松坂屋の店舗入場者数の急増が、一九一〇年代末から始まっていたからであり、松坂屋の「百貨店」化の完成時期をこれまでの研究より遅らせたのは、商品部門制度の機能が本格的に発揮されたのが三〇年代初頭と考えたからである。むろんこの見方は松坂屋の事例研究に基づくものであり、他の百貨店では異なる展開を示した可能性もあるため、松坂屋の事例をもって百貨店全体の動きに一般化することには慎重でなくてはならない。また「百貨店」化と、経営組織の整備、会計帳簿の近代化、近代教育を受けた専門経営者の登用などにみられる経営の近代化は、必ずしも同じでなく、経営の近代化が不十分でも「百貨店」化は可能である。ただし、大衆化した後も「百貨店」経営が安定して永続するには経営の近代化が必要とされたと考えられ、「百貨店」化は、結果的に経営の近代化を導いたといえる。

そして本章では、松坂屋が名古屋で大型店舗を開設して株式会社化した一九一〇（明治四三）年から、名古屋・上野・銀座・大阪の主要四店舗の大規模化が完成した三七（昭和一二）年までを分析時期とする。表47をみよう。両大戦間期の有力百貨店が出揃った一九三四年時点で、松坂屋の利益金は三越を抜いて主要百貨店のなかで一位を占め、また営業延面積でも、同年一二月時点で、主要百貨店のうち三越の三万八九〇三坪についで松坂屋は二万九九六七坪で二位を占めた[11]。その意味で松坂屋の動向は、百貨店業界全体に大きな意味を持ち、また松坂屋は、東京・名古屋・

表47　主要百貨店企業の当期利益金一覧（1919~37年度）

（単位：千円）

年度	三　越	松坂屋	白木屋	高島屋	大　丸	松　屋	阪　急
1919	(2,992)	970	881				
20	(2,693)	995	1,161	449	389		
21	3,057	1,899	742	631	427		
22	2,468	1,774	870	590	259		
23	2,011	△675	685	517	274		
24	1,739	2,665	536	721	264		
25	1,691	2,153	192	631	279	523	
26	2,179	2,331	△211	328	388	922	
27	2,508	2,832	4	412	626	1,048	
28	2,961	2,703	285	472	818	1,090	
29	2,855	2,684	527	571	746	800	652
30	2,351	2,161	509	525	586	454	941
31	2,259	2,403	494	585	762	464	1,030
32	1,987	2,355	297	643	757	599	1,290
33	2,250	2,529	431	899	742	620	1,609
34	2,500	3,113	523	1,171	860	657	2,258
35	2,647	2,547	681	1,245	877	696	2,434
36	3,104	2,675	710	1,382	900	826	2,148
37	3,388	2,637	747	1,637	1,093	913	2,466

（出所）各社『営業報告書』，高島屋150年史編纂委員会編『高島屋150年史』（株式会社高島屋，1982年），株式会社三越『株式会社三越85年の記録』（株式会社三越，1990年）より作成．いとう呉服店（松坂屋）『営業報告書』は一般財団法人J・フロントリテイリング史料館蔵．

（注）建物等の原価償却分を差し引いた後の純利益額を示した．阪急の場合は，百貨店売買損益から百貨店営業費と建設費償却積立金を引いて算出した．なお阪急の建設費償却積立金は，百貨店以外の部門の分も含まれると考えられるが，積立金そのものの金額が比較的少なかったので，全体を引いて算出した．括弧書は原価償却分を差し引く前の純利益額．△は純損失額を示す．

大阪の大都市に大店舗を有しており、各大都市の市場動向の相違が百貨店経営に与えた影響を比較検討し得る利点もある。

本論に入る前に、近代日本の都市化について概観する。第一章で述べたように、近代に入ると、東京の現住人口が急増し、他と隔絶した大都市となったが、地方都市人口は、開港場都市の人口は急増したものの、近世来の城下町都市の人口はそれほど伸びなかった。しかし二〇世紀に入ると、地方都市人口も全体的に増大することとなり、日本全国総人口のうち、人口一万人以上の都市に居住した人口は、一九〇三年の約二一%から、二〇年の約三二%、三〇年の約四一%へ増大した[12]。特に大都市への人口集中が顕著で、一九一三年末時点で現住人口三〇万人以上の六大都市の現住人口の推移を表48に示した。そのうち松坂屋が大店舗を開設した東京・大阪・名古屋の現住人口の推移をみると、関東大震災の影響で一時的に減少した東京の現住人口を、市域を拡大させた大阪の現住人口が一九

表48　6大都市現住人口の推移　（単位：千人）

年　月	東　京	大　阪	名古屋	京　都	横　浜	神　戸	小　計	全　国
1903末	1,819	996	289	381	326	285	4,096	46,733
1908末	2,186	1,227	378	442	394	378	5,005	49,589
1913末	2,050	1,396	452	509	398	442	5,247	53,363
1918末	2,347	1,642	437	670	447	593	6,136	56,668
1920・10	2,173	1,253	430	591	423	609	5,479	55,963
1925・10	1,996	2,115	769	680	406	644	6,610	59,737
1930・10	2,071	2,454	907	765	620	788	7,605	64,450
1935・10	5,876	2,990	1,083	1,081	704	912	12,646	69,254
1940・10	6,779	3,252	1,328	1,090	968	967	14,384	73,114

（出所）中西聡編『日本経済の歴史―列島経済史入門―』（名古屋大学出版会，2013年）223頁の表6－3.
（注）全国人口の1903~18年は本籍人口.

二〇年代後半に上回り、三〇年代には東京も市域を拡大して再び大阪の現住人口を上回った。一九二〇年代前半に市域を拡大した名古屋は、三〇年代も顕著に現住人口が増加して一〇〇万都市となり、現在にまで続く三大都市圏の原型が作られた。

一　松坂屋の経営状況の概観

明治期の松坂屋は、名古屋本店・上野店（東京）・大阪店を販売店として持ち、京都に仕入店を持つ近世来の大規模呉服店であった。一九〇〇年代までの松坂屋上野店の売上高をみると、(13) 一八七〇年代後半のインフレ期に七六（明治九）年の約五万円から八一年の約一〇万円に増大し、八〇年代前半のデフレ期に減少して九一年に約六万円となった。その後一八九〇年代前半に、物価指数をかなり上回る増加率を示し、九七年に約一六万円となったが、九七年以降は停滞し、一九〇〇年代前半は物価指数が横ばいに対して、上野店の売上高は一九〇〇年の約一八万円から〇四年の約一二万五〇〇〇円へ減少した。名古屋本店でも一九〇〇年代前半には売上高は停滞していたが、(14) 〇六年に本店が一部改装して店内に洋間やショーウインドーを設け、また上野店も〇七年に陳列立売販売方式に改めると、本店売上高は〇五年の約二四万円から〇六年の約三八万円へ、上野店売上高も〇六年の約二二万円から〇七年の約四六万円に急増し、松坂屋の「百貨店」化への道筋が付けられた。一九〇九年に松坂屋は大阪店を閉鎖し、人材を名古屋本店に移して、名古屋本店の大規模化の準備を進め、翌一〇年に名古屋本店の陳列立売への改築が行われた。[15]こうして、一九一〇年に株式会社いとう呉服店が設立された。その後の松坂屋の経営状況を概観する。松坂屋の株式の大部分は創業家の伊藤家家族が所有し、伊藤産業合名会社所有分も含めた同家の持株比率は、一九一〇年上半期が九〇・〇％で、その後一八（大正七）年上半期に七〇・八％に下がったが、二〇年代に再び上昇し、三一（昭和六）年下半期は七四・六％であった。[16]伊藤家以外の主要株主はいずれも伊藤家の別家であり、株式会社設立後の伊藤家の封鎖的株式所有は維持され続けた。

次に役員の変遷を確認する。[17]株式会社設立当初の役員は、取締役社長が伊藤家若当主、取締役は神戸勘七郎・山田三十郎・伊藤正三郎・喜多村助十郎、監査役は塚本金兵衛・中島茂兵衛・村瀧嘉助で、伊藤家若当主以外はほとんどが松坂屋の別家衆であった。ここでの別家は、のれんわけで松坂屋から独立した家ではなく、呉服店時代から松坂屋に勤め、重要な役職を占めた「日勤別家」を意味しており、百貨店経営の実質的運営にあたった本店支配人の鬼頭幸七も日勤別家であった。株式会社設立前後で松坂屋の経営陣にあまり変化はなかったといえる。むろん株式会社設立を契機に松坂屋は三名の大卒者を採用したが、創業期には呉服店時代の慣習が根強く、入店した三名の大卒者はいずれもまもなく店を辞め、そのうち早稲田大学卒業の小林八百吉のみがもう一度松坂屋に復帰した。[18]

ただし、その小林八百吉が一九二六年から取締役、三二年から専務取締役、同じく名古屋商業学校を卒業して一〇年に入店した島澤文彦が三二年に常務取締役、東京電燈株式会社の営業係長から一〇年に松坂屋に入店した桑原益太郎が三二年に取締役となるなど、三二年には松坂屋の主要重役が高等教育機関卒業生や近代企業からの転職者で占められるようになった[19]。むろん、社長・副社長は伊藤家で占められており、過大評価はできないが、経営に対する役員の考え方が大きく変化したことは予想できる。現場責任者をみても、一九一五年時点では、名古屋営業部で田中増次郎が営業部次長・三階陳列係長・庶務係長・会計係長・意匠係長を兼ね、東京営業部では秋本安治郎が営業部業務監督・地方係長・出納係長を兼ねるなど同じ人物がいくつもの役職を兼ねており[20]、人材不足が目に付いたが、名古屋営業部では一九一八年九月、東京営業部（二四年から上野営業部）では一九年一〇月に、営業部の下に仕入・販売を担当する商務部と人事・経理を担当する内務部の二系統がとられて組織の整備が行われた。そして一九二〇年六月から、前述の小林八百吉が本社商事課副主任に、島澤文彦が名古屋営業部商務部主任に、また一九年一〇月から桑原益太郎が東京営業部内務部長にと、高等教育機関卒業生や近代企業からの転職者が現場の重要な責任者に就くに至った[21]。

この営業部・商務部・内務部からなる体制は、一九二三年に大阪営業部が、二四年に銀座営業部が設置された際も踏襲され、その後二七年二月の職制改正で、本社は統轄課・商事課・調査課・会計課・秘書課の五課体制となり、名古屋・上野・大阪・銀座営業部では、商品部・販売部・宣伝部・経理部・人事部が設置され、栄営業部は商務部と内務部、京都仕入店は商品部・加工部・内務部が設置された[22]。そして一九三六年時点では、大阪・銀座営業部にそれぞれ支店長が設置されており、本社兼東京本部商事課長かつ大阪支店長の塚本鉢三郎、本社調査課長の北澤平蔵、銀座支店長の澤田東作など現場の最高責任者が取締役として加わり[23]、現場とトップマネジメントとの意思疎通が行われやすくなった。現場においても、一九二二年に伝票を横書きにしたことに応じて、店員教育の整備刷新が図られ、二二～二三年に上野・名古屋・大阪の店員舎宅を新築してそこで新入社員の基礎教育を行うようになり、二六年には私立松坂屋青年訓練所が各店舗に設立された[24]。

損益を表49から確認すると、一九二〇年代に当年度利益が急増し、三〇年代は横ばいになった。利益金処分では、

表 49　松坂屋利益金処分一覧　　（単位：千円，内部留保率は％）

年度	前年度繰越	当年度損益	減価償却	合計損益	利益金処分			次年度繰越	内部留保率
					積立金	賞与金	配当金		
1910	0	16	0	16	0	0	0	16	100.0
11	16	12	0	28	0	0	0	28	100.0
12	28	53	0	81	25	8	25	23	59.3
13	23	67	0	89	25	10	25	29	60.7
14	29	7	0	35	0	0	0	35	100.0
15	35	92	△7	120	35	20	35	31	55.0
16	31	200	△16	215	60	31	75	49	50.7
17	49	372	△38	384	100	44	140	99	51.8
18	99	466	△83	482	100	62	197	124	46.5
19	124	1,052	△82	1,094	150	145	600	199	31.9
20	199	1,080	△84	1,195	225	94	590	286	42.8
21	286	1,980	△81	2,185	555	100	988	543	50.3
22	543	1,885	△111	2,317	550	90	1,000	677	53.0
23	677	△531	△144	2	250	50	1,000	△1,298	
24	△1,298	2,827	△162	1,368	300	70	813	185	35.5
25	185	2,479	△326	2,339	600	100	1,192	447	44.8
26	447	2,706	△375	2,778	600	100	1,500	578	42.4
27	578	3,233	△401	3,410	660	110	2,040	600	37.0
28	600	3,234	△531	3,303	600	100	1,669	935	46.5
29	935	3,440	△755	3,619	620	120	2,040	839	40.3
30	839	2,894	△733	3,000	500	90	1,560	850	45.0
31	850	3,108	△704	3,253	△1,740	110	4,590	293	
32	293	3,007	△652	2,648	550	90	1,650	358	34.3
33	358	3,120	△591	2,887	600	100	1,800	387	34.2
34	387	3,894	△782	3,499	720	120	2,250	409	32.3
35	409	3,313	△766	2,956	600	100	1,800	456	35.7
36	456	3,545	△870	3,131	△500	100	3,000	531	1.0
37	531	3,915	△1,278	3,168	600	100	1,875	593	37.7

（出所）前掲いとう呉服店（松坂屋）各期『営業報告書』より作成．

（注）『営業報告書』は各年度とも上半期と下半期に分かれていたが，それを合計して各年度ごとに示した．△は損失もしくは支出．利益金処分欄は合計損益の分配を示し，積立金の△は積立金取り崩しを示す．前年度繰越と当年度損益と減価償却をあわせたのが合計損益で，合計損益から利益金処分を除いた残りが次年度繰越となる．内部留保率は，積立金と次年度繰越の合計をその年度の合計損益で除して計算した．また，1923・31年度は内部留保率がマイナスになるので空欄とした．

表 50　松坂屋売上高と利益率の推移　　　　　　　　　　　　　　　（単位：千円，利益率は％）

年度	総売上高	売買収益	営業費	減価償却	純利益	利益率	物価指数
1910	1,693	251	236	0	15	0.9	59
11	1,836	277	267	0	10	0.5	61
12	2,129	327	277	0	50	2.3	65
13	2,286	400	334	0	66	2.9	65
14	2,225	337	332	0	5	0.2	62
15	2,533	380	291	7	82	3.2	63
16	4,089	623	445	16	162	4.0	76
17	6,320	1,150	792	38	320	5.1	95
18	10,198	1,561	1,125	83	353	3.5	125
19	18,497	2,774	1,733	82	959	5.2	153
20	25,251	3,505	2,470	84	951	3.8	168
21	29,475	4,844	2,817	81	1,946	6.6	130
22	31,568	5,180	3,308	111	1,761	5.6	127
23	1)35,960	5,907	4,183	144	1,580	4.4	129
24	45,219	7,509	4,716	162	2,631	5.8	134
25	52,675	8,388	6,055	326	2,007	3.8	131
26	58,334	9,560	6,674	375	2,511	4.3	116
27	67,031	10,945	7,601	401	2,943	4.4	110
28	65,403	11,166	7,921	531	2,714	4.1	111
29	72,296	12,749	9,083	755	2,911	4.0	108
30	67,767	11,921	8,785	732	2,403	3.5	89
31	65,352	11,886	8,677	704	2,505	3.8	75
32	63,660	11,835	8,889	652	2,294	3.6	83
33	65,887	12,236	9,157	591	2,488	3.8	95
34	73,533	14,218	10,322	782	3,114	4.2	97
35	72,368	13,836	10,767	766	2,303	3.2	99
36	73,664	14,076	10,646	870	2,560	3.5	104
37	82,216	16,416	12,513	1,278	2,625	3.2	126
38	87,745	16,793	13,097	1,121	2,575	2.9	133
39	105,923	20,482	16,371	927	3,184	3.0	147
40	106,651	18,286	15,374	819	2,093	2.0	164

（出所）「商品売上仕入送品高月計簿」（松坂屋資料），竹中治助編『新版店史概要』（株式会社松坂屋，1964年）261･368頁，前掲いとう呉服店（松坂屋）各期『営業報告書』より作成．

（注）純利益は売買収益から営業費と減価償却を引いて示した．利益率は売上高純利益率．なお純利益には，雑損益を除いたため，表47の利益金額とは異なる．物価指数は，1934~36年の平均を100とした指数（日本銀行統計局編『復刻版明治以降本邦主要経済統計』並木書店，1999年，76-77頁より）．1）震火災損失金として2,481,181円が帳簿では計上されており，これを加算するとこの年は純利益金はマイナスとなる．

一九一九年から配当性向が高まり、内部留保率は次第に減少した。その背景には、急激な増資があったと考えられ、[25]一九二三年は関東大震災のため積立金は少なかったにもかかわらず、松坂屋は資本金を五〇〇万円から一〇〇〇万円に増資して、増資に充当すべく配当金に一〇〇万円を配分し、二七年に一〇〇〇万円から一二〇〇万円に増資した際にも配当金はかなり増大させ、三一年に一二〇〇万円から一五〇〇万円に増資した際には、積立金を取り崩して増資充当分として特別配当を行った。松坂屋は伊藤家の封鎖的株式所有であったため、配当金による増資払込の形態をとり、内部循環的な利益金の還流が行われて設備投資が進められ、逆に内部留保が少ないために、設備投資のためにさらに増資が必要となっていた。このような旺盛な設備投資による店舗の大規模化は、不動産・設備什器資産の動向からもわかり、松坂屋の不動産・設備什器資産額は、一九二一年の約八八万円から二二年に約一四四万円、二四年に約二〇七万円、二五年に約四三八万円、二七年に約六七八万円、二八年に約一二九七万円、二九年に約一四九三万円と急増した。[26]そして店舗の大規模化が進んだ一九二〇年代は、表50のように、売上高が急増し、売買収益も急増したが、特に設備投資拡大による減価償却費が増大したため、それを引いた純利益額は微増に止まり、売上高純利益率は減少した。そして一九三〇年代には、営業費と減価償却費の増大により、売上高純利益率は低迷した。

二　一九一〇年代の松坂屋――高級化路線の時期――

一九一〇（明治四三）年に松坂屋は名古屋本店を新築して呉服以外の雑貨類の売場を設けたが、呉服と雑貨の売上高比率は、一〇年代を通して呉服売上高が全体の約四分の三以上を占め、呉服店の性格を強く持ち続けた。[27]一九一〇年代の松坂屋が発行した広報誌掲載の物価表に挙げられた販売商品種類は、〇七年一月号で三五七種、〇九年一月号で三七八種、一一年一月号で五一三種と一〇年以降に増え、一四年から呉服の部と雑貨の部に区分された。(28) それを参考に遡って雑貨の種類をみると、一九〇七年一月号で一九種、〇九年一月号で二一種、一一年一月号で九五種と急増したが、呉服のうち絹布類の種類も、〇七年一月号で二六四種、〇九年一月号で二七四種、一一年一月号で三三七種と増大しており、特に絹布縞物類が〇九年一月号の三四種から、一一年一月号の四六種、一五（大正四）年二月号の五八種へ、絹布袴・帯地類が〇九年一月号の七三種から、一一年一月号の一〇二種へ増大した。

このうち一九一〇年代前半に新たに縞物類で物価表に恒常的に登場するようになったのは、塩瀬御召、八雲御召、華紋御召などの高級呉服類や、綾糸織、扶桑織、山科織、みゆき織、寿織など高技術と考えられる織物であり、一七年からは大島紬・結城紬など紬類や銘仙が新たに登場した。(29) 長期間物価表に登場した縞物類の販売価格の変化を表51でみると、「百貨店」化を開始した一九一〇年以降もそれ以前と販売価格に変化がないか、むしろ紬類など高価な呉服を扱うようになり、また、三越の広報誌の物価表が一九一四年一〇月について判明したので、それと比べると、三越の縞物類と松坂屋の縞物類の販売価格に差はあまりなく、三越と同様に高級な御召や織物類を松坂屋は販売していたといえる。実際、旧店員の後年の座談会では、一九一〇年の名古屋店新築当初は、新聞広告ではデパートメントストアと書いたが、名古屋の人にはよく理解できず、当時の社長自身も「呉服店」と呼んでいたこと、内容的にも名古屋店新築当初は呉服類が全商品の約九〇％を占め、雑貨類も紳士用品のワイシャツ、帽子、靴下が中心であったことが述べられた。(30)

一方、表52の左側からみて、一九一〇年代の店舗入場者数は、本店は比較的横ばいで、上野店も一〇年代前半は比較的横ばいであり、主要催事のない通常日の入場者数は一日一〇〇〇人未満であったが（後掲の表54を参照）、入場者一人当り売上高は両店ともに増大していた。店舗以外の商業活動として、訪問販売を行う外商係、地方への出張販売や通信販売を行う地方係があり[31]、売場（店舗）・外商・地方の売上高割合を表52の右側でみると、名古屋営業部では、売場（店舗）売上高の比率が低下して、地方売上高の比率が上昇した。上野営業部の売場売上高比率がかなり多かったのに対し、名古屋営業部では、店舗で文化催事や洋風建築によるイメージ作りに力を入れる一方、呉服店時代から行っていた訪問・出張販売にも力を注いだ。販売方法では、各店舗の需給バランスのずれを解消するために、余った商品を別の店舗に移して販売する商品転換制度が一九一四年から始まったが[32]、その方式では、店舗別や、商品別の採算の計算が困難なため、一八年に、商品部門別に一貫して仕入から販売まで行う商品部門制度が採用され、二〇年には全店の商品部門が統一された。それ以後一九二九（昭和四）年度まで商品部門別の仕入高と販売高が判明する。一九一九・二二・二六・二九年度の各部門別売上高概算粗利益率を表53で示した。史料では各月別の仕入高と売上高がわかるが、仕入から販売までの期間が、一九三〇年代前半の松坂屋では平均して三週間程度（商品回転率が年間一七回半）との推定結果があった[33]。ただし一九二〇年代は、三〇年代前半より販売能率がやや劣っていたと考えられるので（後述）、仕入高と売上高の比較に一ヵ月のズレをみて、各年一～一二月の仕入高合計と当該年二月～翌年一月の売上高合計から概算の売上高粗利益率を計算した。

三越

商品名	1914年10月
同左 同左	20～25円 30～35円
同左 同左	14.5～20円 23～28円
同左 同左	18～19円 18～19円
同左 同左 同左	10～15円 12～16円 8～10円
結城紬 同左 同左 同左 同左	12～16円 10～20円 8.5～13円 17～19円 17～21円
同左	12～16円
同左 同左	7～10円 5円位
同左	6～9円
都風通 同左	7～8円 5.5～7円
同左 同左 同左 本秩父銘仙	8～11円 13.5～28円 7～8円 4.5～7円

第38号（1913年1月），『モーラ』

三越と比較可能な商品を取り
第4巻10号（1914年10月）より

表51　広報誌掲載の物価表からみた松坂屋と三越の絹布縞物類販売価格の推移

松坂屋

商品名	1907年1月	1909年1月	1911年1月	1913年1月	1915年2月	1917年1月
紋織御召	16～20円	15～22円	15～22円	15～22円	15～22円	
同 4丈5尺物	28～30円	25～30円	25～30円		32～33円	
縞御召(3丈物)	13～18円	12～17円	12～17円	12～17円	13～18円	13～17円
同 4丈5尺物	24円内外	20円内外	20円内外	20円内外	24円内外	20～30円
無地御召	18円内外	17円内外	17円内外	12～17円	12～17円	15～17円
橘御召				19円前後	19円内外	
高貴織	8～15円	8～18円	8～18円	10～18円	8～15円	6～13円
富国織	16円内外	15円内外	15円内外	11～14円	11～14円	
米澤糸織	8～9.5円	7～10円	7～10円	7～10円	7～10円	7.5～10円
諸糸織	12～16円	10～15円	10～15円	10～15円	10～15円	
都糸織	16円内外	15円内外	15円内外	15円内外	結城紬	13～20円
綾糸織			15円内外	15円内外	15円内外	
唐糸織				16円内外	16円内外	9～13円
双葉織				17～18円	17～18円	
清綾織				15～20円		
本(場)結城	12円内外	13円内外	13円内外	12～16円	12～16円	
節結城	9円内外	8円内外	8円内外	8円内外	8円内外	
本八丈	7～9円	7～9円	7～9円	7～9円	7～9円	
秋田八丈	5円内外	5円内外	5円内外	5円内外	5～9円	5～8円
本琉球絣	14～30円	13～30円	13～30円	13～30円	13～30円	
本琉球縞	7.5～9.5円	8円内外	8円内外	8円内外	8円内外	
伊勢崎絣	6～8円	5～7円	4～7円	5～7円	5～7円	5～8円
伊勢崎縞	6.5～8.5円	6円内外	3.5～5円	6円内外	6円内外	4～7円
秩父縞	5～7円	4～7円	3～7円	4～7円	4～7円	
節糸織	6～8円	5～8円	4～8円	5～8円	5～8円	5～7円
米琉球絣	6～8円	5～8円	4.5～8円	5～8円	5～8円	5～12円
米琉球縞	6円内外	6円内外	4～6円	6円内外	6円内外	5～8円
新風通	7円内外	4～5円		6円内外	6円内外	
新御召	5～8円	4～7円		4～7円	4～7円	4～6円
上田節糸					8～9円	
大島紬(絣)						13～30円
大島紬(縞)						5～10円
本場銘仙						5～8円

(出所)『衣道楽』第2号(1907年1月),『衣道楽』1909年1月号,『モーラ』第12号(1911年1月),『モーラ』第59号(1915年2月),『モーラ』1917年1月号(以上,松坂屋資料)より作成.

(注)松坂屋の広報誌の価格表の縞物欄に挙げられた商品のうち,長期に継続して示された商品や上げ,その価格を示した.価格の単位は1反当りと考えられる.三越欄は,三越の広報誌『三越』販売価格を示した.

表52　松坂屋売場売上高と店舗入場者数の推移および名古屋・上野営業部の売上高内訳

年度	名古屋本店			上野・銀座店			名古屋営業部			上野営業部		
	売上高（千円）	入場者（千人）	1人当り（円）	売上高（千円）	入場者（千人）	1人当り（円）	売場（%）	外商（%）	地方（%）	売場（%）	外商（%）	地方（%）
1910	715			437	(80)	(5.46)	64.5	26.6	8.9	74.7	14.5	0.3
11	729	599	1.22	462	(91)	(5.08)	60.1	24.3	15.6	74.2	24.3	0.9
12	788	525	1.50	619	(138)	(4.49)	58.0	21.2	20.8	80.1	19.0	0.9
13	743			681	387	1.76	53.6	22.5	23.9	75.6	19.1	5.3
14	655	510	1.28	812	316	2.57	55.4	22.9	21.7	77.8	19.5	2.7
15	752	488	1.54	921	309	2.98	55.5	21.7	22.8	78.2	19.2	2.5
16	1,107	516	2.15	1,824	512	3.56	57.3	21.1	21.5	84.4	13.3	2.3
17	1,505	677	2.22	3,240	1,375	2.36	57.9	22.2	19.9	87.1	10.3	2.6
18	2,263	873	2.59	5,616	1,451	3.87	59.5	22.1	18.3	87.8	8.6	2.4
19	3,974	1,411	2.82	10,828	2,051	5.28	59.6	20.6	19.8	91.6	6.9	1.6
20	5,091	1,564	3.26	15,529	3,499	4.44	64.5	19.2	16.4	89.5	9.3	1.1
21	6,339	2,026	3.13	18,092	4,152	4.36	63.9	21.3	14.7	92.5	5.4	2.1
22	6,897	2,440	2.83	20,286	5,434	3.73	68.3	19.0	12.7	94.5	4.6	0.9
23	8,018	3,034	2.64	17,436	4,946	3.53	71.3	17.0	11.7	94.8	4.3	0.8
24	8,524	3,112	2.74	23,687	5,756	4.12	69.5	17.9	12.6	93.5	4.7	1.8
25	10,561	6,017	1.76	27,826	9,191	3.03	72.2	16.0	11.8	92.9	4.4	2.7
26	12,802	7,832	1.63	29,120	9,406	3.10	73.3	16.5	10.2	92.1	4.4	3.4
27	14,572	8,719	1.67	32,675	11,320	2.89	73.2	16.4	10.4	91.8	4.2	4.0
28	14,119	8,013	1.76	32,062	10,108	3.17	73.3	15.6	11.1	92.9	4.4	2.7
29	13,667	7,347	1.86	39,672	19,266	2.06	74.6	14.4	11.0	94.7	4.1	1.2

（出所）「商品売上仕入送品高月計簿」（松坂屋資料）より作成.

（注）売上高は売場売上高. 1人当り欄は店舗入場者1人当りの売場売上高. 上野・銀座店欄は, 1923年度まで上野店, 24年度以降は上野店と銀座店の合計. 上野店の1910~12年の入場者数は過少計算と思われるので, 括弧書で示した. 1910・11年度の上野営業部の外商・地方売上高は, 一部の日が不明のため, 合計比率はやや過少評価である.

むろん商品の回転率は、種類によって異なるので、この売上高粗利益率は目安に過ぎない。また、呉服と雑貨の回転率を同列に扱うのに留意が必要で、生鮮食料品などを扱っていれば、呉服に比して回転率は速いと考えられる。しかし、一九一〇年代と二九年の松坂屋の広報誌の物価表に掲載された食料品は、乾物・茶などの贈答用品がほとんどで、生鮮食料品はみられなかった[34]。よってここでは、呉服・雑貨ともに平均すれば、前述の一九三〇年代前半の商品回転率は年間一七回半前後であったと考え、その点に留意しつつ一九年度の概算粗利益率をみると、名古屋営業部では、絹織物・既製品・家具類・児童用品部門が高く、麻布・綿織物・食料品・洋雑貨部門が低かった。東京営業部でも、名古屋営業部に比べると各商品部門間の概算粗利益率の差は少なかったものの、絹織物・既製品・家具類部門が高く、綿織物・帯地・麻布・玩具類部門は低かった。絶対額で比較するために、一九一九年度の概算粗利益額全体に占める各部門の概算粗利益額の比重を利益の上がった部門について計算すると、名古屋営業部では、銘仙・大島紬類が一三・四％、絹布無地・石持類が一二・一％、帯地・緞子類が一一・五％、友禅・形染類が一〇・三％と多く、綿布縞・絣類が一・二％、綿布無地・形染類が二・五％、食料品類が一・二％、貴金属・時計類が一・〇％、靴・鞄類が一・二％と少なかった。東京営業部でも、友禅・形染類が一四・九％、御召・綾糸袴地類が一四・六％、絹布無地・石持類が一二・一％と多く、食料品類が一・九％、貴金属・時計類が一・五％と少なかった。[35] 東京営業部の上野店は一九一七年の新店舗開店の際に食料品売場を確保し、そのことが上野店で食料品を売っているとの評判を広げたとされるが、[36] 上野店全体の売上高に占める食料品売上高の比率は、一八～二二年にかけて約一・五％から約四・〇％に増加したに止まり、[37] 上野店でも名古屋本店と同様に高級呉服部門が利益源泉であったといえる。

ただし、一九一六年一二月の上野店改築新店舗開店式典の訓示で、松坂屋社長（伊藤家若当主）が「実用的大商店として堅実なる店風を発揮すべし」「清新にして善良なる商品を廉価に販売すべし」「誠実敏速にして能くその任務を尽し万事顧客本位たるべし」との松坂屋の伝統的営業方針を「信条」として述べたように、実際には名古屋本店・上野店ともに一〇年代前半から実用品の廉価販売を行っていた。[38] 表54をみよう。松坂屋では夏物・冬物などの在庫処分セール（棚さらへ安売り）を定期的に実施し、セール以外の期間に比べるとセール期には三倍前後の顧客を集めていた。その評価を当時の社内報の『店報』から拾ってみると、[39] 一九一六年一〇月の名古屋本店の冬物大売出しでは、「降雨ヲ見タルモ来客夥シク予期ノ成績ヲ挙ゲタリ」とされ、一八年八月の上野店の夏物棚さらへ売出しでも、「連日共相応ノ盛況ヲ呈シ前年度同売出シニ比シ十三割強ノ売勝ヲ見タリ」とされた。在庫処分セールのみでなく、「銘仙割引売出し」（一九一六年九月）、「三大実用品〔銘仙・御仕着地・メリヤスシャツ〕の特価提供」（一七年一二月）なども行っており、前者について「連日相応ノ盛況ヲ呈シタリ」、後者について「人気ヲ蒐メ盛況ヲ呈セリ」と『店報』に報じられた。ただし一九一〇年代の廉売は、後述する二〇年以降の産地大量買い付け・店舗大量販売と組み合わせた大規模な廉売とは質が異なると考えられ、「予期ノ成績」「相応ノ盛況」と評価されたように、人々の購買行動を松坂屋が自らのペースで作り上げていた。

以上をまとめると、一九一〇年代の松坂屋は、高級呉服の品揃えや銘仙などの実用的（中級品）衣料の品揃えを増やすことで、一〇年代後半に純利益は増大した。そして、各部門別の粗利益率では、絹織物など高級呉服部門や既製品部門が相対的に高く、雑貨より衣料部門が松坂屋の利益源泉であった。その意味で、一九一〇年代末の松坂屋は、商品部門制度を採用したとはいえまだ本格的な「百貨店」には至っていなかったといえよう。

（単位：%）

1929年度			
名古屋	上野	銀座	大阪
17.4	18.5	16.5	14.0
18.9	18.2	17.5	14.1
17.8	20.2	11.8	17.4
24.6	22.9	14.8	13.4
24.8	20.1	19.2	17.3
21.8	17.8	10.9	12.3
24.5	14.8	14.3	16.2
19.2	21.0	14.9	11.5
20.0	22.8	17.7	19.0
20.1	28.2	15.8	16.9
18.5	15.4	14.0	17.4
20.5	17.8	15.5	16.3
17.0	20.2	19.2	17.6
17.8	13.2	18.4	
20.3	15.2	18.8	27.6
21.9	17.9	23.2	21.0
13.6	12.4	15.1	15.4
20.0	17.2	20.8	17.7
17.8	14.6	15.0	19.8
20.5	19.0	20.4	18.5
19.2	21.1	19.4	19.7
22.5	17.1	18.0	8.8
16.9	10.7		
20.3	13.8		
23.6	25.1	0.2	25.0
10.1	13.5		
16.8	23.2	10.4	15.1
20.0	17.1	20.0	16.0
17.7	17.6	16.0	16.4

坂屋資料）より作成．
の粗利益率を計算して示し
月ずらしてその年の2月～翌
商報社，1935年）72-73頁では，
額ともに1929年3月～30年2月
1～12月の集計を，売上額はそ
はその部門が設定された年．
が設置された．表の最下段の
具・節句飾り物部門の合計．

表53　松坂屋各営業部商品部門別売上高概算粗利益率の推移

部門名	設定年	1919年度		1922年度		1926年度			
		名古屋	東京	名古屋	東京	名古屋	上野	銀座	大阪
綿布縞・絣類	1918	2.7	10.3	17.5	19.5	15.7	14.6	13.3	14.6
綿布無地・形染類	1918	6.2	8.0	12.1	13.9	18.7	16.2	14.0	16.2
毛織物類	1918	△0.1	10.4	14.8	15.3	14.5	14.8	11.2	17.3
友禅・形染類	1918	25.3	20.7	21.9	20.5	20.4	15.1	20.5	13.0
絹布無地・石持類	1918	18.5	17.0	19.6	25.2	23.8	17.8	18.2	14.4
御召・綾糸袴地類	1918	13.1	15.6	11.8	22.8	12.7	10.6	10.1	12.3
銘仙・大島紬類	1918	21.7	13.0	16.6	19.1	14.0	12.9	14.2	15.6
帯地・緞子類	1918	26.8	5.1	19.0	22.8	18.4	14.9	11.2	14.8
麻布類	1918	△21.9	△4.9	8.4	11.0	27.4	19.7	5.4	20.6
半襟・小物類	1918	25.7	19.6	15.8	21.1	20.5	19.0	16.5	16.4
既製品類	1918	28.8	19.6	21.6	20.5	24.3	22.8	22.5	13.1
洋雑貨類	1918	12.3	17.6	21.4	15.0	17.7	17.6	15.2	15.0
ショール・洋傘・履物類	1918	26.8	15.9	18.1	16.6	16.6	14.9	12.3	9.8
食料品類	1918	13.0	12.8	14.9	16.1	16.6	16.0	16.5	11.6
貴金属・時計類	1918	2.2	8.3	17.1	16.7	22.4	18.8	20.1	
靴・鞄類	1918	11.2		25.6	△4.0	19.3	19.7	18.3	20.8
頭飾品・手芸品類	1920			12.9	9.0	18.8	14.8	20.0	17.2
家具・陶磁器類	1918	25.0	24.8	11.5	12.8	16.0	16.9	15.8	11.1
袋物類	1920			22.6	12.4	19.8	14.9	15.1	14.1
化粧品・薬品類	1920			18.4	18.6	18.4	16.3	18.1	14.0
児童用品類	1918	1)25.3		17.2	17.0	19.8	12.3	14.7	14.0
文房具・書籍類	1918		16.2	15.3	15.2	13.3	14.9	14.0	11.9
運道具・玩具・節句飾り物類	1918		△6.8	14.9	17.8	10.7	19.6	18.5	20.1
洋服・トンビ類	1918	16.8		1.1	15.2	25.0	18.9	23.9	0.7
絵・書・美術品類	1922			△23.2		14.0	0.0	19.5	
写真・楽器類	1924					10.9	0.0	15.2	
花弁・小禽類	1925					19.4		8.9	28.6
特売品	1927								
寝具類	1929								
食器・小道具類	1929								
仕入額・売上額合計の粗利益率		15.5	14.2	16.2	18.7	18.0	15.8	15.8	14.2

(出所)「商品部門別仕入月計簿附期及年計表」「商品部門別売上月計簿附期及年計表」(以上, 松
(注)各年度の各部門別売上金額から仕入金額を引いて概算粗利益を計算し, 売上高に対する概算
た. 仕入時期と売上時期のズレを考慮して, 仕入金額は各年の1~12月の合計, 売上金額は1ヵ
年1月の合計から概算粗利益を計算した. ちなみに, 小松徹三編『松坂屋三百年史』(百貨店
松坂屋の商品回転率は年間17回半とされた. ただし, 寝具類と食器・小道具類は仕入額・売上
で計算した. 出所の帳簿では, 月別のほかに1~12月の合計も集計されていたので, 仕入額は
の年の1~12月の集計から1月分を引き, それに翌年1月分を加えた集計額を利用した. 設定年
△は損失. 1924年の銀座店の開店とともに, 東京営業部が上野営業部に変更され, 銀座営業部
合計粗利益率は表で示した部門の合計粗利益率を示す. 1)児童用品, 文房具・書籍, 運動具・玩

表54　松坂屋商品催事期の1日平均店舗入場者数の推移

（単位：人）

商品催事名	開催店	期間（年月日）	期間前	期間中	期間後
棚さらへ割引	名古屋	1911·8·1~8·3	515	1,850	995
特売品デー	名古屋	1912·2·1~2·5	570	3,332	804
棚さらへ	名古屋	1913·2·1	422	1,566	1,657
棚さらへ	上　野	1913·8·1~8·3	853	1,775	688
冬物棚さらへ	上　野	1914·2·5~2·9	210	4,482	250
棚さらへ	上　野	1914·8·1~8·3	1,008	1,562	307
夏物棚さらへ	上　野	1915·8·1~8·5	不明	1,694	406
夏物棚さらへ	上　野	1916·8·1~8·5	637	2,142	506
臨時	上　野	1916·11·15~11·19	865	3,556	1,295
棚さらへ	上　野	1917·2·15~2·19	2,252	6,460	2,952
夏の特別	上　野	1917·6·15~6·19	2,360	5,644	4,083
夏物棚さらへ	上　野	1917·8·1~8·5	1,229	2,811	1,593
秋の特別	上　野	1917·11·10~11·14	5,945	6,308	3,966
冬物棚さらへ	上　野	1918·2·13~2·17	——	5,608	——
夏物棚さらへ	上　野	1918·8·1~8·5	1,875	5,518	2,060
秋の特別	上　野	1918·10·18~10·23	3,476	5,533	2,433
えびす講連合	名古屋	1918·10·20~10·22	3,388	5,826	3,018
冬物棚さらへ	上　野	1919·2·7~2·11	1,624	4,843	3,147
夏物大売出し	名古屋	1919·6·5~6·7	2,801	4,368	3,054
夏の特別	上　野	1919·6·10~6·16	4,418	4,731	3,557
夏物棚さらへ	上　野	1919·8·1~8·5	2,999	6,969	3,116
格安品売出し	上　野	1919·10·13~10·15	3,621	10,386	5,794
特売デー	名古屋	1920·2·2~2·3	1,773	5,210	1,763
冬物棚さらへ	上　野	1920·2·10~2·14	2,872	12,275	4,849
最新安値品	上　野	1920·5·15~5·22	8,936	36,888	8,348
棚さらへ	上　野	1920·8·1~8·5	5,687	12,988	4,513
冬衣·特別廉価品	名古屋	1920·10·1~10·7	3,429	6,006	4,328
冬物格安品	上　野	1920·11·21~11·25	11,941	13,907	9,830
棚さらへ	名古屋	1921·2·5~2·7	3,471	4,959	5,125
大特価品提供	名古屋	1921·5·21~5·25	6,124	6,385	5,353
夏衣特別	上　野	1921·6·15~6·19	12,208	15,576	13,438
夏の棚さらへ	名古屋	1921·8·1~8·3	4,265	7,868	3,082
夏の棚さらへ	上　野	1921·8·1~8·5	6,630	16,778	5,436
えびす講連合	名古屋	1921·10·15~10·19	6,868	10,000	7,485
冬物大割引	上　野	1921·11·15~11·19	10,569	16,464	12,613
棚さらへ	名古屋	1922·2·4~2·6	7,202	7,906	5,730
夏物特別安値	上　野	1922·6·15~6·20	12,275	15,264	13,485
棚さらへ	名古屋	1923·8·1~8·5	7,165	10,004	6,122
棚さらへ	上　野	1923·8·1~8·5	8,753	12,595	7,162
冬物棚さらへ	名古屋	1924·2·1~2·5	——	8,545	7,562
棚さらへ	上　野	1924·2·1~2·5	6,737	9,961	6,378
夏物大安売	名古屋	1924·5·21~5·26	9,587	8,584	10,340
夏物大安売	上　野	1924·5·12~5·17	14,373	15,705	13,779
夏の特別	上　野	1924·6·10~6·15	16,292	17,325	16,182
棚さらへ	名古屋	1924·8·1~8·5	6,105	10,009	6,396
棚さらへ	上　野	1924·8·1~8·5	8,207	12,818	10,120
棚さらへ	名古屋	1925·2·1~2·5	8,088	9,220	7,972
棚さらへ	上　野	1925·2·1~2·5	7,640	12,134	12,438

（出所）「入場人員日計簿」（松坂屋資料）より作成.

（注）名古屋本店·上野店の短期間の商品催事で主要なものを，前掲いとう呉服店（松坂屋）『営業報告書』より抽出し，各年2·5·8·11月の分を示した. ただし，夏の商品催事が6月，秋（冬物）の商品催事が10月に行われた年は6·10月も示した. 商品催事名にあった「（大）売出し」は省略. その期間中の1日平均入場者数と，期間中の前後で期間中と同じ曜日の1日平均入場者数を示した. －は，期間中の前後に他の催事が重なっており，比較に不適切なため省略した. 入場者数の数値が不明のため商品催事はあったが表に載せなかったものもある.

三　一九二〇年代の松坂屋――大衆化路線への転換――

1　一九二〇年恐慌と松坂屋

一九二〇（大正九）年に松坂屋は会社創立一〇周年を迎え、同年三月の記念式典で前述の「信条」が再び布達された[40]。「信条」のポイントは、実用的商品の網羅、廉価販売、顧客本位の三点であったが、一九一七年に鬼頭幸七専務取締役とともにアメリカの百貨店業界を視察した小林八百吉は、渡米の際の紀行文を『店報』に寄せ、①現金買・現金売、②商品本位の薄利多売、③冗費を除き経費を少なくすることを進めるべきとしていた[41]。顧客本位よりも商品本位、サービス充実よりも経費節減など「信条」とは若干ニュアンスの異なる小林の考え方が現れており興味深いが、廉価販売による薄利多売の点は共通しており、それが一九二〇年代の松坂屋の本格的な大衆化を特徴付けるに至った。

表54に戻ろう。注目すべきはこれまでの研究で廉価販売の画期といわれた一九二〇年五月の大売出しの前年の秋以降にそれまでに比べて飛躍的に上野店での商品催事期間中の入場者数が伸び、期間中一日平均で一九年一〇月の大売出しに約一万人、二〇年二月の大売出しに約一万二〇〇〇人の入場者を集めたことである。一九二〇年一月の新年大売出しでも、名古屋本店・上野店ともに予想以上の入場者を集め、『店報』では「非常ナル盛況ヲ呈シ混雑甚シカリ」（名古屋本店）、「連日予想以上ノ雑踏ヲ極メ頗ル盛況ヲ呈シタリ」（上野店）とされた[42]。

一九一九年秋～二〇年初頭は、恐慌前の物価高騰期で、それゆえに人々の廉価販売への強い期待があり、二〇年三月の恐慌の発生で失業の危機に直面した人々の廉価での大量販売の期待がさらに強まったと考えられ、そのなかで松坂屋は産地商品の大量買い付けに赴き、二〇年五月に松坂屋は本店と上野店で「最新安値品大売出し」を開催した。

この時の上野店では、期間中一日平均約三万七〇〇〇人の入場者を集め、これまでの「棚さらへ売出し」と異なり、本格的な「安値品大売出し」はこの時が初めてで、以後毎年「安値大売出し」が行われた。(43)これを契機に松坂屋は呉服の産地直接仕入を強化し、問屋と対立するようになった。以下に産地関係者の回顧を挙げる。

足利産地：［前略］あの時［一九二〇年］の暴落は、昭和五、六年ごろの不景気とちがって、消費がなくなったのではなく、［中略］市場では売れなくても、機屋が直接売りに行けば、相当の値をつけても売れる。これを最も早くみてとって、活躍したのが松坂屋さんだった。［中略］とにかく現金を積んで売れないものを買うというんだから、人気が集まったのも無理はない。冬物でも夏物でも、見込み生産から晩期へくるほど意匠などすべてがよくなるが、問屋が手を引くために市場では売れなくなる。たまたまあの暴落が夏物の晩期にあたっていたので、有利さが一段と大きかった。しかも、消費者相手の百貨店では、ちょうど品物が季節に向かって売れ出すときだったから。［中略］あれで松坂屋の産地直接の仕入れがうんと強化されたようで、問屋筋からは私たちの方へ文句がくるし、名古屋など問屋が一緒になって、松坂屋へ抗議を申込んだということを聞かされた。［後略］

館林産地：大正一三年ごろは、館林の全盛期で、業者が約七〇〇、年産一千万円を超えるといわれたが、宣伝の方がうまくいっていないというので、松坂屋へ相談に行ったら、すぐに引き受けて下さった。それ以来、館林単独の宣伝はほとんど松坂屋でやった関係もあって、郷土名物になっている『文福踊り』の衣裳は、全部松坂屋でつくってもらった。

館林産地：［前略］問屋筋では、館林はどうも松坂屋にばかり密着している、という声もあるが、［中略］こちらが救済を頼みこんで、一万五千反とか二万反とか松坂屋に大量に買取ってもらうと、その後から問屋があわてて買いに来て、案外売れ足のついたことがある。

足利産地の関係者の回顧では、一九二〇年恐慌が、産地ではちょうど夏物の晩期で、問屋が手を引き始めた時期にあたっており、そこへ松坂屋が現金を積んで買い付けに来たので、産地業者が続々と松坂屋に販売した様子がうかがえる。百貨店は小売商なので、産地で直接仕入れたものを直ちに消費者に販売することができ、産地では夏物の晩期（四月頃）であったが、消費市場ではそれが季節的に売れ出す時期であり、そこに小売商が産地直接仕入れにより生産者から消費者までの期間を短縮するメリットがあったといえる。そのことは同時に、流通過程全体として商品回転率を高めて在庫リスクを軽減する意味も持っていた。また、足利産地では買継商が手形決済で[44]、機屋から織物を買い付けたことが多かったと思われるが、松坂屋は現金で買い付けており、それが産地の機屋に好意的にみられたと考えられる。当時の足利産地では、買継商による買継口銭増率要求をめぐり、機屋と買継商の争いが一九二〇年九月に生じ、機屋側も団結し、買継商が銀行に担保を提供して買継手形の全額保証をすることが決まり、口銭増加率も要求の半分以下に抑えられ、買継商による元機支配が大きく揺らぎ始めていた。

館林産地の関係者の回顧では、産地関係者が百貨店に宣伝力を期待し、実際に松坂屋が大量に館林産織物を販売したことで流行となり、後から問屋が館林産地に買い付けに来る状況もみられた。百貨店の宣伝力は、それ以外の産地織物にも力を発揮し、例えば伊勢崎産地の関係者の回顧では、（地方別の松坂屋の取引相手の組織と思われる）「藤華会が生まれたのが大正六、七年ごろで、それから大正・昭和にかけて『銘仙の松坂屋』が大きく発展するとともに、伊勢崎の銘仙も全国に名をなしていった」とあった[45]。

一方、松坂屋旧店員の座談・対談でも[46]、一九二〇年の「安値大売出し」の際に、産地では価格が三分の一に暴落していたが、その産地で松坂屋は、半額か四割の価格で、現金で買い付け、それが行えた背景に、株式会社とはいえ松坂屋はほぼ伊藤家個人の所有で、他のデパートと異なり、金融が楽で確実であったことが強調された。またこの時に松坂屋の鬼頭専務が、高級品よりも中級品の庶民相手でいくべきとして、銘仙中心の買い付けと販売を行うことを指示し、それ以降銘仙の産地であった両毛地方一帯（館林、桐生、伊勢崎、秩父、八王子）の生産者との直接取引が緊密になったことが指摘された。

このように松坂屋は、一九二〇年恐慌を契機に行った大量の廉価販売に対応して、産地直接仕入で安定した仕入れ先を確保し、百貨店間の集客競争に勝つべく、その後も大量廉価販売を恒常的に行った。こうして松坂屋の本格的な大衆化が始まり、それが一九二三年九月の関東大震災でさらに進んだ(47)。松坂屋は関東大震災で上野店を失ったが、東京市設衣類雑貨臨時市場の開設を引き受け、東京市内を巡回して衣類雑貨の廉価販売を行った。松坂屋は本店が名古屋にあり、また一九二三年三月に大阪店も開店しており、名古屋や大阪で日用必需品を調達して東京に送るとともに、特に布団の需要が高かったため、店員に現金を持たせて産地へ派遣して布団地を買い付け、布団を大量に製造して東京に送るなど、迅速な対応をした。東京市は当初、衣類雑貨臨時市場での販売を三越か白木屋に依頼したようだが、両社ともに本店が東京にあって罹災しており、両社ともに辞退したのに対し、松坂屋は名古屋の本店や大阪店を持っていたため地方自治体や消費者の要望に応えられた。

前述の松坂屋旧店員の座談・対談では、大阪店の開店が、関東大震災が起る前であったことが幸いし、蚊帳など他所では手に入らない必需品や、メリヤス類・下着類など可能な限り集めて大阪から東京へ送ったこと、衣服を送ることになった名古屋店では布地のまま送っても使えないから、すべてを既製品にして東京に送るとともに、大量に在庫を抱えていた洋服もどんどん送り、それらが東京で飛ぶように売れたことが述べられた(48)。

松坂屋の復興はすばやく(49)、一九二三年一二月に上野店の仮店舗を新築し、二四年に銀座店を新たに開業して土足での入場を可能にした。それまでの百貨店では、店が汚れることを避けるため、客は入口で履物を預けて入場する方式がとられ、大量の入場者を捌けなかったが、土足入場を可能にしたことで大量の入場者に対応でき、一九二五年に名古屋本店、二六（昭和元）年に上野店、二七年に大阪店も土足入場を可能とした。銀座店では開店時から高級品がかなり売れ、三越に対抗して新橋・有楽町駅との間で送迎自動車を運転したり、女性店員を洋服で揃えたり、エレベーターガールを導入するなど近代化をかなり意識した戦略が展開されたのに対し、大阪店は庶民に実用品を販売することを目指し、都心からやや離れ、地価が安くて広い面積が確保される場所に立地し、子ども用品の廉売に力を入れた(50)。

表52の左側に戻ろう。名古屋本店は土足入場を可能とした一九二五年から入場者数が急増し、また表47に戻ると、二三年の関東大震災の年の打撃は大きかったが、名古屋・上野・大阪・銀座の四店舗体制となった二四年に松坂屋は急激に利益を回復した。そして東京本店の打撃が大きかった白木屋がその後長期に低迷したのと対照的に、松坂屋は一九二〇年代中葉と三〇年代前半に三越をも上回る利益を上げた。利益金の急激な回復の背景には、呉服以外の部門への展開も大きく、呉服・雑貨（食料品も含む）の両者合計に占める呉服売上高の比率は(51)、名古屋営業部では一九二〇年代前半の六〇％台から後半には五〇％台に、上野営業部では二〇年代前半の七〇％前後から後半には六〇％台前半に、大阪営業部では開店当初の六〇％台から五〇％台にそれぞれ低下した。銀座営業部は、関東大震災後に開店したこともあり、開店当初より呉服売上高の比率は全体の五〇％台であった。このように、一九一〇年代に比べて呉服の販売比率は減少し、二五年に松坂屋は「いとう呉服店」の会社名を「松坂屋」に変更した(52)。ただし、呉服売上高の比率が減少したとはいえ、まだ過半数を占めていたので、当時松坂屋で販売された呉服商品の価格を検討する。表55をみよう。松坂屋が発行した広報誌に掲載された物価表から、一九二九年六月時点の呉服類販売価格を示した。表51と比べ、一九一〇年代には縞物類ではまったくなかった単価三円未満の呉服類が多数販売されていた。特に、反単位ではなく、一尺の長さに小分けされて単価一円未満で販売されており、レーヨンなど化学繊維織物も販売されるよう

表55　広報誌からみた松坂屋1929年6月時点の呉服類販売商品と販売価格

商品名	価格	商品名	価格
友禅モス（尺）	0.5円~	ジョウゼット	5.5円位
柏宮女袴地（尺）	0.55円~	友禅絽片側帯	6円~
友禅麻（尺）	0.6円位	清涼上布	6円~
友禅平絹（尺）	0.65円~	能登上布	6円~
友禅鐘絹（尺）	0.65円~	絞り羽二重片側帯	6.5円~
白絣（半反切）	0.8円~	豊田紬	6.8円~
男単帯	1円~	御召軽装帯	7円~
有松絞り	1.2円~	湖月明石	6.9円~
白地更紗帯	1.5円位	絽羽織地	8円~
白絣（学生向）	1.6円~	綾糸織	8円~
白地瓦斯縮	2円~	久留米笹の葉縮	8.5円~
真岡中形	2円~	金通し八尺帯	9円~
染絣	2円位	レーヨン小紋錦紗	9.5円~
桜子女帯	2円~	錦紗紬地	10円位
レーヨン兵児帯	1.5円~	友禅絽名古屋帯	10円位
モス兵児帯	2円~	友禅絽片側帯	10円~
男単帯	2円~	明石縮	10円~
瓦斯人絹女単帯	2.5円~	紗羽織地	13円~
絞り繻子帯	2.5円~	ジョーゼット明石	15円~
友禅モス紬地	2.5円~	御召	15円~
久留米絣	3円位	清光縮	15円~
友禅モス名古屋帯	3円~	絽単羽織地	15円位
瓦斯白絣	3円~	絽博多平	15円~
男向紬地	3円~	小紋錦紗	15円~
生平絣	3円~	小紋絽縮緬	15円~
染白絣	3円~	白絽縮緬単羽織地	15円~
友禅モス一ツ身単物	3.5円位	友禅絽丸帯	18円~
錆縮	3.5円位	絽珠珍丸帯	20円~
レーヨン名古屋帯	3.8円~	袋帯	23円~
小紋モス	3.8円~	本場結城縮・同紬	25円~
白地瓦斯上布	4.5円~	友禅塩瀬丸帯	25円~
友禅羽二重片側帯	5円~	無双絹平	25円~
本場銘仙	5円~	薩摩上布	30円~
小紋絹麻	5円~	唐糸織丸帯	30円~
博多女単帯	5円~	越後上布	30円~

（出所）『マツサカヤ』1929年5月発行号（松坂屋資料）より作成.
（注）出所資料の物価表に挙げられた呉服類（浴衣・襦袢除く）とその価格を示した.

になったことが一九一〇年代との大きな相違であった。

　表56をみよう。一九二〇年代後半には、大阪の梅田でターミナルデパートの先駆けとして阪急マーケットが開設されたが[53]、その販売価格と松坂屋の販売価格を比べると、シャツなどの日常的衣類や衣料装飾品は松坂屋の方が若干高かったが、雑貨類は阪急マーケットの一九二八年頃の販売価格と比べて、松坂屋も二九年には同じような価格水準で

表56　1920年代後半松坂屋と阪急マーケットの販売価格の比較

商品名	阪急マーケット		松坂屋(1929年)	
	年	価格	6月	12月
銘仙	26	15.8円	5円~	3.8円~
久留米絣(1反)	26	2.8円	3円位	2.3円~
久留米縮	26	6.8円~	8.5円~	
富士絹ワイシャツ	28	2.7円~	3.5円~	3円~
ネルワイシャツ	28	1.2円~		3円~
クレープシャツ(2枚)	28	0.5~1円	2円~	
毛メリヤスシャツ	28	2.1円~		2円~
浴衣	27	0.8円~	1.3円~	
ネクタイ	28	1円~	0.6円~	
麻ハンカチーフ(6枚)	26	2.7円~	3.5円~	
ハンカチーフ(6枚)	26	0.65~1.25円		0.45円~
ショール	27	2.5円~		2.5円~
チョッキ	28	3円~	3円~	1.5円~
手袋	27	0.28~1.35円		0.6円~
キルク草履	28	1~2.2円	1円~	1.2円~
麦わら帽子	28	0.6~2円	0.75円~	
足袋(2足)	28	0.38~0.6円	0.5円~	
小学生服	28	3.7~8円	2円~	
靴下(子ども用)(2足)	27	0.5~1.5円		0.6円~
エプロン(子ども用)	27	0.5~0.7円		1.2円~
(純毛)毛布(2枚)	28	6円~		8円~
浴用タオル	26	0.2円	0.6円~	
浴用石鹸(6個)	28	0.6円	0.45円~	0.45円~
化粧石鹸(6個)	28	1円~	0.5円~	1.4円~
化粧鞄	27	1.5円~	1円~	
スーツケース	27	5~10円	9.8円~	
日傘	28	1.4円~	1.3円~	
扇子	27	0.18円~	0.3円~	
空気枕	27	2.1円~	1.3円~	
ハンモック(子ども用)	27	0.8円	0.7円~	
防水マント(子ども用)	27	2円~	2円~	
旅行用バスケット	26	1.3円~	1.1円~	
麦茶冷やし	26	0.6~0.73円	0.6円~	
コーヒー茶碗(6個)	26	1.3~2円	1.5円~	1円~
煎茶(1斤)	28	0.9円		1.6円~
葡萄酒	26	0.7~1.8円	1円~	
万年筆	27	1.5円~	2.5円~	2円~
小学野球グローブ	26	1.6円		0.85円~
置時計	27	2.2円~	1.7円~	1.5円~
目覚時計	28	2.8円		1.5円~
腕巻時計	28	7.5~21円	6.5円~	5円~
電気スタンド	28	1.7円~	2.2円~	1.9円~
冷蔵庫	26	8~11円	18円~	

(出所)『マツサカヤ』1929年6・12月号(松坂屋資料), 大正15年1月~昭和3年12月『阪神毎朝新聞』(池田文庫蔵)より作成.

(注)阪急マーケットは1926年1月~28年12月の『阪神毎朝新聞』の同店広告より, 松坂屋は1929年6月発行と29年12月発行の広報誌の物価表より, 比較できる商品を選んで販売価格を示した. 商品名の後ろの括弧書は単位, 半ダース単位は6つとした.

販売されていた。特に昭和恐慌の影響がある程度広がった一九二九年一二月時点では、松坂屋の銘仙・久留米絣などの販売価格がかなり低下しており、価格競争が激しくなったことがうかがわれる。一九二六年九月〜二七年八月の家計調査では、(54)名古屋市およびその近郊の一世帯あたり一ヵ月実支出内訳で被服費は、給料生活者で一七・四九円、工場労働者で一一・五円、交通労働者で一一・四三円、日傭労働者で八・〇二円であり、一九三一年九月〜三二年八月の家計調査では、全国主要都市の一世帯あたり一ヵ月実支出内訳で被服費は、給料生活者全体で一〇・八三円、労働者全体で九・三五円（うち工場労働者で九・二一円）であった。一般に百貨店の顧客は、給料生活者などの新中間層が多かったといわれるが、(55)給料生活者はむろんのこと労働者でも、この時期の松坂屋の呉服の販売価格であれば高級品でなければ購入可能となったと考えられ、松坂屋は幅広く都市民衆層を客層にし得たと思われる。その結果、名古屋本店では一九二〇年代に入場者数が急増し、入場者一人当りの売上高が急激に低下した（表52の左側）。上野店は、一九二二年まで入場者数は増加したが、二三年の関東大震災で仮店舗になったこともあり、それ以後二九年の新店舗開店まで入場者数は横ばいであったが、(56)二四年に銀座店が開店しており、上野・銀座両店をあわせると、二〇年代後半に年間一〇〇〇万人の入場者数を示した。そして一九二九年に上野店が新築開店すると、同年に上野店だけで約一三五六万人の入場者が集まった。(57)表48に戻ると、一九三〇年一〇月時点の東京市の現住人口は約二〇七万人で名古屋市が約九一万人であったので、二〇年代末には一年間に東京ではすべての人が平均五回前後、名古屋ではすべての人が平均一〇回前後、松坂屋に足を運んだ計算になる。

2　一九二〇年代の商品催事と商品部門別利益

こうして一九二〇（大正九）年恐慌直前の物価高騰期に、商品催事＝「大売出し」に大量の顧客が集まったことで、商品催事が集客力の源泉となることを改めて認識した松坂屋は、定期的に商品催事（大量廉売）を行うために、安定的な大量仕入れを模索し、産地直接買い付けでそれに成功した。その結果一九二〇年代には商品催事が恒常的に行われるに至った。表54に戻ろう。表では、二・五～六・八・一〇～一一月の商品催事を取り上げたが、二月は冬物の在庫処分、五～六月は夏物の特価販売、八月は夏物の在庫処分、一〇～一一月は冬物の特価販売であった。前述のように商品催事の入場者数は、一九二〇年恐慌前の一九年秋から急増し、二〇年恐慌後の「最新安値大売出し」（二〇年五月）で、上野店の期間中一日平均入場者数が約三万七〇〇〇人を数えたが、その後の商品催事の際には、名古屋本店で一日一万人前後、上野店で一日一万五〇〇〇人前後を集め、次第に商品催事の時期だけでなく、その前後の時期も同じような入場者数を集め、恒常的に多数の入場者を集めた。その結果、売場・外商・地方の三部門の売上高比率は、圧倒的に売場（店舗）売上高が占めるようになり（表52の右側）、売場売上高比率は、上野・大阪・銀座営業部でそれぞれ九〇％前後、名古屋営業部で七〇％以上となった(58)。

ここで、一九二〇年代の商品部門別利益を、表53から確認する。一九二六（昭和元）年と二九年の各部門別売上高概算粗利益率を比べると、名古屋営業部では、絹織物・既製品・洋服類の部門が高く、家具類・特売品部門が低くなった。上野営業部では、絹織物・既製品・寝具類の部門が高く、特に低い部門はなかった。銀座・大阪営業部ともに、各部門とも比較的バランスがとれていたが、大阪営業部の洋服部門のみ低くなった。前述の一九一九年度と同様に、二六年度の概算粗利益合計額に占める各部門の概算粗利益額の比重をみると(59)、名古屋営業部では、絹布無地・石持類が八・二％、既製品類が七・九％、友禅・形染類が七・四％、上野営業部では、友禅・形染類が八・九％、既製品類が八・〇％、絹布無地・石持類が七・九％、銀座営業部でも友禅・形染類が一二・三％、既製品類が七・五％、絹布無地・石持類と銘仙・大島紬類がそれぞれ七・三％と絹織物・既製品部門が多かった。それに対し、大阪営業部では、毛織物類が一〇・一％、洋雑貨類が九・五％、銘仙・大島紬類が八・六％と多く、これまでと少し異なる傾向がみられた。

同様に、一九二九年度の概算粗利益合計額に占める各部門の概算粗利益額の比重をみると、[60] 名古屋営業部では、特売品が一二・〇％、絹布無地・石持類が六・八％、食料品類が六・三％と多く、上野営業部では、特売品が一八・四％、既製品類が八・一％、食料品類が八・〇％と多かった。銀座営業部では、食料品類が七・九％、友禅・形染類七・八％、絹布無地・石持類と児童用品類がそれぞれ七・七％と多く、大阪営業部では、洋雑貨類が九・三％、児童用品類が八・四％、毛織物類と銘仙・大島紬類がそれぞれ八・三％と多かった。一九二九年度は、二六年度に比べて概算粗利益額に占める食料品類の比重が高まり、大衆化に対応した利益構成に転換しつつあった。また各部門のなかで特に概算粗利益率の低い部門がみられず（表53）、概算粗利益額の比重でも特に少ない部門がなかったことも重要である。一九二〇年代後半にも依然として松坂屋の利益源泉の中心は高級呉服部門であったこと、概算粗利益率はそれほどでもないが、売上高が多いため食料品や特売品（催事とは異なる常設の特売品売場での特売品）が松坂屋の利益源泉となりつつあったこと、それ以外の部門もある程度の利益を上げ、商品部門間のバランスがとれるに至ったことを指摘できる。

3　松坂屋各営業部間の相違

むろん設立経緯や地域性などから、松坂屋店舗間には、大衆化の速度やその特徴に違いがあった。[61] 例えば、名古屋本店は一九二五（大正一四）年に新店舗を開店した際に、旧店舗を食料品・雑貨を主に販売するマーケット「栄屋」（栄営業部）として整備したため、新店舗（名古屋営業部）が積極的に食料品・雑貨を利益源泉にする必要性は小さく、二〇年代後半の高利益率部門は高級呉服部門であった。上野店は関東大震災で店舗が焼失したため、一九二〇年代後半は仮店舗での営業であり、利益の絶対額で特売品の比重が他の店舗に比して特に多かった。銀座店は、前述のように開店当初から銀座ブランドの確立のために西洋風を強く意識した店内や商品構成になっており、高級呉服に偏らずに部門間のバランスのとれた利益構成となっていた。また大阪店は、開店当初は店舗面積がそれほど大きくなく、家庭用品・日用品・食料品などの販売に力を入れて地域密着型を目指したため、銀座店と同様に高級呉服に偏らずに部門間のバランスのとれた利益構成となっていた。

また各営業部の相違をまとめると、上野店は、既製品・特売品部門の概算粗利益率が相対的に高く、一九二〇年代に最も大衆化に対応し得たといえる。銀座店は、設立時期の影響から当初から呉服売上げの比重が他店に比べて少なく、名古屋本店は逆に、高級呉服部門の概算粗利益率が相対的に高く、特売品部門は低かった。この背景には、本店としての伝統色の強さがあり、名古屋では雑貨・食料品専門の「栄屋」を一九二五年に開店して大衆化に対応した(62)。そして大阪店は、阪急などターミナルデパートとの競争や立地条件で一九二〇年代後半に業績が悪化しており、それを問屋との協力で乗り切ることに成功した。実際、一九三〇年代前半に大阪店の支店長となった塚本鉢三郎は、大阪店の経営に関して後年の回顧で以下のように述べた(63)。

同業百貨店の視察は絶えず行ったし、顧客層の分析、買物の仕方、其の他あらゆる点に亘り、専門的な研究を続け、〔中略〕その結果、〔大阪店の〕運営の基礎条件は、問屋との強力な了解支持無くしては、其の大役を果すことが出来ぬことを悟ったのである。〔中略〕私は大阪に於ける限り、問屋さんとの協力を尊重して、松坂屋伝統の強味を誇る産地直接買いは、絶対に行わなかった。〔中略〕私の観た大阪の問屋気質を述べるならば、商売にかけては実に緻密な神経を持ち、しかも経験を積んだ自信の程は、取引の機に臨んで、度胸の太さを思わせる場合が、往々窺えるのである。〔中略〕震災直後、上野松坂屋の再建に必要な商品を、掛け売りを以て積極的に供給して呉れたのが、大阪の問屋さんである。

ここで塚本は、大阪店の業績回復のためには問屋の協力が不可欠との認識を示した。松坂屋は、産地直接買い付けを一九二〇年代に強化し、二八（昭和三）年には両毛地域に産地直接買い付けのための出張所を設け[64]、産地直接買い付けでは問屋と対立するに至った。一方、産地直接買い付けのみでは、呉服以外の商品を揃えるのは困難で、品揃えを考慮すると大阪店のように、問屋との協力も不可欠であった。そして、多様な商品を扱うがゆえに、取扱品目別に組織された同業組合にもなじめず、結局百貨店は、同業組合とも小売商とも折り合いをつけるのは難しく、それぞれと対立する存在であった[65]。

松坂屋の本格的な大衆化は、他の百貨店との競争が激しいうえに関東大震災にも会った東京や、ターミナルデパートが一九二〇年代末から東京に先駆けて発展した大阪で、百貨店間の集客競争のゆえにより進み、名古屋本店では遅れたといえる。名古屋でも近世来の呉服店の十一屋が一九一九年以降店舗の洋風化と大規模化を進め、二一年に鉄筋五階建ての新店舗を開店して二二年に株式会社となったが、十一屋が実用品重視で、呉服のほかに洋服・雑貨・食料品販売にも力を入れたのに対し、松坂屋名古屋本店は高級品志向とされた[66]。とはいえ、一九二〇年代の松坂屋各店舗は、入場人員の増大↓店舗の大規模化↓土足入場開始と同様の過程をたどって「百貨店」化が進んだ[67]。例えば名古屋本店は、一九一〇（明治四三）年の新店舗（延床面積二八〇六平方メートル）の開店後は、一四年の北部陳列館落成や二〇年の陳列場西側増築など若干の面積拡大があったものの大幅な増築はなかったが、その間年間入場者数は、一八年約八七万人、二一年約二〇三万人、二四年約三一一万人と増大し、二五年に名古屋本店の新店舗（総面積二万平方メートル）が開店するとともに土足入場が実施された。上野店の年間入場者数も、一九一八年の約一四五万人から二一年の約四一五万人に増大し、二二年には上野店別館が新築落成したが、二三年に上野店が関東大震災で全焼したため、同年一二月に新築開店した仮店舗で二六年九月に土足入場が実施された。また銀座店は一九二四年の新築開店（総面積六六〇〇平方《メートル》）とともに土足入場が実施され、大阪店は二三年の仮営業所開店（総面積三六七〇平方《メートル》）ののち、年間入場者数が二四年の約一四八万人から二六年の約二三二万人に増大した結果、二七年四月に土足入場が実施された。

一九二〇年代の松坂屋は、二〇年恐慌や二三年の関東大震災を経て、前述のように商品催事に大量の顧客が集まるようになり、それに対応して産地より大量に呉服を直接仕入れるとともに、商品催事の頻度も高まった。それとともに店舗入場者数が恒常的に増大し、店舗の大規模化が進められたため、店舗の売上高比率が高まった。とはいえ、依然として松坂屋の利益源泉の中心は高級呉服で、食料品や特売品がそれに続いて利益源泉となりつつあった。ただし、店舗の大規模化とともに営業費がかなり増大したため売上高純利益率は横ばいで、設備投資を反映した減価償却分も増大したため、それを引いた売上高純利益率は低下した。松坂屋の一九二〇年代の本格的な大衆化は、二〇年代後半の店舗面積の急増以前から店舗入場者数がかなり増大しており、人々の強い大量廉売期待に応ずる形で進んだといえる。しかし、経営面では営業費や設備投資の負担もあり、利益率の改善にはつながらなかった。

四　一九三〇年代の松坂屋——本格的大衆化の進展——

一九二〇年代に大衆化を進めたものの経営面では利益率の改善に苦しんだ松坂屋は、一九二九（昭和四）年からの恐慌で、株式会社設立以来ほぼ一貫して増大した総売上高が、三〇〜三二年まで初めて減少した（表50）。その間物価指数も下落したので、実際の販売量が減少したとはいえないが、総売上高の連続した下落は、株式会社化後では初めてで、一九三二年に役員が大幅に入れ替わり、新専務小林八百吉より、「当店独自の底値仕入と薄利販売の徹底を期して、全商品最廉価の実をあぐるとともに、品質の精選をはかり、その事実が一般に認識されるよう強調すること」、

「商品の品ぞろいを敢行して常に清新な商品を充溢せしむること」、「接客サービスの完璧と販売効率の向上を期して、お客様本位の店是を強調し売上げの増進をはかること」の三大綱要が各店に指示された。(68) 三大綱要は、前述の「信条」を基にしたといわれ、「信条」になくて三大綱要で強調されたのが、底値仕入れと販売能率向上であった。その意味で、三大綱要は「信条」にやや欠けたコスト意識を前面に示しており、それ以後経営効率性が追求された。

前述のように小林は、一九一七（大正六）年にアメリカ百貨店業界を視察した時点で、「信条」にはなかった経費削減の重要性を指摘しており、三大綱要は小林が長年温めていた改革方針であったといえる。そして、一九三二年より主要営業部で社内報として『販売時報』が刊行され、名古屋営業部では、『名営販売時報』の創刊号で前述の三大綱要の含意について営業部長伍島善十郎が以下のように説明した。(69)

三大要項たる廉価の強調、品揃の完行、販売能率の向上も問題の解決点は一に帰着すると云わねばならぬ品揃の完行良品の廉売は商品の充実を意味する。［中略］商品充実には販売と仕入との完全なる連絡が必要である。販売能率の向上も同様単に販売員のみの問題ではない［中略］接客とは販売員が御成［顧客］に接したる瞬間より品物が完全に御成の手に渡る迄の全過程を意味するのである。かくて受渡係も、品渡係も、誂係も出納係も電話係も否全店の事務一切が接客の過程に包含されるのである。［中略］これを個人的に見るに各部長より小供女店員傭員に至るまで全店員は悉く断ち難き連鎖の一環をなしている。各自は相関連続の関係にある以上自分本位であってはならぬ。全員が悉くこの自覚を以て各自の職務を実行すればそれが即ち三大要項の趣旨に合致し即ち商品の充実とサービスの完全が期せられこの難局も無事通過し得るものと固く信ずる

このように一九二〇年代までの松坂屋は販売員の接客サービスはかなり力を入れて行われてきたものの、販売員と後方勤務者との連携が悪く、そこが販売能率向上の妨げになっていたとの認識で、三大綱要では全店員の連携が何より

も重視されたといえる。一九一〇年代後半に発行された社内報の『店報』がA5版で一ヵ月に一回の発行で、発令・人事異動・賞罰・告示など公式の記事が中心であったのに対し、『販売時報』は各営業部が独自に発行し、B5版で一〇日間に一回程度の頻度で作成されており、店員自身の感想や記事も多数掲載され、『店報』に比べて情報量や内容は飛躍的に充実していた(70)。

その後『販売時報』では、毎月各店の成績優秀部門が発表された(71)。成績評価の基準は目標売上高に対する達成度であり、名古屋営業部では一九三三年四～一二月までのうち七月を除く八回で、延べ二〇部門が上位五位までの成績優秀部門に入り、順位一位は、四月一五番（貴金属・時計類）、五月一〇番（半襟・小物類）、六月一八番（家具・陶磁器類）、八月五〇番（特売品）、九月二八番（誂加工品）、一〇月四番（友禅形染類）、一一月二六番（写真・楽器類）、一二月六番（御召・綾糸袴地類）であった。季節性はあったが、比較的各部門ともに競争の成果を示したといえる。大阪営業部でも、一九三三年一～一二月のうち三月を除く一一回で、延べ一六部門が上位五位までの成績優秀部門に入っており、比較的各部門ともに競争の成果を示した。月ごとの成績優秀部門の表彰のみでなく、売出し時期には数日単位の努力デーが設けられ、努力デーの成績優秀者（部門）も『販売時報』で表彰された。例えば、一九三三年一二月の上野営業部では、一二月一日からの第一回努力デーで進物品売場が優勝となり、八～一四日の第二回努力デーで婚礼調度品売場が優勝となった(72)。さらに一二月一五～一七日の努力デーで雑貨特売場が優勝、一九～二一日の努力デーで薬品売場が優勝、二三～二五日の奮闘デーで洋家具売場が優勝、そして年末最後の二七～二九日の努力デーで二八番売場が優勝となった。上野営業部でも特定の部門が利益源泉となるのではなく、多数の商品部門が競い合ってその成果を示したといえる。

むろんそうした競い合いが行き過ぎると不正につながる可能性もあるため、松坂屋では社内委員会による各営業部各部門の会計監査が定期的に行われ、その結果と指摘された問題点は詳細に『販売時報』に掲載され、各店員に周知させられた。(73)このように当時の『販売時報』の誌面のかなりの部分が商品部門間の競争や営業の効率化および接客サービスに関する記事で占められており、それが当時の松坂屋の主要な関心事であったと考えられる。そして一九三三年から再び松坂屋の総売上高は上昇に転じ（表50）、ここに商品部門制度の持つ効率化促進の利点が本格的に発揮されるに至ったと考えられる。その後松坂屋は、一九三二年の静岡店の開店を皮切りに、沼津・和歌山・大宮・川崎などに出張所を開設し、名古屋本店と大阪店の増築を進め、三七年に主要店舗の増築を完成させた。(74)こうした百貨店の地方進出は、各地小売商との軋轢を生み、一九三二年の商業組合法施行を契機に結成された百貨店商業組合は、競争制限の自主規制を行い、小売商との対立緩和を図ろうとした。ただし、本格的な「大衆化」を目指した百貨店間の集客競争は激しく、この自主規制はあまり守られず、商品販売をめぐる百貨店と小売商の対立は残った。(75)

一九三〇年代の松坂屋は、三二年の三大綱要で大衆化志向を自ら明確にし、成績優秀部門を公表するなど、商品部門制度の持つ効率性向上の利点が本格的に発揮された。すなわち一九二〇年代のように特定の商品部門が安定した高利益を上げていると、その他の部門でいつも安定した利益を得なくてはならないとの強制力はあまり働かず、その他の部門は販売商品の種類を拡大することで多様な選択肢を顧客に提示し、安定した利益の上がる商品部門への集客力に全体として寄与すればよいとの認識につながったと考えられる。しかし昭和恐慌により顧客の購買力が急減し、特定の商品部門が安定した高利益を上げることが不可能になると、松坂屋全体として安定した利益を上げるためには、すべての部門がより一層それなりの利益を上げることが強く要請され、商品部門間の競争が本格化した。このように、商品部門制度の利点は、商品別にどの部門に利益源泉があるかが明確になることで、商品部門間の競争を喚起し、効率的な経営形態を導くことにあるといえ、そうした利点が一九三〇年代に本格的に機能するに至ったと考えられる。

その後一九三七年に名古屋本店と大阪店の増築が完成し、名古屋本店の総面積は三万三〇〇〇平方㍍、大阪店の総面積は三万八四〇〇平方㍍となり、年間総売上高は八〇〇〇万円を超えた(76)。ただし、訪問販売や地方進出にも力を入れたため営業費も同時にかなり増大し、純利益率はあまり改善せず、利益金処分では増資充当分として配当に回された部分が大きくて内部留保率が少なく、増築による減価償却も利益率圧縮の要因となったといえる(表50)。

おわりに

本章の冒頭で、「百貨店」化の指標として、店舗の大規模化と販売商品の多様化と商品部門制度の機能が本格的に発揮されることを示した。そのうち店舗の大規模化と販売商品の多様化は、それぞれ相対的な指標なので、その量的拡大が質的転換につながった時点を考える必要がある。店舗の大規模化では土足入場方式にせざるを得なくなった時点が、販売商品の多様化では衣料品以外の部門も主要な利益源泉となり得るようになった時点が質的転換と考えられる。一九一〇年代の松坂屋の「百貨店」化は、質的転換に至っていない量的拡大の時期だといえ、一〇年代末に商品部門制度が導入されたものの、この時点ではまだ本格的な「百貨店」には至っていなかった。「百貨店」化が本格的に進展する契機として、一九二〇年代中葉の各店舗の土足入場の開始、東京での関東大震災後の日用必需品の廉価販売、名古屋での食料品・雑貨専門店の「栄屋」の開店などが重要であり、昭和恐慌下に高級呉服部門が利益源泉でなくなるなかで、全商品部門でコスト意識に基づく効率性が追求されるに至り、商品部門制度の質的転換が図られたことが「百貨店」化の完成に大きな役割を果たしたといえる。一九二〇年代には、『販売時報』のような充実した社内報は発行されていなかったと思われ、商品部門間の競争や効率性を目に見える形で従業員に伝えるのは難しかったであろう。商品部門制度の利点が機能するには、『販売時報』などによる情報公開が重要であり、その意味で一九三二（昭和七）年以降に商品部門制度の利点は本格的に発揮したと考えられる。

以上から、松坂屋の「百貨店」化は一九二〇年代中葉に本格的に展開し始め、三〇年代初頭に完成したとみてよい。こうした「百貨店」化を促進したのが、一九二〇年以降の人々の廉売要求に対応するための本格的な大衆化であり、一九二〇・三〇年代の松坂屋はいずれも大衆化を進めたが、二〇年代と三〇年代では大衆化の意味が異なった。すなわち、一九二〇年代の大衆化は採算性のある高級呉服部門を維持しつつ、一般呉服や雑貨の廉価での購入を期待する人々に応ずる視点から採算性とは別次元で一般呉服部門と雑貨部門へ拡大したのに対し、三〇年代の大衆化は高級呉服部門が利益源泉でなくなるなかで、全部門でコスト意識に基づく効率性の追求が行われた結果、全部門から満遍なく利益を吸収することで経営回復を図ったと考えられる。

実際、良品廉売の「信条」は、一九一〇年代後半から表明されていたが、それが全店員に浸透するのは、三二年から刊行された『販売時報』で、定期的に「信条」が掲載されて以降と考えられる(77)。その意味でも一九三二年の重役陣の大幅交代は大きな意味があり、特に呉服店時代以来の別家衆ではない早稲田大学出身の小林八百吉が百貨店経営の実質的責任者となったことは重要であった。例えば、別家筋にあたり一九三二年に常務取締役となった塚本鉢三郎がまだ中堅の頃に、小林八百吉の考え方と自分の考え方が対立したことを、次のように回想している(78)。

小林［八百吉］君の机の上に幾つかの「エプロン」の見本が並べてあって、売込みに来た問屋の主人がそれを説明して居た。［中略］その品の値段を尋ねた処、一枚が一円二十銭とか一円五十銭とかいう話である。小林君は、そのエプロンを仕入れるらしいので、私は驚いた。［中略］［小林君は］「流行品」というものには、原価を超越した無形な価値が認められて居るから、百貨店の仕入れも、顧客の欲求する「流行」即ちニュールックの価格を考えねばならぬと主張する。［中略］当時、私には、ドウしても此の馬鹿馬鹿しい値段を認める理由を、理解する気にはなれなかった。［中略］それが段々世相の開化につれ、百貨店の本質が備って来ると、此の一例と同じ事が幾らでも出て来て、別に不思議でも無くなったし、気にもならなくなった。

このなかで塚本は原価から商品の販売価格を考えたのに対して、小林は、百貨店は流行を売るものと考え、流行に価値を見出した。そして塚本自身も、「百貨店」化の進展とともに、流行が価値を持つことを認めざるを得なくなった。ここに、小林のような人間が、新専務となった一九三二年の画期性がみてとれる。ただし、松坂屋が産地からの直接買い付けや産地と組んでの宣伝戦略を本格的にとったのは一九二〇（大正九）年恐慌後で、松坂屋全体としての大衆化路線は、消費市場の動向に対応するなかでの百貨店間の競争戦略でもあった[79]。とはいえ、大衆化は同時に、営業費と減価償却費の増大をもたらし、店舗入場者一人当りの売上高減少もみられ、百貨店側にとってはかなりの負担であった。その意味で大衆化＝拡大路線が、当初から松坂屋の目指した道とは必ずしもいえず、百貨店が主体的に「百貨店文化」を形成して社会に近代のイメージを植え付けたとされる一九一〇年代に、松坂屋は高級化路線をとることでそれを果たした。そこに企業家の創造的役割を見出せるが、一九二〇年代以降の松坂屋は、予想以上の消費者の廉売期待に対応して本格的な大衆化＝拡大路線を進め、百貨店間の激しい競争のなかで、萌芽的「大衆消費社会」の形成に正面から対応せざるを得なかったことにその特徴があった。

注

（1）初田亨『百貨店の誕生』（三省堂、一九九三年）、高柳美香『ショーウィンドー物語』（勁草書房、一九九四年）、神野由紀『趣味の誕生―百貨店がつくったテイスト―』（勁草書房、一九九四年）、山本武利・西沢保編『百貨店の文化史―日本の消費革命―』（世界思想社、一九九九年）。

(2) 前田和利「日本における百貨店の革新性と適応性」(『駒大経営研究』三〇―三・四、一九九八年)、藤岡里圭『百貨店の生成過程』(有斐閣、二〇〇六年)、末田智樹『日本百貨店業成立史―企業家の革新と経営組織の確立―』(ミネルヴァ書房、二〇一〇年)。
(3) 前掲注(2)藤岡書。
(4) 前掲注(2)末田書。
(5) 高度成長期の大衆消費社会については、石井寛治編『近代日本流通史』(東京堂出版、二〇〇五年)第六章などを参照。竹村民郎『大正文化 帝国のユートピア―世界史の転換期と大衆消費社会の形成―』(三元社、二〇〇四年)九二～九九頁は、両大戦間期を萌芽的大衆消費社会と位置付けた。高度成長期の大衆消費社会の成立を流通面で促進したスーパーマーケットは、衣料品に加え食料品全般を扱い、商品回転率を高め、セルフサービス方式をとることで百貨店よりは狭い店舗面積でも大量販売を行い、「衣と食」の側面で大衆消費社会の形成を支えたが(石原武政・矢作敏行編『日本の流通一〇〇年』有斐閣、二〇〇四年、第六章など)、百貨店は、保存性のある衣料品を主に扱い、生鮮食料品ほどに商品回転率を高める必要はなく、むしろ売場面積を広げて顧客が同時に多数の入場を可能とし、販売商品の種類を増やして選択の幅を広げて、全体として多品種大量販売を行い、「衣と住」の側面で大衆消費社会の形成に寄与した。
(6) この点については、湯沢雍彦編『大正期の家庭生活』(クレス出版、二〇〇八年)、湯沢雍彦『大正期の家族問題―自由と抑圧に生きた人びと―』(ミネルヴァ書房、二〇一〇年)などを参照。
(7) 百貨店の定義については、水野祐吉『百貨店論』(日本評論社、一九三七年)四～一一頁を参照。「百貨店」化と大衆化については、前掲注(2)末田書、序章も参照。
(8) 「百貨店」化と大衆化については、前掲注(2)末田書、序章も参照。
(9) 鈴木安昭『昭和初期の小売商問題―百貨店と中小商店の角逐―』(日本経済新聞社、一九八〇年)。
(10) 松坂屋の概観は、竹中治助編『新版店史概要』(株式会社松坂屋、一九六四年)を参照。
(11) 百貨店事業研究会編『百貨店の実相』(東洋経済新報社、一九三五年)九～一一頁。
(12) 日本銀行統計局編『明治以降本邦主要経済統計 復刻版』(並木書店、一九九九年)。
(13) 前掲注(10)竹中編書、五九・六六・八〇頁。物価は、前掲注(12)日本銀行統計局編書、七六～七七頁を参照。
(14) 前掲注(10)竹中編書、八〇頁。
(15) 同右、八五～九〇・一八三～一八四頁。

(16) いとう呉服店（松坂屋）各期『営業報告書』（一般財団法人J・フロントリテイリング史料館蔵、以下所蔵先は省略）。

(17) 以下の記述は、いとう呉服店（松坂屋）各期『営業報告書』による。別家の氏名は、「いとう呉服店新築用書」（伊藤次郎左衛門家資料、新修名古屋市史資料編編集委員会編『新修名古屋市史 資料編近代二』名古屋市、二〇〇九年、三四六～三四八頁）、「いとう呉服店年契」（松坂屋資料）などより把握。

(18) 松坂屋五〇年史編集委員会編『松坂屋五〇年史（生活と文化を結ぶ五〇年）特装版』（株式会社松坂屋、一般財団法人J・フロントリテイリング史料館蔵、一九六〇年）座談・対談記録一九頁。

(19) いとう呉服店（松坂屋）各期『営業報告書』、『名営販売時報』第三六号（昭和八年一〇月二七日）二頁、『阪営販売時報』第三九号（昭和九年六月一日）一頁（松坂屋資料）。

(20) 前掲注(10)竹中編書、一一四～一二二頁を参照。

(21) 同右、一八〇・二〇八～二〇九頁、『店報』第四九号（大正八年一〇月二〇日）二頁、『店報』第五五号（大正九年六月一日）七頁（松坂屋資料）。

(22) 六〇年史編集委員会編『松坂屋六〇年史』（株式会社松坂屋、一九七一年）四四～四五・六二頁。

(23) 狩野弘一編『日本百貨店総覧』（百貨店新聞社、一九三六年）八三・八八・一八三・二七〇頁。

(24) 前掲注(10)竹中編書、一七九～一八三頁。

(25) 以下の記述は、表49と、いとう呉服店（松坂屋）各期『営業報告書』を参照。

(26) いとう呉服店（松坂屋）各期『営業報告書』。

(27) 一九一〇（明治四三）年の名古屋新店舗に、文房具・玩具・小児部、旅行用具・洋雑貨部、陶漆器部、美術品部、貴金属部が設けられた（前掲注(10)竹中編書、八九頁）。呉服と雑貨の売上高比率は、「商品売上仕入送品高月計簿」（松坂屋資料）。

(28) 『衣道楽』第二号（一九〇七年一月）、『衣道楽』一九〇九年一月号、『モーラ』第一二号（一九一一年一月）、『モーラ』第五九号（一九一五年一月）（松坂屋資料）。

(29) 『モーラ』一九一七年一月号（松坂屋資料）を参照。なお、呉服・織物の種類の内容は、菱山衡平『衣服材料の基礎知識』（文光社、一九三〇年）を参照。

(30) 前掲注(18)『松坂屋五〇年史 特装版』座談・対談記録二四頁。

(31) 例えば、一九一五（大正四）年八月時点では、名古屋営業部の外商係は名古屋市内・近在を一二区分に分けて編成され、地方係は主に愛知・三重・岐阜県の範囲を一一地域に分けて編成されていた（前掲注(10)竹中編書、一一六～一一七頁）。地方都市における百貨店の展開や通信販売については、平野隆「百貨店の地方進出と中小商店」（前掲注(1)山本・西沢編書）、谷内正往・加藤諭『日本の百貨店史―地方、女子店員、高齢化―』（日本経済評論社、二〇一八年）第一章（加藤）・第二・三章（谷内）、満薗勇『日本型大衆消費社会への胎動―戦前期日本の通信販売と月賦販売―』（東京大学出版会、二〇一四年）第三章を参照。

(32) 以下の記述は、前掲注(18)『松坂屋五〇年史　特装版』座談・対談記録二六頁、株式会社松坂屋『松坂屋百年史』（株式会社松坂屋、二〇一〇年）五五頁より。

(33) 小松徹三編『松坂屋三百年史』（百貨店商報社、一九三五年）七二～七三頁。

(34) 一九一〇年代の『モーラ』および『マツサカヤ』一九二九年六月号、一九二九年一二月号（松坂屋資料）。

(35) 「商品部門別仕入月計簿附期及年計表」「商品部門別売上月計簿附期及年計表」（松坂屋資料）。

(36) 前掲注(2)末田書、一三七～一三八頁。

(37) 前掲注(32)『松坂屋百年史』五七～五八頁。

(38) 『店報』号外（大正五年一二月一日）一～二頁（松坂屋資料）。

(39) 『店報』第一五号（大正五年一一月一日）五頁、第三五号（大正七年八月二〇日）五頁、第一四号（大正五年一〇月一日）六頁、第二八号（大正七年一月一〇日）七頁（松坂屋資料）。

(40) 前掲注(10)竹中編書、一五四～一五五頁。

(41) 『店報』第二五号（大正六年一〇月一五日）一九頁（松坂屋資料）。

(42) 『店報』第五二号（大正九年一月二五日）八～九頁（松坂屋資料）。

(43) 前掲注(18)『松坂屋五〇年史　特装版』座談・対談記録三七～三九頁。

(44) 以下の記述は、古庄正「足利織物業の展開と農村構造」（『土地制度史学』八六、一九八〇年）を参照。

(45) 前掲注(18)『松坂屋五〇年史　特装版』座談・対談記録三七～三九頁。

(46) 同右、二八～二九頁。

(47) 以下の記述は、前掲注(10)竹中編書、一八九～一九五頁を参照。

(48) 前掲注(18)『松坂屋五〇年史 特装版』座談・対談記録三五〜三六頁。

(49) 以下の記述は、前掲注(10)竹中編書、一九五・二〇二〜二〇五・二一三・三一四頁を参照。

(50) 前掲注(18)『松坂屋五〇年史 特装版』座談・対談記録四一〜四四頁。

(51) 「商品売上仕入送品高月計簿」(松坂屋資料)より。

(52) 前掲注(10)竹中編書、二一〇頁。

(53) 阪急マーケットについては、前掲注(2)末田書、第五章を参照。

(54) 以下の家計調査は、内閣統計局編「自大正十五年九月至昭和二年八月 家計調査報告 第二巻給料生活者・労働者の部(上)」(『家計調査集成 二』青史社、一九八九年)四二六〜四四五頁と、内閣統計局編「自昭和六年九月至昭和七年八月 家計調査報告」(『家計調査集成 五』青史社、一九八九年)一〇四〜一一〇頁を参照。

(55) 前掲注(1)初田書、第七章など。

(56) 「商品売上仕入送品高月計簿」(松坂屋資料)より。

(57) 前掲注(10)竹中編書、二三六〜二三九頁および同右より。

(58) 名古屋・上野営業部については表53より、大阪・銀座営業部については「商品売上仕入送品高月計簿」(松坂屋資料)。

(59) 「商品部門別仕入月計簿附期及年計表」「商品部門別売上月計簿附期及年計表」(松坂屋資料)。

(60) 同右。

(61) 以下の記述は、前掲注(32)『松坂屋百年史』六一・六五〜六九頁を参照。

(62) 前掲注(10)竹中編書、二一三〜二一四頁。

(63) 塚本鉢三郎(述)・田中八壽男(記)『百貨店思出話』(百貨店思出話刊行会、一九五〇年)二四七〜二五六頁。

(64) 前掲注(10)竹中編書、二四三頁。

(65) 同業組合と百貨店の関係は、藤田貞一郎「近代日本百貨店史研究の分析視角」(安岡重明編著『近代日本の企業者と経営組織』同文舘出版、二〇〇五年)三〇七〜三二五頁、廣田誠『近代日本の日用品小売市場』(清文堂出版、二〇〇七年)第五章を参照。

(66) 新修名古屋市史編集委員会編『新修名古屋市史 第六巻』(名古屋市、二〇〇〇年)三一九〜三三一頁。十一屋については、丸栄五十年史編纂委員会編『丸栄五十年史』(株式会社丸栄、一九九四年)も参照。

(67) 以下の記述は、前掲注(32)『松坂屋百年史』四八・六一・六六・三五六〜三五九頁、および「商品売上仕入送品高月計簿」(松坂屋資料)。
(68) 前掲注(10)竹中編書、二七九〜二八〇頁。
(69) 『名営販売時報』第一号(昭和七年一一月七日)一頁。各営業所の『販売時報』はいずれも松坂屋資料。
(70) 『店報』(松坂屋資料)は一九一五年八月二五日に第一号が発行され、「従来命令、通達、告示等一般店員ニ周知セシムヘキ事項ハ凡テ掲示、口達ノ方法ニ依リ行ヒタルモ業務ノ発展ニ伴ヒ事漸ク複雑ヲ来シ店規店例ノ変改異動モ亦尠カラスシテ能ク細大トモニ留意スルハ多忙ナル店員諸子ノ太タ難事トスルトコロナルヘキヲ想ヒ寧ロ之ヲ印刷ニ付シ常ニ能ク反覆承合セシムルノ要アルヲ認メ茲ニ店報ヲ発行シ之ヲ全店員ニ頒ツ」ことを目的とした(同号、一頁)。『店報』は一九二〇年一一月三〇日発行の第六〇号まで一般財団法人J・フロントリテイリング史料館蔵。『販売時報』は、名古屋営業部で一九三二(昭和七)年一一月七日、上野営業部で同年一〇月二〇日、銀座営業部で同年一〇月九日、大阪営業部で同年一一月一日に創刊。
(71) 以下の記述は、一九三三年分『名営販売時報』および『阪営販売時報』。
(72) 『上営販売時報』第二六号(昭和八年一二月一〇日)六頁、第二七号(昭和八年一二月三〇日)六頁。
(73) 一九三三年以降の『名営販売時報』『阪営販売時報』『上営販売時報』『銀営販売時報』。
(74) 前掲注(10)竹中編書、二八一〜二八九・三一四〜三二四・三六八〜三八四頁を参照。一九三〇年代の静岡店の売上高は全体の三%前後であった(同書、二六一・三六八頁)。
(75) 前掲注(31)平野論文および大岡聡「昭和恐慌前後の都市下層をめぐって」(『一橋論叢』一一八―二、一九九七年)を参照。
(76) 前掲注(32)『松坂屋百年史』七〇・七七頁、および表49を参照。
(77) 『名営販売時報』および『阪営販売時報』などを参照。
(78) 前掲注(63)塚本・田中書、六一〜六三頁。
(79) 例えば一般向け商品とされる「銘仙」の一九二〇年代の流行に、百貨店、集散地問屋、機業家が果たした役割については、山内雄気「一九二〇年代の銘仙市場の拡大と流行伝達の仕組み」(『経営史学』四四―一、二〇〇九年、三〜三〇頁)などを参照。

第六章　愛知県有力事業家の消費生活

――小栗三郎家の事例――

はじめに

本章では、愛知県半田の有力事業家であった小栗三郎（三郎兵衛）家の消費生活を検討する。愛知県半田の小栗家については、近年、共同研究成果が発表され、そこでは、小栗家を、家業の継続と地域社会への貢献の両方を重視する地方事業家と位置付けた(1)。本章でもその視角を継承するが、こうした地方事業家の消費生活を検討する場合、消費支出のなかでの家業継承のための貯蓄部分、地域貢献への支出部分、そして家計消費支出のバランスが重要となる。それゆえ本章では、小栗家における貯蓄と消費の関係、および同家が知多地域の半田町で事業を継続するために地域社会とどのような関係を構築したのか、という二つの視点から検討を行う。地域貢献として小栗家が重視した寄付行為と、消費行動からみえてくる小栗家の暮らしぶりと合わせて考察することを通じて、最後に小栗家の事業経営を貫いていた経営理念や経営倫理がどのようなものであったかについて言及したい。

さて、経済主体の寄付行為の背景とその意義に関する研究として、マックス・ヴェーバーは、メソジスト派の禁欲的信仰の指導者自身が、「できるかぎり利得するとともに、できるかぎり節約する」者は、また恩恵を増し加えられて天国に宝を積むために、「できるかぎり他に与え」ねばならぬ、と勧告したことを引用し、ピューリタンが信仰の結果として富裕になった場合、その後に、精神的腐敗を招かぬように、隣人愛に基づく寄付行為を推奨したことを指摘した。(2)大塚久雄によれば、彼らは蓄積した富を公のために役立てようとしたという。(3)

ヴェーバーの分析視角や方法論に影響を受けて、日本の近代化や産業化は、多くの研究者によって検討されたが、本章の問題関心に関連する有元正雄の研究を取り上げる。有元は、仏教のなかでも特に浄土真宗を軸にして分析枠組みを構成し、浄土真宗を篤く信じる地帯と、それ以外の地域を比較して、近代化の精神的基礎が形成された近世中後期の倫理観を検討した。(4)それによると、浄土真宗の篤信地帯の宗教の倫理化は、信仰と道徳の実践を不即不離とし、人の生き方を示す宗教教育を通じて獲得されており、この地帯では概して豪農商層と一般民衆とが同一生活の通俗道徳によって行動したが、それは僧侶・道場役の教化および小寄講・御座・報恩講などの持つ意義が大きく、そこでは密度の高い宗教教育が行われたとする。また、いずれの地帯の地方豪農商の家訓・遺言でも、家業以外に関わることを厳しく禁ずる伝統主義的性格を帯びていたことや、豪農商が「村」に配慮を示すこと、つまり彼らの仁慈を施す範囲は村落共同体を中心とした比較的狭い地域社会を想定しており、その場合も「家」の存続を中心に考え、「家」を取り巻く社会環境への配慮に止まったとする。さらに近代への展望として、有元は、「明治国家はこれに近代性の形式を装い、国家―家という二重の擬制的家体系（個々の家の上に、国民の父母である天皇・皇后をおくという観念）を創出し、その上に国民道徳を形成していったのであり、近代社会特有の普遍的な倫理観は第二次大戦後までに持越された」とした。(5)本章で検討する一九世紀後半～二〇世紀前半における小栗家は、禅宗や浄土真宗など仏教への信仰が篤く、皇族との関係も深かった。そのような意味で、先行研究が指摘した仏教信仰がもたらす職業倫理や経営理念、皇室を中心とした国民道徳の影響を視野に入れて、小栗家の寄付行為の意義を考えたい。

一　小栗三郎家の概要と収益構造

小栗三郎（三郎兵衛）家は尾張国半田で一八世紀に酒造業を営み、一八世紀末に酒造業から撤退した後は、雑穀・肥料商を家業とし、萬屋を屋号とした(6)。幕末になると、同家は酒造業を再開し、一八六二（文久二）～六三年に下半田村の庄屋を務め、六三年の尾張藩の御用金調達において、半田村では中野半六家と中野又左衛門家の各一五〇両に次ぐ一三〇両を三郎兵衛家は負担し、半田村を代表する資産家となった(7)。近代に入ると、三郎兵衛家は親族の味噌醸造蔵を引き継ぎ、肥料商売・酒造業・味噌醸造業と経営の多角化を図り、その後酒造業は廃業したものの、肥料商と醤油醸造業を家業の二本柱として経営規模を順調に拡大させ、萬屋三郎を略して萬三商店と称した。

近代以降の小栗三郎兵衛家の家系を簡単にふれておく。幕末期の三郎兵衛家の当主は一〇代であったが、一〇代三郎兵衛は、近代に入り新しい当主名として「三郎」を称するとともに、息子荘太郎に三郎兵衛を名乗らせたため、一八七〇年代は当主が三郎でその息子が三郎兵衛であった。一〇代は、一八七九（明治一二）年に愛知県会が設置され、第一回の県会議員選挙が実施されると、半田村から県会議員に選ばれた(8)。もっとも、一〇代は政治的活動にはあまり関心を示さず、まもなく県会議員を辞職するとともに、一八八〇年には息子三郎兵衛に当主の座を譲り（一一代三郎）、それ以後隠居名として三郎兵衛を名乗った。ただし、小栗三郎家が名家であることに変わりはなく、一八九〇年に半田一帯で行われた陸海軍聯合大演習では、参謀総長有栖川宮熾仁親王の宿所として小栗三郎家の屋敷が提供された(9)。

一一代三郎は、近代期をほぼ通して三郎家の当主を務め、多くの子をなし、彼らが多くの分家を形成した。まず一一代三郎の長女幸子は、最初知多郡野間の有力資産家夏目家から婿（三郎治）を迎えたが、その後離別し、三郎治は夏目家に戻った。ただし幸子と三郎治の子ども哲造は小栗三郎家で養育され、後に分家「南邸」を形成した。幸子はその後桜井家から婿（清）を迎え、清は一一代三郎を助けて三郎家の経営にあたり、幸子が亡くなった後に一一代三郎の娘喜登子と再婚して分家「沢渡」を形成した。一一代三郎の長男は早くに亡くなり、次男静二が清とともに三郎家の経営を助けたが、静二が一九〇八年に亡くなった後は、三男庸三が病気がちであったため、四男の四郎が大学を退学して家に戻り経営を助けることになった。この時に清は分家し、萬三商店を「内輪合資」として資本金二〇万円のうち本家が一八万円、清が二万円を出資する形態とした[10]。なお清は一九一二（大正元）～一六年まで半田町長に就任し、小栗家は地域行政に関わる。その頃から半田の都市化がみられ、半田町の人口は一九一一年の約九〇〇〇人から二〇年の約一万八〇〇〇人に倍増した[11]。

一九一〇年代以降は、四郎を清と一一代三郎の五男敬五郎が支えつつ三郎家の運営がなされたと考えられ、一七年に庸三が分家「前崎」を形成するとともに、庸三も「内輪合資」に参加した。出資内訳は、本家が一六万円、清が二万円、庸三が二万円となった。その後、「内輪合資」の資本金は一九二三年に増額して五〇万円（本家が四〇万円、清が五万円、庸三が五万円）となり、二四年からは敬五郎が分家「星崎」を形成するとともに「内輪合資」に参加し、出資内訳は本家が三五万円、清が五万円、庸三が五万円、敬五郎が五万円となった[12]。一九二五年には四郎が知多商業会議所に参加するとすぐに副会頭となり、二六（昭和元）年に株式会社萬三商店が設立された際には、社長が小栗三郎で、常務取締役が四郎、取締役が庸三と敬五郎、そして監査役が清と小栗徳太郎（萬三商店総支配人）となった[13]。そして一一代三郎は一九三三年に退隠し、四郎が一二代三郎を襲名した。

続いて、小栗三郎家の収益構造を表57から検討する。同家の収益は、ほぼ一貫して本店（肥料店）からが中心であった。この本店収益は基本的に商業収益で、一九一〇年代以降は大豆粕製造部門の損益も含みつつ、一〇年代後半に

表 57　小栗家推定収支の推移(1880~1937 年)　(単位:円)

期末年月	本店損益	支店損益(醤油部)	本家利息収支	本家有価証券収支	本家地所収支	本家貸家・倉庫収支	本家雑収支	合計	本家家事費	本家公費
1880・8	2,310	88	[1]1,551					3,949		
1881・8	1,396	265	[1]3,099					4,760		
1882・8	711	△239	[1]3,456					3,928		
1883・8	△6,588	△1,247	[1]4,086					△3,749		
1884・8	241	△381	[1]3,340		[773]	[128]		(4,101)		
1885・8	3,337	△1,010	[1]3,225		[9]	[115]		(5,676)		
1886・8	276	54	[1]1,468		[594]	[94]		(2,486)		
1887・8	3,988	131	2,178		[477]	[136]	△337	(6,573)		
1888・8	△3,303	1,012	2,381		[439]	[132]	62	(723)		
1889・8	6,360	2,739	2,506		[220]	[154]	△178	(11,801)		
1890・8	10,533	△296	2,687		[476]	[123]	△62	(13,461)		
1890・12	△3,077	418	1,013				△39	△1,675		
1891・12	5,911	1,123	2,493		[763]	[60]	△63	(10,287)	[4]△2,000	
1892・12	6,220	2,348	1,385	210	[942]	[77]	△67	(11,115)	[4]△1,000	
1893・12	4,303	3,110	1,744	75	[841]	[67]	△71	(10,069)		
1894・12	2,146	823	967	[202]	364	[69]	△62	(4,428)	[4]△1,000	
1895・12	17,985	320	61	[454]	366	[111]	473	(19,751)		
1896・12	5,727	4,181	1,400	[561]	288	[113]	4,630	(16,490)	△5,609	
1897・12	29,573	2,353	1,839	[646]	502	[169]	22,323	(57,175)	△5,351	
1898・12	△2,102	1,408	2,418	(2,276)	159	[210]	△1,469	(2,762)	△4,441	
1899・12	34,369	3,296	2,349	(704)	753	[189]	26,977	(68,637)	△5,396	
1900・12	1,184	69	4,699	(836)	985	[226]	986	(8,985)	△6,461	
1901・12	△998	△2,166	2,988	(2,366)	925	[173]	1,416	(4,704)	△3,783	
1902・12	31,410	△1,431	△709	2,287	[3]1,140	[218]	△1,008	(31,907)	△4,510	
1903・12	22,564	217	348	[2]2,684	[3]989	[206]	△1,118	(25,890)	△4,024	
1904・12	33,450	2,865	771	[2]2,990	[3]1,119	[261]	△1,485	(39,971)	△3,787	
1905・12	26,382	2,308	2,323	[2]6,586	[3]1,305	[331]	△2,000	(37,235)	△5,542	
1906・12	15,272	1,963	1,284	7,775	[3]1,400	[370]	△2,365	(25,699)	△16,206	
1907・12	26,162	△201	5,088	5,858	[3]1,384		1,275	39,566	△15,286	
1908・12	△26,144	△6,404	7,407	5,740	[3]1,212	547	△3,299	△20,941	△10,738	
1909・12	46,842	428	3,493	5,096	[3]1,757	1,784	△474	58,926	△9,334	△3,077
1910・12	51,593	7,793	2,927	3,919	[3]2,998	3,010	△1,294	70,946	△8,558	△3,696
1911・8	54,897	3,605	3,121	3,535	△161	1,863	△1,161	65,699	△4,803	△1,624
1912・8	△4,170	6,578	8,110	4,978	3,326	2,349	△1,258	19,913	△9,158	△5,549
1913・8	45,285	6,733	9,892	5,503	1,504	2,471	△1,239	70,149	△8,467	△6,263
1914・8	19,065	8,541	13,075	6,005	4,146	3,269	△1,263	52,838	△8,801	△5,332
1915・8	1,809	4,122	9,664	6,835	2,767	3,311	△1,639	26,869	△6,558	△6,193
1916・8	104,142	7,801	6,375	7,901	3,298	3,705	△1,705	131,517	△7,360	△5,188
1917・8	267,447	16,458	10,073	10,301	4,046	3,165	△1,980	309,510	△9,603	△4,885
1918・8	211,965	25,002	21,028	13,665	4,922	3,198	△2,074	277,706	△13,542	△1,619
1919・8	244,176	31,031	25,775	25,394	8,731	1,899	△2,531	334,475	△15,402	△2,374
1920・8	218,816	56,494	49,020	29,656	13,761	3,611	△2,456	368,902	△20,691	△1,361
1921・8	50,970	15,022	55,118	30,087	7,718	2,890	△4,887	156,918	△24,526	△3,624
1922・8	107,118	33,976	41,675	30,686	4,556	2,492	△3,418	217,085	△22,675	△5,091
1923・8	△27,440	24,340	44,443	38,760	9,516	1,841	△2,906	88,554	△27,820	△7,239
1924・8	101,286	23,438	37,221	45,424	9,794	2,166	△2,324	217,005	△27,188	△8,092

1925·8	29,327		43,491	43,535	11,740	4,626	330	133,048	△32,557	△8,088
1926·8	△163,725		40,875	47,038	9,164	4,197	330	△62,121	△25,077	△8,280
1927·8			337	41,236	3,209	18,142	780	63,704	△28,390	△31,042
1928·8			△10,038	33,996	3,617	19,565	996	48,135	△19,897	△9,864
1929·8			△10,263	94,827	3,001	19,939	1,150	108,655	△23,811	△10,138
1930·8			△14,637	77,271	3,119	19,409	828	85,990	△19,871	△17,503
1931·8			△13,792	33,999	1,898	20,093	362	42,560	△14,623	△14,428
1932·8			△16,645	26,437	1,584	17,321	358	29,055	△13,275	△8,140
1933·8			△17,359	50,045	3,236	18,817	458	55,196	△16,882	△8,538
1934·8			△15,920	23,474	3,089	19,731	2,367	32,742	△18,832	△28,621
1935·8			△18,375	41,245	2,371	19,684	2,376	47,300	△14,516	△23,595
1936·8			△17,146	65,203	4,533	20,320	3,178	76,087	△15,784	△24,857
1937·8			△15,897	94,053	5,047	20,558	5,373	109,134	△15,959	△33,367

(出所)明治13年「決算簿(小栗三郎)」, 明治13年「決算簿(萬三本店)」, 明治13年「決算簿(萬三支店)」, 明治43年「決算簿(萬三本店)」, 大正11年「決算簿(萬三商店)」, 大正10年「決算簿(萬三醤油部)」, 大正13年「決算録(小栗三郎)」, 明治20~40年度「所得税下調」(以上, 小栗家文書)より作成.

(注)無印は利益もしくは収入, △印は損失もしくは支出を示す. 支店損益欄は, 1909年以降は本店醤油部損益, したがって1909年以降の本店損益欄は, 醤油部損益を除く. [ ] 内は,「所得税下調」による. 期間がずれる可能性があるため, [ ] が含まれる年は, 合計も( )で示した. なお有価証券・地所・貸家貸倉庫収支での資産売買に伴う金銭出入りは, 別建ての積立勘定に振り替えられたと考えられる. 支店の1880~84年の期末は10月もしくは11月. 支店損益は, 準備・積立金, 償却, 店員賞与を引く前の損益. 本家雑収入は, 雑収入から雑費を引いた額. 雑費以外の主な支出として家事費と公費があり, それは右欄に記した. 公費欄の1934年8月期末欄以降は相続税を含む. 本家有価証券収支欄の1898~1901年度欄は, 花井俊介「有価証券投資とリスク管理」(中西聡・井奥成彦編著『近代日本の地方事業家—萬三商店小栗家と地域の工業化—』日本経済評論社, 2015年)を参照. 1)本家の期末資産額の前期末との差し引きを本家当期損益と考え, それを本家利息収支欄に記した, 2)出所資料では半額が計上されていたので, それを2倍として実際の収支を記した, 3)出所資料では1902年から新田収益を半額にして計上していた, 4)家事費補助として本家決算に計上.

急増した。その次に一八九〇年代は醸造収益が多く、醤油醸造経営の創業期は損失が続いたが、八〇年代後半から安定的に収益が上がり、九〇年代には本家利息収益を上回った。ただし、一九〇〇年代に醤油醸造経営の収益は頭打ちになり、一〇年代になって再び増大し、二〇年代には安定して高収益を上げた。有価証券収益は、一八九〇年代までは全体に占める比重はかなり少なく、一九〇〇年代にある程度の比重を占め、醤油醸造経営の収益を上回った。一九一〇年代後半からは、醸造経営の収益と有価証券の収益と、銀行預金などの利息収益が同じく増大し、二〇年代の萬三商店は、複数の安定した収益源を持つようになり、年間二〇万円を超える収益を上げた。それに対し、土地収益はそれほど伸びず、貸家・倉庫収益が一九〇〇年代後半から増大して一〇年代後半には土地収益に肩を並べた。小栗三郎家の耕地所有規模は一八九〇年代が最大で約四六町歩となり[14]、一九〇〇年代から土地収益は安定したが、その後耕地所有規模は増えず、一九〇〇年代の収益は商業経営の拡大に投入されたと考えられる。全体として、小栗三郎家は一九〇〇年代に銀行借入金を積極的に利用して経営拡大を図り、それが一〇年代の本店収益の増大につながり、一〇年代には自己資金で経営を展開し得るに至った。一九二六年に家業を会社化した後の小栗家は、萬三商店からも含めて主に配当収入で家計を維持したが、貸家・倉庫は家の所有に残されたと思われ、その貸付により貸家・貸倉庫収入が増大した。なお表57の右欄に、家の主要な消費支出である家事費と公費（税金など）を示した。小栗三郎家は年によって増減はあったものの、全体として安定して収入を得ていたため、通常年の家事費・公費であれば十分に賄えた。特に、一九一〇年代後半以降は、急減な収入の増加に比して、家事費・公費の支出の増加はそれほどでもなく、この時期三郎家はかなりの蓄積をし得たと考えられる。もっとも、婚姻と葬式が続いた一九〇〇年代後半には[15]、前後の時期に比して家事費が急激に増え、三郎家の蓄積にかなりの制約となっていた。家業を会社化した後は、本家の収入額の減少にあわせて本家家事費も減少したが、増大した公費が家計支出に占める比重が高まり、特に一一代三郎が死去した一九三四年から七年間で多額の相続税を分割で納めたため、その間の公費負担は急増した[16]。

株式会社設立後の萬三商店は[17]、株式会社とはいえ、株主は「内輪合資」に参加していた一族と主要店員に限られ、その内実は合資会社であった。資本金は一五〇万円とされたが、払込は一貫して九〇万円に止まり、三郎家が銀行に預けていた定期預金も株式会社萬三商店が銀行定期預金として引き継いだ。つまり、工場・設備・商品在庫など店の資産および銀行定期預金をあわせて約九〇万円が家の勘定から会社の勘定に移され、その部分から上がる収益は、表57の出所資料ではなく会社の勘定によって表現されることになった。そして一九二九年の世界恐慌の影響で、日本でも不況が生じたため、萬三商店は一九三〇・三一年に損失を計上したものの、それ以外の年は比較的順調に当期利益金を計上し、積立金もある程度蓄積し得ていた。株式会社萬三商店の損益を合計すると、昭和恐慌期の一九二七〜三二年度でも約二三万円の収益を上げた。その要因は醬油部の安定した利益で、「損益計算書」をみると、当期損失金を計上した一九二九・三〇年度は、商業関係で巨額の損失を計上したのに加えて、二九年度は豆粕工場部が一万二二五二円の損失を計上したが、この両年度でも醬油部はそれぞれ二万六四三五円と九二三四円の利益を計上した(18)。それも含めて、醬油部は一九二六〜三七年度まで、三〇年度を除き、毎年度数万円の利益を計上し続けた。

二　小栗家の家計支出

1　全体的動向

小栗三郎家の家計支出は、一八九一(明治二四)年度から「家事費明細帳」、一九〇七年度から「家事費仕訳帳」、三四(昭和九)〜三七年度は「家事費年度別比較表」(いずれも小栗家文書)で判明する。「家事費明細帳」は日並に家事費の支出が記載され、年度末に細かい項目ごとに集計した金額が示されるものの、その項目の分類が行われていないため体系的に分析するのは難しい。一方、「家事費仕訳帳」は最初から大きく分類が行われ、そのなかの項目ごとに頁が割り振られて日並に支出が記載されており、小栗家そのものの家計支出に対する考え方がその分類と項目立てに表れている。そこで「家事費仕訳帳」の分類に従って、「家事費明細帳」の各項目を分けて、一八九一〜一九三六年度までを表58で示した。なお、「家事費明細帳」「家事費仕訳帳」ともに分類の最初に収入の部があり、不動産(新田・宅地・貸家)収入がそこに挙げられる。小栗家は不動産収入で家計を賄っており、基本的には商業・醸造業の純益は、家計支出に回さず萬三商店本店と支店から上がった純益金の積立と支出を記録した帳簿である「台帳」の資本主収益に組み入れて、そこから積立金に回された。もっとも婚礼や葬式などがあり、臨時に多額の支出が必要になった際は、不動産収入では賄えないため、資本主から家事費補助として家計部門に配分が行われた。

小栗家の家計支出は、不動産に関する税金が公費の項目でまず挙げられ、寄付金項目の善事財が続き、日常の支出は主に「衣・食・住」に分けられた。「衣」は衣類に関する支出、「食」は食物に関する支出であるが、食事を作る際に使われたと考えられる水道・光熱費も「食」の項目に含まれた。「住」は住まい一般の光熱費や畳建具に加えて、庭園の整備費用が計上され、修理などの工賃も含まれた。一方、「営繕」にも工賃は含まれたが、「営繕」の項目は屋敷の修繕・建設や貸家に関わる費用が計上されており、小栗家のなかでは区別がつけられていた。そして「雑」は家事使用人の給料や医薬品、教育費や消耗品など様々な費目がそこに含まれ、「進物」（後に社交）は祝儀や進物の費目が含まれた。

このほかに臨時費の項目があり、婚礼・葬式など特別な支出が含まれた。そして、一九〇七年度からは、当主の子どもたちの分家が始まるが、分家した後も、本家が家事費を負担していたことがわかる。実際、一九二〇年代には分家の家事費負担がかなりの比重を占めるようになった。一九二六年度以降は、家業を株式会社化して、分家がそれぞれ株式会社萬三商店の株主となったので、その株の配当金で分家の家事費を賄う仕組みに変更したと考えられ、本家による分家の家事費負担はなくなるが、家計の面からは分家の家計を独立採算にさせるために家業の株式会社化が行われたとみられる。なお小栗家当主の娘が一九世紀中葉に小栗邸に隣接して開いた庵寺である西誓庵とは、家事費での若干のやり取りがあり、また一九三〇年度からみられる清和会館は萬三商店の社交クラブで、その維持費が家事費から支出された。

これらの項目のなかで、衣食住に関する支出が小栗家の資産規模に比して相対的に少ないことがわかる。特に、衣料支出が少ないのが特徴的である。一方、営繕部門への支出と分家のための支出が多く、右欄の小計Aと小計Bを比べると、一九二〇年代中頃になると分家「沢渡」と分家「前崎」のための支出合計が、純粋に本家のための支出合計に匹敵するまでになっている。その意味では、小栗家の家計支出が一九二〇年代に急増しているようにみえるが、純粋に本家のための支出額は増えてはいるもののそれほど急激ではなかった。前述した純益金の積み立てによる強蓄積と連動するように、消費支出面でも節約傾向がみてとれる。

とはいえ、営繕部・雑部は「衣食住」の部門より支出が多かったので、その内容を表59で検討する。まず、「衣」に関連して小間物の購入費が極めて少ないことに着目したい。小間物は装飾に関わる部分であり、ここの少なさから小栗家の生活が質素であったことがうかがわれる。「食」の内容をみても、砂糖の購入費が少なく、肉類の項目もないことから、後述する小栗家の宗教道徳とも関わるが、肉食文化は近代期の小栗家では定着しなかったと考えられる。

(単位:円)

西誓庵	星崎	南邸	小計A	小計B
			5,636	
			5,892	
			3,793	
			5,340	
			(3,520)	
			8,469	
			8,774	
			7,954	
			6,940	
			10,398	
			8,182	
			9,064	
			15,052	
			18,866	18,923
			16,591	17,252
			15,622	16,441
			16,479	17,719
			8,379	9,413
			13,917	15,711
			15,181	17,587
			18,372	22,740
△31			12,249	19,430
△32			12,510	20,360
不明			不明	不明
△24			19,948	29,938
△224			21,779	35,616
△405			30,361	52,307
△131			32,771	59,271
218			41,536	75,070
91			47,555	93,448
280	1,037		43,082	92,579
△47	4,343		47,121	101,762
82	4,986	3,544	54,525	96,678
78	26,996	2,630	36,239	66,230
△21	20,389	1,705	27,863	49,936
92	7,107	106	33,035	40,340
107	264	130	26,821	27,322
71	378	116	21,673	27,288
69	324	95	21,688	23,167
8		177	34,781	35,455
51		134	25,405	26,084
24		3,269	20,315	24,095
113		1,829	19,219	21,622
56			20,711	21,227

以降は「家事費年度別比較表」(以上,

いないため, それとの連続性を保つため
分が含まれている場合は, それを別項目
倉庫など店の事業に関する項目は除い
類した. 清和会館は, 萬三商店の社交ク
別口前崎勘定として.

表 58　小栗家家事費支出内訳の推移

期末年月	公費	善事財	衣	食	住	営繕	雑	進物(社交)	臨時費	沢渡	前崎
1891・12	256	143	486	537	52	63	815	20	3,264		
1892・12	331	186	601	667	59	51	1,078	10	2,909		
1893・12	366	222	556	627	51	162	1,233	22	554		
1894・12	363	358	744	875	139	486	1,283	67	1,025		
1895・12	不明	284	587	539	134	167	863	34	912		
1896・12	506	267	752	1,332	175	706	1,672	108	2,951		
1897・12	425	417	1,063	1,279	204	413	2,229	45	2,699		
1898・12	570	552	1,007	1,453	165	603	2,699	85	820		
1899・12	556	382	1,020	1,575	385	485	2,215	114	208		
1900・12	775	360	1,573	1,736	203	372	1,864	78	3,437		
1901・12	817	378	964	1,344	250	612	2,420	69	1,328		
1902・12	707	497	1,698	1,392	246	389	2,258	71	1,803		
1903・12	795	383	2,980	1,542	225	1,909	2,497	93	4,628		
1907・12	1,787	288	2,929	2,720	285	3,775	4,482	314	2,286	57	
1908・12	1,960	269	1,158	3,067	348	4,349	4,278	486	676	661	
1909・12	1,774	240	634	2,152	414	5,420	3,796	258	934	819	
1910・12	2,041	404	1,136	2,297	457	4,388	3,468	203	2,085	1,240	
1911・8	1,856	283	503	1,371	256	1,889	2,072	135	14	1,034	
1912・8	2,363	491	1,014	2,713	328	3,278	3,342	379	9	1,794	
1913・8	2,310	367	1,453	2,553	598	3,634	3,755	464	47	2,406	
1914・8	2,287	322	1,031	2,951	347	5,111	3,662	407	1)2,254	3,468	900
1915・8	2,398	575	809	2,287	526	1,771	3,302	570	13	4,009	3,203
1916・8	2,501	676	1,061	2,356	917	448	3,787	362	402	3,154	4,728
1917・8	2,954	287	1,186	2,812	883	1,104	不明	不明	不明	4,465	不明
1918・8	3,054	401	1,122	3,640	1,484	5,590	4,496	493	△332	6,158	3,856
1919・8	1,868	447	1,025	4,176	1,772	6,461	5,357	666	7	9,224	4,837
1920・8	4,493	883	1,848	5,870	2,936	5,687	7,625	775	244	10,952	11,399
1921・8	5,386	785	1,878	5,023	2,470	7,803	11,467	1,022	1,458	15,346	11,285
1922・8	6,214	1,392	2,191	6,324	2,447	10,380	10,167	833	1,588	22,719	10,597
1923・8	7,681	865	4,221	6,481	3,048	9,229	11,446	960	3,624	33,947	11,855
1924・8	7,227	733	3,035	6,374	3,145	8,641	10,949	977	2,000	34,643	13,537
1925・8	5,711	875	4,454	7,128	3,488	8,604	13,651	851	2,359	36,410	13,935
1926・8	6,356	1,439	3,380	6,241	3,445	19,846	9,818	944	3,056	21,784	11,757
1927・8	6,558	905	2,692	2,923	3,313	10,739	8,232	641	236	△172	459
1928・8	7,257	1,248	1,241	2,261	3,418	1,779	6,811	642	2,306		
1929・8	6,675	751	2,682	3,164	2,941	6,502	8,007	830	1,483		
1930・8	5,910	930	1,714	2,599	2,697	4,680	5,904	751	1,636	清和会館	
1931・8	4,485	597	1,344	1,946	2,582	4,891	4,893	646	289	5,050	
1932・8	5,717	1,034	1,288	1,687	2,222	4,556	4,558	551	75	729	2)262
1933・8	5,926	564	1,295	2,544	2,253	15,927	4,462	670	1,140	489	
1934・8	5,547	811	1,706	2,311	2,527	2,826	7,116	811	1,750	494	
1935・8	5,517	1,022	1,320	1,694	2,096	2,258	4,287	650	1,471	487	
1936・8	5,394	1,149	1,382	2,097	2,078	1,862	4,502	755		461	
1937・8	5,492	585	1,624	3,336	1,965	1,395	5,197	1,005	112	460	

(出所)1894~1903年度は各年度「家事費明細帳」, 1907年度以降は各年度「家事費仕訳帳」, 34年度
小栗家文書)より作成.

(注)無印は支出, △印は収入. 1903年度までと, 1912年度以降の米穀費に本店振替分が計上されて
に, 1907~11年度は米穀費から本店振替分を除いて集計した. 営繕費に分家(沢渡, 前崎, 星崎)
で示した. 雑項に臨時費が含まれている場合は, それを別項目で示した. 本店・醤油部・工場・
て集計した. 1903年度までは,「本年中仕訳」の費目を, 07年度以降の項目分類にならって分
ラブ. 小計Aは分家・清和会館分を含まない集計, 小計Bはすべての集計. 1)慶事費を含む, 2)

表 59　小栗家「家事費仕訳帳」支出金額内訳

（単位：円）

費目／年度	1907	1909	1911	1913	1915	1917	1919	1921	1923	1925	1927	1929	1931	1933	1936
公費　計	1,787	1,774	2,363	2,287	2,497	3,054	4,493	6,214	7,227	6,356	7,257	5,910	5,717	5,547	5,492
供養（吊祭）	35	48	48	69	53	117	125	107	120	189	748	568	747	519	311
吊祭	127	129	356	143	461	146	592	1,031	302	856					
慈善（公共）	123	55	35	61	38	65	54	64	66	226	500	364	287	292	128
公共	4	9	52	50	123	73	111	189	245	169			臨時仏事		146
（善事）　計	289	240	491	322	676	401	883	1,392	733	1,439	1,248	930	1,034	811	585
呉服太物	2,428	245	675	782	718	765	1,242	1,203	1,016	1,410	972	591	503	756	630
被服用品（綿糸他）	415	258	294	200	301	311	586	960	1,984	1,877	237	1,067	751	908	953
小間物	86	132	45	50	42	47	20	28	35	93	32	56	34	42	40
（衣）　計	2,929	634	1,014	1,031	1,061	1,122	1,848	2,191	3,035	3,380	1,241	1,714	1,288	1,706	1,624
米雑穀	△731	△1,262	△1,852	944	482	1,153	1,422	2,276	2,292	1,671	495	511	232	373	1,628
魚料理	811	787	826	1,010	902	1,132	1,937	2,193	2,139	2,258	706	451	357	477	419
野菜干物	205	190	265	284	278	495	782	867	789	884	254	209	119	112	219
味噌醤油塩酢	788	445	482	518	478	669	1,230	758	740	895	416	264	181	240	205
砂糖（茶菓子果物）	158	151	106	154	58	54	2	32	82	51	25	9	16	11	12
茶菓子果物					88	63	187	196	253	266	208	201	178	168	111
食糧雑品	89	35	36	43	69	73	310	2	79	215	127	132	87	157	91
薪炭												550	303	476	433
瓦斯動力												271	215	295	200
水道															19
（食）　計	1,320	346	137	2,951	2,356	3,640	5,870	6,324	6,374	6,241	2,261	2,599	1,687	2,311	3,336
火災保険	30	161	95	69	33	19		307	458	458	887	880	808	816	675
庭園	39	36	34	63	230	444	538	311	461	593	436	235	200	142	156
油蝋燭	158	116	145	155	68	54	3	3	23	38	27	26	21	16	13
畳建具	58	100	54	61	11	43	324	48	179	206	61	46	4	55	26
電気瓦斯					152	422	417	483	530	854	657	389	331	544	261

雑人工賃					424	502	1,347	1,295	1,494	1,295	1,350	1,121	857	955	836
（住）　計	285	414	328	347	917	1,484	2,936	2,447	3,145	3,445	3,418	2,697	2,222	2,527	1,965
木材	671	682	300	411	101	668	898	477	654	716	136	479	46	70	126
石材	21		56		6	45	2	73	314	59			3		
竹材	26	14	15	9	3	47	35	21	35	9	7	27	2	3	3
金物	119	244	152	122	21	185	292	176	169	846	47	277	48	63	23
瓦煉瓦土砂	78	102	106	19	3	552	119	258	325	50	91	77	23	6	32
雑品	176	75	103	49	11	371	131	67	183	305	22	189	56	15	67
工賃	2,142	1,550	1,721	1,154	163	2,589	3,679	1,441	1,679	4,465	216	1,387	200	246	330
山荘	218	49	152	201	22	81	69	12	36	369	596	237	171	89	94
貸家（一般貸家）	325	2,397	972	3,145	118	466	416	724	1,069	1,026	433	723	114	838	541
亀崎貸家										324	21	268	22	8	28
店員貸家										281	80	189	211	117	71
前崎				900	4,728	568	44	6,194	2,039				262		
星崎									1,037	4,986	20,389	264			
時志（別荘）									875	77	64	789	55	41	80
四郎分南邸										502	64	38	10	35	
その他									1,263	10,786	臨時営繕		3,920	1,295	
（営繕）　計	3,775	5,112	3,578	6,011	5,176	5,590	5,687	10,380	9,678	24,832	22,168	4,944	4,880	2,826	1,395
給料	648	650	607	719	670	769	1,504	1,816	2,117	2,361	2,250	2,023	1,590	1,977	1,609
医薬	1,326	817	459	495	1,013	588	1,151	2,424	2,728	998	972	937	755	2,488	1,229
教育	9	10	8	1	8		1	4	8	7	7	23	52	106	177
旅費	627	635	628	556	783	1,181	1,197	1,403	1,617	1,568	999	1,173	671	543	751
図書	128	129	110	80	91	102	189	76	302	284	221	167	148	127	156
郵便・電信	24	18	19	50	80	18	21	14	26	22	105	212	214	200	173
娯楽	94	72	56	44	60	74	106	66	169	228	261	93	47	114	173
什器	202	355	243	124	91	80	196	133	676	751	405	313	354	581	156
帳簿文房	27	46	31	18	23	26	37	35	30	36	70	29	40	19	23
紙	52	42	40	31	21	22	41	80	33	53	37	43	35	41	21

薪炭	602	378	450	589	504	1,139	2,136	2,534	1,935	1,455	525				
雑品(消耗品)	449	263	429	647	311	297	682	621	815	964	578	553	347	511	442
消防	4	46	19	39	4	35		181	13	318		31	57	46	24
果樹菜園	12	8	13	2	1	32	77	102	67	310	58	34	9	42	27
雑費・その他	245	243	207	2,442	127	132	287	276	414	463	324	271	239	321	237
雑部臨時費	2,286	934	9	64	402		244	1,990	2,000	3,056	2,306	1,636			
(雑部)　計	6,735	4,646	3,329	5,901	4,189	4,496	7,869	11,755	12,949	12,874	9,117	7,540	4,633	8,866	5,309
祝儀・餞別	59	28	8	29	37	13	22	14	13	80	17	22	23	39	92
謝儀	158	127	95	132	15	23	15	140	45	50	5	18	65	108	167
進物	79	95	243	217	204	322	435	433	463	514	365	381	177	321	402
香料	18	9	33	29	43	39	87	59	53	60	57	89	60	58	101
会費	33	84	22	15	43	82	137	143	222	227	163	212	196	233	211
来客費					21	10	80	44	181	13	35	28	30	52	31
(社交)　計	347	343	401	422	362	493	775	833	977	944	642	751	551	811	1,005
西誓庵	550	△31	△67	△91	△32			218	280	82		107	69	51	56
沢渡	57	1,947	1,794	3,468	3,154	6,158	10,952	22,719	34,643	21,784	清和会館		729	494	460
前崎邸						3,856	11,399	10,597	13,537	11,757	醬油部	152			
南邸										3,544	1,705	130	95	134	
仮勘定・その他	160	43										389		121	
総計	18,234	15,468	13,368	22,649	20,356	30,293	52,711	75,070	92,580	96,678	49,957	27,473	23,167	26,203	21,172

(出所)各年度「家事費仕訳帳」,(1934~36年度)「家事費年度別比較表」(以上,小栗家文書)より作成.

(注)1910年度までは1~12月が,11年度からは当年9月~翌年8月がその年度.1927年度以降の吊祭は供養に,公共は慈善に分類が統合.1913年度までの砂糖欄は茶菓子果物も含む.薪炭は1929年度以降は食の部に計上.瓦斯は,1929年度以降は食事用が食の部に,それ以外が住の部に分けて計上.郵便・電信欄は1929年度以降は通信(電話料を含む)として.貸家欄は1923年欄までは貸家全体が,それ以降は一般・亀崎・店員などに分類されて計上.一般貸家・店員貸家欄には,それぞれ四郎分一般貸家・四郎分店員貸家を含む.会費は,1915年度までは雑部として計上されたが,17年度以降は社交(進物)の部で計上されたため,本表では最初から社交の部に示して,分類ごとに小計値を修正した.1913年度雑部の雑費・その他の金額が多いのは,慶事費として約2,190円を含むため.△印は収入を示す.

「食」の部門では、薪炭費が一九二七年度までは雑部に入れられたが、二八年度から「食」の部門に付け替えられ、それとあわせて瓦斯動力費も「食」の部門で計上されたことから、二八年度に薪炭や瓦斯を使う大きな調理器具が導入されたと考えられる。「住」の部門では、一九一〇年代後半から小栗家に電気が開通したことがみてとれるが、それとともに油蠟燭費が急減し、照明の方法が大きく転換した。また一九一〇年代から家屋敷のための火災保険に加入しており、加入額が二〇年代後半に急増した。家計支出のなかで比重が高かったのが営繕の部門であるが、分家の屋敷の建設や貸家の建設・維持で一九二〇年代に急増しており、本家が自分の住む場所に多額のお金をかけているのではなく、むしろ収入源としての貸家や、分家のための支出であった。

雑部では、教育費と娯楽費の少なさに着目したい。教育費の少なさは、教育適齢児が一九一〇・二〇年代は家内に少なかったためと考えられ、小栗家が教育費を出し惜しみしたことはなく、近代期の当主の息子の多くは、大学まで進学した。そして、後述するように多額の教育費が必要になった場合は、臨時費から教育費が支出されていた。それに比べて娯楽費は一九二〇年代中葉を除くと二〇年代以降でも少なく、質素倹約の家風がこの点にもみられた。

2　衣料品購入・医療関連支出・旅行関連支出の動向

前述の全体的動向に加えて、ここで特に注目したい項目の内容を検討する。まず、本書第Ⅱ部の課題とも関連して前章で百貨店文化を取り上げたので、小栗家の消費生活に百貨店がどの程度関わってきたかを呉服太物の購入先を示した表60をもとに検討する。同表の一九〇七（明治四〇）年時点の名古屋のいとう呉服店や大丸屋はまだ百貨店化しておらず、同年の呉服太物購入が、前後年と比べて特段に多いため、いとう呉服店が西洋式の近代建築で、陳列立売方式の百貨店に転換した一〇年以降の傾向をみると、一〇年代にいとう呉服店からの購入が急増したようにはみえなかった。いとう呉服店では第一次世界大戦期末期に大安売り（バーゲン）の企画を催したため、一九一九（大正八）年度のいとう呉服店からの購入金額は増大したが、当時の物価上昇の影響を加味する必要があり、同年度は坂田屋や成岩の北村合資からの購入金額も増大しており、小栗家が第一次世界大戦末期の安売りから百貨店を積極的に利用するようになったとは言い難い。むしろ、一九二一・二三年度と、いとう呉服店からの購入金額は減少し、地元の呉服太物商と考えられる「萬次」や坂田屋本店からの購入金額が一九・二一年度は多かった。それに対し、前章でふれたようにいとう呉服店が松坂屋と改称し、土足入場を可能にした一九二〇年代後半に松坂屋からの購入金額は急増した。一九二九（昭和四）・三一年度の昭和恐慌期に松坂屋からの購入金額は減少するが、昭和恐慌期は呉服太物の購入金額全体が減少しており、松坂屋からの購入の比重は多いままであった。そして一九三三年度には、松坂屋の東京部門からの購入もみられた。ただし松坂屋（いとう呉服店）への購入代金の支払いは、月末清算になっており、店舗に赴いての現金購入とは考えられず、松坂屋の地方部を通して購入していたと思われる。

松坂屋と同様に名古屋で百貨店経営に転換した十一屋呉服店からも小栗家は一九二〇年代以降購入するようになった。十一屋呉服店が半田の末廣楼で二一年度に出張販売をした際に購入したことがきっかけで、支払いは月末清算になっており店舗に赴いての現金購入とは考えられな

（単位：円）

1925	1927	1929	1931	1933
632	593	261	236	1)421
246	201	126	87	93
107		50	13	62
309	132	92	66	141
5	4			
	11		3	
	5			
39	4			
90		45	69	43
35				
31	31		9	
30				
	7	12		
		11	6	
1,530	991	598	495	759

べての年度の購入額を示した. 1907･09
た合計金額. 所在欄は, 当該期の『日本
坂屋. 1)うち50円は松坂屋の東京部門.

表60　小栗家呉服太物購入先と購入金額

購入先	所在＼年度	1907	1909	1911	1913	1915	1917	1919	1921	1923
いとう呉服店	名古屋	1,092	188	167	282	293	179	367	179	211
大丸屋	名古屋	864	409	149			竹内木綿店		11	
萬治呉服店		178	126	98	136	161	213	204	471	211
知多屋呉服店		153	71	29	88	22	12	32		
坂田屋支店（丸源）		96	82	101	171	129	221	135	81	198
坂田屋（本店）		70	217	48	80	112	64	313	264	64
柏屋（柏倉）	半田	2	1	2						10
北村合名→合資	成岩		38	50	49		9	191	15	14
桔梗屋呉服店	名古屋		14						82	167
藤田茂兵衛商店	半田		4	5			14	9	7	8
美濃萬			4					13	57	
菱文織工場	成岩						24			
中村呉服店	名古屋							30		
呉服同盟会									53	
横松商店	半田								27	
十一屋呉服店	名古屋								26	21
笹屋洋服店									12	
山田商店	亀崎									82
榊原金一郎・ちか										
支那光商店	半田									
紅葉屋商店										
加藤義三郎										
㋖呉服店	（名古屋）									
その他とも計		2,458	1,164	650	807	713	743	1,301	1,310	992

（出所）各年度「家事費仕訳帳（甲号）」（小栗家文書）より作成.
（注）表で示した年度において，購入金額10円以上の実績のある購入先について，この表で示したす
年度は1~12月，11年度以降は当年9月~翌年8月．その他とも計は，10円未満の少額購入も含め
全国商工人名録』（商工社）愛知県の部を参照し，括弧書は推定．いとう呉服店は1925年より松

い。松坂屋や十一屋呉服店からの購入呉服太物類の内容は、大部分は呉服代としての清算であったが、銘柄が示された場合もあり、例えば一九二七年度は、松坂屋から銘仙の購入がみられた。一九二〇年代後半以降に百貨店からの購入が小栗家の呉服太物購入の中心をなすに至った。ただし一九二〇年代後半以降は呉服太物類の購入金額が減少し、主に洋装衣類の購入を示す被服用品費が衣料関連支出に占める比重が増大した（表59）。一九二〇年代前半までは、被服用品費のなかでいとう呉服店への支払いはほとんどみられなかったが、二五年約六七円、二七年約

八一円、二九年約六〇円、三一年約三九円、三三年約一九七円と二〇年代後半からみられた。同様に十一屋呉服店への被服用品費の支出も、二九年約二二円、三一年約一四九円、三三年約二八円と、二〇年代末からみられた(19)。

次に、社会環境との関連の深い消費支出として医療関連支出について小栗家の動向を検討する。表61をみよう。小栗家の医療関連支出の中心は、病院・医院など医療機関への支払いと、慶養舎からの牛乳購入であった。牛乳を栄養剤と考えて飲食費に含めない発想は、第二章の一九世紀末の盛田家でもみられたが、小栗家の場合は一九三〇年代前半になっても牛乳は食品ではなく滋養栄養剤との認識であった。それに対して店舗での売薬購入金額はそれほど多くなく、配置売薬も利用しておらず、医療機関を利用しての治療が標準的に行われた。その医療機関は通常の年は半田の掛り付けの医院であったが、病気が長引くと看護人を雇って病人の世話をさせるため看護費用が急増した。例えば一九二一年度には家人が自宅で長期間病気療養したため、半田の主治医の斎藤医院への支払いが急増するとともに、名古屋の国井医師に半田へ来診してもらったため交通費を含めた費用を国井医師に支払った。さらに日本赤十字社所

（単位:円）

1925	1927	1929	1931	1933
				1
183	101	71	53	408
68	49	54	68	268
	角医師		15	
	3	19	5	9
14	9	1	47	
		15		
勝沼先生(愛知医科大学)				230
	40			
150	189	266	160	105
20	24	17	16	23
	1			180
愛知医科大学（名古屋）				8
442	434	453	295	1,254
浦瀬(日本赤十字社)		67		52
	渡辺（日本赤十字）			232
	水野（日本赤十字）			185
	赤十字社看護婦会			70
	知多看護婦会			60
	松田（日本赤十字）			31
				33
	打田（日本赤十字）			29
13	78		稲生	20
	古務（日本赤十字）			23
13	78	67	61	790
0	3	0	0	0
84	45	19	48	53
31	24	21	6	9
115	69	41	54	62
349	293	250	199	176
	50	18		
37	25	57	24	38
24	6	9	3	5
2	1	2	6	10
438	394	340	264	218
5	6	5	10	171
	1			
1,013	983	908	756	2,508

上の支払い実績があったものを,会社・
は1~12月,11年度以降は当年9月~翌年8
1926年)などを参照した.欄の途中の支
は10円未満だが特記した.表に示せな

表61　小栗家医療関連支出の推移

支払先	所在＼年度	1907	1909	1911	1913	1915	1917	1919	1921	1923
病院・医院・医師										
長松病院		119	77				中村病院(名古屋)			677
斎藤医院	半田	112	133	163	210	380	244	177	563	467
酒井医院	半田	99	127	28	40	78	90	145	113	187
本多医院		14	1			4		富田病院		202
新美眼科	半田	4	35	4	1	11	6	20	12	16
鈴木歯科	半田	4	5	2	1		2	22	9	8
岡田医院	半田				11	4	6	愛知病院		8
佐藤博士						40		岸医師		20
清水小児科	名古屋					20	0	2		82
杉浦小児科	乙川						4	1	10	50
鈴木耳鼻科	半田							6	3	46
国井医師	名古屋							5	88	21
森田医師									30	
その他とも計		366	386	203	273	538	358	378	370	1,785
看護人(婦)	所属									
柴原		75					今井	12		
岩本		40					小田原	10		
日比	斎藤医院	10	34			14	27			2
永坂			49				久野(日本赤十字)			18
水野	斎藤医院					22				
近藤	日本赤十字					10			617	
至誠看護協会								249	420	
鈴木	日本赤十字									87
伊藤	日本赤十字									39
野上	日本赤十字									20
その他とも計		133	96			72	39	317	1,037	189
産婆		0	0	0	0	0	0	25	0	62
按摩										
三浦良慶		20	19	19	15	12	12	49	84	43
勇悦			1	8	14	14	0	24	21	
加藤つや									18	59
その他とも計		20	20	27	32	29	20	78	123	101
会社・店舗	主な購入品									
慶養舎	牛乳	456	201	198	167	198	136	245	269	284
中北伊助商店	洋薬	92	17	6		4			カルクス店(カルクス)	
八神商店	医療器具	33	1	回生舎(山羊乳)		26				
津田屋	医療用氷	28				0				
美濃半	薬種・売薬	22	11	16	36	76	8	15	48	76
中村屋	薬種・売薬	14	8	19	20	19	7	19	28	14
半田製氷会社	氷					10		33	43	42
その他とも計		651	268	241	231	341	167	318	402	427
交通費						53	2	17	23	15
名古屋での医療関連支出		1	39	2		4		12		57
その他とも総計		1,172	816	474	535	1,035	601	1,144	2,427	2,637

(出所)各年度「家事費仕訳帳(乙号)」(小栗家文書)より作成.

(注)支払先を内容に応じて分類し,病院・医院・看護人(婦)・按摩については年間10円以
店舗については年間20円以上の支払い実績があったものを示した.1907・09年度
月.病院・医師の所在については本田六介編『日本医籍録 第2版』(医事時論社,
払先の後ろの括弧書は所在や所属や主な購入品を示す.愛知医科大学への支払い
かったが,1933年に小谷看護婦へ約13円の支払いあり.

属の近藤看護婦と至誠看護協会所属看護婦に長期間滞在して病人看護をしてもらったため、一九二一年度は巨額の看護婦費用がかかった。それに対して一九二三年度は家人が名古屋の中村病院に入院したため、中村病院への多額の支出が必要となったが、自宅療養ではなかったため派出看護婦は必要なく、この年度の看護婦費用はそれほど多額にならなかった。そして一九三三年度も家人が長期間自宅療養したため、日本赤十字社所属の看護婦に入れ替わり滞在して病人看護をしてもらうとともに、名古屋から愛知医科大学の著名な医師に往診に来てもらい、多額の費用を支出した。医療機関への支出と看護婦費用の支出は病人の発生とその治療形態で支出に大きな波があり、それが医療関連支出全体の動向を規定していた。ただ、全体として小栗家の場合は、第四章の廣海家の場合と異なり、自宅での治療が多く、難しい病気の場合も、名古屋へ行って治療を受けるよりは名古屋から医師に来診してもらうことが多く、そのための交通費も医療関連支出として計上されていた。

交通費は、半田をめぐる交通網の整備とも関連するので、知多郡半田に名古屋と直結する電気鉄道が開通による小栗家の旅行のあり方の変容を検討する。半田は明治前期に名古屋と結ぶ官営鉄道が開通していたが、電気鉄道の開通は遅れた。知多郡と関連が深かった電気鉄道が愛知電気鉄道で、名古屋市内の熱田（伝馬町）から知多半島伊勢湾側の大野までが一九一二年二月に開業、翌一三年には常滑まで開業した[20]。その後愛知電気鉄道は愛知県東部の三河地域へ路線を延長し、一九二三年八月に東岡崎まで開業、二六年四月に小坂井まで開業してそこで豊川鉄道に乗り入れて神宮前（名古屋市内）―豊川間の直通運転を開始した。そして知多半島三河湾側でも、小栗四郎らが熱心に設立活動を進めた知多鉄道会社が、愛知電気鉄道線の太田川から半田を経由して河和までの鉄道建設を進め、一九三一年に成岩まで、三二年に河和口まで開業し、三五年に全通した。その結果、小栗家の愛知県内の主要な旅行先の岡崎・豊川・名古屋などへ、一九三一年には半田から直接電車で行けるようになった。

一九二一・二七・三三年度の小栗家の旅行関連支出の主要内容を月別に示した表62をみよう。一九二一年度では、愛知電気鉄道線が神宮前から常滑まで開通していたものの、三河地方へは路線が伸びておらず、岡崎・豊川方面へ行くのに官営鉄道を利用せざるを得なかった。また四郎が東京へ一回、京都へ三回赴いており、主人の旅行費もかなりの額に上った。ただし新たな要素として半田自動車会社が登場し、自動車の利用がみられるとともに、電車回数券も購入された。この時の電車回数券は、愛知電気鉄道線の最寄り駅まで人力車で行き、そこから神宮前方面へ行く際の回数券と考えられる。また、子どもたちを含む家族旅行もかなり行われ、篠島のような三河湾の行楽名所となった離島への旅行、三河地域の保養地で豊川稲荷参詣の拠点でもあった御油への家族旅行がみられ、鉄道開通後に愛知県で著名な行楽地となった蒲郡での諸払いがかなりの金額に上った。

一九二七年度になると、愛知電気鉄道が豊川鉄道に乗り入れており、名古屋から岡崎・豊川へ電車で行けるようになったが、知多鉄道が未開業のため、半田—名古屋間の鉄道は依然として官営鉄道であった。それゆえ一八二八年八月に四郎が購入した半田—名古屋の回数券は官営鉄道の回数券と思われる。愛知電気鉄道などとの競争のなかで官営鉄道も回数券を発行するなどのサービスに努めたと考えられる。この年も、四郎は関西方面・東京へと何度か赴き、四郎夫婦で伊勢参宮も行った。その割には、年度全体の旅費が一九二一年度に比べて少ないのは、その年度の主人の旅費が減少したこともあるが、東京・京都への四郎の旅行において、仕事の旅と行楽の旅で旅費の使い方にメリハリがつけられるようになったことが大きい。一九二八年四月の四郎の東京行では、旅費が約九円、二八年五月の四郎の京都行でも旅費が約九円と、ほとんど交通費のみしか支出されておらず、多額の土産物購入が行われた夫婦での旅行とはかなり異なった。その一方、家族旅行はこの年も盛んであった。

知多鉄道開業後の一九三三年度をみると、電車・自動車が頻繁に利用されるようになったことがみてとれる。一九

1933·10	26.2	四郎·子ども(名古屋行, 8.8), 敬五郎(名古屋行, 5.4), 四郎·芳子(名古屋行, 自動車賃, 5.0), 猶金(尾頭氏送り木曽川まで, 2.7)
1933·11	168.6	主人·芳子(東京行, 155.3), 治三郎·猶金(小垣江行, 1.7), 敬五郎(名古屋行, 1.3)
1933·12	28.4	芳子·子ども(名古屋行, 10.6), 主人(東京·名古屋行, 5.8), 代参者(秋葉山行, 5.2), 電車回数券(2.0), 芳子(名古屋行, 1.4)
1934·1	6.7	主人·子ども衆(名古屋行, 3.7), 芳子(名古屋行, 電車賃, 0.8)
1934·2	23.5	主人(大阪行, 14.5), 主人(光明寺·豊川行, 3.7), 電車回数券(2.0)
1934·3	17.7	主人(東京行, 4.3), 太郎(尾頭送り木曽行, 2.9), さだ(矢作観音行, 2.5)
1934·4	55.2	主人(京都·名古屋·豊川行, 21.6), 半田自動車(6.8), 電車回数券(16枚綴り, 5.6), 芳子(岡崎行, 2.9), 猶金(尾頭送り木曽川迄, 2.7)
1934·5	31.4	名古屋－半田間自動車賃(10.0), 芳子·子ども衆(名古屋·時志行, 4.0), 芳子(太田川·西尾行, 3.9), 主人(名古屋行, 3.6)
1934·6	16.6	芳子·和子·治子·圓一郎(名古屋行, 5.5), 主人(名古屋行, 2.5)
1934·7	30.3	山荘行人力車賃(12.1), 主人一行(名古屋行, 7.9), 山荘行半田自動車(6.8), 電車回数券(2.0)
1934·8	136.6	老主人(年度内旅行費103.7), 哲造(豊川園代参, 10.0), 半田自動車(8.3), 時志行旅費(7.4)
年度計	543.4	

(出所)大正10·昭和2·8年度「家事費仕訳帳(乙)」(以上, 小栗家文書51-4, 50-13, 42-13)より作成.
(注)主要内容には, 旅行者·目的·金額などについて示した.1933年10月に四郎は家督相続したため, 33年11月からは, 主人は四郎, 前当主は老主人, 主婦はその時の当主夫人のことと考えられる.敬五郎は四郎の弟, 芳子は四郎の妻, 清は四郎の義兄, 雅子·和子·治子·圓一郎は四郎の子ども, 哲造は四郎の甥.それ以外は使用人と思われる.

三四年四月には、一六枚綴りの電車回数券が購入され、三四年五月には半田から名古屋まで自動車で行くこともあった。その一方で、遠隔地への旅行が少なくなり、小栗家の旅文化が遠隔地への遊覧旅行から近場への行楽旅行を比較的頻繁に行う形となった。それとともに旅費も全体的に少なくなり、一九一〇年代前半まで数百円であった年間旅費支出が、第一次世界大戦期の物価上昇で年間千数百円規模に増加した後、次第に旅費は減少傾向となり、二〇年代後半以降は再び数百円規模へと減少した(表59)。

なお、家族に対する特別な支出は、臨時費の費目で行われたので、臨時費の内容を表63で検討する。臨時費の内訳では、家族の婚礼・葬式費用が多いが、一九〇二年には東京で学生生活を送っていた四郎への学費が支出され、そのほか転地療養・入院などの特別な医療支出もかなり含まれた。例えば、一八九七年には治子の愛知病院入院費と

表62　1921・27・33年度小栗家旅費一覧　(単位:円)

年月	金額	主要内訳
1921・9	17.8	半田自動車会社(時志行自動車往復賃, 8.0), 主婦(亀崎行, 5.0)
1921・10	28.9	四郎(名古屋・岡崎・光明寺行, 19.2), 敬五郎(名古屋・岡崎行, 7.0)
1921・11	35.5	敬五郎(名古屋行, 32.5)
1921・12	25.2	大橋屋旅館(下半期支度料払, 6.2), 塚本治郎(秋葉山代参, 4.0), 清・支配人(敬五郎入営見送, 3.5)
1922・1	16.1	敬五郎(名古屋行, 5.0), 四郎(光明寺行, 4.7), 三造(旧里行, 3.0), 照喜智(西尾往復汽車賃, 1.1)
1922・2	209.8	四郎(蒲郡諸払, 189.3), 良一・譲吉(篠島行, 10.3), 竹三郎(名古屋行, 2.7), 森次(蒲郡行, 1.6), 子ども衆(武豊行, 0.9)
1922・3	74.6	四郎(京都行, 25.5), 敬五郎(名古屋行, 10.0), 四郎(名古屋・常滑行, 4.3), 主人(豊橋・豊川行, 1.1), 電車回数券(1.0)
1922・4	38.7	主婦(名古屋別院行, 17.1), 敬五郎(名古屋行, 10.0), 子ども衆・音吉(名古屋行, 5.1), 四郎(名古屋行, 2.9), 三造(旧里行, 1.5)
1922・5	38.2	四郎・子供(名古屋行, 13.3), 敬五郎(名古屋行, 10.0), 四郎(名古屋行, 4.2), 七蔵(矢作行, 1.5)
1922・6	183.8	四郎(東京行, 97.9), 四郎・雅子(京都行, 70.6), 四郎・主婦(岡崎行, 13.3)
1922・7	62.2	四郎(京都行, 28.9), 大橋屋旅館(上半期宿料・支度料, 26.9)
1922・8	682.4	主人(年度内旅費, 559.9), 浦二郎(豊橋・蒲郡・岐阜行, 27.1), 四郎(御油・岐阜行, 25.8), 四郎・子ども衆(御油行, 15.3)
年度計	1,413.2	
1927・9	38.0	四郎・芳子(豊川行, 32.1), 義政(旧里行, 1.8), 四郎(名古屋行, 1.6)
1927・10	133.6	四郎(関西行, 55.6), 四郎・芳子(名古屋行, 50.7), 四郎(名古屋行, 7.0), 芳子(名古屋・昌光寺, 6.2), 治三郎(名古屋行, 汽車電車賃, 1.8)
1927・11	42.0	四郎(京都行, 14.8), 四郎(鳴海・光明寺・名古屋行, 12.2), 主人(名古屋にて車賃, 3.1), 四郎(呼続行, 1.8)
1927・12	66.6	四郎(東京・名古屋行, 57.8), 初太郎(秋葉行, 4.0), 治三郎・安太郎・猶金(小垣江行, 2.6)
1928・1	19.6	四郎(内海・亀崎・名古屋行, 5.5), 四郎・圓一郎(名古屋行, 3.5), 治三郎(時志行, 1.2), 光夫(旧里行, 1.0)
1928・2	45.6	四郎(多賀行, 25.7), 四郎(岡崎・豊川・光明寺行, 11.3), 治三郎(時志行, 1.3)
1928・3	31.2	四郎(名古屋・京都行, 22.5), 芳子(名古屋行, 5.0)
1928・4	111.1	主婦・千代(仏法参り, 39.0), 四郎(東京行, 8.9), 四郎・芳子・和子(名古屋行, 8.7), 人力車賃(48.3)
1928・5	104.4	四郎・芳子(伊勢行, 67.6), 四郎(京都行, 9.1), 芳子・千代ほか3名(時志行, 6.0), 四郎・芳子(内海行, 5.7), 和子・子ども衆(亀崎行, 1.5)
1928・6	16.6	主婦(三仏法参り, 9.3), 四郎(名古屋行, 2.5), 四郎・子ども(内海行, 1.6)
1928・7	69.2	四郎(名古屋行, 34.4), 四郎・芳子(名古屋行, 31.9), 治三郎(時志行, 1.3)
1928・8	318.6	主人(年度内旅費, 232.7), 主婦ほか3名(時志・篠島行, 汽車・自動車・汽船賃・宿料, 40.0), 四郎(名古屋－半田回数券, 10.3)
年度計	995.4	
1933・9	6.8	芳子(名古屋行, 2.0), 敬五郎(常滑行, 1.2)

表63　小栗家「臨時費」支出一覧

（単位：円）

年度	金額	内容
1891	888.9	蒲池氏宅地及家一軒立換料・出願料
	265.2	木竹土石鉄物及塗賃
	739.3	半右衛門　宅地及屋敷とも
	106.3	上記修繕　木竹鉄及塗具預人作料
	896.8	座敷部屋厠新築　納戸立替
	250.4	震災修繕　預人作料828人3分
	91.6	成岩田地纏買
	3,268.3	その他とも計
1892	681.0	座敷部屋及納戸厠改築賃
	1,217.4	巽蔵厠塀浅物部屋新築
	84.0	門前家曳及修繕費
	378.8	震災修繕（貸宿とも）
	86.7	新堀石垣
	80.6	避雷針設置費
	66.2	顕正院葬式費
	195.7	主人九州諸漫遊費
	43.6	老主人西上費
	2,908.7	その他とも計
1893	128.4	濱ヶ貸家営繕，砂園
	33.7	老夫婦西上費
	183.4	主人療養費
	115.1	静二及庸三療養費
	38.8	妙玄童女葬式費
	557.3	その他とも計
1894	774.1	慶事係
	74.3	治子　善光寺参詣費
	184.7	主人旅行支出高
	50.0	三郎治
	1,027.3	その他とも計
1897	1,915.2	大股貸家2棟8戸新築
	83.6	老主，有栖川故殿下御墓参上京
	110.6	主人上京其他旅行
	204.6	治子愛知病院入院費
	39.5	全快祝
	346.0	邸地及濱ヶ家
	2,709.8	その他とも計
1898	635.3	字狐塚及横松畑地
	31.0	字沢渡邸石
	64.2	西邸建築材料
	60.7	大角力
	820.4	その他とも計
1899	45.5	字狐塚畑
	119.1	南貸家（源道家巽）
	208.0	その他とも計
1900	2,767.5	阪綱元了貸家邸
	556.5	字狐塚畑
	194.1	縁段掛進物旅費
	160.0	沢渡道路売却
	3,757.2	その他とも計
1901	524.0	慶事部
	606.3	幸子，庸三，転地療養費
	117.9	大又川石垣
	90.0	道路費
	1,257.2	その他とも計
1902	130.0	喜助機械場建増分買代
	167.5	中村市太郎濱ヶ年定ニ様買代
	30.0	小栗重吉　西詰納家一棟代内金
	42.2	貸家修繕　四郎分
	142.1	藤助貸家修繕ニテ持出し候分
	220.8	澤渡家係り
	320.0	主人持出し分
	60.0	東京萬吉　四郎学資　預
	32.9	清助通費
	50.5	緑明費
	63.2	幸子眼病中費用
	401.6	清・幸子・庸三　山中転地費
	145.4	庸三洲崎転地費
	1,821.3	その他とも計
1903	2,560.4	玉子慶事及仕立
	461.3	濱ヶ倉邸一ヶ所
	37.1	西端納家一棟
	645.2	貸家修繕
	342.6	博覧会修晩費
	165.1	祈禱養生費
	392.0	主人持出し
	4,628.5	その他とも計
1907	2,286.2	慶事用（静二結婚）

（表63の続き1）

年度	金額	内容
1908	285.4	静二死亡葬儀費
	117.6	静二初七日至満中陰用
	64.7	宗静居士香典返用呉服及箱代
	34.4	志や子荷物返却ニ付
	356.8	妙康葬式ヨリ満中陰迄費用
	920.6	その他とも計
1909	843.1	喜登子結婚用品代振替
	30.6	庸三病気全快祝費
	33.3	玉子用分振替
	934.1	その他とも計
1910	472.2	喜登子結婚費
	1,599.9	瑞富院葬儀費
	2,084.8	その他とも計
1911	23.1	合計
1912	46.7	合計
1913	50.0	汐取船1艘代
	64.4	その他とも計
1914	13.4	合計
1915	90.7	雅子内祝入用分計
	196.6	御大典祝賀入用分
	65.8	元蔵正平初幟祝入用分
	386.2	その他とも計
1917	51.5	杉浦照喜，杉江安太郎給与品
	59.4	主人全快祝入用品
	30.5	第六連隊将校宿泊入用
	163.6	その他とも計
1918	31.3	小池喜三，給与品各種
	7.3	その他とも計
1920	192.0	冬子全快祝ノ計
	42.4	近藤譲吉給与品
	59.8	半田町招魂祭煙火之見物
	1,163.5	譯妙聲（冬子）葬儀費計
	1,457.7	その他とも計
1921	61.1	敬五郎入営祝
	1,437.3	葬儀費
	1,522.1	その他とも計
1922	2,268.4	婚礼之分
	33.8	芳子内祝
	52.6	敬五郎除隊祝
	118.3	醤油部出火の方
	1,151.2	南大股埋立
	3,624.3	その他とも計
1923	292.7	中埜前店出火
	159.0	軍隊宿泊
	457.6	雅子葬儀
	913.1	隆子葬儀
	450.0	太三給与
	112.3	四郎方南大股石垣
	2,404.7	その他とも計
1924	65.1	主人金婚式祝
	1,187.2	敬五郎慶事
	35.3	里帰り内祝
	682.0	中針埋立
	204.9	荒古埋立
	147.1	圓一郎七夜内祝
	44.0	常楽寺出火
	2,366.9	その他とも計
1925	2,756.7	武豊通仙田埋立
	141.0	南大股四郎分303埋立
	46.8	中針68内埋立
	44.0	治子髪置
	59.1	内親王出産
	3,055.7	その他とも計
1927	1,849.2	半田町埋立，西勘町工事費
	367.2	成岩町字笠松96番地埋立工事費
	77.4	圓一郎髪置祝計
	2,305.6	その他とも計
1928	356.9	南大股通路新設
	636.9	北大股埋立
	243.3	敬五郎方家祝
	54.4	御大典祝
	33.2	間瀬仁三別宅贈与品
	88.7	哲造別宅買入品
	1,482.7	その他とも計

（表63の続き2）

年度	金額	内容
1929	1,400.0	南大股埋立
	130.4	四郎方北大股埋立
	32.0	荒古水路工事
	46.3	圓一郎全快祝
	1,636.3	その他とも計
1930	173.1	本家分
	116.3	四郎分
	289.4	その他とも計
1931	40.0	南大股通路側溝費
	74.6	その他とも計
1932	32.6	本家灰小屋出火
	699.6	主人大学病院入院計
	297.7	主人全快祝
	56.0	主人喜寿祝記念写真
	1,139.5	その他とも計
1933	371.1	喜寿祝及相続披露
	59.4	前明山及知多電前貸家前埋立及コンクリ工事費
	1,318.4	老主人葬儀費
	1,749.7	その他とも計

（出所）1891~1903年度は各年度「家事費明細帳」,1907年度以降は各年度「家事費仕訳帳」（以上,小栗家文書）より作成.

（注）1910年度までは,当年2月～翌年1月,1911年度からは当年9月～翌年8月までが年度.無印は支出,△印は収入.30円以上の支出もしくは収入を示した.

して約二〇五円が支出され、一九〇一年には幸子・庸三の転地療養費として約六〇六円が支出された。医療関連支出は、家族が通常の健康状態であればそれほど多額の支出にはならないが、重篤な病気に家族がかかった場合、多額の医療費が必要となる（第四章を参照）。小栗家ではそのような場合は、通常の「医薬」費ではなく臨時費から支出することで、家計バランスが崩れないようにしたと考えられる。なお、貸家修繕も臨時費として支出された部分も多く、一九〇二年に約一八四円、〇三年に約六四五円が支出された。一九二〇年代からは、通常の「営繕」費として支出されるようになったが（表59）、それまでは臨時費として支出されていた。そして代わりに一九二〇年代に臨時費の支出としてみられるようになったのが、埋め立て工事の費用である。例えば、一九二二年に南大股地区埋め立てに約一一五一円、二四年に中針・荒石地区埋め立てに約八八七円、二五年に武豊通仙田地区埋め立てに約二七五七円、二七年に半田町・成岩町埋め立て工事費として約二二一六円と連年支出がみられ、これらの地区は小栗家の貸家のあった地域であった(21)。

全体として臨時費の支出は、婚礼・葬式など地域社会との交流のために必要な費用、特別な教育費や特別な医療費、そして貸家経営にとって必要なコストや貸家の価値を高めるための支出が中心であり、小栗家の消費行動では浪費の側面は極めて弱かったといえよう。

3　慶弔関連支出の動向

前述のように臨時費の費目の中心は家族の慶弔行事関連支出であった。表64には、一九〇八（明治四一）年の一一代三郎次男静二と一九一〇年の一〇代三郎の葬儀費用の内訳を掲げた。静二は一一歳頃より病気がちになり、一三歳の時にリウマチから心臓を患い、その後、養生を重ねて一五歳で全快祝をするまでに回復し、その後は体調に気を付けながら家業経営を手伝っていたが、一九〇八年正月に感冒に罹ったことを境に再び体調が悪化した。静二は自宅で医師の診察や看護婦の世話を受けて養生していたが、同年五月に二八歳の若さで亡くなった。彼は一〇代前半から闘病生活を余儀なくされ、医師の勧告で学校には退学届を提出せざるを得なかった。闘病中の一三歳の時に、「自ラ念珠ヲ求ム」と記録にあり(22)、小栗家自体に仏教の教えを大切にする家風が醸成されていたことはいうまでもないが(23)、静二自身が病気と向き合うなかで、自ら仏教に深く帰依していたことがわかる。一方、静二の祖父一〇代三郎は、亡くなった時は七五歳であり、天寿を全うしたといえる。もっとも、一〇代三郎も一六歳（一八五〇〈嘉永三〉年二月）の時、病でほとんど危篤の状態に陥った経験があった(24)。その際に父や祖母、そして叔母である西誓庵の尼僧妙龍から手厚い看護などによって病状は回復したという。病中、仏教に基づく放魚や成岩村の常楽寺（浄土宗西山派）住職の量空から剃髪式を授けてもらい、その功徳もあって回復したと伝えられている。仏教へ深い信仰を寄せた一〇代三郎は、一八五三年に父が亡くなった後に小栗家の家業を継いだ。九代三郎兵衛も信仰心の篤い人で、戒律と念仏を重んじ、職分を尽くして家業に精励していた。一〇代は父の教えを守りつつ、地域社会では一八六二（文久二）年に下半田村

表64　1908・10年の小栗家葬儀費用　（単位：円）

1908年　11代三郎の次男静二	
内容	金額
布施	105.870
内　葬儀分	31.120
灰葬分	0.650
中陰分	69.550
百ケ日分	3.300
納骨分	1.250
回向料	22.000
寄付金	737.094
謝儀	140.050
野道具其他雑費	27.932
食料品	262.872
内　野菜乾物豆腐類	91.888
白米餅米豆類	75.800
菓子砂糖類	53.158
味噌溜酒酢塩類	42.026
薪炭油類	16.715
香奠返用帛沙代	64.680
広告費	9.440
通信費	8.450
人力費	5.170
雑費	1.760
合計	1,402.033
内　香奠忌中見舞納入分	67.100
引残	1,334.933

1910年　10代三郎	
内容	金額
布施	376.265
内　葬儀分	215.500
灰葬分	6.700
中陰分布施	148.740
（百ケ日分）	*2.025
納骨分	3.300
中陰分回向料	178.500
寄付金	3,500.000
謝儀	269.550
野道具其他雑費	15.661
食料品	373.751
内　野菜乾物豆腐類	153.865
白米餅米豆類	118.457
菓子砂糖類	48.367
味噌溜酒酢塩類	33.309
薪炭油類	18.058
雑食	1.695
香典返用ハンカチーフ代	84.330
香典返用晒木綿代	193.650
香典返用茶切手	1.530
香典返用書院・紙類代	17.070
人力費	61.285
交通費	3.300
写真代	26.900
合計	5,101.792

（出所）明治41年「釈宗静居士葬儀及中陰録」，明治43年「仮日記」，明治43年「瑞巌院葬儀中陰記録」，明治43年「家事費仕訳帳（乙）」（以上，小栗家文書1017-2-3，1017-2-14，1013-2-1，54-13）より作成．

（注）明治41年「釈宗静居士葬儀及中陰録」の備考には，「爰ニ記載ノ数字ハ現金ノ収支分ニテ品物ニテ受納，又ハ在来ノ品物ニテ支出ノ分ハ参入セズ」とある．10代三郎の葬儀の際の寄付金は，明治43年「瑞巌院葬儀中陰記録」より．明治43年「仮日記」は満中陰までの記録であるため，百ケ日分の布施金額が記されていない．同年「家事費仕訳帳（乙）」の雑部臨時費の12月31日付記録に「瑞冨院葬儀費臨時持出金ニテ支払分」824円31銭5厘（A）とある．「仮日記」の布施・回向料・謝儀の金額および品物代金の合計は822円29銭（B）で臨時持出金を布施・回向料・謝儀金額と推定して，（A）－（B）＝2円2銭5厘を百ケ日分の布施金額と推定して上記の表中に示した．

の庄屋となり、明治維新後の七〇年代には愛知県第七大区区長と学区取締を兼務していたが、七六年三月には公職と商業の両立が難しいとの理由で辞職した。また一八七九年二月には愛知県会議員に当選したが、翌八〇年二月には、数年前から発病した病気が悪化したことを理由に議員を辞職し、家督を長男に譲って療養生活に入った。

表64で、寄付金を除いた二人の葬儀総額をみると、静二が六〇〇円余、一〇代三郎が一六〇〇円余と当主を経験した一〇代三郎の費用が多い。この総額が、一九〇〇年代の地方事業家の葬儀費用として多いか少ないかは明確ではないが、一般に明治中期の葬儀は、葬列や引き物など、弔いの儀礼の様々な場面で瀟洒になり、そうした風潮に批判の声が上がっていたとされる。[25]小栗家でも、葬儀について『知多新聞』に特別広告を掲載し、午前九時に自宅を出棺して半田町光照院にて仏葬を営むことは二人とも共通したが、静二については「香資供花放鳥ノ御寄贈」を一一代三郎と親類総代が、一〇代三郎の場合は「供花放鳥等ノ御寄贈」を故人の「遺言」によって堅く辞退した。[26]

一〇代三郎の葬儀に際して三五〇〇円の寄付がなされたことに注目したい。この内訳は、半田町基本財産として二五〇〇円、亀崎町基本財産として五〇〇円、阿久比村基本財産として五〇〇円、と半田および周辺町村への寄付であった。[27]静二の葬儀に際しても、約七三七円の寄付がなされ、その内訳は、半田町基本財産として五〇〇円、昌光律寺の慈無量講基本金として一五〇円、西誓庵維持金として約八七円であり、特に昌光律寺への寄付は、「本人遺言ニ依リ貯蓄セシ金員ノ内ヨリ左記ノ通リ三カ所［額田・名古屋・幡豆］ノ慈無量講基本金トシテ寄付」した。[28]静二の葬儀に際しての半田町基本財産への寄付に、小栗家は二つ条件を付している。その条件は、第一に「本金ハ確実ノ方法ヲ以テ半田町ニ於テ永久保存シ何等ノ事故ニ遭遇スルモ之ヲ費消シ一時タリトモ使用又ハ流用ヲ禁ス」、第二には「本金ヨリ生スル利息ハ半田町ノ教育費ニ充テ他ノ費途ニ使用スル事ヲ得ス」とされ、寄付の目的は基本財産の利息を教育費とすることにあった。[29]

また両者の費用項目の違いをみると、一〇代三郎の場合、写真代約二七円が含まれていた。明治四三年「家事費仕訳帳（乙）」には、八月一日の支払いに「宗俊［一〇代三郎］居士写真、カビネ五十枚代八円四十銭、八つ切引伸一枚一円五十銭、絹地四幅代十円、鵞箋紙七幅代七円」とあり、[30]故人の遺影写真を引き伸ばしたものを五一枚複製した。写真の遺影の普及は一九〇〇年代頃からで、特に日露戦争期の出征写真が、戦死したなら遺影となり、仏壇や鴨居に飾られるようになったという。[31]小栗家では、一〇代三郎の葬儀から写真の遺影が作られたのである。

表65は、静二の病気見舞、満中陰香典と忌中見舞、それに対する小栗家の答礼を示した。小栗家が静二の葬儀に際して、親類や特定の人からの香典しか受け取らない方針を示したので、満中陰香典や忌中見舞はお金より品物が多い。病気見舞と満中陰香典・忌中見舞を贈った延べ人数を比べると、病気見舞では滋養がつく食品として特に玉子が一三人に選ばれ、その他に蒸菓子九人、カステラと練羊羹が五人、それについで四温糖が四人であった。これに対して葬儀後は、各種の御香や線香を送った人数が二七人と多く、次いで蒸菓子一五人、蠟燭一一人、饅頭一一人、乾物一〇人、練羊羹七人、四温糖五人、椎茸四人、善舞三人、その他は各種菓子や果物、餅米や八丁味噌なども含まれていた。答礼をみると、静二の時には、帛紗が六三人と人数では圧倒的に多く、ついで贈り膳が二三人、乾物が一五人、四温糖が五人、その他として多種類の品物が答礼されたが、表65の一九一〇年をみると一〇代三郎の場合は、ハンカチーフと晒木綿が主な答礼品で、その他には書院・半紙類と茶切符が用いられた。三郎の場合、葬儀中の各種の謝儀や手伝人へのお礼は、看護婦や医師への謝儀をはじめ、手伝人への礼は金銭が主で、品物による答礼は少ない。また品物をみると静二の葬儀や満中陰の答礼に使われたものとほぼ同様の品物であり、当主経験者であったか否かにかかわらず答礼品が選ばれていると思われる。ただし、そのような意味では寺院への布施・回向料の内容に、その違いが現れたと思われる。一〇代三郎の四九日法要で雲観寺へ納める席料として、京都七条の福井弥右衛門へ注文した角火舎香

炉一個を納めた。静二の葬儀と満中陰までの法要に関する布施・回向料には、寺院に対し、このような対応はとっていないのである。一一代三郎は、当主であった父の菩提を弔うため特別に寄付したと思われる。[32]

続いて婚礼の際の贈答関係を検討する。表66をみよう。一一代三郎の長女は一八九四年に初婚、そして一九〇一年に再婚しているが、一一代三郎の長男は夭折し、前述のように次男静二も病弱であったため、長女幸子はいずれの婚姻でも婿を迎えた。一八九四年の事例では祝儀は不明であるが、返礼にあたる謝儀（礼）・土産品・贈品では、初婚の場合は赤飯が配られたものの、再婚の場合は手拭が広く配られた。また初婚では謝儀として主に現金や衣料品、土産品として主に食べ物が贈られたのに対し、再婚では謝儀は衣料品と菓子類が中心で、土産品でも主に衣料品が贈られた。初婚の相手は同じ知多郡内の有力商工業者であったが、再婚の相手は士族の息子であり、三重県津市から婿を迎えたため、返礼品を贈る範囲は広がったと考えられる。[33]それが返礼品の種類の変化に反映したと思われる。ただし、一九〇一年の再婚の際には、先方の親戚が遠方であったこともあり、「再婚並ニ次節柄質素ニ挙行ノ為メ親戚等招待セズ」とあり、その代わり祝儀は各方面から多数贈られ、返礼の土産品を広く配ることになったと考えられる。この再婚で迎えた婿の清が、前述のように一九一二（大正元）年に半田町長に就任するなど小栗家を盛り立て、一一代と一二代（四郎）を支えた。

その四郎は、一九一三年に最初の妻冬子を名古屋の資産家花井畠三郎の仲介で名古屋の中村家から迎えた。[34]その中村家は、近世期の尾張徳川家の御勝手御用達であった中村与右衛門家の親戚にあたり、当時中村与右衛門が名古屋の金城銀行頭取、花井畠三郎が同行専務取締役として両者は密接な関係にあった。小栗家はこの婚姻で、名古屋の名家の姻戚ネットワークに入ったものの、[35]冬子が一九二〇年に亡くなったため（表63）、二二年に四郎は花井畠三郎の娘芳子を嫁に迎えた。その際に四郎は、結婚式とは別に名古屋で中村与右衛門らを招いて披露宴を行い、名古屋とのつ

種類	数量と金額	人数
晒	1反	1
菓子料	1	1
茶	1斤, 代4円	1
ヨコシ	1函	1
八丁味噌	1貫目	1
翁飴	1箱	1
テセル	1折	1
和水	3斤入1折, 代1円	1
醤油	8升入代2円25銭	
布施、回向料	6	6
④1910年葬儀		
葬儀時休憩場謝儀		
砂糖	20斤	3
晒	1反	1
麻前掛	1つ	1
ビスケット	3斤	1
煉羊羹	5本, 代1円	1
手伝人礼		
金銭	40円	8
醤油4升入	4樽, 代5円	2
干菓子	1折, 代50銭	1
煉羊羹	4本入, 代80銭	1
金玉糖	5本入, 代1円	1
謝儀遺物料		
永坂看護婦	15円(150日)	1
日比看護婦	10円(78日)	1
野田看護婦	7円(63日)	1
酒井医師礼	100円	1
斎藤医師礼	50円	1
布施･回向料　(品物のみ示す)		
氷砂糖	540匁, 代1円	1
豆落雁	1缶, 代40銭	1
香炉	1個, 代18円50銭	1
中陰中礼		
四温糖	10斤入, 代2円90銭	1
ダルシス	1缶, 代30銭	1
香典返		
ハンカチーフ	代84円33銭	
半紙	2帖, 代13銭	
書院	28帖, 代9円12銭	
晒木綿	42銭替, 61反	
同上	35銭替, 171反	
同上	34銭替, 282反	
同上	その他, 35反	
茶切符	代1円53銭	
紙類	代7円82銭	

(出所)表64と同じ.

(注)1908年については, 同年に死去した静二の病気見舞い, その葬儀の際の香奠と見舞い, その答礼を示した. 人数は, その品物を持参した人の数で, 複数種類を持参した場合は, それぞれについて加算した. また金額は記録に記載のあるもののみの合計額を示した. ②のなかで, 各種御香から饅頭までが香奠で, 乾物からが忌中見舞い. 答礼の「布施･回向料」は, 諸寺院から忌中見舞をもらった答礼として挙げられているものを記した. 1910年については, 同年に死去した小栗家前当主の葬儀に関わる謝儀と答礼. 布施･回向料は品物について挙げた.

表65　1908年小栗家への病気見舞・香奠・忌中見舞・答礼と10年葬儀時の贈答

種類	数量と金額	人数
①1908年病気見舞		
玉子	379個	13
蒸菓子	219個	9
カステラ	1.5釜と2本	5
練羊羹	13本	5
四温糖	5斤	4
ビスケット	1斤	1
カレイ	2尾,代30~40銭	1
水飴	370目	1
神左菊スタン	1折	1
蜜柑	17個	1
羽衣	1缶	1
養老柿菓	35個	1
古路柿・勝栗	1折	1
半田饅頭	15個	1
最中	65個	1
三盆向	2丁	1
甘露飴	12個	1
洋砂糖	1斤入	1
氷砂糖	2斤	1
蒲鉾	2本	1
②1908年満陰中香奠と忌中見舞		
各種御香・線香	270把, 6包, 8本	27
蒸菓子	420個と2折, 代6.79円	15
蠟燭	2402目, 代5円37銭	11
各種饅頭		11
内　半田饅頭	205個, 代2円13銭	6
亀崎饅頭	6個, 代22銭	1
空也饅頭	48個, 代60銭	1
小倉饅頭	200個, 代1円60銭	1
カステラ饅頭	70個, 56銭	1
饅頭	230個, 2円33銭	2
乾物	9函	10
練羊羹	26本, 代4円48銭	7
四温糖	8斤半, 代2円30銭	5
椎茸	200目と1折, 代1円53銭	4
善舞	750目, 代1円10銭	3
ビスケット	1斤と1缶, 代55銭	2
干菓子	1折と1箱, 代90銭	2
砂糖漬	2斤, 代60銭	2
菓子	48個と菓子配, 布代50銭	2
カステラ	2本, 代2円	2
夏蜜柑	1個, 代30銭	1
果物1籠	代70銭	1
デセル	1折, 代50銭	1
白柿	30個入, 代60銭	1
水蜜桃	13個, 代50銭	1
氷砂糖	1, 代35銭	1
茶蕎麦	60玉, 代1円	1
西洋菓子	1函, 代70銭	1
柏餅	75個, 代37銭5厘	1
アンモチ	20個, 代15銭	1
玉あられ	2斤, 代50銭	1
スモールケーキ	1缶, 代30銭	1
衛生飴	16個, 代6銭	1
餅白米	1斗1升, 代2円	1
八丁味噌	1貫目入, 代50銭	1
三盆白	5斤入1樽, 代1円45銭	1
白砂糖	1斤, 代27銭	1
吉野葛	1折, 代不明	1
飛末廣切手	代1円	1
昆布	300目, 代75銭	1
水飴	1缶, 代20銭	1
美満津恵餅	代15銭	1
③1908年答礼		
塩瀬大巾帛紗	代4円	3
白縮緬帛紗	代3円	1
白縮緬帛紗	代1円30銭	2
白縮緬帛紗	代1円	17
白縮緬帛紗	代70銭	7
白縮緬帛紗	代50銭	31
白縮緬帛紗	代57銭	1
白縮緬帛紗	代27銭	1
贈り膳	23	23
乾物	15	15
書院	合計60帖	3
ビスケット	1箱	3
四温糖	10斤, 代2円90銭	1
四温糖	5斤, 代1円50銭	3
四温糖	3斤, 代1円	1
岩国縮	1反, 代98銭	2
キサラギ	1本, 代1円	1
氷砂糖	2斤, 代85銭	1

表66　1894・1901・22年小栗家婚姻における贈答

種類	数量	人数
①1894年の事例		
［謝儀］		
現金	53円	8
南京繻子襟	4筋	4
浅草海苔	1缶と1箱	2
金巾裏地	2反	2
木綿縞	1反	1
白浜縮緬	2丈8尺	1
五仙平袴地	1反	1
羽二重本紅	1反	1
白紬	1反	1
双子織縞	1反	1
黒片側柳川帯	1つ	1
白縮緬帛紗	1つ	1
ハンカチーフ	1折	1
女向下駄	2足	1
簪	1本	1
全勝印銘酒	1樽	1
蒸菓子	1折	1
唐饅頭	1折	1
本膳籠盛菓子	1人前	1
莨	5包	1
［土産品］		
赤飯	26人分	26
練羊羹	2折	2
饅頭	2折	2
寿栄廣	1台	1
松魚	1籠	1
紙（杉應）	5帖	1
西洋菓子	1折	1
カステラ	1折	1
萩ノ梅	1包	1
②1901年の事例		
［祝儀］		
紅白真綿	88巻	31
白真綿	36巻	17
鯛	10尾と2台	6
寿恵廣	3台と2本	5
酒肴料	6円30銭	5
晒木綿	6反	4
書院	14帖	4
杉原	11帖	4
現金	5円	3
裏地	4反	3
松魚	1折と1籠	2
縮緬半襟	2掛	2
有松絞	2反	2
反物	2反	2
縮緬帯地	8尺と1筋	2
清酒	1樽と2升	2
玉子	112個	2
白地七子	1反	1
紺羽二重裏地	1反	1
白上田細	1反	1
白紋羽二重	1反	1
本紅	1反	1
絹	1反	1
更紗	1反	1
紅唐縮緬	1丈1尺	1
縮緬地	1反	1
綿五日市	半反	1
綿帯地	1本	1
絹ハンカチーフ	1個	1
縮緬帛紗	1つ	1
タオル	8筋	1
スズキ（寿々喜）	2尾	1
喜倒	1尾	1
志摩海老	3匹	1
差樽	1荷	1
蒸菓子	1折	1
練羊羹	1折	1
特製扇子	1握	1
合歓木製盆	1個	1
さざれ石	1折	1
祝詞	1つ	1
［謝儀］		
裏地	17反	17
現金	25円	4
松魚	2籠	2
縮緬帛紗	2つ	2
夏橙	6個	2
木瓜	14本	2
菓子	2折	2
白羽二重	1反	1
絽羽織地	1反	1
白七子	1反	1
元禄更紗	1反	1
朝日織兵児帯	1筋	1
スズキ（寿々喜）	2尾	1

（表66の続き1）

種類	数量	人数
交寿司	2重	1
蒸菓子	1折	1
唐饅頭	1折	1
練羊羹	1折	1
西洋菓子	1折	1
書幅	1軸	1
銀屏風	1双	1
火鉢	1双	1
刻たばこ	5丸	1
［土産品］		
手拭	146筋	73
縮シャツ	17個	17
南京繻子襟	17掛	17
風呂敷	10個	10
紺絣	2反	2
晒木綿	2反	2
松魚	1折	1
③1922年の事例		
［祝儀］		
現金	111円	8
酒肴料	14円	5
紅白真綿	19巻	5
呉服切手	38円	4
白絹	1反・1疋他	3
扇子	1箱と5円分	2
書院	10帖	2
松魚	1箱	1
紅白巻	4丈9尺	1
白真綿	3巻	1
綾糸織	1反	1
土佐	50帖	1
熨斗色扇子	1双	1
［部屋見舞］		
羊羹	25本	6
蒸菓子	50個と3本	3
現金	5円	1
肴切手	2円	1
菓子切手	10円	1
地柿	20個	1
紅白団子	30本	1
萩ノ梅	3本	1
カステラ	1釜	1
干菓子	1箱	1
四音糖	3個	1

種類	数量	人数
［贈品］		
松魚	32籠と11袋	43
菓子煎	2,400個	32
蒸物	17個	17
菓子・昆布	3つ	3
扇子・蒸餅	2つ	2
松魚・菓子	9本	1
④1942年の事例		
［祝儀］		
現金	180円	8
帯	5本	4
酒肴料	10円	2
真綿	2巻他	2
下駄	2足	2
国債	10円	1
白縮緬	1反	1
紅白絹	1疋	1
友染錦紗	1反	1
半襟	1掛	1
七宝帯止		1
真珠ブローチ		1
ハンドバック		1
手芸品		1
化粧品	5点	1
御酒	2升	1
海苔	1箱	1
するめ	5枚	1
玉子	75個	1
扇子	1台	1
洋傘	1本	1
草履		1
本		1
お経本		1
［謝礼］		
現金	480円	7
軸		1
道具		1
［土産品］		
扇子		全員
万年筆	30本	30
現金	470円	47
現金	195円	13
現金	220円	11

（表66の続き2）

種類	数量	人数
⑤1943年の事例		
［祝儀］		
現金	140円	7
帛紗	3枚他	3
酒肴料	15円	2
帯止	2つ	2
清酒	3升	2
鮮魚	2尾他	2
御召	1反	1
銘仙	1反	1
腰ひも	1筋	1
肩掛		1
裁縫用具		1
セイゴ	2尾他	1
味醂	2升	1
椎茸	1箱	1
柿		1
珈琲セット		1

種類	数量	人数
銘々菓子器		1
化粧鞄		1
コンパクト		1
扇子	1対	1
蛇の目傘	1本	1
懐紙袋		1
紙入	1個	1
色紙	2枚	1
［謝礼］		
現金	312円	13
花瓶		1
［土産品］		
溜ササ弁当箱	52個	52
黒塗弁当箱	21個	21
酒肴料	135円	45
酒肴料	51円	17
酒肴料	8円	4
品物		3

（出所）明治27年「長女幸子婚儀録（甲・乙）」，明治34年「11世三郎長女幸子婚儀録」，大正11年「11世四男四郎芳子婚儀録」（以上，小栗家文書1011-12, 1011-15, 1011-1）より作成．

（注）1894年の祝儀は不明．祝儀・部屋見舞は小栗家が貰ったもの，謝儀・贈品・土産物は小栗家が贈ったもの．1901年の家族や婿入先への土産品は省略．連名での祝儀や土産品は1名として集計．複数の種類の祝儀があった場合は，それぞれについて人数に入れて集計した．1894年と1901年は当主の長女の婿取り．1922年は当主の息子の嫁取り．1922年の贈品の蒸物17名と扇子・蒸餅2名は近隣に配る．1942・43年は当主の娘の嫁入りで，43年の結婚式は名古屋観光ホテルで行われた．

ながりを強め、その後、名古屋と半田地域を結ぶ知多鉄道の設立に力を注いだ（後述）。その一九二二年の結婚式では、〇一年の事例と比べて祝儀がかなり金銭で贈られるようになった。真綿が贈られる量も少なくなり、呉服も品物ではなく、主に呉服切手（商品券）で贈られた。代わりに「部屋見舞」として菓子類が贈られるに至り、菓子切手・肴切手のように食べ物の贈与も商品券で代替される場合もあった。それに対する返礼品は、祝肴の松魚と煎餅でかなり統一して贈られ、近隣には、蒸物などが配られた。贈答品の種類がかなり限定され、贈答関係が定式化され始めたことが読み取れる。

　四郎が当主になった後の四郎の娘の婚姻の事例を一九四二・四三年についてみると、呉服切手も含めて呉服がほとんど祝儀として持参されず、ハンドバック・コンパクト・真珠ブローチなどの洋装品がそれに代わり、従来は祝品として重宝された松魚もみられなかった。菓子折を持参する慣習もなくなり、主に実用品が持参されるに至った。謝礼は、特定の役割を果たした人には品物で贈られたが、それ以外は現金で渡され、返礼品も多くの人に同じ品物が配られ、現金で配る場合は相手によってランクが決められて金額が異なった。

このように、葬儀の場合と異なり、婚姻の場合は祝儀を品物で持参する習慣はかなり根強く残ったが、その内容は次第に実用性の高い品物に変容し、返礼品も扇子・万年筆・弁当箱など実用性の高い品物を共通で送るか、ランクごとに差を付けて現金を贈るようになった。

また有栖川宮家との贈答も小栗家にとって重要であった。前述のように一八九〇年の陸海軍聯合大演習の際に、参謀総長有栖川宮熾仁親王が小栗家に宿泊し、翌九一年に有栖川宮家から下賜品が小栗家に送られ、小栗家もその返礼をした。表67をみよう。一八九五年に熾仁親王が亡くなった際に小栗家が吊詞を有栖川宮家に贈り、熾仁親王の一周忌・三回忌の際にも、小栗家は有栖川宮家に御供物を贈るなど、葬儀を契機として小栗家と有栖川宮家との贈答関係は深まった。小栗家は一八九九年末から縁故ある家に歳暮品として海鼠腸を贈るようになり、有栖川宮家には特製の海鼠腸を贈った。海鼠腸は伊勢湾・三河湾の特産物で、第三章の宮林家も地元特産物の鰤を年末に有栖川宮家に贈っていたことと共通する（表38）。

一九一二年陸軍大演習の際には、小栗家は梨本宮の宿舎となり、小栗家は有栖川宮熾仁親王直筆の書幅を掲げて梨本宮を歓待し、梨本宮も手渡しで小栗家に銀盃を贈った(36)。その後小栗家は、歳暮品を有栖川宮家と梨本宮家に贈り続け、長年の歳暮品のお返しとして梨本宮家は一九二三年に金三〇〇疋を小栗家に贈った。熾仁親王の次代の有栖川宮威仁親王の病気の際には、小栗家は果物を見舞品として贈り、威仁親王の葬儀には小栗家当主が奉拝した。葬儀に

1918・末	海鼠腸5合入1樽，3合入5樽 [海鼠腸5合入1樽，3合入1樽]		
1919・末	海鼠腸5合入1樽，3合入5樽 [海鼠腸5合入1樽，3合入1樽]		
1920・末	海鼠腸5合入1樽，3合入4樽 [海鼠腸5合入1樽，3合入1樽]		
1921・10・31	(主人が有栖川宮妃殿下に面会)	3つ組銀盃1組	有栖川宮妃名古屋宿泊
1922・末	海鼠腸5合入1樽，3合入4樽 [海鼠腸5合入1樽，3合入1樽]		
1923・2・7	ポンカン100個籠入		有栖川宮熾仁親王妃死去
1923・5・9		御蒸物料25円	
1923・6・17		[金3,000疋]	海鼠腸献上のお返し
1923・7・5	白絹1巻	紅茶茶碗	有栖川宮威仁親王妃死去
1923・末	[海鼠腸5合入1樽，3合入1樽]		

(出所)各年度「日誌」(小栗家文書)より作成．
(注)梨本宮家との贈答は[　]で示した．備考欄は贈答の契機を示す．海鼠腸はナマコの内臓の塩辛で，古くから伊勢湾・三河湾の特産物．

止まらず、有栖川宮妃が名古屋へ立ち寄った際にも、小栗家は地元特産の有松絞を贈り、有栖川宮家も名品の返礼でそれに答えた。なお小栗家は、一八九〇年代から有栖川宮家も含めて関係の深い交際相手に歳暮品を贈るようになり、一九一〇年代前半にその贈り先軒数が増大し、相手によって贈る品目を変えるようになった。また一九〇〇年代後半からは暑中見舞（中元）として関係の深い交際相手に贈り物をするようになったが、中元の贈り先軒数は歳暮品よりは少なく、景気動向に応じて増減した。ただし中元の際も相手によって贈る品目を変えていた(37)。

三　小栗家の寄付活動と地域社会

1　「善事財」にみる寄付活動

一九三三（昭和八）年九月一日、一一代三郎は隠居して家督を四男の四郎に譲ったが、その際に列席者の前でかつて自分が家督を相続した時に一〇代三郎から伝えられた「大意」を披歴し、本家分家の人々にも小栗家の家憲を伝えた。それには、「吾家ハ神仏ヲ敬ヒ祖先ヲ崇メ仏教道徳ヲ基トシ誠実ノ心ヲ以テ万事を処スベ

表67　小栗家の有栖川宮家との贈答

年月日	小栗家→有栖川宮家［梨本宮家］	有栖川宮家［梨本宮家］→小栗家	備考
1890·3·31		菓子	有栖川宮小栗家宿泊
1891·3		常盤国蓮樹	
1891·4·22		御染筆書幅	
1891·6·26	霰3缶		
1891·12·3	果物		
1895·1·29	吊詞		有栖川宮熾仁親王死去
1895·2·22		大カステラ1箱	
1895·2·27	レモン籠入り		
1896·1·10	清酒1樽	金1,000疋	熾仁親王1周年祭
1897·1·10	清酒		熾仁親王3周年祭
1897·1·17		早蕨5包，武蔵野5包	
1899·末	海鼠腸5合入1個		
1900·1·6	勲盃1樽		熾仁親王5周年祭
1900·1·19		御備物	
1900·末	海鼠腸5合入1個		
1901·末	海鼠腸5合入1個		
1902·末	海鼠腸5合入1個		
1903·末	海鼠腸5合入1個		
1904·末	海鼠腸5合入1個		
1906·末	海鼠腸5合入1個		
1908·末	海鼠腸5合入1個，3合入4個		
1909·末	海鼠腸5合入1個，3合入1個		
1910·末	海鼠腸5合入1個，3合入4個		
1911·末	海鼠腸5合入1個，3合入4個		
1912·11·23		［銀盃］	梨本宮小栗家宿泊
1912·末	海鼠腸5合入1個，3合入5個 ［海鼠腸5合入1個，3合入1個］		
1913·5·31	マンゴ5個，オレンジ10個，リンゴ5個，西瓜1個，枇杷300目	英国種胡瓜5本，欧州種蕃椒数個	有栖川宮病気見舞
1913·7·15	（主人が葬儀奉拝）	菓子	有栖川宮威仁親王死去
1913·末	海鼠腸5合入1樽，3合入6樽 ［海鼠腸5合入1樽，3合入1樽］		
1914·7·7		菓子	威仁親王1周年祭
1914·末	海鼠腸5合入1樽，3合入4樽 ［海鼠腸5合入1樽，3合入1樽］		
1915·1·8	麦酒4打入1箱		熾仁親王20周年祭
1915·1·17		菓子2折	
1915·末	海鼠腸5合入1樽，3合入4樽 ［海鼠腸5合入1樽，3合入1樽］		
1917·1·15		文鎮1対，白縮緬1匹	
1918·6·10	有松絞1反	御裂地2丈3尺，御硯1面	有栖川宮妃名古屋宿泊
1918·6·27	麦酒1箱	御蒸物料2円	威仁親王5周年祭

キ家憲テアル」とあり[38]、また一九〇九（明治四二）年五月に書かれた一〇代三郎の遺言には、第一に「人道ヲ明ニスヘシ」、第二に「慈善ノ心常ニ怠ルヘカラス」、第三に「凡テ質素ヲ旨トシ奢侈ノ挙動ナカラシム」と記されていた[39]。このように、家憲と遺言の言葉から、小栗家では家族に対して、祖先への尊崇と仏教道徳思想に基づく「誠実心」や「慈善心」が、大切な心構えとして説かれ、また日常生活では「質素」を旨としたことがわかる。こうした先祖伝来の生活上の指針や倫理規範に基づいて、小栗家では各種の寄付が地域社会を中心にして行われたと考えられる。

寄付のために積み立てた「善事財」の内訳を、表68で確認する。一八九五年まで善事財は、「店」と「家」とで行うものが区別されていたため、「店」の善事財の内容は「家事方」の帳簿である「家事費明細帳」に記載され、その期末残額が「台帳」に転記され、それを「家事費枠支払分」として示した。同年からは、資本主の純益の一割が積立

（単位：円）

祈禱料	町村献金	利子	家事費枠支払分	利益分配積立	その他共次期繰越
		100			5,407
		100			5,417
		100			5,400
		100			4,973
		100			10,911
		170	△267		10,644
		100	△417	1,931	12,258
		100	△552		11,807
		100	△382	2,468	13,492
		100	△360	21	12,703
		100	△378		12,356
		100	△497	1,781	13,524
		100	△383	1,357	14,265
		100	△199	2,298	16,414
△1		100	△211	1,904	17,923
△7		100	△132	369	17,561
△2		100	△141	1,683	18,853
△2		100	△269		18,090
△2		100	△232	3,083	20,425
△2	△5,000	100	△390	3,978	16,218
△2	△10	67	△263	4,067	19,547
△3		100	△491	340	13,346
△2		100	△367	3,977	15,437
△2		100	△322	3,029	15,813
△2		100	△575	1,150	15,248
△2		100	△676	8,393	21,396
△2	△1,005	100	△287	20,912	38,445
△8	△2,050	100	△401	16,691	51,107
△2		100	△447	18,877	68,287
△54		100	△771	20,550	86,854
△64		100	△476	9,587	92,830
△28		100	△1,203	12,084	100,590
△7		100	△618	3,110	100,688
△35	△50,000	100	△488	11,253	54,997
△10		100	△659	8,952	58,009
△2		100	△1,271		53,189
△2		100	△766	299	50,610
△14		100	△748	1,713	47,827
△2		100	△376	7,370	53,295
△34		100	△566	4,757	56,045
△14		100	△498	1,251	54,663
△14		100	△747	664	51,115
△24		100	△391	2,878	51,596
△44		100	△519		50,236
△12	△8,000	100	△712	816	41,278

1896年までは「台帳」の項目が第一善事財と第二善
分が統合されて記帳されることになったので，本表の
「家事費仕訳帳」に記載され，期末残額が「台帳」に
へ補助したもの．戦争関係寄付は軍への寄付や愛国婦
り入れられている．また，1896年からは資本主の純益
この表の欄で示さなかったものが若干含まれている．
では墓石購入△498円が含まれる．なお，1924年8月期

表 68　小栗家善事財の内訳一覧

期末年月	前期繰越	貧窮者補助	災害義捐金	戦争関係寄付	放生会放魚料	赤十字社関係	寺社寄付	学校寄付	目白十善会	無量講関係	減罪回向料
1891・12	5,634	△60	△150								
1892・12	5,407	△70									
1893・12	5,417	△80									
1894・12	5,400	△70		△397							
1895・12	4,973	△10		△20							
1896・12	10,911		△170								
1897・12	10,644										
1898・12	12,258										
1899・12	11,807				△350	△150					
1900・12	13,492	△120			△128		△195	△100	△3		
1901・12	12,703	△65							△3		
1902・12	12,356	△55					△30	△120	△3		
1903・12	13,524	△42	△260			△27			△3		
1904・12	14,265	△34				△3		△10	△3		
1905・12	16,414	△9		△16	△90	△3	△50		△25	△60	△28
1906・12	17,923	△150	△300		△170	△3	△15		△25		
1907・12	17,561	△5	△30	△35	△240	△3			△25		△10
1908・12	18,853	△5			△450	△9	△85				△43
1909・12	18,090		△210		△230	△19	△75		△25		△55
1910・12	20,425	△33	△360		△210	△31	△1,831	△20	△25	△316	△33
1911・8	16,218	△116			△80	△6	△298		△25	△5	
1912・8	19,547	△245	△50		△135	△5	△527		△25	△6	△6
1913・8	13,346	△109	△50		△85	△3	△1,294		△25	△6	
1914・8	15,437	△200	△500	△7	△125	△6	△1,495		△25	△7	
1915・8	15,813	△296		△206	△115	△6	△566		△25	△8	△6
1916・8	15,248	△171			△150	△15	△1,256		△25	△4	△15
1917・8	21,396	△130	△150		△275	△6	△1,226	△700	△25	△4	△60
1918・8	38,445	△184	△700	△100	△129	△6	△295	△100	△25	△6	
1919・8	51,107	△65	△200	△292	△256	△3	△315		△25	△6	△40
1920・8	68,287			△159	△524	△3	△416		△25	△9	△80
1921・8	86,854	△560			△310	△172	△1,415	△5	△25	△9	△60
1922・8	92,830	△350	△100		△268		△1,582	△5	△5	△8	△20
1923・8	100,590	△420	△50		△338		△1,534		△25	△9	△40
1924・8	100,688	△717	△4,914	△15	△191	△6	△440	△3	△25	△10	
1925・8	54,997	△1,020	△300		△458	△6	△2,845		△25	△10	△150
1926・8	58,009	△1,233			△345	△6	△1,964		△25	△10	△20
1927・8	53,189	△1,249	△50		△310		△580			△11	△10
1928・8	50,610	△820	△150		△205	△6	△2,617		△25	△12	
1929・8	47,827	△780			△283	△3	△468		△25	△10	△20
1930・8	53,295	△780			△288	△3	△330			△9	
1931・8	56,045	△780	△500		△250	△3	△649			△9	△30
1932・8	54,663	△740			△255	△3	△2,537			△9	
1933・8	51,115	△480	△200		△275	△3	△1,089			△10	△75
1934・8	51,596	△160			△325		△328			△10	△50
1935・8	50,236				△140		△935				

(出所)各年度「台帳」(小栗家文書)より作成.

(注)「台帳」のなかの「善事財」の項に挙げられた収支を内容に応じて分類した. 無印は収入, △印は支出.
事財に分かれていたので, 両者の合計を示した. なお, 善事財の項目は1896年から家で行う分と店で行う
前期繰越が急増している. 1895年までは店の善事財は含まず. 店の善事財の内容は, 店の家事方の帳簿
転記されており, それを「家事費枠支払分」欄で示した. 貧窮者補助は一族のなかで生活に困窮した人
人会への支出. 利子は「善事財」を開始した元金(2,000両(円))への5%の利子で, 小栗家の純益から繰
の1割が積立金として「善事財」に繰り入れられており, それを利益分配積立欄で示した. 次期繰越には,
例えば, 1912年8月期末では済生会寄付△5,149円, 1921年8月期末では墓地購入△540円, 1922年8月期末
末の半田町への献金は, 10万円のうち「善事財」項目から5万円,「公事財」項目から5万円を献金している.

金として「善事財」に繰り入れられており、それを利益分配積立欄に掲げた。「利子」は、「善事財」を開始した元金（二〇〇〇両〈円〉）への五％の利子で、小栗家の純益から繰り入れている。一九〇〇年代の「善事財」による支出の中心は、放生会と放魚料が中心であったが、一〇年代になると利益分配積立額の増大とともに次期繰越額が急増した。支出では半田町への献金が重要となり、一〇年には五〇〇〇円、三五年にも八〇〇〇円の寄付をしたが、特に目立つのは二四（大正一三）年の合計一〇万円（善事財から五万円、公事財から五万円）を半田町の上水道施設費として寄付したことである。また、恒常的な寄付として、貧窮者補助（一族のなかで生活に困窮した人への補助）、と神社仏閣への寄付が多く、遠方の飢饉・災害の被害者への義捐金は一九〇〇年代から連年みられた。

「家事費明細帳」の「善事財」に記録された寄付は、「萬三商店」として行ったものと考えられ、一八九一～九六年の「家事費明細帳」をみると、毎年のように寄付していたのは「無量講」「御本山亦成講」「戸隠山」「昌光律寺」であった。その他に寄付をした先として額が多かったのは、「秋葉寺」「龍臺院（曹洞宗・半田町）」「薬師堂（天台宗・半田町）」「善光寺」「観音寺（浄土宗・成岩）」「永平寺」「可睡斎」「雲観寺（浄土真宗大谷派・半田町）」「常楽寺（浄土宗・成岩）」「業葉神社（北条）」「法蔵院（名古屋）」などであり、小栗家は半田地域を中心に宗派を問わず、近隣の神社仏閣に広く寄付した。(40) そのほか仏教婦人会、愛知育児院、日本赤十字社にも毎年寄付をしていた。

「店」と「家」は、それぞれ「善事財」から寄付をしたが、寄付主体が寄付内容の違いに影響したかを検討するため、一八九七～一九〇六年の期間で、「家事費明細帳」＝「萬三商店」と「台帳」＝「小栗家」の寄付を比較する。「家事費明細帳」の「善事財」では、半田町役場への寄付や寺院の伺堂銭運用負債の償却が中心であった。その内訳を示すと、一八九八年の大股新川通の石垣の費用三五円、一九〇〇年の半田学校建造費六一円二〇銭、「羽塚山負債消却ノ内」一〇〇円（中埜半六・又左衛門、小栗冨治郎同額）、〇一年の学校増築費第二回分四〇円八〇銭、〇三年の荒古道路納屋町修繕費寄付一〇円、半田役場愛知慈善会義捐金一〇円、〇四年の正社前道路修理一五円、〇六年の軍友会軍人祭寄付八円、半田町役場旅順忠魂碑寄付一五円である。これに対し、「台帳」の「善事財」では、一九〇〇年と〇二年に慶應義塾に合計二二〇円の寄付、日本赤十字社に合計一八六円三〇銭（一八九九年一五〇円、一九〇三年に静二の分醸金二七円三〇銭、〇四～〇六年に庸三の分醸金三回分九円）の寄付、東北地方の飢饉（一九〇三年と〇六年に合計五八七円七〇銭、青森・岩手・福島・宮城・富山県宛て）への義捐金が送られた。つまり小栗家の子どもが進学した学校や、遠隔地への義捐金であり、こうした寄付を支えた小栗家の思想には、母校愛や同時代に生きる人々の苦境に対する思いやり＝人間愛があったといえよう。

このように「店」と「家」では寄付する対象が異なり、「店」は半田の地域社会に対する貢献として、「家」は自家の子どもが在学した慶應義塾と、地域社会を超えた広い視野で飢饉災害に対する仏教理念に基づく慈善による寄付であった。この点をさらに検討するため、一九〇七年からの「家事部」の帳簿である「家事費仕訳帳」から作成した表69を掲げた。同帳簿では、「家事費明細帳」と違い、支出内容を細かく部門ごとに記録するようになり、「家事費明細帳」の「善事財」を「善事部」が継承した。「善事部」は「供養」「吊祭」「慈善」「公共」の四項目で構成され、一九二七年からは「供養・吊祭」、「慈善・公共」の二項目に再集約された。「供養」「吊祭」は小栗家の先祖供養や法事葬式関係費用であり、「慈善」「公共」は「一般社会」に関係する費用である。表69には、「家事費仕訳帳」の「善事部」の「公共費」を正確に把握できる一九〇七～二六年を挙げた。「店」の「公共費」の推移は、一九一五年に一二三円と一〇〇円を超え、それ以降は二〇年の三〇九円二〇銭を最高額として、その範囲内で増減し、「台帳」の「善事財」金額の寄付額と比べると、決して多額とはいえない。また、日露戦後には半田町役場を通じた軍人会と招魂祭に寄付が始まり、一九一八年以降は特に半田町役場への寄付が増え、役場を通じて地元神社、体育会関連費用、青年

1925	168.5	奉公義会費(62.0)・神社費(77.5)［半田町役場］, 伊勢新聞・岡崎朝報両新聞社寄付(2.0), 中京時事新報寄付(1.0), 東海日報社寄付(1.0), 関西経済新聞社志(2.0), 社会学論文寄付(2.0), 県庁内都市創作会補助費(20.0)
1926	138.5	神社費(77.5)［半田町役場］, 日本家庭新聞講演会恵金(1.0), 同社恵金(11.0), 青年団(60.75)

(出所)各年度「家事費仕訳帳」甲号(小栗家文書)より作成.
(注)その費用の支払先が半田町役場と明記された場合は項目を「・」で区切った後ろに［半田町役場］と記した.

団、小学校、奉公義会義捐金などへの寄付をしていた。奉公義会とは、日露戦争時に、半田町民が「国民後援の任務を竭さんことを期して」組織され、その目的は、軍人家族を保護すること、軍人戦病死者を吊祭すること、出征軍人を慰労することであった[41]。また一九一八年からは、少額ではあるが地元を中心とする新聞社への寄付件数が増えている。一九一七年には四男の四郎が次の小栗家当主とほぼ確定したが、このことは四郎の発言力が高まったことになり、そのことが萬三商店の半田地域への寄付対象の拡大傾向にも反映した可能性がある。「家事費仕訳帳」から明らかになった萬三商店の寄付活動は、半田町役場に対する各種寄付が主であり、一九一七年以降は、新聞社への寄付回数が増えて、寄付対象に広がりをみせた。

2　「公事財」にみる寄付活動

『半田町史』には、「由来半田町の事業は概ね寄附金に依りて事を興し、中頃之を町費に移し或は之に補助し、或は事業費に不足を生じたる場合には更に之に寄附して補塡するを常とせり、是れ幕時以来の慣例にして維新以后に於ても又然りしなり」と記され[42]、半田町では、公的費用が不足する場合はそれを寄付で補塡することが江戸時代からの慣行であったとの指摘がなされている。小栗家の居住地は江戸時代においては下半田村であったが、下半田村では、少なくとも一八一〇年代末には村民一般への賦課を減らして、「重なる出金は頭分の負担とした」とある[43]。この「頭分」とは、幕政時代に「村内にて石高を多く所

表69　小栗家「家事費仕訳帳」の善事部における公共費内容一覧　(単位:円)

年度	金額	内容
1907	3.5	警察電話費寄付(0.5), 沢渡点灯料(3.0)
1908	32.6	業葉神社修繕費寄付(32.0), 半田警察署電話費寄付(3.0)[半田町役場]
1909	8.5	在郷軍人会寄付(8.5)[半田町役場]
1910	14.0	在郷軍人会寄付(8.5)・招魂祭費寄付戸別割(5.5)[半田町役場]
1911	51.9	在郷軍人会寄付(8.5)・招魂祭費寄付戸別割(5.5)[半田町役場], 前明山油屋佐七南下水道工事費寄付金(2.0), 沢渡川改修費寄付(8.42), 業葉神社社費等歩割(27.5)
1912	8.5	半田第一部消防部御表中夜警特志(3.0)・招魂祭費元年度分寄付(5.5)[半田町役場]
1913	49.6	軍人会費補助及招魂祭費寄付(11.0)[半田町役場]
1914	86.4	招魂祭及軍人会会費補助寄付(12.2)・戦捷記念祭費(15.5)・奉公義会会費(12.2)[半田町役場], 業葉神社(46.5)
1915	123.2	招魂祭及婦人会会費補助寄付(12.2)・徴兵慰労適齢者寄付金(33.0)[半田町役場], 業葉神社社費, 同社山ノ神社拝殿修繕費(62.0), 国民飛行会入会費(16.0)
1916	31.0	業葉神社社費(31.0)
1917	73.0	橋梁費指定寄付(10.0)[半田町役場], 愛知県救済協会(1.0), 業葉神社費及社献修繕費(62.0)
1918	157.3	半田体育会(30.0)・半田町奉公義会義捐金(62.0)[半田町役場], 半田青年団(5.0), 半田町字柊道路改修費寄付(2.0), 業葉神社(40.3), 日本及植民地社寄付(5.0), 新青年社寄付(9.0), 愛知新聞社学生相撲会寄付(3.0), 知多実業新聞出征軍人慰問号寄付(1.0)
1919	111.2	政経公論寄付(1.02), 体育会庭球大会寄付(3.8), 半田奉公義会会費義捐金(62.0), 剣道場電灯料寄付(13.4), 日本及植民地社寄付(5.0), 青年団団旗寄付(3.0), 東京相撲協会寄付(10.0), 愛知救済会年醵金(2.0)[半田町役場], 囲碁クラブ寄付(1.0)
1920	309.2	半田奉公義会(62.0)・体育会庭式部大会寄付(15.9)・コート新設寄付(15.0)・大正9・10年度神社費(108.5)[半田町役場], 壱参新聞3周年記念寄付(5.0), 名古屋新聞社15周年記念寄付(10.0), 軍楽隊招待経費負担方(92.79)
1921	188.5	軍楽隊費用(90.0), 新青年社直言新聞寄付(5.0), 青年団中村部10・11年度経費(14.0), 神社費(77.5)[半田町役場], 植民地雑誌寄付(2.0)
1922	247.5	半田奉公義会・招魂祭費及入営兵餞別金其他(15.5)・在郷軍人会貯金(6.0)・体育会・テニス部金網汐置寄付(25.0)・神社費(77.5)[半田町役場], 半田楽遊会寄付(15.0), 第一高等女学校寄付(10.0), 半田学校同窓会基本金寄付(20.0), 大半田新聞恵金(5.0), 日本組民社恵金(1.0), 東京商工社寄付(1.0), 半島新聞恵金(5.0), 日本家庭新聞寄付(1.5), 自由評論社10周年寄付(5.0), 明治天皇御聖徳普及会寄付(10.0), 尾三通信社株申込金(50.0)
1923	244.5	軍人会寄付(30.0)・半田町青年団寄付(25.0)・半田小学校寄付(10.0)・在郷軍人貯蓄会(12.0)・軍人会遺族補助会寄付(40.0)・神社費(77.5)・雨乞薪料寄付(3.0)[半田町役場], 青年団経費補助(48.0), 大日本私立衛生会(2.04), 立憲青年自由評論社寄付(5.0), 日本家庭新聞寄付(1.0)
1924	215.5	春秋新聞社志(0.5), 中京報知代寄付(2.0), 軍人貯蓄会(12.0)[半田町役場], 半島新聞社寄付(3.0), 成岩町北荒井高組祭山車寄付(10.0), 関西新聞社(2.0)・関西時事社(2.0)・東海朝日新聞(2.0)各社寄付, 東海朝日新聞他2社志(6.0), 半田消防組出初式祝儀(2.0), 半田町奉公義会等(31.0)・神社費(77.5)[半田町役場], 商業会議所(5.0), 民声新聞代(3.0), 将校団寄付(15.0), 青年団寄付(32.5), 大日本私立衛生会寄付金(2.04), 名古屋日日新聞寄付(3.0)

有するもの」であり、その選出基準は「唯所有石高の或る分限に達したるもの之に加はり、其分限を下れば之を退くに過ぎず」とされ、「頭分」は庄屋の下で「頭分寄合」を構成し、村内に重要事件があるごとに庄屋の招集に応じて会議決定をする機関であったという(44)。

さらに下半田村の地域性について次のような記述がある。すなわち、「下半田は古来富裕者多きを以て、屢々御用金を課せられたるも、土地の資産家は御用金の上納は国民の義務名誉として、啻に之を辞するものなきならず、各自進んで之を上納し、其上納者は庄屋株又は頭分と称するもの、外は一切加入を許さず、若し新富裕者の之に加入するを得たるときは大に之を祝せりと云う(45)」とあり、幕政時代から続く下半田村に特有の慣行があり、この地域における資産家集団＝「庄屋・頭分」の社会的責任と、その責任を請け負う力があることを村落共同体が一致して認め、「庄屋・頭分」の社会的階層に所属することを名誉とする価値観が連綿と続いてきたのである。この下半田村の地域社会における社会的価値観を前提に考えると、一八五三（嘉永六）年から小栗家が、「台帳」のなかに「公事財」の項目名で積み立ててきたことの意味が理解できる。表70には、一八九八（明治三一）～一九三五（昭和一〇）年までの「台帳」の「公事財」に計上された寄付金・義捐金を、寄付対象別に区分して主要なものを掲げた。この表によれば、合計金額では半田町のインフラ整備に関するものが、七万六一九五円と多額で、次いで半田地域の幼稚園・学校に対して三万七七六三円、半田町役場への寄付が一万七九四〇円、半田警察署に対して一四二二円と、地域社会に対して合計一三万三三二〇円と、非常に多額の寄付をしたが、特徴としては「公事財」から寺社関係への寄付は一切なされていないことである。その意味で、「公事財」はあくまで地域社会への寄付を眼目としていた。小栗家は、地域社会の基盤となる道路・港湾・上水道の整備、公園の設置など、多岐にわたって都市化する半田地域の社会環境を整えるための支援を積極的に行った。表70で、寄付名目と寄付の名義人をみると、一九〇八年に次男静二が亡くなった時に、葬儀費を省いて五〇〇円を半田町基本金へ寄付したが、小栗家には、質素倹約の精神で葬儀に臨み、余分な費用を地域社会に役立てようとする思想があった。また半田警察署には、一九一八（大正七）年に小栗家が盗難にあった際に世話になり、それ以後の寄付金額が急に増えた。犯罪被害にあってはじめて小栗家は、都市化が進む地域社会での治安を守る警察の役割と意義を理解し、積極的な寄付を続けたと思われる。

金額の多さから注目されるのは、一九一六年の御大礼記念として半田町基本金として寄付した一万円と、二四年の皇太子御成婚を記念した半田町上水道施設費寄付金の五万円である。後者では、「台帳」の「善事財」からも五万円を寄付して、合わせて一〇万円の多額な寄付をした。半田は阿久比川河口の沖積世に立地するため水質が悪く、古くから醸造用水を求めて成岩村との境界に近い洪積台地の谷間に井戸を掘り荷桶で水を運んでいたが、一八二一（文政四）年には、中野又左衛門など七軒の酒造家が三〇両をかけて、西畑の酒屋井戸から木樋で水を引いた水道を敷いたのをはじめとして、その後、多くの醸造家が私設水道を敷設して、明治後期には星名池西北の字星崎地内まで水源が拡大していた。(46) 一九二〇年頃の半田町は商工業の発展に伴って人口も増加しており、衛生と産業の見地から上水道設置の必要性が高まっていたが、多額の経費が見込まれる事業に対し着手に踏み切ることが難しかった。(47) こうしたなかで一九二四年一月二六日に、皇太子成婚記念とした上水道施設費として一〇万円ずつの寄付を小栗三郎と中埜又左衛門が町当局に申し出て、同年二月に町議会は寄付を採納して上水道敷設を進めることに決した。ちなみに同年一〇月には、小栗三郎と中埜又左衛門の両名が敷設事務臨時委員に選出されて上水道事業に関わった。

同年から水脈調査・鑿井が始まり、一九二七年には字星崎の第一号井と字柊に第二号井が完成して水源が確保でき、二八年二月に内務省から上水道創設事業許可を得て、完成したのは三〇年五月末であった。工事費は総額三〇万四一六円になったが、小栗三郎・中埜又左衛門両家の寄付金二〇万円がなければ、この時期の上水道敷設は難しかったで

1921·7·8	200	半田警察署相談所費寄付	
1924·7·27	100	半田警察署刑事協会費寄付	
1925·11·27	300	半田警察署寄付	オートバイ·自転車
1927·6·28	150	半田警察署刑事警察研究費寄付	
1931·8·6	200	半田警察署自動車購入費寄付	
1934·3·15	150	愛知県刑事警察研究会基金寄付	
1935·4·10	200	半田警察署自動車寄付金	
年月日/その他とも計	1,360	遠隔地への災害等義捐金	
1927·3·11	310	丹後地方震災者救恤義捐金	
1932·1·4	200	青森県·北海道凶作義捐金	
1934·3·26	500	函館市火災義捐金	
1934·9·27	300	関西地方風水害義捐金	
年月日/その他とも計	931	日本赤十字社への寄付	寄付名目
1904·2·13	300	日本赤十字社救護費	日露開戦に付き
1904·10·13	600	日本赤十字社元資金へ寄付	
年月日/その他とも計	3,230	政治関係寄付	寄付分担者と金額
1903·8·1	100	長阪町長(半田)報酬	中埜3軒·小栗2軒で補助
1918·8·31	150	盛田善平氏県会議員選挙費	又左衛門, 半六, 三郎, 150円ずつ
1926·4·27	636	板津森三郎氏へ贈り金	又左衛門, 半六, 三郎で2,000円
1927·9~10	1,600	岡本県会議員選挙費寄付	
1929·12·28	199	町会議員選挙四郎候補に付き	
1931·10·30	500	森田久治郎県議選挙見舞金	

(出所)各年度「台帳」(小栗家文書)より作成.

(注)「台帳」の「公事財」の項より, 小栗家内の資金移動以外の支出内容で100円以上の内容を示した. 1935年は8月末まで. 1)両方あわせて10万円の寄付金額で, そのうち5万円は「公事財」, 5万円は「善事財」から支出.

あろう。愛知県内では名古屋市、豊橋市に次いで三番目の一九二九年七月から半田町への給水が始まった。小栗三郎家は醤油醸造、中埜又左衛門家は酢醸造とともに醸造業を営んでおり、品質のよい原料水の安定した調達のためにも上水道の確保は両家にとって何よりも重要であり、両家が上水道事業に多額の寄付をした背景には、両家の家業の存在があったといえる。

こうした小栗家の地域社会へ多額の寄付は皇室関係の慶事を節目に行われており、前述の有栖川宮家・梨本宮家との贈答関係にみられるように、陸海軍大演習の際に宮家の宿泊所となったことを契機に小栗家は皇室への尊崇の念を深めた[48]。その意味で、小栗家の寄付活動の思想的背景には、近世期以来

表70　小栗家「公事財」主要寄付金・義捐金等一覧　(単位:円)

年月日/その他とも計	37,763	教育関係寄付金(半田地域)	寄付内容と寄付名目
1899・7・2	100	半田英学校寄付金	
1906・7・19	150	半田幼稚園新設費寄付	
1908~21	300	半田学校同窓会寄付	内200円ピアノ購入費
1909・4~10・2	5,000	半田学校新築費寄付	
1912・3・19	120	半田学校新築落成式費寄付	
1919・8~21・12	18,000	第七中学校設立費関係寄付	
1922・4・4	248	書籍20冊半田中学校へ寄付	
1922・6・15	7,000	半田学校舎設営費寄付	
1924・11・5	500	半田町教育資金として寄付	
1928・11~29・1	6,150	小学校舎増築費指定寄付金	
1935・7・12	100	半田農学校奉安庫新設費寄付	
年月日/その他とも計	266	教育関係寄付金(他地域)	
1918・4・19	100	市邨商業学校長謝恩会寄付	
年月日/その他とも計	1,194	慶應義塾	寄付名目と名義人
1907・5・18	300	慶應義塾図書館新設費寄付	創立50周年記念
1909・10~12	180	慶應義塾維持金寄付	四郎名義
1920・7・6	594	慶應義塾維持費寄付	四郎, 三郎, 敬五郎, 哲造名義
1929・4・1	120	慶應義塾維持金	四郎名義
年月日/その他とも計	17,940	半田町への寄付	寄付内容と寄付名目
1898・6~1918・9	585	本町奉公義会義捐金	内1898年6月は知多奉公義会へ3円
1904・3・22	200	本町助役雇入費用	
1904・4~28・3	12,600	本町基本金へ寄付	1908年静二死去葬儀費を省き500円 内1916年御大礼記念として1万円寄付
1915・11・25	100	御大典奉納のため半田町へ寄付	
1925・6・29	700	半田体育会寄付	テニスコート2個新築費
1926・7・8	400	半田町図書館図書寄贈	小栗平蔵旧蔵図書
1926・7・1	2,855	半田町役場へ寄付	軽便ポンプ他
1927・8・10	500	半田町役場雁宿公園提案費寄付	
年月日/その他とも計	76,195	半田町インフラ整備関係寄付	寄付内容と寄付名目
1913・3~11	5,500	半田町三大記念工事費ほか寄付	道路・公園・川浚
1923・7・31	2,500	荒古新海埋立工事費等寄付	
1924・1・26	50,000	半田町上水道施設費ほか寄付	1)皇太子御成婚記念寄付も含む
1924~27	150	港湾協会会費及び寄付	
1929・8・31	357	南大股道路新設諸費	
1932・3~35・6	12,500	半田港湾改修費寄付	
1934・12・3	5,000	知多商工会議所新築寄付金	
1935・2・21	148	本町道路舗装寄付金	
年月日/その他とも計	1,422	半田警察署への寄付	寄付内容と名目
1918・11・12	100	愛知県刑事警察研究会寄付	盗難で警察の厄介になったため

の祖先や神社仏閣に対する信仰心や家業の発展と、仏教理念に基づく倫理に加えて、近代期に新たに皇室への尊崇の念が加えられたといえる。

また、教育関連の寄付では、豊橋商業学校・知多高等女学校・市郁商業学校など愛知県内の学校のほか、東京医学専門学校や支那・朝鮮学生宿舎など、地元とは無関係な地域や人々にも寄付をしていた。また慶應義塾には一一九四円の寄付をしており、小栗家が同塾に対して深い愛塾心があったことが認められる。地元を含めた教育関係の寄付金合計額は四万円弱に達しており、小栗家は教育振興に対する支援を惜しまなかったのである。

さらに飢饉や災害については、一九二七年の丹後地方の震災をはじめ、青森・北海道の凶作、函館市火災、関西地方の風水害、台湾震災へ、五〇～五〇〇〇円と金額には多少の幅があるものの、半田から離れた遠隔地へ義捐金を送っていた。政治的な寄付において特徴的なことは、少なくとも一九二六年までは、地域有力者（中埜家三軒や小栗家二軒）と相談のうえ、必ず分担して政治献金を行ったことである。ただし、一九二七年以降は、小栗家が単独で政治献金を行った。その背景には、知多電鉄会社の設立問題があったと考えられる。小栗四郎は、一九二五年から知多商業会議所副会頭になったが、そこには前年の小栗家の上水道事業への多額の寄付をみた地元財界の期待があったと思われる。四郎はそれに応えるべく一九二七年一月以降、知多電鉄会社設立のため一般株主の募集を積極的に展開し始めた(49)。知多電鉄設立準備の段階で、小栗家は独自に政治献金を始めたと推察される。

以上、小栗家が行った各種の寄付を検討してきた。日清戦争以前は地元半田を中心に知多・三河地域の神社仏閣への寄付が多くみられたが、日清戦争後は地元の半田地域の学校・役場への多額の寄付が行われた。災害等義捐金は、はじめ仏教信仰の関連で遠隔地に対して実物の衣類を送ることから始まり(50)、その後、東北地方や台湾へも行われた。一九一〇年代以降は、半田地域の公共財、特に地元地域のインフラ整備や学校、また町の基本財産への寄付金額が非常に多額になり、これは分家「沢渡」の小栗清が、前述のように一二～一六年に半田町長を務めたこともその背景にあったと考えられる。

おわりに

小栗三郎家は、家業継承のために様々な項目で積立金を行い、過剰な内部蓄積をしつつ、地域社会への多額の寄付を行った。その一方で、消費生活は資産規模に比して質素で、浪費を極力抑えて貯蓄に回し、地域社会への寄付を行うことが、小栗家の消費生活の特徴であった。そうした小栗家の消費生活でも、一九二〇年代に入ると名古屋の大都市化と百貨店の登場の影響を強く受けるようになった。例えば呉服太物購入では、一九二〇年代後半以降は名古屋の百貨店の松坂屋や十一屋からの購入が中心となった。旅文化の面でも、愛知県内の電気鉄道網の整備が進むと、家族での近場への行楽旅行が頻繁に行われるようになった。そして婚姻関係では、一九一〇年代から小栗家は名古屋の名家の姻戚ネットワークに入り、名古屋とのつながりは強まった。ところが寄付活動では名古屋との関係はほとんどみられず、地元半田地域への寄付が続けられた。その場合、小栗家の積極的な寄付には三つの側面があったと考えられ、一つは小栗家が帰依する浄土真宗の精神性を基にした慈善としての寄付であり、具体的には地元から遠く離れた寺社仏閣への寄付や災害被災地への義損金、育児院や日本赤十字社への寄付などである。いま一つは葬儀の際に行われた地元町村の基本財産などへの寄付であり、前述のように一〇代三郎の葬儀の際には三五〇〇円の寄付が行われた。そしてもう一つは寄付の見返りとして自らにも利益が還元される可能性が十分に見込める寄付であり、上水道施設費、埋め立て工事費、半田港改修費など、地域のインフラ整備が家業に有利に働いたり、自らの貸家の価値を高めることになることを背景とした寄付である。特に後者のインフラ整備は、半田では産業化の進展とともに前述のように現住人口が増大し、都市の機能として必要性が高まっており、地域社会の変容にも対応するものであった。

もっとも、小栗家の寄付などによるインフラ整備の利益が、小栗家に還元されるまでにはかなりの時間がかかったと考えられ、小栗家の貸家のあった場所へのインフラ設備については、臨時費などで直接小栗家が埋め立て費を支出し、工事を進めた場合もあった。実際、表63では、一九二五（大正一四）・二七（昭和二）年度の埋め立て工事費の対象は、南大股三〇三番地、中針六八番地、成岩町字笠松九六番地とかなり限定された範囲であった。その意味で、小栗家の寄付には、広い意味での社会全体への貢献と自らの居住する地域社会への貢献、そして自らに直接的に利益が還元される寄付という多様な側面があった。そして、積立金による過剰な内部蓄積と積極的な寄付は、小栗三郎家の禁欲的な消費行動によって可能になったのであり、小栗家が帰依する浄土真宗の精神性である質素・倹約・勤勉・仁慈が、消費行動面でも関連して作用した。それに加えて小栗三郎家には国家＝皇族に対する奉仕の精神が強く現れており、例えば軍人会、招魂祭への寄付や、御大礼記念や皇太子ご成婚記念など皇室の慶事に際して、多額の寄付が行われた。明治国家は、国家―家という二重の擬制的家体系を創出し、そのうえに国民道徳を形成していったとした有元の指摘は、少なくとも四郎が実質的な萬三商店の経営者となる一九二五年までの小栗三郎家には当てはまると思われ、それを象徴したのが二四年初頭の皇太子ご成婚記念に合わせた半田町への一〇万円の寄付であった。

注

（1）　中西聡・井奥成彦編著『近代日本の地方事業家―萬三商店小栗家と地域の工業化―』（日本経済評論社、二〇一五年）。

（2）　マックス・ヴェーバー（大塚久雄訳）『プロテスタンティズムの倫理と資本主義の精神』（岩波書店、一九八九年、原著一九二〇年）三五二～三五三頁。また近年では、寺西重郎『経済行動と宗教―日本経済システムの誕生―』（勁草書房、二〇一四年）が、宗教が日本経済に及ぼした影響について論じている。
(3) 大塚久雄「訳者解説」(前掲注(2)ヴェーバー書) 四〇四~四〇五頁。
(4) 有元正雄「家訓・遺言にみる民衆の信仰と倫理 (三)」(『広島経済大学研究論集』二二―三、一九九九年) 四四~四七頁。
(5) 同右、四六頁。
(6) 以下の記述は、前掲注(1)中西・井奥編著書、序章を参照。
(7) 半田市誌編さん委員会編『新修半田市誌 本文篇上巻』(愛知県半田市、一九八九年) 七四五頁。中野一族は、一八八七 (明治二〇) 年以降は「中埜」の姓を用いる。
(8) 同右、本文篇中巻 (一九八九年) 四八頁。
(9) 同右、一三八~一四〇頁。
(10) 明治一三年「決算録 (小栗三郎)」(小栗家文書三三八―一五)。
(11) 前掲注(1)中西・井奥編著書、小栗家年表と表序―四を参照。
(12) 前掲注(10)明治一三年「決算録 (小栗三郎)」。
(13) 株式会社萬三商店「営業報告書綴」(小栗家文書二四五―二―二三・二四)。
(14) 一八九〇年代の「所得税下調」(小栗家文書)。
(15) 一九〇七年に一一代三郎の次男静二が結婚、〇八年に一一代三郎の長女幸子と次男静二が死去、一〇年に一〇代三郎兵衛が死去。
(16) 大正一三年「決算録 (小栗三郎)」(小栗家文書一〇一―九―一八)。
(17) 以下の記述は、前掲注(1)中西・井奥編著書、表序―一二を参照。
(18) 前掲注(13)株式会社萬三商店「営業報告書綴」。
(19) 表60の出所資料より。十一屋については、丸栄五十年史編纂委員会編『丸栄五十年史』(株式会社丸栄、一九九四年) を参照。
(20) 以下の記述は、名古屋鉄道(株)広報宣伝部編『名古屋鉄道百年史』(名古屋鉄道株式会社、一九九四年) および中西聡『旅文化と物流―近代日本の輸送体系と空間認識―』(日本経済評論社、二〇一六年) 二二四~二二八頁を参照。
(21) 山口由等「不動産経営と市街地形成」(前掲注(1)中西・井奥編著書) を参照。
(22) 明治四一年「釈宗静居士葬儀及中陰録」(小栗家文書一〇一七―一二―三) を参照。

(23) 小栗家の仏教信仰と仏教道徳の実践については、伊藤敏雄「萬三商店店主・一〇代・一一代・一二代小栗三郎」（井奥成彦編『時代を超えた経営者たち』日本経済評論社、二〇一七年）を参照。
(24) 以下、一〇代三郎兵衛については特に断らない限り、同右、二五〜二七頁を参照。
(25) 山田慎也「近現代の葬送と墓制」（勝田至編『日本葬制史 第二版』吉川弘文館、二〇一四年）二五三〜二六五頁を参照。
(26) 前掲注(22)「釈宗静居士葬儀及中陰録」および明治四三年「仮日記」（小栗家文書一〇一七―二―一四）を参照。
(27) 明治四三年「瑞巌院葬儀中陰記録」（小栗家文書一〇一三―二―一）を参照。
(28) 前掲注(22)「釈宗静居士葬儀及中陰録」を参照。
(29) 同右を参照。
(30) 明治四三年「家事費仕訳帳（乙）」（小栗家文書五四―一三）を参照。
(31) 川村邦光『弔いの文化史―日本人の鎮魂の形―』（中央公論新社、二〇一五年）二六八頁を参照。
(32) 前掲注(26)「仮日記」を参照。
(33) 明治三四年「一一世三郎長女幸子婚儀録」（小栗家文書一〇一一―一三）を参照。
(34) 以下の記述は、大正二年「一一世四男四郎婚儀録」（小栗家文書一〇一一―一二）および大正二年度『日本全国諸会社役員録』（商業興信所）を参照。
(35) 花井家と中村家については、鈴木恒夫・小早川洋一・和田一夫『企業家ネットワークの形成と展開―データベースからみた近代日本の地域経済―』（名古屋大学出版会、二〇〇九年）を参照。
(36) 明治四五年「日誌」（小栗家文書）を参照。
(37) 一八九〇年代〜一九三〇年代の各年「日誌」（小栗家文書）の末尾に歳暮品・中元品の内容が記されている。
(38) 昭和八年「日誌（竹気庵第八号）」（小栗家文書）を参照。
(39) 明治四二年己酉五月四日「瑞源院殿御遺言」（小栗家文書三三九―一）。
(40) 寺社の所在地は、秘書課広報係編『半田の大観』（半田市役所、一九五三年）一五六〜一五八・一六四・一六六〜一六七頁および『半田市誌 本文篇』（愛知県半田市、一九七一年）一〇三九〜一〇四三・一〇四六〜一〇四八頁を参照。
(41) 愛知県知多郡半田町編『半田町史』（半田町、一九二六年）一七九〜一八〇頁。

(42) 同右、三四二頁。
(43) 同右、三四八頁。
(44) 同右、三一一頁。
(45) 同右、二九七頁。
(46) 前掲注(40)『半田市誌 本文篇』三〇三頁。
(47) 昭和期の半田町の上水道敷設については、前掲注(8)『新修半田市誌 本文篇中巻』二八七〜二八九頁を参照。
(48) 小栗家は、一八九五年一月一五日に有栖川宮熾仁親王が薨去して以後、毎年一月一五日には「書院へ例ノ如ク御染筆軸及短冊御眞影ヲ奉安シ左ノ供物ヲ献シ家族店員参拝、西誓庵ニ於テ終日別時修行」(明治四四年「日誌」〈小栗家文書〉)を行い、熾仁親王の法要を営んでいた。そして三回忌には、「有栖川宮故熾仁親王御三周年祭一昨日御備品新早蕨五包武蔵野五包汽車便ニテ下賜、家族親戚者及召仕ニ分与」(明治三一年「日誌」一月一七日〈小栗家文書〉)と、下賜品を親族に分け与えた。
(49) 中村尚史「知多鉄道の設立と知多商業会議所」(前掲注(1)中西・井奥編著書)を参照。
(50) 伊藤敏雄「近代における店則・家憲と店員の活動」(同右編著書)を参照。

第七章　奈良県有力林業家の消費生活
――永田藤兵衛家の事例――

はじめに

本章では、奈良県吉野郡下市で近世期から林業経営を営み、近代期には奈良県でも有数の林業家となった永田藤兵衛家の消費生活を検討する。その場合、本書の他の事例との比較で留意しておきたいのは、吉野郡下市が山村であったことである。本書第Ⅰ部で取り上げた盛田家の居住地の小鈴谷や宮林家の居住地の新湊は漁村であり、廣海家の居住地の貝塚は湊町であった。また第Ⅱ部で取り上げた小栗家の居住地の半田も湊町といえる。これまで取り上げた事例の居住地は海沿いであった。そのためおそらく食生活で海産物に親しんだと思われるが、永田家の場合は、食文化がかなり異なったと考えられる。また、新湊や貝塚には後背地に農村が広がっており米麦は比較的豊富であったと考えられるが、吉野郡は産業の大部分が林業に占められ、農業はあまり展開していなかった。このような漁村・農村と異なる山村の特徴が永田家の消費生活に与えた影響に留意したい(1)。

その一方で、奈良県吉野郡の林業は、近世期から摂津国の酒造業への樽材の供給地として商品化が非常に進んでおり、大坂市場とのつながりが深かった(2)。近代に入っても先進的林業地域として商品性の高い林材が伐出されており、商品経済化が早くから浸透していた。一般に山村では、食糧や衣料の自給が難しいこともあり、商品市場へのアクセスが容易になると商品経済化が浸透しやすいが、そうした条件を奈良県吉野郡は満たしていたといえる。とはいえ、大阪との交通路が早くから整備されたわけではなく、吉野鉄道の創設が、一八九九（明治三二）年に試みられるもののうまくいかず、最終的に一九一二（大正元）年に吉野鉄道が開設された。交通路としては、木材搬出の経路として吉野川などの川が主に利用されており、吉野郡内の人の移動は主に徒歩に頼らざるを得なかった。

本論に入る前に、永田家の歴史を概観しておく。奈良県吉野郡下市は吉野郡内では吉野川の下流に近い地域にあり、木材を搬出するのに有利な産地であった。吉野郡の林業は、郡内を流れる吉野川流域と北山川流域および十津川流域の三地域ごとにそれぞれ異なった林業が展開され、十津川流域はその上流の天ノ川流域（天川村・大塔村・野迫川村）と中流の十津川流域（十津川村）で異なった林業が展開されたので、流域ごとに大きく四つの林業地帯に区分できる。(3)そのなかで吉野林業地帯は、吉野川中上流域・秋野川流域・高見川（旧小川）流域・丹生川（旧黒滝川）流域・宗川流域で営まれる林業を意味しており、現在の行政区画でいえば吉野郡川上村・東吉野村・吉野町・下市町・黒滝村・大淀町そして五條市を範囲としている。(4)下市は、秋野川下流で吉野川への合流地点に近い地域にあり、御所方面と五條方面への街道の分岐点でもあり交通の要所であった。地名が示すように、吉野の玄関口として古くから市場が開かれ、木材製品が商われていた。そのため近世期の下市は幕府領とされ、飯貝・下市・加名生には番所が設置され、吉野川流域から移出される木材の検査と口役銀の徴収が行われた。(5)

近世期の永田家は廣瀬屋を屋号としており、一八四六（弘化三）年の黒滝郷堂原村の山林保有状況を示した史料に、山林保有価格三〇貫六〇〇目の山林保有者として下市の廣瀬屋藤兵衛が挙げられ、(6)一九世紀中葉には永田家は有力な山林保有者となっていた。

その次代の一二代永田藤平は、(7)一八四〇（天保一一）年生まれで、六〇（万延元）年には吉野郡四八ヵ村の総代に就いており、永田家は最幕末期にさらに有力になったといえる。そして、藤平は一八六七（慶応三）年に下市村庄屋となり、明治維新後は七二（明治五）年から下市村戸長に就任した。また藤平は、一八六九年に吉野郡産物材木総取締役に任命されて名字帯刀を許され、七二年には吉野郡秋野川流筏開川の総取締役に任じられ、七三年に奈良県第一五大区二小区副戸長に就任した。区割が変更されても藤平は副戸長を継続して務め、奈良県が一八七六年に堺県に、そして八一年に大阪府に併合されると、八二年に大阪府会議員に就任し、八四年にそれを辞任するとともに下市村戸長に就任した。下市村戸長は、一八八七年に辞任したが、それは同年に奈良県が大阪府から分離して最初の奈良県会議員に藤平が選ばれたからであり、藤平はその後九六年まで奈良県会議員を務め続けた。県会議員退任後は、一八九七年に吉野郡会議員に就任し、郡会議員を九九年に退任すると同年再び奈良県会議員に就任するなど、常に地方政治の舞台で活動し続けた。藤平は、一八九五年に吉野銀行が設立された際に中心的な発起人となって初代頭取を務め、一九〇九年に死去した。藤平の息子の一三代藤兵衛は(8)、一八七一年生まれで、八二年に泰蔵の名前で早くも家督を相続したた。おそらく父親の藤平が大阪府会議員に就任したことで下市を留守がちになるため、早くに家督を息子に相続させたと考えられる。もっともその時の泰蔵は一二歳ほどにすぎず、実質的権限は藤平が握っていたと考えられる。実際、吉野銀行成立時の頭取は藤平がなっており、一九〇一年に泰蔵が藤兵衛に改名したが、〇五年まで父親が吉野銀行頭取を務め続け、その後藤兵衛が頭取を引き継いだ。ただし吉野銀行頭取となって以降の藤兵衛は家業を積極的に拡大し、一九一〇年代前半に製材業へも進出した。そして、一九二四年に亡くなるまで吉野銀行頭取を務めた。

一三代藤兵衛には兄弟・姉妹が多く、姉の「ます」は近世来の大阪の両替商で近代期に逸身銀行（合資）を設立した逸身家に嫁して、逸身銀行頭取の逸身佐一郎の妻となった(9)。妹の「りき」も同じ逸身家の三男福本元之助に嫁ぎ、福本元之助はその後逸身家を代表して尼崎紡績会社設立発起人となり、一八九〇年代には尼崎紡績社長となった。また、もう一人の妹の「のぶ」は、第四章で取り上げた大阪府貝塚の廣海家に嫁いで若当主四代惣太郎の妻となり、四代惣太郎はその後貝塚銀行の頭取となった。(10)また、藤兵衛の弟の「郁三」も同じ廣海家から四代惣太郎の妹「千代」を嫁にもらい、永田家と逸身家、永田家と廣海家は、それぞれ二重の婚姻関係を結んで強固な姻戚関係を築いた。

こうして、大阪湾岸地域とのつながりを深めた永田家は、近代期を通して奈良県でもかなり有力な資産家に成長した。奈良県の主要資産家は山林所有者が上位を占め、永田家は一九〇四年頃の見積財産では奈良県で上位四番目、一七年頃の財産見込では上位五番目、二八年頃の推定資産でも上位五番目に位置した。(11)吉野林業地帯に限れば、土倉庄三郎が吉野林業の近代化とその造林技術を全国的に広めた人物として著名であるが、(12)一九〇四年頃では資産額で永田家と肩を並べていた土倉家が一〇年代以降に事業を縮小したため、上市町の北村家、五條町の栗山家に次いで永田家は資産額では三番目の位置となった。なお永田家の一九二三年頃の所得税額はかなり多く、永田家は一〇年代後半〜二〇年代前半に積極的に事業を展開して資産額を急増させたと思われる。(13)

一　永田藤兵衛家の概要

1　林業経営

永田家の収支内容は一九〇九（明治四二）〜一九（大正八）年にかけて判明するので、それを表71にまとめた。永田家は、幕末維新期は秋野川とさらにその奥に位置する黒滝川流域で山林事業を営んでいたと思われるが、二〇世紀に入ると黒滝川流域よりもさらに山を越えた天ノ川（十津川）流域へ大きく山林事業を拡大した。(14)十津川流域へ進出する契機となったのが、一九〇七年の天川村沢原での山林地上権の購入で、沢原での植林事業は永田家のほかに前述の

表 71　永田家収支内訳（1909~19年）　　　　　　　　　　　　　　　　（単位:円）

項目	1909年	1910年	項目	1916年	1918年	1919年
吉野銀行当座勘定	10,834	16,363	→	29713	△22,779	45,970
吉野銀行雑勘定	△1,318	△3,861	→	△33,604		
預金勘定					△6,692	△7,833
百三十銀行支店勘定	8,006	△163	三井銀行支店勘定	△115,000		
三十四銀行当座勘定	1,631	588	→	1,235	△113	2,561
郵便振替貯金勘定	△200	△9	→	61	△102	838
預け金勘定		△500	郵便貯金勘定		△70	△60
預り金勘定	[1]33,399	[1]△24,824	→	[1]40,943	△15,554	50,816
借入金勘定			→		△70,000	△18,662
貸付金勘定	5,559	△2,374	→	△11,194	△910	△16,760
仮入金勘定	725	△497	→	125,727	△56	25,211
仮出金勘定	△5,364	△2,719	→	1,142	△6,036	△36,662
山林売買勘定	△16,487	△15,617	→	△12,788	△1,410	36,701
桶木樽丸売買勘定	24,187	17,999	→	16,282	59,259	21,969
木材類売買勘定	29,236	89,284	→	19,204	105,453	128,308
山林仕込(撫育費)勘定	△733	△5,210	→	△2,460	△4,884	△6,986
木材加工(仕出)費勘定	△5,266	△1,619	→	△1,797	△14,872	△10,157
十津川山製材品売却勘定	89		木炭売却勘定	2,293		
十津川山製材費勘定	△35,996	△33,749	山方仕込米		6	128
諸方・山方味噌勘定	725	351	→	△22	11	6
商品買入勘定	△14,660	△6,841	→	△356		
株券配当金	6,096	7,321	→	12,233	39,989	42,511
株券売買勘定	420	△168	→	△88,967	△33,124	△99,159
家賃地子収入勘定	954	901	→	1,158	1,568	2,010
土地家屋売買勘定	△1,278	1,010	→	4,000		△112,000
雑収入勘定	3,051	2,054	→	5,503	2,238	4,211
米穀勘定	5,592	2,319	→	△21		
保険勘定			→	△958	△560	△560
利息勘定	△8,603	△5,899	→	△7,780	△5,108	571
諸税金	△4,347	△4,682	→	△3,502	△11,518	△17,773
教育費	△53	△33	→	△680	△1,181	△1,022
給料	△912	△802	→	△1,307	△782	△1,658
旅費	△187	△425	→	△643	△1,058	△669
公務費	△72	△72	通信・運搬費		△430	△102
訴訟費	△70	3	什器買入勘定	△410	△974	△6,595
建築(修繕)費	△346	△2,114	→	△1,157	△24	[3]△8,795
交際費	△695	△1,320	→	△1,936	△2,223	△4,159
食料費	△1,043	△1,434	→	△1,760	△3,868	△5,388
呉服・衣装費	△2,694	△2,758	→	[2]△1,949	△2,538	△8,017
療養費		△1,171	→	△115		
臨時費					△1,896	△8,613
慶事費		△4,901	→			[4]△346
贈与・寄付金			→	△10,422	△229	△639
店方雑費	△1,084	△1,033	→	△449	△756	△2,989
内部雑費	△5,420	△2,771	→	△1,273	△1,392	△2,346

（出所）明治42・43・大正5・7・8年度「総勘定元帳」（永田家文書68-113-3,68-113-1,68-113-2,68-113-6,68-113-4）より作成.

（注）無印は永田家の収入, △印は支出.途中の項目欄の矢印は項目が左と同じことを示す. 1)借入金勘定も含む, 2)小間物買入勘定(△87円)も含む, 3)土蔵建築費(△5,095円)を含む, 4)縁談係分を含む.

廣海家・逸身家・福本家などとの共同で行われ、帳簿面積は約五〇町歩であった[15]。その後、永田家は十津川村まで山林所有範囲を拡大し、一九〇九年には天川村沢原の山林を買い入れた。もともと天ノ川流域では、近世期から峠越えにより、下市との関係を持ち続けた林業が行われ、近世後期には共有林を下市の商人も分割所持するようになっていた[16]。とはいえ、村による山林総有形態が近世期の天川村では中心であり、一八八九年の町村制の施行により、各村の共有山をそれぞれの持分に応じて住民に分配してから個人所有が広まることになった。特に一九一〇年の集落有林野統一整備事業が村有林の私有化を促進し、そのなかで永田家は天ノ川流域・十津川流域へと山林所有を広げた。そして天川村沢原の共同植林事業で一九〇七年に永田家を含めた諸家が拠出した植林費は、合計で約一万四三二〇円に上った[17]。

その後永田家は、一九一五年に神童子山地域の天川村沢谷に大規模な製材工場を設立した。この時に永田家は永田神童子山製材部を設立したが、その第一期事業報告書には、「当部ハ大正四年五月吉野郡天川村大字洞川及北角領字河迫谷及神童子ト称スル山林数千町歩ニ繁茂スル雑立木ヲ買収シ短期間ニ於テ代採製材ノ目的ヲ立テ是ガ製材工場ヲ沢谷字千軒平ニ設ケ機械数台ヲ敷設シ大ニ地方工業ノ発達ヲ企図シ事務所ヲ字千軒平及ビ字モジキ谷ノ弐箇所ニ設ケ以テ事業ニ着手セリ」とされた[18]。表71から読み取れるように、永田家は丸太での販売に加えて桶木・樽丸など加工材にしての販売も多く、一九一〇年代以降の永田家は製材業へ大きく展開した。ただし、永田神童子山製材部は、一九二〇年代には輸入材との競争が厳しくなったのに加え、一三代藤兵衛が二四年に死去したこともあり、一三代の息子で後を継いだ一四代藤兵衛（富之助）は、二五年末に製材工場を閉鎖した。

このような急激な山林事業範囲の拡大を支えたのが、吉野鉄道の開通とそれに接続して天川村まで開設された索道である。吉野郡に隣接する宇智郡や南葛城郡を通る鉄道線の葛（吉野口）駅と吉野（北六田）を結ぶ鉄道計画は、一八九九年に(旧)吉野鉄道会社の設立として始められたが、その際にそれまでの葛—六田間の輸送品の調査が行われ、葛から吉野方面への輸送として米や雑貨が多く、吉野から葛方面へは木材が圧倒的な量を占めたので、(旧)吉野鉄道は木材輸送が念頭に置かれたと思われる。[19]（旧）吉野鉄道は一九〇〇年恐慌の影響もあって資本金払込が進まず建設される前に解散されたが、[20]その後一〇年に軽便鉄道法が成立して局地鉄道の設立が容易になると、一一年に再び官営鉄道線から吉野まで鉄道を通す計画の吉野軽便鉄道会社（一三年に吉野鉄道と改称）が設立され、この時の吉野鉄道は順調に鉄道建設が進み開業にこぎつけた。[21]吉野鉄道により吉野口で官営鉄道と結んで大阪・奈良・和歌山方面と吉野が鉄道で結ばれたことで、それまでの吉野川を流送した木材輸送から鉄道を利用する木材（加工品）輸送への転換にある程度の役割を果たしたが、それに加えて吉野山への行楽客や参詣客の輸送を主に担うこととなった。吉野鉄道の輸送実績をみると、一九一二年は旅客一九万六二七二人、貨物一万六一一九トン、一八年は旅客四八万五四五〇人、貨物七万二一六六トン、二四年は旅客一四七万七六三三人、貨物六万六二六八トンと推移した。[22]

この吉野鉄道の開通に合わせて一九一二年に洞川電気索道会社が設立され、永田藤兵衛が社長となった。同社の索道は、下市から善城・広橋峠・長瀬・桂原・笠木・川合・洞川と、下市と天川村林業の中心地を結んだ。そして下市からは、米・醤油・味噌および日常品などを送り、奥地からは永田家が開設した沢谷の製材工場などで加工された製材や、木材などを一日何十トンと運ぶようになり、後に下市から吉野鉄道下市口駅まで延長された。[23]特に洞川電気索道は下市から山を二つほど越えた奥地まで開通し、吉野郡でもかなり険しい山岳地帯の大峰山系の麓にまでつながる大規模な索道であり、かなり広範囲の木材を下市へ集荷するのに大きな力を発揮した。しかも電気索道の名が示すように、途中の黒滝地域や洞川地域への送電も行ったと考えられ、産業・生活基盤の整備にもなった。[24]

2 会社経営

永田家当主は吉野銀行頭取や洞川電気索道会社社長以外にも地元会社に関わったので、その点をまとめる。永田藤平が会社役員となるのは一八九五（明治二八）年の吉野銀行設立の際に頭取となったのが最初であるが、娘の嫁ぎ先である大阪の逸身家が設立した逸身銀行の子銀行の役割を果たした貯金銀行の取締役をその後務め、貯金銀行が逸身銀行とともに一九〇一年の大阪での金融恐慌で解散されるまで取締役を務め続けた(25)。地元吉野でも、同じ吉野林業地帯の上市に設立された吉野材木銀行の最大の株主となるとともに設立時から取締役となり、一八九九年の(旧)吉野鉄道会社の設立に際しても取締役となった。(旧)吉野鉄道設立はうまくいかなかったが、前述のように一九一一年に再び官営鉄道線から吉野まで鉄道を通す計画の吉野軽便鉄道会社（吉野鉄道と改称）が設立され、その際にも永田藤兵衛は取締役となった。また一九一四（大正三）年には、吉野材を加工して醸造業用の桶などを製造する吉野桶木会社を設立して社長となった(26)。

永田家の株式所有の中心は吉野銀行株であったが、一九一〇年代後半に地元下市に隣接する大淀村で設立された大和電気会社へは積極的に出資し、神戸市への電力供給を企図して吉野川沿いに吉野発電所と樫尾発電所を建設し、さらに十津川村の長殿にも発電所建設を企画した大正水力電気へも一九年以降に積極的に出資した(27)。特に大和電気は、川上村高原川の水力を利用して同村迫に発電所を設けて、一九一二年に上市・下市・大淀・吉野・国樔・川上の各町村を営業地として開業しており、吉野林業地帯にとって産業・生活基盤の両面で重要であった(28)。そして大和電気はその後、十津川水系の水利権も獲得し、洞川（天川村）に天川発電所を建設して一九一五年に運転を開始し、天川発電所は洞川電気索道や永田神童子山製材部へ電力を供給した(29)。永田家は大和電気株で吉野銀行株を上回る配当収入を一九二〇年代初頭に得たが、大和電気と大正水力電気が宇治川電気に合併されたことで永田家は宇治川電気株を多数所有するに至った。

二　永田家の家計支出

1　全体的推移

本節では第一次世界大戦期の永田家の家計支出を検討する。まず全体的推移を表71に戻って確認する。永田家の総勘定元帳には、事業収支と家計収支が混在しているためそれを区別して事業収益を計算するのが困難であるが、一九一〇年代に事業規模が拡大してかなりの利益が上っていることが、桶木樽丸売買勘定や木材類売買勘定の収入と山林仕込勘定や木材加工費勘定、十津川山製材費勘定の支出を比べることで推測できる。この収益は一九一六（大正五）～一九年の株券売買勘定でかなりの支出がみられたように株式購入に向けられたと考えられ、一〇年代後半に配当収入が急増した。家計支出では第一次世界大戦末期のインフレもあり、一九一〇年代末期に食料費・衣装費が増大したが、衣装費の内容は次項に譲り、ここでは食料費の内容を検討する。本章冒頭で述べたように、山村生活では農村や漁村と食文化に大きな違いがみられると考えられるが、永田家の食生活では農村や漁村の資産家との違いはあまりみられなかった。表71では、一九〇九（明治四二）・一〇年時点は米穀勘定が食料費と別項目で設けられ、米を林業の事業所に飯米として販売して収入を計上していた。しかし前述のように一九一五年に永田神童子山製材部を設置すると、製材部が独自に飯米を調達するに至り、米穀勘定の内容は、近くの事業所への飯米販売と店内や家内向けの飯米購入となり、規模が小さくなり、一九一八年以降は食料費の項目に統合された。

その食料費の中心は魚代と青物代で、各期末清算での地元小売商からの購入と、その時々の現金購入からなり、一九〇九年の各期末清算額を集計すると、魚買入額が約三一五円、青物買入額が約一九九円であった。肉類の購入は、鶏肉や鶏卵の購入が定期的にみられたが、副食としては魚が中心といえる。もっとも魚の種類は海で獲れる魚ではなく、種類の判明した魚購入から判断して、鮎が多かったと思われる。なお、前章の小栗家の事例と異なり、永田家では牛乳代が食料費として計上されており、一九〇九年は定期的に購入されて合計額は約九一円に上った。また蜜柑や柿などの果物や高野豆腐や氷豆腐などの地元特産物の購入もみられた。一九一九年になると食料購入の内容がかなり変容し、牛肉が定期的に購入されるようになった。その場合、大阪に人を派遣して購入させた場合もあったが、地元の小売商から期末清算で購入した場合が多くその合計額は約三二〇円に上った。その場合牛肉のみでなく、鹿肉・猪肉を含んだ金額として清算されており、山村ならではの特徴がみられる。また牛乳も、柳井牧場から定期的に購入されており、果物も蜜柑のみでなくリンゴ・梨なども購入され、西瓜・栗・松茸・椎茸なども青物代と別に購入されるに至り、食文化が多様になった様子がうかがわれた。

日本各地で第一次世界大戦期を通して都市化が進んだことが指摘されるが、商品経済の浸透は大都市周辺地域までこの時期に進んだと思われ、吉野郡の生活様式も変化がみられた。その内容をいくつかの分野に分けて以下でみていくことにしたい。

2　衣料品購入の動向

衣料品については、表72で一九〇九（明治四二）～二四（大正一三）年にかけて五年おきにその購入を購入先別に示した。一九〇九年時点は多くが呉服代と記されたが、一九年には呉服の種類が多数記されるに至り、一四・一九年と

月日	購入先	金額	内容
9·29	飯田呉服店	66.4	銘仙紋付地3反
9·30	竹辻久吉	17.0	呉服(9月分)
10·29	浅川洋品店	226.9	メリヤスシャツ,中折帽子ほか
10·30	土田呉服店	100.5	羽二重,袴地
10·30	ちきりや店	150.6	男着尺,羽二重,袴地
11·4	逸身源三郎	314.2	ネル(10月分)
11·4,8	飯田呉服店	1,115.5	色羽二重,銘仙,木綿縞,縞モス,富士絹
11·19	池澤店	83.0	白羽二重,都色金巾
11·19	白井呉服店	989.4	薩摩上布,銘仙,越後縞,白羽二重,縞御召
11·30	平井儀一	110.0	オーバー
11·30	杉本商店	2.8	運動シャツ
12·29	草野洋服店	240.0	駱駝トンビ,羽織
12·29	ちきりや店	532.6	男着尺,袴地,襦袢,御召,更紗,小紋羽織
12·29	飯田呉服店	233.3	呉服(12月分)
	年計	6,487.0	
1923年12月~24年11月			
12·13	草野洋服店	167.5	背広,オーバー,合トンビ
12·13	浅川洋品店	85.0	洋服,オーバー,白英ネール
12·13	高木洋物店	51.8	ネクタイ,靴下,ワイシャツ
12·27	三浦洋品店	7.0	足袋,帽子
12·27	ちぎりや袴店	19.0	更1丈3尺(12月分)
12·31	竹辻呉服店	2.7	呉服
12·31	古林呉服店	19.8	呉服
12·31	野口房次郎	13.2	ネル
12·31	宮軒平治	14.4	呉服
1·27	高島屋呉服店	23.9	御召大柄,桐箱
1·30	三浦洋品店	98.5	富士絹1疋,ショール

月日	購入先	金額	内容
2·4	友田呉服店	2.6	風呂敷モスリン
2·4	辰巳元次郎	3.0	シャツ,サルマタ
2·26	高島屋呉服店	105.9	呉服(1·2月分)
4·15	高島屋呉服店	500.9	丹前,毛布,洋服
4·28	土田呉服店	118.5	銘仙,友禅3疋
4·30	古林呉服店	55.0	呉服(4月分)
5·12	三浦洋品店	9.5	富士絹
5·31	高島屋呉服店	297.1	呉服
6·18	岸田又兵衛	13.5	蒲団,呉服
6·30	古林呉服店	59.0	呉服(6月まで)
7·30	三浦洋品店	6.2	帽子,靴下(7月分)
7·31	野口房次郎	50.6	絹中向締,白縞ほか
8·14	丸紅商店	46.3	呉服
8·14	古林勝之亮	72.0	呉服
8·29	土田呉服店	94.0	伊勢崎ほか反物(8月まで)
8·30	高島屋呉服店	145.5	呉服(6~8月分)
8·30	土田呉服店	34.5	伊勢崎3反
8·31	友田商店	5.8	天竺金巾
10·3	草野洋服店	107.5	夏服·間服(9月まで)
10·3	三浦洋品店	102.5	子ども服,英ネルほか(9月まで)
10·3	高島屋呉服店	16.5	錦紗,兵児帯(9月まで)
10·3	土田信義商店	59.5	呉服(9月まで)
10·31	古林勝之亮	7.9	呉服
10·31	平井洋服店	2.8	白キャラコほか
11·4	三浦洋品店	39.6	子ども服,雑品(10月分)
11·4	高島屋呉服店	107.7	商品券,雑品(10月分)
11·10	丸紅商店	126.4	毛布,紙
11·30	辰巳商店	6.6	シャツ,サルマタ
11·30	古林商店	11.3	呉服
	年計	2,711.0	

(出所)明治42年「総勘定元帳」,大正3年「金銭出納日記」,大正8年「総勘定元帳」,大正12年「金銭出納帳」,大正13年「金銭出納帳」(以上,永田家文書68-113-3,68-108-6,68-113-4,68-108-8,68-89-8)より作成.

(注)金額は支出金額で,購入先の判明した分についてのみ示した.蚊帳類,服飾品のみや仕立·染賃のみおよび進物用の購入は除く.1924年12月が不明のため,23年12月を加えて1年分を示した(表73~76も同じ).池澤は,出所史料で「江州」と付記されていたので,「近江」と注記した.

表 72　永田家衣類購入先の推移

（単位:円）

月日	購入先	金額	内容
1909年			
1·4	井上サク	13.6	木綿, 下駄
1·21	三国屋	8.9	呉服
1·21	井上已之吉	7.9	呉服
4·3	池澤（近江）	9.4	呉服
4·12	中川呉服商	31.7	木綿, 加賀1疋
5·26	西川シカ	18.9	呉服
6·7	三国屋	15.8	木綿
6·22	銭屋（京都）	15.6	白加賀, 羽織
7·9	幸	14.8	大阪で呉服買入
8·5	西川シカ	8.3	呉服
8·28	井上	9.9	天竺金巾
8·28	向林辰造	11.0	呉服, 金巾
10·31	井上サク	2.0	呉服
10·31	向林浅吉	1.3	脚絆, シャツ
11·19	池澤（近江）	28.3	呉服, 真綿, 絹糸
11·24	西川シカ	15.6	呉服, 唐物類
12·14	安田悟一	70.0	呉服
12·31	安田悟一	12.3	外套内地
	年計	295.3	
1914年			
1·31	中尾洋服店	4.9	洋服
2·7	飯田呉服店	35.6	呉服（12·1月分）
3·6	岩田又兵衛	16.2	呉服, 染賃
3·8	飯田呉服店	10.0	御召
3·17	池澤（近江）	19.0	呉服, 綿
3·17	宮軒吉太郎	4.7	富士絹1丈6尺
5·12	野口房次郎	1.3	白絣浴衣地
5·18	池澤（近江）	17.2	呉服
6·13	飯田呉服店	12.9	呉服
6·20	伊藤本店	55.8	呉服（6月まで）
6·30	飯田呉服店	160.1	呉服（5·6月分）
6·30	河野呉服店	6.0	越後節（羽織用）
7·7	浅川洋品店	25.5	シャツ, サルマタほか
8·2	飯田呉服店	27.8	呉服（7月分）
8·10	岩宇	3.9	シャツ, サルマタほか
8·14	中尾洋服店	2.5	夏服
9·14	伊藤本店	4.2	浴衣地4反
10·30	宮軒吉太郎	5.7	小倉袴地, 夜具ほか
10·31	飯田呉服店	113.2	呉服（10月まで）
11·27	池澤与吉	11.9	呉服
11·28	浅川商店	20.0	シャツ, サルマタほか
11·29	伊藤本店	131.5	呉服（11月まで）
12·8	伊藤本店	48.0	白羽二重2疋
12·8	飯田呉服店	241.9	呉服, 風呂敷ほか
12·14	伊藤本店	13.0	瓦斯10反
12·29	伊藤本店	32.0	白秩父
12·29	飯田呉服店	32.2	呉服（12月分）
12·31	宮軒呉服店	2.5	絹八丈5尺
	年計	1,059.5	
1919年			
1·30	飯田呉服店	97.6	御召, 銘仙, 木綿縞
1·30	美濃屋太物店	88.2	伊勢崎, 縞絣, 紬ほか
1·31	大谷喜市	3.3	花色金巾
2·26	飯田呉服店	34.3	下着地, 木綿縞
2·28	竹辻呉服店	42.4	呉服
3·6	池澤弥助	23.6	呉服
3·27	飯田呉服店	29.5	錦紗, 友染
3·29	草野洋服店	227.0	洋服
3·29	浅川洋品店	125.6	ワイシャツ, 靴下, 帽子, サルマタほか
4·28	飯田呉服店	159.0	呉服
4·29	美濃屋太物店	32.0	銘仙2反5尺, 絹大島1反
4·30	大谷喜市	3.7	茶色金巾1反, 更紗6尺
5·14	池澤店	22.9	呉服
5·29	飯田呉服店	123.4	御召1反, 羽二重友禅, 色絹ほか
5·31	宮軒商店	7.8	白ナイス
6·4	白井呉服店	204.0	唐織, 麻蒲団30枚
6·29	飯田呉服店	29.0	絽羽織地1反
6·29	浅川洋品店	4.0	セル地1反, 夏絹
7·29	飯田呉服店	110.3	呉服（6·7月分）
7·30	土田呉服店	82.6	呉服
7·31	三越呉服店	12.2	洋服, 前掛
7·31	竹辻久吉	54.9	天竺木綿, シャツ, サルマタほか
8·28	浅川洋品店	58.5	セル地, 麻敷布, レース紬
8·28	飯田呉服店	138.4	絽友禅, 絽錦紗
8·30	土田呉服店	57.7	白越後, 漆流絨2反
9·1	美濃屋呉服店	342.6	呉服
9·8	竹辻久吉	60.0	呉服
9·29	土田呉服店	130.3	呉服（9月まで）

飯田呉服店からの購入比率が急増した。この飯田呉服店は大阪で百貨店に展開した高島屋のことと考えられ、一九二四年には飯田呉服店に代わって高島屋と記された。(30) ただし飯田呉服店からの購入のなかった一九〇九年でも地元呉服商からの購入は少なく、他の地域からの購入が多かったと考えられる。実際、一九〇九年一一月一九日に呉服・絹糸などを購入して約二八円を支払った相手の池澤は近江国の商人と考えられ、池澤店との取引は一四・一九年にもみられた。一九一四・一六・一九年刊行の各『日本全国商工人名録』から奈良県吉野郡の項をみると、(31) 吉野郡下市の有力呉服商として友田亀治・河野鹿蔵・宮軒吉太郎の三軒が挙げられる。しかし表72では、これら下市の呉服商からの購入は、友田呉服店・河野呉服店・宮軒呉服店いずれからの購入とも金額は少なかった。おそらく、吉野郡では永田家が望む呉服類を手に入れることが難しく、一九一二年の吉野鉄道開通後は、大阪の百貨店からの衣類の購入が急増した。

その内容は、一九〇九年は呉服がほとんどであったが、一四年には洋服店・洋品店からシャツ・サルマタ・洋服などを購入するようになった。ただし洋装化とはいえない面もあり、一九一九年に浅川洋品店や草野洋服店からの洋装品の購入が増える一方で、飯田呉服店など百貨店からの購入品は呉服類が依然として中心であり、使い分けがされていたと考えられる。百貨店も銘仙など反物の新製品の普及に努めており、(32) 第一次世界大戦期の都市化のなかで洋装化が進んだとは簡単にはいえない状況であった。実際、一九二三年末～二四年にかけての衣料品購入をみても、草野洋服店・浅川洋品店・高木洋物店・三浦洋品店など特定の洋物店から洋服の購入がみられた一方で、古林呉服店・土田呉服店（土田信義、大阪市天王寺区）などからの呉服類の購入も根強く、百貨店の高島屋からも呉服購入が中心であった。このように百貨店・伝統的呉服店・洋服店がそれぞれの強みを活かして永田家との取引を継続した。

3　医療関連支出の動向

次に、日常的な衣食住の生活世界ではなく、社会環境との接点の大きい医療関連支出の内容を検討する。表73をみよう。医療関連支出は、家族が重病に罹った年とそうでない年で支出額が大きく異なるため、生活水準が上昇して家計支出が増加しても必ずしも医療関連支出が増加するとは限らない。永田家の場合も、家族が重篤な病気に罹り、遠方から高名な医師を招いた一九一四（大正三）年の方が、家計全体の消費支出が増大した一九年よりも医療関連支出は多かった。一九一九年は二月に遠方から著名な医師を招いたため医療関連支出が多かったものの、それ以外の時期は日常的な治療行動で済んでおり、〇九（明治四二）年よりも医療関連支出が少なく、逆に、二四年は当主が亡くなった年で、当主の終末期医療のために大阪から高名な医師を複数招いたため医療関連支出が巨額に上った。

支出内容を検討すると、(33) 一九〇九年は二月に先代当主が和歌山に転地療養して大阪府堺の常持医師に来診してもらったため、それらに関する支出が全体で一七〇円に上った。それ以外は、下市の杉山医師を主治医とする日常的な治療行動が中心で、八月に千代の眼の治療で専門医の治療を受けて多めの治療費が要したことと、大阪の福田寿甫医師に下市まで来診してもらったことで比較的多くの医療関連支出が必要となった。遠方から医師を招く場合、そのための交通費支払いが必要となり、特に看護婦にも同行してもらうとその旅費も必要となった。遠方からの往診の頻度が永田家の医療関連支出額を左右した。

一九一四年は、七・九月に合計二回、楠本医学博士に下市まで来診してもらったことが大きい。特に九月の家族の病気は重篤で、楠本博士のみでなく堺の常持医師にもあわせて来診してもらい、この時のみで合計一四〇円の支出となった。この楠本博士とは、一九二四年にも来診した楠本長三郎のことと思われ、楠本長三郎は〇一年に東京帝国大

月日	金額	内容
1·31	1.0	南慶次郎　按摩賃
1·31	5.2	新田勇吉薬代
1·31	0.6	山岸医院眼洗滌薬代
2·12	6.5	看護婦4日日当旅費
2·13	8.6	看護婦3日日当旅費
2·14	1.0	上市吉田来診車賃
2·18	100.0	緒方院長来診謝儀
2·19	3.2	緒方院長来診交通費
3·5	19.8	看護婦16日間日当旅費
5·31	1.0	山岸医院検眼謝礼
7·14	1.8	保命散50服代
8·30	6.8	小野医院薬価菓子料
8·30	39.8	杉山医院薬価菓子料
8·31	34.0	野村医院薬価菓子料
9·8	0.3	大富薬店薬代
9·8	0.3	岡田新十郎薬代
9·8	0.3	古林薬店薬代
11·13	3.0	手伝人負傷診察薬代
12·30	1.0	田中歯科主人治療費
12·31	16.7	野村医院薬価菓子料
12·31	35.1	杉山医院薬価菓子料
12·31	1.5	手伝人打撲診察薬代
年計	290.3	
1923年12月~24年11月		
12·1	100.0	楠本博士来診謝儀
12·1	6.0	丹毒治療液
12·1	2.8	浅井先生治療費
12·13	5.0	大阪血清病院丹毒治療液
12·16	6.4	和子耳受診出阪実費
12·19	68.5	看護婦27日間日当旅費
12·28	18.2	9日半看護日当寸志
12·31	179.8	米田医院薬価注射料
12·31	100.0	米田医院来診謝儀
12·31	15.6	杉山医院来診薬価謝儀
1·21	1.7	三上薬局カルシューム代
1·24	1.7	検尿のため出阪(楠本へ)
1·28	1.9	検尿のため出阪(楠本へ)
1·30	150.0	楠本長三郎来診謝儀
2·4	2.5	大富薬店女便器ほか代
2·4	0.2	辻田喜太郎薬代
2·4	1.2	吉岡薬店風薬代
2·13	155.0	小澤修造来診診察料謝礼
2·19	71.4	看護婦26日間日当旅費
3·10	1,840.0	医師謝礼(6名)
3·14	4.2	上田医院薬価
4·15	70.0	当主病中使用自動車賃
4·15	46.0	加島看護婦会看護用品代
4·21	2.0	准看護婦2日間日当
4·30	0.7	吉岡薬店薬代
5·1	226.6	看護婦92日間日当旅費
5·18	5.0	小澤先生診察料
5·18	50.0	藤沢先生診察料
5·31	7.0	新当主京都にて診察料
8·10	10.0	杉山医院菓子料
8·12	50.0	米田医院診察料
8·12	227.0	米田医院薬料
9·30	0.3	大富薬店薬代
10·17	15.3	大阪赤十字病院薬価旅費
10·17	14.6	井岡先生薬料謝礼
年計	3,456.6	

(出所)表72と同じ.

(注)1914年12月の桜根病院への薬代は何回かに分けて支払われた.1924年3月10日の医師謝礼は,当主の臨終に関わるもので,小幡に700円,小澤に700円,楠本に300円,上田に50円,草野に30円,大矢に30円が支払われた.医師の住所で判明したのは以下の通り(本田六介編『日本医籍録第2版』医事時論社,1926年より).

奈良県下市町:野村·杉山·小野·山岸·米田,奈良県上市町:吉田正治,奈良県宇智郡:永井歯科,大阪市:楠本博士と小澤修造(大阪医科大学).桜根病院.

表 73　永田家医療関連支出の推移

（単位：円）

月日	金額	内容
1909年		
1·16	0.5	野村医院診察料
1·16	7.8	杉山医院薬価·診察料
2·15	15.0	常持為治来診謝儀
2·15	3.0	常持菓子代
2·15	70.0	老主人和歌山転地療養費
2·15	30.0	同上，幸に渡す
2·18	2.0	常持為治来診交通費
3·20	50.0	常持療養地への来診謝儀
4·28	7.6	西山医院薬価·交通費
5·27	3.6	薬代（洗滌料·内服薬）
6·29	3.1	薬代（主人用）
7·5	1.0	西山医院洗滌代
7·17	5.8	西山医院薬代
7·24	3.1	薬代（主人用）
7·31	1.4	按摩賃
8·5	2.0	千代目薬代
8·6	24.0	千代眼疾治療費
8·7	2.4	竹本薬店（ガーゼ·薬代）
8·8	3.3	薬代（主人用）
8·15	5.0	常持為治診察謝儀
8·15	4.2	同樟脳2箱·滋亜燐代
8·17	23.0	福田寿甫来診謝儀交通費
8·19	2.0	福田寿甫来診交通費
8·19	5.6	看護婦派遣2日間旅費含
8·29	6.9	岩田雑貨店（氷枕代）
8·29	1.1	井上医院薬価
8·29	2.9	野村医院薬価
8·29	21.3	杉山医院薬価·来診料
9·16	3.0	薬代（主人用）
10·9	1.2	痔疾膏薬代
10·14	2.3	ガーゼ·脱脂綿代
11·30	1.0	按摩賃
12·11	3.8	薬代
12·30	12.0	杉山医院薬価
12·30	3.0	杉山医院足料
12·31	12.0	ソマトーゼ5瓶代
年計	316.7	
1914年		
1·29	20.0	常持院長来診謝儀
1·31	1.1	南慶次郎　按摩賃
2·3	1.3	吉井清三薬代
2·10	5.0	吉田正治来診謝礼
2·28	10.0	杉山医院来診謝儀
2·28	10.0	野村医院来診謝儀
2·28	0.2	藤田コノ　按摩賃
3·13	1.3	小野先生冨之助薬代
4·27	9.8	笠岡吉太郎診療薬価
4·30	0.3	上西登与　按摩賃
5·2	20.0	郁三病気出阪診療費
5·31	0.5	永井歯科注射抜歯料
6·30	29.8	杉山医院薬価仮出
6·30	4.0	杉山·野村謝礼仮出
6·30	0.3	上西登与　按摩賃
7·31	0.3	上西登与　按摩賃
7·31	100.0	楠本医学博士謝儀
8·13	24.4	野村医院薬価菓子料
8·13	32.9	杉山医院薬価菓子料
8·14	15.0	石田勇吉薬価仮出
8·14	2.1	南慶次郎　按摩賃
8·31	0.9	上西登与　按摩賃
9·3	1.0	山岸医院眼洗滌謝礼
9·11	50.0	綾子病気出阪費用
9·24	20.0	常持為治来診謝儀
9·26	100.0	楠本博士来診謝儀
9·28	20.0	常持為治来診謝儀
9·30	1.8	上西登与　按摩賃
10·11	30.0	杉山医院来診謝儀
10·11	25.0	野村医院来診謝儀
11·1	5.1	富之助病気出阪費用
11·1	1.5	幸大阪にて検便
11·27	7.5	桜根病院診察料薬価
11·30	0.2	上西登与　按摩賃
12月	106.6	桜根病院薬代
12·30	8.3	桜根英之助診療薬価
12·30	1.5	桜根病院主人診察料
12·31	16.4	野村医院薬価菓子料
12·31	14.2	杉山医院薬価菓子料
12·31	0.1	上西登与　按摩賃
年計	698.4	
1919年		
1·27	2.8	小野先生薬価菓子料

学医科を卒業し、二〇年代に大阪医科大学学長兼附属病院長になった内科医であった。この年は、五月に病気に罹った郁三が大阪へ行って治療を受けたり、九月に病気に罹った綾子が大阪へ行って治療を受けるなど、一九一二年の吉野鉄道の開通で大阪とのアクセスが便利になったことを受けて、地元の医師では対応できない病気の場合は、病人が大阪へ行って治療を受けるようになった。そして、一一～一二月には当主が桜根病院に入院し、約一二二円の支出となった。この桜根病院も大阪市東区北浜の桜根孝之進が開業した病院と考えられ、一九一四年は治療行動で大阪との関連が非常に強まった。なお、地元下市では杉山医院と野村医院が主治医となり、一八六一（文久元）年生まれの杉山医師が次第に高齢になったため、六八年生まれの野村医師にも診てもらうようになったと考えられる。

そして、一九一九年は二月に緒方院長の来診で同行の看護婦の日当・旅費とあわせて合計一二三円を支出した。緒方病院は大阪の著名な病院で、この時は緒方院長の来診前に既に派出看護婦への日当・旅費が支払われているので、当初は主治医の診察で在宅看護による治療行動となったが改善がみられないため緒方院長に来診を依頼したと思われる。なお、緒方院長や前述の常持医師は第四章の廣海家の医療関連支出でも登場した医師である。永田家と廣海家は強い姻戚関係にあり、こうした医師の情報は永田家と廣海家で共有されていたと考えられる。その後、一九二三年末～二四年は、前述のように当主の終末期医療のための多額の出費に加えて、五月にも家族の病気看護のために派出看護婦への日当と旅費がかなり支払われたため、一〇年代とはけた違いの医療関連支出額となった。

当主の終末期医療で招かれたのは大阪医科大学の医師で、前述のように楠本長三郎が学長兼附属病院長、小澤修造が内科教授で、小幡がおそらく外科講師の小幡亀壽のことと思われる(34)。いずれにしても、高度な医療知識を持った医師が集められたと考えられ、多額の医師謝礼が支払われた。多額になった背景には、第一次世界大戦期の開業医の診療報酬の単価が急増したこともあったと思われる(35)。

4　教育関連支出の動向

医療関連支出と同様に、家族に学齢期の子どもが存在するか否かで支出額が大きく異なるため、家計支出全体の動きと教育関連支出の動きは必ずしも一致しない。永田家の場合は、一九一九（大正八）年に子どもが東京の中学校に入学して東京に滞在したため、極端に教育関連支出が増大した。表74をみよう。この表にみられる永田家家族の生年は、千代が一八九二（明治二五）年生まれ、富之助が九七年生まれ、英之助が一九〇〇年生まれ、竜（龍）之助が〇四年生まれでいずれも一三代藤兵衛の子どもであった。[36]一九〇九年時点では千代は高等女学校の学齢期に達していたが、それ以外の三名はいずれも幼少であり、教育関連支出は低額に止まった。その後、一九一四年になると富之助は農林学校に通い、英之助が隣接郡の五條の中学校に通ったが、下市から五條まで毎日通学するのが難しかったため五條で寄宿させてもらい、時々下市に戻ることにして、五條での食費・謝礼も教育費に含まれた。また子どもたちへの小遣が定期的に支払われたため、合計すると約三〇〇円の支出となった。

そして一九一九年になって英之助が大阪の学校に、竜之助が東京の成蹊中学校に在籍するようになると、英之助の寄宿費・謝礼、竜之助の東京滞在費を含めた学資金として毎月相当の支出が必要となり、年間の教育関連支出が一〇〇〇円を超えた。さらに一九二四年には龍之助が松江の学校に、龍之助の弟の秀之助が東京の成蹊中学校に在籍しており、滞在費を含めて学資金が一九年から倍増した。富之助が農林学校に通ったように、龍之助も島根県の松江農林学校に進学したと考えられる。[37]このように、遠隔地の学校に進学させるには桁違いの支出が必要であり、それが行えたのは永田家が資産家として家計支出にかなりの余裕があったからと考えられる。その意味で、医療関連支出や教育関連支出を必要な時にどこまで支出できるかに、家計の格差が最も現れたといえよう。

月日	金額	内容
1·13	15.5	竜之助上京見送り上阪
1·23	5.0	英之助小使
2·3	50.0	竜之助成蹊中学校学資金
2·6	5.0	英之助小使
2·26	5.0	英之助小使
3·1	50.0	竜之助成蹊中学校学資金
3·9	5.0	英之助小使
3·17	5.0	英之助小使
3·31	10.0	竜之助小使
3·31	2.0	英之助小使
4·5	1.0	英之助本代
4·8	7.0	英之助小使
4·8	5.6	竜之助見送り·汽車賃
4·8	13.6	英之助書籍·文具ほか代
4·10	70.0	英之助寄宿御礼
4·10	50.0	英之助学資金
4·10	8.2	英之助万年筆·写真代
5·1	5.0	秀之助謝礼
5·6	50.0	竜之助成蹊中学校学資金
6·9	50.0	竜之助成蹊中学校学資金
6·21	5.0	英之助小使
7·17	50.0	英之助学資金
8·2	5.0	英之助小使
8·4	100.0	英之助寄宿御礼
8·6	50.0	竜之助成蹊中学校学資金
8·8	50.0	竜之助成蹊中学校学資金
9·11	50.0	竜之助成蹊中学校学資金
10·3	50.0	竜之助成蹊中学校学資金
11·4	50.0	竜之助成蹊中学校学資金
11·6	8.0	英之助小使
11·16	6.4	良　出阪中　学校用品買物
12·9	100.0	英之助学資金
12·12	13.7	竜之助上京見送り
12·25	5.0	英之助小使
年計	1,021.5	
1923年12月~24年11月		
12·13	40.0	英之助小使
12·13	20.0	龍之助小使
12·20	100.0	秀之助学資金

月日	金額	内容
1·5	21.0	秀之助帰京小使
1·9	90.0	龍之助学資金
1·21	60.0	英之助小使
1·21	15.0	龍之助帰阪中小使
1·25	30.0	大田先生謝礼(和子)
1·27	10.0	英之助小使
1·29	70.0	龍之助学資金
2·4	200.0	秀之助成蹊中学校学資金
2·11	6.5	英之助小使
2·15	40.0	龍之助学資金送金
3·7	50.0	龍之助学資金
3·8	10.0	秀之助帰京小使
3·25	250.0	敏一学資金(山岡)
3·26	50.0	敏一学資金(山岡)
4·5	3.0	秀之助小使
4·8	5.0	秀之助小使
4·15	80.0	龍之助学資金
4·25	35.0	龍之助学資金
4·28	16.0	秀之助帰京小使
5·6	70.0	龍之助学資金
6·3	70.0	龍之助学資金
6·21	70.0	龍之助学資金
6·29	80.0	英之助小使
7·12	20.0	龍之助臨時小使送金
8·6	40.0	英之助小使
8·12	30.0	山岡隆子謝礼(和子)
8·30	20.0	秀之助帰京小使
8·31	40.0	英之助小使
9·1	200.0	秀之助成蹊中学校学資金
9·8	70.0	龍之助学資金
9·8	10.0	龍之助松江帰校汽車賃小使
9·29	70.0	龍之助学資金
10·17	10.0	英之助小使
10·19	30.0	龍之助松江帰校小使
10·24	100.0	秀之助学資金
11·1	70.0	龍之助学資金
11·9	40.0	英之助小使
11·29	70.0	龍之助学資金
年計	2,311.5	

(出所)表72と同じ.

表74　永田家教育関連支出の推移　(単位:円)

月日	金額	内容
1909年		
1·7	5.0	千代学校小使
1·7	30.0	千代学資金
2·18	10.0	千代学資金
2·28	4.3	英之助外套代
4·21	1.5	千代小使
7·8	0.6	英之助学校用鞄代
9·3	1.1	富之助本代
11·9	0.3	富之助·英之助本代
年計	52.8	
1914年		
1·8	30.0	英之助食費寄宿謝礼
1·8	3.0	英之助小使
1·15	1.2	富之助農林学校授業料
1·23	5.0	富之助小使
1·31	4.5	富之助竜之助用品代
2·15	3.0	英之助小使
2·15	5.0	富之助小使
2·19	2.4	富之助農林学校授業料
2·22	3.0	英之助小使
3·1	5.0	富之助小使
3·3	5.0	富之助臨時小使
3·6	1.8	富之助竜之助用品代
3·13	1.4	富之助農林学校授業料
3·27	0.8	竜之助教科書代
4·2	5.0	富之助小使
4·5	1.6	竜之助買物代
4·7	3.0	英之助小使
4·7	1.2	竜之助学校用品代
4·29	1.2	富之助農林学校授業料
4·30	5.0	富之助小使
5·2	1.6	富之助竜之助用品代
5·4	3.0	英之助小使
5·12	2.4	英之助五条中学校授業料
5·14	5.0	富之助小使
5·14	3.5	英之助通学パス·小使
5·16	2.0	富之助農林学校授業料
5·24	1.0	英之助小使
5·30	3.8	富之助竜之助英之助用品代
6·1	3.0	英之助小使
6·4	5.0	富之助小使
6·11	2.4	英之助五条中学校授業料
6·16	3.2	英之助通学パス代
6·19	1.2	富之助農林学校授業料
7·4	2.4	英之助竜之助学用品代
7·7	15.0	富之助小使
7·18	1.2	富之助農林学校授業料
7·31	15.0	富之助小使
7·31	3.0	英之助小使
7·31	0.8	英之助竜之助学用品代
8·3	1.5	竜之助小使
9·1	1.5	英之助小使
9·2	3.0	英之助1カ月乗車券代
9·12	2.4	英之助五条中学校授業料
9·15	15.0	富之助小使
9·15	1.4	富之助農林学校授業料
9·29	1.5	英之助小使
10·12	2.4	英之助五条中学校授業料
10·16	0.1	英之助会費
10·31	3.0	英之助小使
10·31	1.5	竜之助小使
10·31	1.5	学用品代
11·6	20.0	英之助食費寄宿謝礼
11·8	15.0	富之助小使
11·17	15.0	富之助小使
11·30	12.4	英之助学資金
12·2	3.0	英之助小使
12·2	1.2	竜之助小使
12·4	20.0	武田孝次郎学資金
12·11	2.4	英之助五条中学校授業料
12·12	15.0	富之助小使
12·12	2.4	富之助農林学校授業料
12·31	1.2	竜之助小使
12·31	0.4	学用品代
年計	305.4	
1919年		
1·6	50.0	英之助学資金
1·6	5.0	英之助小使
1·6	10.0	竜之助小使
1·10	8.4	英之助出阪実費
1·10	6.7	竜之助学用品代
1·12	3.8	清水校長ほか進物代

5　旅行関連支出の動向

これまでの衣料費・医療関連支出・教育関連支出のいずれも大阪との関連が深く、それは吉野鉄道開通以降にさらに強まった。そこで、交通網の整備と大きく関連する旅行関連支出を続いて検討する。表75をみよう。一九〇九（明治四二）年はまず年初めに先代の当主が大阪へ行っているが、先代当主は、医療関連支出のところで述べたようにその後病気になり和歌山で療養していたが亡くなった。その葬儀で親戚に下市に集まってもらったお礼のために、五月に当主とその母や当主の姉妹で上市から大阪へ親戚を回った。それ以外は、当主の旅行がこの年は中心であり、行先は大阪のみでなく奈良・京都・和歌山へも出向いた。

ところが吉野鉄道開業後の一九一四（大正三）年になると、旅行の頻度が急に増え、当主のみでなく当主の弟の郁三や当主の息子の富之助も頻繁に旅行に出かけるようになった。当主の家族のみでなく、店員（浦西己之吉）が店を代表して伊勢神宮に参詣したり、親戚の廣海家が在住する大阪府の貝塚へ、郁三と当主の子どもたちが一緒に遊びに行くなどの行楽旅行も行われた。さらに主人は、五月末～六月初めにかけて日光から足尾にかけて長期に旅行するなど、鉄道の便がよくなったことを受けて永田家の旅文化が花開いたといえる(38)。

一九一九年になると、旅行の頻度は少なくなったが、一回の旅行の支出額が増え、富之助が二月初めに伊勢神宮に参詣したり、大阪へも頻繁に旅行したりするようになった。当主は六月に東京へ旅行した際にかなりの旅費を支出したが、それ以外は奈良への旅行が増え、大阪へは当主の妻の良や息子の富之助が行くようになり、良や富之助は大阪で買物をして下市に持ち帰るようになった。一九一九年の行先欄の飯貝は吉野郡上市の近くで、当主は主に奈良県内を移動するようになった。主人が主に仕事の旅を行い、家族が行楽旅行を行うように主人と家族で別目的の旅が行われるようになったといえる。その傾向は一九二四年にもみられ、主人や新当主（富之助）が専ら大阪・奈良と下市の間を往復したのに対し、英之助が山陰・山陽旅行や吉野登山を楽しみ、龍之助が伊勢参宮や東京旅行を楽しんだ。

6　大阪市場との関連

それでは永田家が大阪でどのような買物をしたかを検討する。第四章の廣海家の事例でも、明治前期に廣海家店員が大阪へ出張してその際に買物をして購入品を貝塚に持ち帰ることが行われていたが、永田家も下市の米田家（万造・定吉）に前金を渡して大阪で買物をさせ、後に勘定差引清算をした。ただし、廣海家店員の大阪買物と永田家雇人の大阪買物では時期が異なることに注意したい。表76をみよう。

一九〇九（明治四二）年には永田家当主が米田万造に大阪での買物を依頼して前金を渡すことはあまり行われておらず、九月に味噌・昆布など保存調味材をまとめて購入していた。それが吉野鉄道開通後の一四（大正三）年には大阪での買物が激増していた。前述の廣海家店員の大阪買物は、文明開化期でもあり、西洋文明を示すような高級品などが大阪で購入されたが、永田家の場合は、西洋品よりもむしろ味噌・昆布・種油などの保存食品のまとめ買いがなされ、高額の舶来品ではなくむしろ菓子などブランド品の購入が進められた。例えば、花月堂カステラ・山本葛餅・桃香園挽茶などであり、大阪での買物は、欧米式の生活様式のためではなくむしろ伝統的生活様式を維持するための食品が好まれた。むろん、吉野郡でなかなか手に入れられない手鏡硝子、歯磨楊枝、山高帽子なども大阪で購入されたが、金額的にそれほど多額ではなく、文明開化とのつながりはそれほど強くなかった。

そして一九一九年には、ブランド力のある菓子が大阪で多数購入された。例えば、風月堂饅頭、廣井堂最中、花月堂カステラ、灘万の饅頭などである。それとあわせて調味料や燃料として味噌・昆布や油のまとめ買いが行われ、新

月日	金額	旅行者	行先
6·18	10.0	ムメ	大阪
8·31	2.8	主人	大阪
9·1	13.0	英之助	大阪
9·26	30.0	富之助	大阪
10·11	8.0	主人	奈良
10·15	14.1	良	大阪
11·1	30.0	富之助	大阪
11·10	4.8	主人	奈良
11·20	2.0	主人	飯貝
11·28	1.6	森田己之吉	大阪
11·30	1.3	主人	上市
12·4~6	10.2	良	大阪
12·5	1.0	主人	大阪
12·18	10.0	英之助	
12·19	1.0	主人	飯貝
計	521.7		
1923年12月~24年11月			
12·1	7.5	主人	大阪
12·6	6.5	主人	大阪
12·13	4.8	主人	奈良·大阪
12·20	2.5	主人	奈良·大阪
12·22	2.7	主人	大阪
12·22	148.2	英之助	山陰·山陽
1·1	13.9	米田鶴松	伊勢参宮
1·4	0.9	主人	大阪
1·12	1.4	主人	大阪
1·14	2.1	主人	上市
1·16	2.9	主人	大阪
1·21	56.0	龍之助	東京
1·31	3.5	主人	大阪
2·4	1.5	主人	大阪
2·10	1.8	浦西己之吉	奈良
2·14	4.5	主人	大阪·奈良
2·29	21.0	千代·和子	大阪
3·6	6.8	龍之助	大阪
3·17	10.0	龍之助	大阪
3·28	3.0	龍之助	伊勢参宮
4·5	15.0	新当主	和歌山
4·10	24.0	新当主	大阪
4·18	15.1	英之助	吉野登山
4·21	22.0	和子	吉野山
4·22	50.0	新当主	大阪
5·6~11	88.6	良·千代·和子	大阪
5·20	50.0	新当主	大阪
6·7~9	11.0	金子	大阪
7·7	10.0	新当主	京都
7·17	117.1	英之助	登山
7·18	12.3	金子	大阪
8·6	15.0	龍之助·秀之助	大阪
8·11	50.0	新当主	大阪
8·16	10.0	龍之助	大阪
8·31	50.0	龍之助	東京
9·1	2.5	塩谷元三郎	大阪
9·14	50.0	新当主	大阪
10·9~15	11.7	金子	大阪
10·24	50.0	新当主	大阪
10·28	5.0	新当主	大阪
計	957.2		

(出所)表72と同じ.

(注)月日は旅行期間の判明する場合はその期間を,それ以外は金額の支払日を示した.1909年5月12日の「主人ほか」は,主人·母·リキ·ノブ·千代の5名.行先で史料で「南」とされた場合は,南都(奈良)と見なした.日常の交通費は除いたので,合計が表71の旅行費と異なる.

表 75　永田家旅行関連支出の推移

（単位：円）

月日	金額	旅行者	行先
1909年			
1·6	3.0	老主人	大阪
4·19	4.5	主人	大阪
4·21	7.1	安田行造	奈良
4·21	3.4	久平	大阪
5·12	28.2	主人ほか	上市·大阪
5·16	2.3	久平	大阪
5·23	2.4	主人	奈良
5·27	12.0	安田ツヤ	大阪
5·27	8.8	主人	大阪
6·1	1.4	主人	丹生
6·14	9.5	主人	大阪
6·28	33.9	主人	大谷家
6·29	2.5	堀内重造	大阪
7·5	12.8	主人	大阪·貝塚·和歌山
7·17	11.7	主人	奈良·大阪·貝塚
9·16	9.5	主人	奈良·大阪
10·5	4.4	主人	奈良
10·12	11.7	主人	京都
12·31	4.5	浦西已之吉	十津川
計	173.6		
1914年			
1·9	8.0	富之助	御影
1·16	0.7	主人	上市
1·16	0.5	岡秀二郎	天川·和田山
1·19~22	5.3	主人	大阪
1·31	1.6	浦西已之吉	大阪
2·4	5.0	浦西已之吉	伊勢参宮
2·18~19	8.7	主人	大阪
2·22	10.0	郁三	大阪
3·1~2	6.1	主人	大阪
3·5	0.5	小川万造	三尾山
3·17	5.0	富之助	御影
3·20~22	13.9	主人	大阪
3·29~30	15.7	主人	大阪
4·3	14.0	英之助·竜之助	大阪·御影
4·30	25.0	郁三	大阪
5·3	20.0	郁三	大阪
5·4~6	23.0	主人	大阪·御影·和歌山
5·10	24.2	安田行蔵·富之助	大阪
5·12	10.0	郁三	大阪
5·13	3.0	ムメ	土佐
5·17	15.4	郁三·安田行蔵·富之助	大阪
5·21	5.0	郁三	大阪
5·22	2.6	安田行蔵	土佐
5·26~6·2	188.7	主人	京都·日光·足尾
6·5~12	49.0	良·秀之助·ツヤ	大阪·御影
6·13~14	3.5	主人·竜之助	大阪
6·23~27	14.9	富之助	大阪
6·25	1.1	主人	上市
6·26~27	11.3	主人	大阪·京都·木津
7·17	0.8	主人	上市
7·24	3.0	永井浅次郎	木津
7·28	4.1	主人	奈良
7·31	0.4	郁三	川
7·31	5.0	富之助·英之助	御影
8·1~10	5.6	主人	上市
8·3~6	7.6	郁三·英之助·竜之助	大阪·貝塚
8·11~12	8.1	郁三·英之助·竜之助	貝塚
8·25	1.5	竜之助·森田已之吉	大阪
8·27	3.0	富之助	大阪
8·27~28	11.5	郁三·富之助	加太
9·1~3	1.8	森尾定昭	天川
9·14~17	36.4	主人·郁三	深山·京都
10·1	9.0	森尾定昭	大阪
10·7	10.0	郁三	深山
10·12	7.0	富之助	大阪
10·13~14	10.9	浦西已之吉	大阪·御影
10·31~11·1	8.6	英之助·竜之助	大阪·奈良
10·13~11·6	17.9	森尾定昭	天川·大塔
11·11	5.7	主人	神童子山
11·16~21	10.1	森尾定昭	大川大塔
11·17	0.6	主人	上市
11·18~20	23.9	主人	大阪
11·22	10.0	富之助	大阪
11·25	5.7	主人·千代	大阪
12·18~19	21.5	主人	京都
12·30	4.7	英之助·森尾定昭	大阪
計	726.1		
1919年			
1·10	8.8	竜之助	帰省
2·4	70.0	富之助	伊勢参宮
2·26	30.0	富之助	大阪
3·21	20.0	富之助	大阪
3·24	2.0	竜之助	吉野
3·25	8.3	安田行蔵	大阪
4·11	30.0	富之助	大阪
5·1	1.9	主人	大津
5·5	5.5	主人	奈良·大阪
5·16	15.0	主人	大阪
5·31	25.0	富之助	大阪
6·11~17	165.4	主人	東京

3･2	5.7	栗･湯葉(3.3),昆布(0.25),シヨガ(0.2),買物･駄賃(1.9)
3･31	23.8	だし昆布･白味噌･赤味噌･千枚漬(5.4),写真機小西写真店払(4.35),花(4.1),松ヤニ(0.8),本(0.2),買物･駄賃(8.95)
4･30	11.1	漬物･味噌･牛肉･昆布･万重(6.55),生花(0.75),買物･駄賃(3.8)
5･30	23.1	油1斗(9.8),足袋(8.56),風月堂饅頭(1.56),バナナ(0.3),買物･駄賃(2.9)
6･7	7.1	白鶴5升
6･30	18.4	黒足袋(3.9),奈良漬･だし昆布(3.0),生花(2.21),角砂糖(0.96),箸(0.25),買物･駄賃(8.05)
7･31	13.0	素麺･奈良漬(8.4),花(1.2),買物･駄賃(3.4)
8･6	25.3	白鶴5升(9.5),廣井堂菓子(3.93),薬･駄賃(3.6),蒲鉾･ちくわ(2.5),白味噌･赤味噌1貫匁(1.3),運賃(4.5)
8･31	19.6	カステラ2斤･マス鏡･葛饅頭(4.2),昆布(4.1),最中50個(3.0),花月堂カステラ･ボーロ2斤(2.63),灘万饅頭30個(1.62),味噌(1.3),買物･駄賃(2.7)
9･30	24.6	味の素･洋食用品(10.33),廣井堂最中50個(3.0),利久下駄(2.85),風月堂栗饅頭(2.05),だし昆布(2.0),赤味噌･白味噌(0.96),買物･駄賃(3.45)
10･31	32.8	種油1斗(11.8),栗饅頭･マス鏡･菓子(6.81),灘万蒲鉾5箱(2.58),花月堂カステラ2斤(2.07),味噌1貫匁(1.4),買物･駄賃(8.1)
11･30	40.1	味の素200匁(12.6),銀杏･湯葉･蛤ほか(5.9),白･赤味噌(3.6),海苔(2.5),だし昆布(2.5),胡麻油(2.25),風月堂栗饅頭ほか(2.12),奈良漬･千枚漬(2.0),紙1,000枚(1.6),花(0.7),買物･駄賃(4.33)
年計	285.5	
1923年12月~24年11月		
12･31	28.5	だし昆布･味噌(6.1),三越買入水引･箸紙(3.0),足袋6足(4.05),生花･福寿草(2.0),石鹸･ふけ取り香水･歯楊枝(5.1),鶴屋菓子(0.5),買物･駄賃(7.7)
2･4	40.0	ベタラ漬･白味噌(6.59),イラズ油(9.7),年賀会用蒲鉾(6.0),便試験管(1.2),買物･駄賃(16.5)
2･29	20.4	味噌･漬物･だし昆布(8.63),丸玉石鹸1打(5.0),試験管15本(1.9),買物･駄賃(4.9)
3･31	41.5	味噌･漬物･奈良漬･昆布(17.2),クリーム･香水(3.5),マルカン酢(0.8),花(3.8),山本鶴屋菓子(13.3),買物･駄賃(2.85)
4･30	29.5	昆布･漬物･味噌･木の芽(7.8),丸玉石鹸半打ほか(4.5),イラズ油(9.7),花線香(2.7),買物･駄賃(4.8)
5･31	13.9	灘万菓子(2.3),山本菓子(2.5),三つ葉･イチゴ･糸こんにゃく(4.3),買物･駄賃(4.8)
6･30	36.3	味噌･だし昆布･漬物(8.95),枇杷･リンゴ･桜桃(3.4),チョコレート(1.2),花(6.8),買物･駄賃(15.9)
8･31	38.5	だし昆布･リンゴ(5.45),灘万菓子･松茸･筍(2.7),イラズ油(9.5),サラダ油1瓶(1.5),寒筊(3.3),買物･駄賃(16.0)
9･30	10.0	リンゴ20個(3.5),三越買入カステラ･灘万菓子(3.0),花(0.7),買物･駄賃(2.8)
11･30	27.2	灘万･花月堂･花(4.2),味噌･漬物(9.39),バビリヨツボーロ(2.7),花(1.4),買物･駄賃(9.5)
年計	285.8	

(出所)表72と同じ.

(注)永田藤兵衛家は,1909年は米田万造に,14年は米田万造と米田定吉に,19年は米田万造に,23年12月~23年11月は米田定吉に,前金を渡して大阪で買物をさせて後に勘定差引清算をした.

表 76　永田家大阪買物の動向　（単位：円）

月日	金額	内容
1909年		
4・4	5.0	大阪にて買物代内渡し
5・16	3.6	足袋その他買物
7・7	2.6	コップ，金串，大首輪たすき
9・18	14.1	味噌・昆布・石鹸ほか（1.175），その他駄賃共（12.948）
9・30	2.6	味噌・昆布・豆粕・花月ボール
10・18	0.4	カンテキ
年計	28.3	
1914年		
1・11	3.5	カンテキ2個・駄賃共（0.535），菓子・味噌・挽茶・駄賃共（2.97）
1・18	9.3	瀬戸物ほか（3.51），鶴屋棹物（1.3），だし昆布（1.0），古今の友（0.95），飯ふご（0.85），白味噌（0.85），駄賃（0.86）
1・31	2.6	カステラ・味噌（1.76），しめ縄・パン・梨（0.88）
2・11	6.2	大阪買物代
2・24	5.4	菓子・駄賃共
3・23~24	11.6	空気銃・駄賃共（4.12），挽茶・菓子・駄賃共（1.17），大正2年下半期大阪往復荷物駄賃勘定尻（6.28）
4・9	4.1	竹・細竹（2.32），手鏡硝子・黒紙（1.05），昆布・駄賃共（0.75）
6・23	4.1	果物・菓子・挽茶・駄賃共
7・20	7.7	魚取網（3.0），味噌・昆布（1.94），菓子・駄賃共（1.16），編笠ほか駄賃共（0.9），風呂栓（0.7）
7・27	10.9	風呂竜ノ口（2.7），風呂用敷瓦（2.6），花月堂カステラ・山本葛餅（1.34），バナナ（0.9），乳ゴム（0.72），挽茶（0.7），赤味噌（0.375），駄賃（1.56）
8・14	14.9	油1斗・石鹸・菓子ほか駄賃共（9.59），味噌・菓子・駄賃共（5.3）
9・19	9.7	カナリヤほか駄賃共（4.7），菓子・奈良漬（2.89），挽茶（1, 05），駄賃（1.02）
10・12	9.6	白味噌・赤味噌・昆布・湯葉・麸・菓子・漬物ほか駄賃共
10・19	3.0	漬物・白味噌・生麩・饅頭（1.95），行李ほか駄賃共（1.05）
10・27	9.0	種油1斗（4.8），釣線香（3.1），ほうれん草（0.4），駄賃（0.71）
10・30	19.1	足袋（5.5），挽茶（4.2），湯葉・西瓜・葡萄（2.55），最中ほか菓子（1.59），白味噌・赤味噌（1.58），歯磨楊枝ほか（1.15），駄賃（2.56）
11・15	17.0	屏風ほか駄賃共（3.86），昆布1貫匁（2.0），白味噌・赤味噌（1.6），大正3年4~11月大阪往復荷物駄賃勘定尻（9.58）
12・23	11.9	黒山高帽子小泉払（4.5），挽茶桃香園払（3.15），本奉書・水引（2.2），花月ボーロほか駄賃共（1.55），カンテキ3個（0.46）
12・31	12.5	味噌・だし昆布（4.35），鶴屋菓子（1.3），御神酒徳利（0.9），駄賃（3.77），12月中大阪荷物駄賃（2.15）
年計	172.1	
1919年		
1・12	34.3	種油1斗（11.5），銀杏・麩・昆布・漬物（6.35），花（4.28），白味噌・赤味噌（3.55），バヨリン糸（1.1），買物・駄賃（7.5）
1・31	6.6	クリーム小泉払（1.5），味噌（1.2），佃煮（1.0），奈良漬（1.0），買物・駄賃（1.9）

しい調味料として味の素がかなり購入された(39)。吉野郡下市は山村のため、日用必需品の日常的な購入に支障が生じることがあったと考えられ、大阪との鉄道網の整備を受けて、定期的に大阪で基礎食材や菓子のまとめ買いが行われるようになったと考えられる。むろん一九一九年に大阪で写真機が購入されたように、新しい文明品を大阪で購入する面もあったが少数で、和菓子などは贈答品に向いており、日用必需品に加えて交際のための商品の購入も行われており、廣海家の場合の大阪買物と永田家の場合の大阪買物ではその意味合いがかなり異なった。一九二四年も、味噌・漬物・昆布・油のまとめ買いが大阪で行われ、それに鶴屋山本・灘万・花月堂などの菓子の購入が組み合わされた。一九二〇年代になって新たな購入品として、イチゴ・リンゴ・チョコレートなどがみられ、新しい果物や菓子も大阪で購入された。

三　永田家の寄付活動・慶弔行事と地域社会

本節では、永田家の経済活動と地域社会の関係を生活環境の側面から検討する。下市町で最大の資産家であった永田家は、前述のように吉野鉄道・洞川電気索道の開設で輸送インフラの整備に大きな役割を果たすとともに、洞川電気索道は物の輸送のみでなく送電もあわせて行うことで、産業用・家庭用電気エネルギーの供給面でも大きな役割を果たした。むろんこれらの事業は、永田家の家業である林業経営にもメリットがあり、必ずしも地域社会を優先させて考えたわけではないが、その他に、永田家そのものよりもむしろ地域社会へのメリットが大きい寄付活動も永田家は行っていた。一二代藤平の著名な寄付活動として、一八九一（明治二四）年に起工して翌年に俊成した吉野川の架橋（千石橋）に際して、当時の県会議員であった藤平が、下市町長山本平三郎や県会議員畠山壽太郎とともに、奮闘して県費を得て、それに加えて永田家と畠山家がそれぞれ私財数千円を拠出したことが挙げられる(40)。その後の一三代藤兵衛の地域社会への寄付活動を表77にまとめた。永田家の地域社会への寄付活動は第一次世界大戦期に入って本格化するが、それは永田家の慶弔と大きく関連していた。例えば、一九一四(大正三)年には、その数年前の藤平の死去の際に出願していた墓地改良費を寄付し、同年に母が亡くなったことでその供養も兼ねて下市尋常小学校の積立金として寄付をした。尋常小学校の積立金への寄付は、一九二〇年の母の七回忌の時や、二一年の父の一三回忌の時にも行われ、永田家が小学校の整備を重視していたことがうかがわれる。弔事・法事のみでなく、一九二〇年の息子富之助の結婚に際しても、下市高等小学校・尋常小学校の基本財産として一万円という多額の寄付をしており、永田家の慶弔が地域社会への寄付の大きな契機となっていた。この点は小栗家が葬儀の際に地元町村の基本財産へ寄付したことと相通じるものがある(第六章)。

その一方、不測の事態で地域社会が困窮した際の寄付も行われる。一九一八年は第一次世界大戦末期の物価高騰期で、シベリア出兵のための米需要の増大もあって米価が急騰するなか全国的に米騒動が生じたが、下市でも米価を引き下げるために下市町が米を買い集めて放出する必要があり、その費用を永田家は三回にわたって寄付した。下市町協友会への寄付も定期的に行われたが、こうした不測の事態に対しては資産家の寄付が重要であった。一九二三年の関東大震災の際も、永田家は奈良県に関東震災への義損金を寄付している。地域医療に関しては、一九一一年に生活困窮者に対する医療面のサポートを目的として設立された済生会への寄付を数年にわたって行い、二四年には日本赤十字社へも寄付を行った。山村生活において、初等教育と地域医療が必要であったことがわかる。ただし、高等教育機関の設立や病院の設立までは下市では至っていないことも留意すべきで(41)、人口からみて教育機関や医療機関の需要がそれほどでもなかった地域では、前述の永田家の教育関連支出や医療関連支出をみてもわかるように、離れた町場

月日	金額	内容
1921・2・13	100	西迎院修繕のため追加寄付
1921・3・11	50	西迎院へ幕などを寄付
1921・3・18	150	亡父13回忌の節下市尋常高等小学校積立金へ寄付
1921・4・7	10	西迎院御忌費用として寄付
1921・4・24	5	興大寺へ寄付
1921・6・30	300	協友会へ寄付
1921・8・17	300	大和山林会へ大日本山林大会費として寄付
1922・1・27	30	協友会総会費として寄付
1922・1・27	14	八幡神社へ燈明台2基ほか
1922・4・5	10	西迎院御忌費用として寄付
1922・4・12	20	農林学校開校20周年記念として寄付
1922・4・12	20	龍泉寺建立のために寄付
1922・5・1	5	願行寺へ畳を寄付
1922・5・9	70	願行寺存覚上人550回忌ほかのために寄付
1922・5・10	200	大和山林会へ基本金として寄付
1922・9・8	10	惣上青年団へ盆踊費用として寄付
1922・10・16	1,000	孫敬一出生記念に際し八幡神社へ基本金として寄付
1923・2・14	300	育英女学校へ寄付
1923・3・28	200	大和山林会へ基本金として寄付
1923・9・19	1,500	奈良県へ関東震災義損金として寄付
1924・5・14	200	日本赤十字社奈良支部へ基本金として寄付
1924・5・24	5	大阪商業新報社へ寄付
1924・6・13	10	日鮮親善講演会のために寄付
1924・8・18	100	国粋・水平融和会へ寄付
1924・11・1	20	八幡神社能・狂言のために寄付

(出所)明治42・43・大正5・7・8年「総勘定元帳」,明治44年「金銭出入帳」,大正3・4・6年「金銭出納日記帳」,大正9・10・11・12・13年「金銭出納帳」(以上,永田家文書68-113-3, 68-113-1, 68-113-2, 68-113-6, 68-113-4, 68-97-1-6, 68-118-6, 68-89-1, 68-108-9, 68-89-4, 68-89-6, 68-89-7, 68-108-8, 68-89-8)より作成.

(注)永田家が出した寄付金のうち金額5円以上のものを示した.1912・13年は不明.この表に示さなかったが,毎年5円程度を西迎院に渡して施餓鬼をしてもらっていた.惣上町は下市町の中心街で永田家の居宅があった.

へ行かざるを得なかった。それに代わり、永田家の家業である林業に関連する寄付も行われた。例えば、富之助も在籍した農林学校へは毎年運動会の際に定期的に寄付が行われ、一九一九年には帝国森林会、二二年と二三年には大和山林会と、林業家の団体へもかなりの寄付が行われた。

そして永田家が慶弔行事を大切にしていたことは、地元の寺社への寄付活動からも確認できる。菩提寺の西迎院に対しては定期的に法事費用を寄付していたが、一九一九年と二〇年には修繕のために比較的多額の寄付を行った。地元の八幡神社へも

表77　永田家主要寄付(1909~24年)　　(単位:円)

月日	金額	内容
1909・3・24	6	当主葬式の節乞食施米料
1909・10・20	5	農林学校運動会へ寄付
1910・3・18	6	下市町愛国婦人会へ寄付
1910・8・24	5	惣上町盆踊費用のために寄付
1911・2・13	5	小房観音講へ寄付
1911・2・18	10	下市警察署落成式のために寄付
1911・2・27	5	知恩院へ宗祖大師700年忌大会費寄付
1914・3・11	32	愛国婦人会へ寄付
1914・4・22	123	済生会寄付(4分利公債150円分)
1914・10・24	120	済生会寄付(4分利公債150円分)
1914・12・28	500	父死去の節出願墓地改良費寄付
1914・12・28	300	母死去の節出願下市尋常小学校積立金寄付
1915・5・30	10	西迎院老僧石碑寄付
1915・11・18	5	農林学校運動会へ寄付
1915・12・24	100	下市町協友会へ寄付
1915・12・28	10	奈良朝報社へ寄付
1916・1・15	10	御大典奉祝費用方へ寄付
1916・3・22	10	花会記念碑寄付
1916・9・29	30	在郷軍人会へ寄付
1916・10・18	5	農林学校運動会へ寄付
1916・11・10	10	興大寺へ寄付
1916・11・10~15	252	済生会寄付(4分利公債300円分)
1916・12・23	5	奈良朝報社へ寄付
1917・1・22	35	協友会へ寄付
1917・4・5	5	西迎院御忌費用として寄付
1917・4・7	7	西迎院尼講に畳寄付
1917・6・26	1,000	吉野郡へ大和人学生寄宿舎建設寄付
1917・8・21	10	惣上町稲荷神社へ寄付
1917・10・22	20	法隆寺中宮寺へ寄付
1918・1・12	60	協友会へ寄付
1918・5・28	5	経済時報社大阪分局へ寄付
1918・8・26	700	下市町米価調節費として寄付(1回目)
1918・10・5	400	下市町米価調節費として寄付(2回目)
1918・10・27	5	農林学校運動会へ寄付
1918・11・7	400	下市町米価調節費として寄付(3回目)
1919・1・29	111	御坊橋のために寄付(2回目)
1919・2・23	8	八幡神社社務所畳の表替のために寄付
1919・4・5	10	西迎院御忌費用として寄付
1919・4・20	367	済生会寄付(4分利公債450円分)
1919・10・20	100	大日本武徳会奈良県支部へ寄付
1919・10・24	500	西迎院修繕のために寄付(1回目)
1919・10・24	5	農林学校運動会へ寄付
1919・11・3	20	惣上青年会大会費として寄付
1919・11・4	1,000	帝国森林会へ寄付
1919・12・9	30	天誅記念碑に寄付
1919・12・10	30	鷲塚口宝泉寺掛物として寄付
1919・12・30	6,200	寄付金
1920・2・26	10,000	永田家の慶事記念として下市高等小学校・下市尋常小学校の基本財産へ寄付
1920・3・8	100	シベリア駐屯軍の慰問として寄付
1920・4・9	30	皇道会へ寄付
1920・7・9	1,000	成蹊学園小中学校新設費用として寄付
1920・8・20	500	西迎院修繕のために寄付(2回目)
1920・10・2	150	亡母7回忌の節下市尋常高等小学校基本金へ寄付
1920・10・27	5	農林学校運動会へ寄付
1921・2・12	5	惣上消防組へ寄付

様々な機会に寄付を行ったが、一九二二年の当主の孫の出生に際しては基本財産として一〇〇〇円の寄付が行われている。奈良県の土地柄もあるが、生活環境が宗教と密接に関連していた。

そこで、永田家当主の葬式の様子を検討する。表78をみよう。一二代藤平は一九〇九年に、一三代藤兵衛は二四年に亡くなったが、その間に第一次世界大戦をはさんだことで両者の葬儀費用は大きく異なった。一二代藤平の葬式は、約一四〇〇円のうち六〇〇円余りは遺族への贈与金であり、贈与した相手のうち慶次郎と駒次郎は甥で、逸身新宅、福本リキ、廣海ノブは娘たちであった。葬儀の広告を『大和新聞』と『奈良朝報』、『奈良新聞』と三紙に出し、四月八日に西迎院に永代経を寄贈し永代施餓鬼を依頼している。

続いて、一九二四年の葬儀を検討する。まず遺族への贈与をみると、一九二四年四月三〇日に一三代藤兵衛の弟郁

(単位:円)

月日	金額	内容
4·3	△3.0	有川忠夫満中陰供用小為替入
4·10	24.0	当主忌明挨拶出阪費用
4·12	8.0	大阪毎日新聞社会葬礼広告料
4·15	92.5	榎佐弁当代ほか料理50人分
4·15	41.0	関西自動車運転手心付
4·15	26.9	山本菓子店通夜用菓子代
4·15	56.9	鶴屋八幡葬儀当日菓子代
4·16	8.0	八百喜七七日仏事寸志
4·17	11.0	阪上忠兵衛花代
4·17	2.0	福本使者寸志
4·17	2.7	金田布教師·善福寺殿車賃
4·18	21.5	大和新聞社会葬礼広告料
4·18	530.0	新聞各社会葬礼広告料
4·19	13.0	興大寺塔婆代諒闇中布施
4·19	10.0	遺物貝塚米野芳(贈与)
4·21	△25.0	玉村勇助·大江庄三郎香料入
4·26	1.4	死亡通知郵便立替分支払
4·29	3.0	西迎院三部経布施
4·30	200.0	永田郁三家へ遺物贈与
5·1	20.0	柳羅秀へ遺物贈与
5·2	126.0	遺物金封出入人召使22人
5·5	1,200.0	福本ほか他所遺物贈与
5·5	5,575.5	高島屋呉服店満中陰用品代
5·5	1,209.8	八百喜葬式より満中陰迄料理代
5·8	△3.0	小西又助満中陰供物受入
5·10	△3.0	西辻キミ葬式手伝寸志戻入
5·15	△96.0	満中陰用タオル残り60打売却
5·15	40.0	高島屋満中陰志配り謝礼
5·18	1,080.0	遺物贈与9件
5·31	297.1	高島屋呉服店遺物用呉服代
6·3	300.0	西迎院永代供養
6·3	100.0	遺物立興寺(福田)(贈与)
6·3	100.0	的場けい病中仏前係日当
6·17	300.0	知恩院納骨祠堂金
6·17	55.4	知恩院納骨旅費(一行5名)
合計	12,428.4	

作成.
300円, 伊藤子ども中へ200円, 福本リキへ100円,
円, 奥野善一へ謝礼も含めて200円であった. ま
6社であった. 無印が支出, △印は収入を示す.

表 78　永田家当主葬式時の支出一覧

月日	金額	内容
1909年3~6月の事例		
3·23	138.4	駕代色借入れ
3·24	5.5	乞食施米料
3·24	4.1	駕持人夫3人出阪実費
3·25	9.9	葬式大和新聞広告料
3·25	22.7	駕その他買物出阪実費
3·25	11.4	千代帰省送迎
3·25	273.8	葬式費諸払高
3·25	118.7	寺方色物〆高
3·25	54.2	医師その他色物〆高
3·25	27.5	帳場外色物〆高
3·26	2.5	葬式費醬油代米田払
3·27	200.0	遺物慶次郎·駒次郎各百円贈与
3·27	4.5	車賃坂口兵吉渡
3·29	10.0	葬式広告料奈良朝報
3·29	12.0	葬式広告料新大和新聞社
3·29	7.1	葬式広告料奈良新聞
3·29	3.7	堀田寅造·千代帰省実費
3·31	3.9	葬式青物代
4·2	1.0	葬式シキビ花代
4·3	0.2	御布施
4·4	2.4	葬式電報料車賃
4·5	20.6	電報·電話料·雑品代
4·5	25.5	本人戻費用·親族車賃
4·8	30.0	永代経西迎院寄贈
4·8	10.0	西迎院永代施餓鬼
4·25	5.0	西迎院御布施
5·10	195.0	遺物逸身新宅贈与
5·10	115.0	遺物福本リキ贈与
5·10	100.0	遺物廣海ノブ贈与
5·10	10.0	遺物永田イク贈与
5·14	3.6	西迎院墓所納骨掘6人料
5·16	1.5	七七日供養用高野豆腐代
6·27	8.3	西迎院位牌代
6·27	1.0	西迎院御布施
合計	1,439.0	

月日	金額	内容
1924年3~6月の事例		
3·1	10.0	葬儀係郵便切手代
3·9	238.2	関西自動車病中葬儀自動車代
3·9	2.0	川上使者寸志
3·10	10.0	奈良朝報社会葬礼広告
3·10	40.0	奈良朝報社挨拶
3·10	78.0	奈良朝報社死亡広告1日分
3·10	3.0	永田悟良寸志
3·10	15.0	奥野かつ寸志
3·11	7.0	八百喜寸志
3·12	4.8	葬儀翌日車賃8台分
3·13	△68.0	香料入
3·14	7.0	興大寺一部経布施
3·14	2.0	願行寺三部経布施
3·14	△2.0	北海道釧路香料入
3·16	1.0	西迎院涅槃志
3·19	504.0	阪上忠兵衛茶の子タオル300打代
3·19	8.0	八百喜出張心付
3·19	1.0	川上使者寸志
3·20	10.0	川上別家西尾喜助忌中見舞
3·20	27.0	阪上忠兵衛瓔珞代
3·24	3.0	高島屋呉服店茶の子持参心付
3·24	1.5	満中陰印刷物運賃
3·24	30.0	茶の子通知用郵便切手
3·25	△6.0	索道会社小林·大阪井岡香料入
3·25	2.0	高島屋呉服店満中陰書類持参心付
3·25	0.6	吉野銀行上市支店送永代供養運賃
3·25	8.3	下市郵便局永代供養郵送小包賃
3·30	100.0	西迎院中陰中布施施餓鬼
3·30	20.0	西迎院藤井尼僧中陰中の布施
3·30	6.0	西迎院役僧中陰中の布施
3·30	11.0	八百喜満中陰志
3·30	3.0	永田金三寸志
3·30	12.0	召使人一同忌期膳部
3·31	3.0	米田安造中陰用往復汽車賃
4·3	10.4	車夫満中陰当日送迎賃

(出所)明治42年「総勘定元帳」,大正13年「金銭出納帳」(以上,永田家文書68-113-3,68-89-8)より

(注)1909年は永田藤平,24年は永田藤兵衛が亡くなった.1924年5月18日の遺物贈与は,伊藤千代へ逸身マスへ100円,廣海ノブへ100円,廣海子ども中へ40円,福本芳之助へ20円,逸身美代へ20た,1924年4月18日に広告料を支払った新聞社は,大阪·毎日·朝日·大和日報·奈良·大和毎日の

三家へ二〇〇円の贈与が行われ、五月五日に一三代藤兵衛の妹婿の福本らに一二〇〇円の贈与が行われた。そして一九二四年五月一八日に一二・一三代当主の娘家族へ総額一〇八〇円の贈与が行われ、その内訳は表78の注に記したように、一三代藤兵衛の娘千代とその子どもに合計五〇〇円、一三代藤兵衛の姉妹へ一〇〇円ずつ、その姉妹の子どもたちへ合計八〇円であった。ただし一九〇九年に比べて葬儀全体の支出額に占める贈与額の比重は少ない。その代わりに、高島屋呉服店からの購入品代の比重が多かった。しかも三月二五日に高島屋呉服店まで満中陰書類を持参していることから判断して、葬儀と満中陰に関わる用品一切を高島屋で調達したと思われ、五月五日にそれらの用品代として約五六〇〇円を高島屋に支払った。さらに料理はすべて大阪の八百喜に任せて五月五日に約一二〇〇円を支払った。そのために葬儀関連支出が巨額に上った。廣海家の一九二九年の葬儀の際も高島屋が葬儀実施のかなりの部分を引き受けていたが、永田家の二四年の葬儀も同様で、永田家と廣海家が強い姻戚関係にあり、情報を共有していたことがうかがわれるとともに、慶弔行事を介して百貨店が地方へも積極的に進出していたことがみてとれた。一九二四年の当主の葬儀では、四月一八日に新聞六社へ五三〇円の葬儀広告料が払われたが、その新聞社は地元紙のみならず、大阪・毎日・朝日などの全国紙を含んでおり、社会的行事として行われたと考えられる。そのために参列客が多数に上ったと思われ、永田家は参列者への返礼として茶の子タオル三〇〇ダースを用意し、三月一九日にその代金として五〇四円を支出した。結果的に茶の子タオルは六〇ダース残り、それを売却した収入九六円が五月一五日に計上されたが、二九〇〇人程度の参列者があったと思われる。最終的に親族五名で六月一七日に京都の知恩院に赴き、納骨とともに祠堂金として三〇〇円を納めた。この時の旅費に五五円余りが掛かり、地元の西迎院への布施もかなりに上り、六月三日に永代供養として三〇〇円を納めた。

このように一九〇九年の当主の葬儀に対して、二四年の当主の葬儀はかなり規模が大きく、社会的影響力も大きかったと考えられる。この背景には、永田父子がそれぞれ頭取を務めていた吉野銀行の奈良県における地位が大きく変化したことがあったと考えられる。一九〇九年時点の吉野銀行は吉野郡の下市周辺の地域銀行にすぎなかったが、一九一七～二〇年に吉野郡およびその周辺の諸銀行を合併し、二〇年代初頭に払込資本金額で奈良県下最大の銀行に変貌を遂げていた(42)。そしてこうした大規模な葬儀は百貨店文化を下市地域にもたらすことにもなり、本書第二部は都市化に伴う百貨店文化の地方への波及を論じてきたが、その点で冠婚葬祭が果たした役割も重要であったといえよう。

おわりに

永田家の居住した吉野郡下市は秋野川に沿った山間の集落であり、近代期の下市地区の人口は一八八二（明治一五）年三〇九四人、九七年三九五〇人、一九一六（大正五）年五四九九人、三〇（昭和五）年五五〇五人とそれほど増加しなかった(43)。旧来の街区が一九三〇年代も残っていたと考えられ、三七年の下市集落での大火によって一三〇戸の建物と五〇棟の土蔵などが全焼し、その後、都市計画が行われて近代的な市街地が築かれた。そのため前述のように永田家の寄付対象は一九二〇年代前半までは、主に小学校と寺社であった。とはいえ、一九一〇～二〇年代の大阪の市域拡張を伴う大都市化と大阪周辺地域の近代的交通網の整備は、永田家の消費生活に大きな影響を与えた。

衣料品購入では洋装化が進んだとは思えないが、大阪の百貨店からの購入の比重が一九一二年の吉野鉄道開通後に急増した。医療サービスでも、吉野鉄道開通後は近代的医療技術を持つ大阪の医師に来診してもらったり、病人が自ら大阪へ赴いて治療を受けた。そして、下市では高等教育機関がなかったため、永田家の子どもたちは遠隔地に下宿して都市の高等教育機関に在籍した。娯楽の面でも、吉野鉄道開通後は家族が行楽旅行に頻繁に出かけることとなり、当主の大阪との往復も日常的に行われた。衣料品のみでなく名産品や保存調味料のまとめ買いも人を派遣して大阪で行わせるようになり、吉野鉄道の開通によって、永田家は大阪の消費文化をかなり享受できるようになった。むろん大阪の消費文化を享受するには、交通費や大阪での滞在費もかなり必要になるため、永田家のような資産家なればこそ可能であったといえ、所得階層間の格差は残された。ただし、永田家は当主の葬式の際に、百貨店からほぼすべての用品を調達し、料理人も大阪の一流店から招くとともに、多数の参列者に大阪の百貨店で購入した返礼品を配った。また済生会や日本赤十字社への寄付などで地域医療の整備にも力を尽くしており、下市の住民はこうした永田家の活動を通して近代的消費文化に触れることができた。その意味で、永田家の寄付活動や慶弔行事は、地域間・階層間の生活水準の格差を緩和させる役割を果たしたといえよう。

注

（1）山村については、加藤衛拡『近世山村史の研究―江戸地廻り山村の成立と展開―』（吉川弘文館、二〇〇七年）などを参照。
（2）吉野林業の概観は、谷彌兵衛『近世吉野林業史』（思文閣出版、二〇〇八年）を参照。
（3）天川村史編集委員会編『天川村史』（天川村役場、一九八一年）一〇五八頁を参照。
（4）前掲注(2)谷書、五頁を参照。
（5）同右、三八・四六〇頁を参照。
（6）同右、三一四頁を参照。廣瀬屋永田家は、一八五三年に五條代官から海防費の献金を要請された際に、名柄の利右衛門・利兵衛（中野両家）の三〇〇両、上市村の又左衛門（北村家）の一五〇両に次ぐ一〇〇両を納めており（大瀧村の庄左衛門〈土倉家〉も一〇〇両）、一九世紀中葉から吉野地域で有力な家であったことがわかる（安田良兼『秋川下市』私家版、一九九七年）。
（7）以下の記述は、永田藤平「履歴書」（永田家文書六八―一二―二七―三）を参照。
（8）『大正人名辞典　上巻』（日本図書センター、一九八七年）一〇六七頁、『大正人名辞典Ⅱ　上巻』（日本図書センター、一九八九年）一〇二頁を参照。

（9）逸身家については、逸身喜一郎・吉田伸之編『両替商 銭屋佐兵衛』全二巻（東京大学出版会、二〇一四年）を参照。

（10）廣海家については、石井寛治・中西聡編『産業化と商家経営―米穀肥料商廣海家の近世・近代―』（名古屋大学出版会、二〇〇六年）を参照。

（11）渋谷隆一編『都道府県別資産家地主総覧 奈良編』（日本図書センター、一九九一年）三〜一二頁、渋谷隆一編『大正・昭和日本全国資産家・地主資料集成 第一巻』（柏書房、一九八五年）一九〜二〇頁、石井寛治『資本主義日本の地域構造』（東京大学出版会、二〇一八年）を参照。

（12）土倉庄三郎の事績については、土倉祥子『評伝土倉庄三郎』（朝日テレビニュース社出版局、一九六六年）、および田中淳夫『森と近代日本を動かした男―山林王・土倉庄三郎の生涯―』（洋泉社、二〇一二年）などを参照。

（13）前掲注(11)『都道府県別資産家地主総覧 奈良県』一七六〜一八三頁を参照。

（14）中西聡「近代吉野林業地帯と産地銀行」（『地方金融史研究』四八、二〇一七年）一七頁の表一〇を参照。

（15）中西聡「商業経営と不動産経営」（前掲注(10)石井・中西編書）一四七頁より。

（16）以下の記述は、前掲注(3)『天川村史』一〇八六〜一〇八七頁を参照。

（17）明治四〇年「金銭出入帳」（永田家文書六八―九七―一一―七）より、各家が永田家に払った費用に永田家の持分比率より永田家の負担分を加えて推計。

（18）大正五年九月「事業報告書綴（永田神童子山製材部）」（永田家文書六八―一〇八―一〇）を参照。

（19）明治三三年「登記ニ関スル書類（吉野鉄道株式会社）」（永田家文書六八―一〇〇―四）を参照。

（20）明治三四年度「鉄道局年報」（野田正穂・原田勝正・青木栄一編『明治期鉄道史資料 第Ⅰ期第一集第六巻』日本経済評論社、一九八〇年）三〇頁と明治三五年度「鉄道局年報」（同書、第Ⅰ期第一集第七巻）二二頁によると、（旧）吉野鉄道は、葛―北六田間の開業免許を一八九九（明治三二）年四月に受け、同月に株式会社として設立されたが、資本金五〇万円のうち一九〇一年度末時点でも五万円しか払い込みがなく、〇二年一一月をもって解散された。

（21）軽便鉄道法とその歴史的意義は、三木理史『局地鉄道』（塙書房、二〇〇九年）を参照。

（22）大正元年度『鉄道院年報』（鉄道院）、大正七年度「鉄道院鉄道統計資料」（野田正穂・原田勝正・青木栄一編『大正期鉄道史資

料　第Ⅰ期第一集第一七巻』日本経済評論社、一九八四年）、大正一三年度『鉄道省鉄道統計資料』（鉄道院）より。
(23)　下市町史編纂委員会編『大和下市史』（下市町教育委員会、一九五八年）五七～五八頁を参照。
(24)　大型索道は、架線を伐採現場から集材地点まで架設することで木材搬出機能を持つ。近代日本では、特に尾鷲地方で明治中期から用いられ、伐採現場から山を越えて尾鷲の市街地に送られる運材の手段となった（小林裕『林業生産技術の展開―その近代化一〇〇年の実証的研究―』日本林業調査会、一九八一年、四四頁）。
(25)　逸身銀行と貯金銀行の関係は、中西聡「逸身銀行の設立・展開とその破綻」（前掲注(9)逸身・吉田編書）を参照。
(26)　南都銀行行史編纂室編『南都銀行五十年史』（株式会社南都銀行、一九八五年）一九三頁を参照。
(27)　関西地方電気事業百年史編纂委員会編『関西地方電気事業百年史』（日本経営史研究所、一九八七年）一二九・一六六～一六七頁を参照。
(28)　大淀町史編集委員会編『大淀町史』（大淀町役場、一九七三年）二七四～二七五頁を参照。
(29)　前掲注(3)『天川村史』二七三～二七五頁を参照。
(30)　高島屋については、藤岡里圭『百貨店の生成過程』（有斐閣、二〇〇六年）を参照。
(31)　大正三・五・八年版『日本全国商工人名録』（商工社）。
(32)　銘仙の流行については、山内雄気「一九二〇年代の銘仙市場の拡大と流行伝達の仕組み」（『経営史学』四四―一、二〇〇九年）などを参照。
(33)　以下の記述の医師の所在については、大正一四年版『日本医籍録』（医事時論社、一九二五年）を参照。
(34)　同右、大阪医科大学の項。
(35)　青柳精一『診療報酬の歴史』（思文閣出版、一九九六年）。
(36)　昭和三年版『大衆人事録』（帝国秘密探偵社・帝国人事通信社、一九二七年）ナの部。
(37)　松江農林学校については、『稿本島根県教育史』（島根県教育会、一九四三年）二〇〇～二〇四頁などを参照。
(38)　近代日本の旅文化については、中西聡『旅文化と物流―近代日本の輸送体系と空間認識―』（日本経済評論社、二〇一六年）を参照。
(39)　味の素については、味の素株式会社編『味の素グループの百年―新価値創造と開拓者精神―』（味の素株式会社、二〇〇九年）

を参照。
(40) 前掲注(23)『大和下市史』三二〇頁。
(41) 済生会については、榎一江「法と福祉」(中西聡編『経済社会の歴史—生活からの経済史入門—』名古屋大学出版会、二〇一七年)を参照。なお下市町での病院設立は、一九三七(昭和一二)年の大火後に進められた近代的市街地の形成時と考えられる(前掲注(23)『大和下市史』五一~五二・二九二~二九三頁)。
(42) 前掲注(14)中西論文、表一を参照。
(43) 以下の記述は、前掲注(23)『大和下市史』二九二~二九三・七七七頁を参照。

第八章　滋賀県有力織物商の消費生活
――阿部市太郎家の事例――

はじめに

本章では、滋賀県能登川出身で、近江商人であった阿部市太郎家の消費生活を検討する。近江商人の消費生活を考えるうえで重要なのは、勤勉・信用・節約などに代表される近江商人の経営倫理であろう。第六章で論じたように、商家の経営倫理が十分な内部蓄積と消費生活における節約へとつながることがあり、近江商人にもその論理を当てはめることができるかが本章の論点となるからである。その点について芹川博通は、非西欧諸国のなかで日本だけが、近代産業国家として自国を変革するために、急激に西欧文化を取り入れ成功することができたのは、前近代にその発展の基礎が準備されていたからとの観点から、近世近江商人の経済精神と宗教倫理を検討した(1)。芹川によれば、近世日本において日本の宗教が勤勉と節約を強調し、その倫理が経済的合理化にかなっていたとするR・N・ベラーの指摘に加え、日本の仏教的経済倫理が施与・自利利他・正直の倫理を説き、和合や逆境にも堪え忍ぶことを強調し、「治生産業」（世俗の職業労働＝世法）はことごとく「実相」（仏教的真理＝仏法）に随順するとか、世法則仏法の倫理をはじめ、家業即仏教（信心）、家業即成仏（往生）、家業即念仏（報恩行）などの職業倫理を生み出していることが重要であるとされた(2)。特に、倹約は「施し」の目標を持ってなされており、倹約の余財による慈善を行った近江商人の存在が指摘され、一般的に近江商人には「社会奉仕」の精神、すなわち「陰徳の積善」があったが、これは仏教の因果応報の思想に基づいた「喜捨」や「施与」の精神であるという。(3)これは、浄土真宗に限らず浄土宗や禅宗なども含めて広く仏教の宗教思想を信心した近江商人にみられる特徴とされたのである。

ただし、近江商人と一口にいってもその出身地は様々であり、それぞれの出身地に応じて経営展開がかなり異なった。例えば、近世期に蝦夷地（北海道）に進出した近江商人のなかでも、一七世紀に進出した近江国八幡町・柳川村・薩摩村出身の商人は蝦夷島の松前城下や江差湊に拠点を置くと両浜組という仲間組織を作って共同歩調をとったが、近江国下枝村の藤野家は蝦夷地に進出したのが一九世紀初頭で、両浜組に加盟しなかった。(4)近江商人の本州の活動領域でも、東北・北関東で活躍した小野組や日野商人の吉村儀兵衛家、駿河国御殿場に拠点を置いた日野商人の山中兵右衛門家がいたが、(5)本章で取り上げる阿部市太郎家など近江国能登川の阿部一族は、北陸や大坂への販路を重視し、近代期に大阪に拠点を移した。その点で、本章の結果を近江商人一般に敷衍することには慎重であるべきだが、第四章の廣海家、第六章の小栗家などと比較することで、商家の経営精神と宗教倫理について考察したいと思う。

一 阿部市太郎家の概要

1 商業経営

阿部市太郎家は、一八世紀より近江国能登川を本拠として麻布商を営んだ阿部市郎兵衛家の分家であり、一九世紀には市太郎家も本家市郎兵衛家と共同で麻布商を営むようになった。(6)阿部両家は京都・伏見にも店を構え、東北地方から紅花・生糸を、上野国（現群馬県）から麻を、北陸地方から麻緦や麻布を、丹後国や近江国長浜から縮緬を仕入

(単位:円)

1885·8	1886·8	1887·8	1888·8	1889·8	1890·8	1891·8	1892·8
65	1,341	5,009	4,100	2,573	887	389	1,233
		万覚帳差引		72	74		
151	624	2,598	119	218	452	412	444
1,506	1,119	1,397	1,036	1,357	1,294	2,050	3,429
11,587	8,054	4,772	17,335	5,610	5,736	3,705	3,807
1,111	582	989	290	2,028	1,977	2,033	2,976
2,939	2,311	3,320	3,388	2,892	2,323	3,237	2,704
99	83	101	△26	△171	△159	△370	△54
19,251	17,281	15,357	24,480	14,104	11,908	9,339	11,649
2,418	2,745	2,239	1,789	1,481	1,503	913	752
854	860	2,173	1,615	167	452	413	675
56	169		11	△199	53	1,077	
							123
	1,501	2,127	6,072	7,029	7,062	10,774	10,774
50	50	40		若松商店資金		3,000	
766	194		8,515	8,563	90		19
121,695	158,767	135,042	151,720	190,326	191,490	210,421	217,475
80,000	80,000	120,000	120,000	120,000	120,000		
30,501	30,313	59,494	41,898	55,500	55,961	57,417	70,601
乙勘定累年分		△7,201	△13,578	△11,585	△44,275	△466	2,002
△2,052	△4,684						
臨時費手当金		△9,522					
△7,364	△9,026	△8,979	△9,240	△9,022	△7,988	△5,659	△5,757
		別家料	△1,820	△1,640	△1,760	△1,880	△2,000
			△1,697	△1,801	△1,909	△2,039	△1,990
△1,202	△1,951	△2,423	△2,928	△1,630	△1,231	△797	43
1,820	236	△45	214	282	214	118	△3,386
264,242	290,569	326,488	353,293	386,174	344,152	293,854	315,518
△258,399	△265,106	△290,518	△326,668	△352,564	△377,761	△300,660	△288,898
△19,379	△19,883	△21,789	△22,952	△24,679			△20,223
550					実勢価格値上分		8,350
△12,986	5,580	14,181	3,673	8,931	△33,610	△6,806	14,747
	△167	△425	△110	△268			△442
△12,986	5,413	13,756	3,563	8,663	△33,610	△6,806	14,305

阿部屋買置, 81年8月欄は越中能登仕入帳. 米穀肥料欄は米穀·肥料の残物や揚置物を示す.
られる. 売上帳欄は川南·川北·他国を合わせた残貸を示し,「布代残貸」と記された年度も

表 79　阿部市太郎店勘定の推移 1（1878~92 年）

項目／年月	1878･8	1879･8	1880･8	1881･8	1882･8	1883･8	1884･8
縞布買置	3,488	9,163	6,714	1,162	1,827	859	2,788
越前買置	373		2,904	5,047			
生布晒買置			8,197	8,182	2,665	86	417
北国帳差引	1,550	3,180	2,414	252		562	
川南売上残貸	7,785	8,863	12,793	22,858	5,550	7,086	2,837
川北売上残貸	12,815	26,883	30,908	16,946	3,635	3,086	5,878
他国売上残貸				11,476	3,403	5,388	売上帳
残布		1,795	3,487	18,188	10,525	5,503	5,816
亼→乄売上残貸	4,127	3,251	9,031	8,051	7,951	4,096	4,082
亼→乄残布	3,621	1,256	3,252	10,913	2,315	1,854	3,406
晒屋･仕立屋勘定	250	438	384	590	146	213	249
大帳貸金	11,734	15,391	20,077	21,715	56,365	33,783	29,974
頼母子掛込	184	326	319	609	1,221	1,860	2,275
期末有金	2,400	2,096	5,558	3,558	4,561	3,974	4,455
〼差引	5,443	1,659	2,226	1,785	2,862	1,647	328
福清(カギセ岡本)差引	324	1,142	519	1,825	150	889	
能登持下	1,500			耕地･宅地買入		475	375
大黒丸(船玉･中荷)	8,240	9,380	6,965	2,795	10,554	212	100
恵丸(船玉･中荷)	6,798	11,478	5,763	4,682	12,137	15,470	1,386
七福丸(船玉･中荷)	7,448	9,288	9,028	2,955	8,954	7,836	749
船長差引	159	米穀肥料	3,657				1,990
株券･公債	5,160					60,724	87,196
亼→大阪支店基金	35,000	35,000	35,000	100,000	75,000	75,000	100,000
亼→乄差引	39,644	52,688	69,441	29,094	2,616	15,186	7,472
亼累年勘定半分	964	9,487	16,150	14,583	15,485	△320	
大阪支店損益							742
本家差引帳	△128			木揚置	3,754	6,841	
加入帳	△3,107	△3,450	△4,160	△7,166	△8,033	△8,326	△5,807
縞帳差引	△68		△1,267	△277		19	
家族帳差引							274
店方預り							△1,866
その他	120	△236	3,524	△53	4,754	1,772	2,815
合計	160,024	199,718	252,884	279,770	228,481	246,415	257,931
基金元金	△150,002	△187,923	△236,269	△275,729	△247,926	△261,627	△246,404
基金利子							△18,480
亼当期利益半分	8,523	6,594	4,289	902	△5,492		公債戻
差引	18,546	18,388	20,904	4,943	△24,937	△15,212	△6,953
店員配当	△1,398	△1,387	△1,563	△446			
純損益	17,147	17,001	19,341	4,497	△24,937	△15,212	△6,953

（出所）（明治11~42年）「店方勘定帳」（阿部市太郎家文書A-137）より作成.

（注）年月は勘定をした期末年月. 無印は阿部家の収入, △印は支出. 北国帳差引欄の1880年8月欄は亼欄は1884年8月欄から乄になるが乄はこの年に市太郎家が開設した大阪支店のことと考えあった.

（単位：円）

1906·8	1907·8	1908·8	1909·8
△1,181	△1,300	△70	
14	418	△146	
5,184	5,376	4,684	4,143
4,523		78	25
17,159	18,758	7,491	8,007
3,868	3,453	3,516	
△33			△162
7,700	9,823	8,159	10,404
284	1,047	1,556	195
15,946	23,092	24,737	30,566
△50,000	△50,000	△50,000	△50,000
	銀行	2,235	3,745
1,720	2,013	587	1,052
△7,036	△6,259	△1,994	△5,061
9,147		仕入帳	△116
基金利子	△3,000		
飯米残売代		348	200
△2,123	△1,872	△2,094	△2,027
△1,161	△628	△497	△692
5	5		
	△1,197		
	△71	△216	220
500	1,000	527	500
4,518	1,657	△1,120	1,000
	412		375
4,518	1,243	△1,120	625

1906年8月欄からでは異なる.

れて京都や近江国などで売り捌いた。幕末期になると市太郎家は、独立して勘定帳をまとめるようになり、本家から経営面で自立して、その資産額が急増した。もっとも最幕末期は急激なインフレが生じていたため、資産額の急増はやや割り引く必要があるが、近代に入っても市太郎家の資産は一八八〇（明治一三）年までは順調に増大した。もっとも一八七三年に再び本家と共同で大阪支店（∧二）を開業したため、それ以降の市太郎家の売上高は能登川ではなく主に大阪支店（∧二）での販売高が中心となった。表79をみよう。市太郎家の店卸勘定は一八七八年八月末期から判明するが、資産のかなりの部分は八一年八月末期までは大阪支店（∧二）分が占めていた。しかし、一八八一年の松方緊縮財政への転換は物価下落をもたらし、八二年八月末期から売上残貸が急減し、かわりに大帳貸金が急増した。当時市太郎家は船を三隻（大黒丸・恵丸、七福丸）所有し、主に北陸・東北日本海岸や北海道との取引に利用したが、それら廻船への融資が返済されないまま次年度にかなり残されており、それまで利益を上げていた大阪支店（∧二）も一

表 80　阿部市太郎店勘定の推移 2(1893~1909 年)

項目／年月	1893･8	1894･8	1895･8	1896･8	1897･8	1898･8	1899･8
縞帳差引	1,544	△274	△762	39	283	164	△534
北国帳差引	897	51	84		306	1,047	△1,175
売上帳残貸	4,243	2,865	5,509	13,373	7,463	7,956	9,145
〼店布代残貸	1,958	2,758	5,589	4,527	3,179	3,575	3,938
残布有物	14,273	9,080	7,274	7,899	5,311	7,610	6,049
〼店残布	5,372	3,057	3,495	4,716	4,531	2,306	2,235
晒屋･仕立屋勘定	△120	△33	△393	△503	△435	△352	
大帳貸金	9,565	10,031	13,376	13,589	15,640	10,803	6,304
期末時点有金	1,133	456	127	931	388	506	181
〼店差引	8,112	24,220	23,035	16,731	34,687	42,311	42,906
〼店基金	50,000	50,000	50,000	50,000	50,000	50,000	50,000
岡本差引	55	86	137	129	86	146	431
頼母子掛込	424	468	329	417	646	696	725
為替帳差引		828	1,329	2,381	699	4,843	9,839
耕地代金	15,512	15,401	15,555	15,435	15,160	14,145	13,892
租税帳	20	旧北国帳･縞帳差引		△628	△138	△1,411	
〼店累年利益金		1,533		8,164	11,430	14,874	20,234
加入帳	△3,230	△1,633	△1,615	△1,435	△1,344	△1,365	△1,900
家族帳差引	△2,189	△1,246	△1,234	△221	6	1,264	625
店員預り	△390	△75	△162	夫喰米貸	121	87	
株券方差引	△54	△1,127	542		△521		△27
〼(大阪支)店損益	1,534	△1,688	8,164	3,265	3,444	2,016	8,873
万覚帳差引						△199	△286
その他					△30	△16	25
前年度基金			△114,197	△129,744	△138,635	△150,136	△143,538
合計	108,660	114,757	16,181	9,496	12,266	14,211	27,941
基金利子			△6,852	店員配当	765		
純損益			9,330	9,496	11,501	14,211	27,941

(出所)表79と同じ.

(注)年月は勘定をした期末年月. 無印は阿部家の収入, △印は支出. 記載方法が1899年8月欄までと

八八二年八月末期で、初めて損失を計上した。市太郎家は大阪支店（へ二）への資本金を取り崩して対応したが、一八八〇年代前半の資産額は減少に向かい、純損失の計上が八五年八月末期まで続いた。

そのため、市太郎家は一八八四年五月に本家と共同経営の大阪支店（へ二）を解消し、新たに市太郎家の大阪支店（又二）を開設して、麻布と北海道産肥料を販売することとした。(7) 大阪支店（又二）の損益を表79の又二勘定累年分数値の前年との差引からみると、一八九〇年八月末期にかなり損失を計上したが、それを除くと八九年八月末期以降は比較的順調に利益が上っていたと考えられ、市太郎家の能登川本店もあわせた全体の純損益でも、八〇年代後半は安定して利益を上げていた。

本章が分析対象とする近代期は二～四代市太郎の時代であるが、二代市太郎の長男である元太郎が本家市郎兵衛の七代目を継いだため、三代市太郎と七代市郎兵衛は兄弟であった。(8) 二代市太郎は一八九五年に、三代市太郎は一九二三（大正一二）年に亡くなり、三代市太郎の息子が四代市太郎を継いだが、三代市太郎の娘婿に辻家から房次郎が入り、後述のように市太郎と房次郎は協力して様々な会社経営に関わった。

一八九〇年代以降の市太郎家の店勘定の推移を表80から検討すると、九〇年代は大阪支店（又二）の利益も安定して上っており、本店を含めた店全体の損益も安定して利益を計上した。なお、表79の一八九二年八月期の店卸勘定の総資産が約三二万円に対し、表80の九三年八月期の店卸勘定の総資産が約一二万円となっているのは、この期から株券・公債資産を店勘定から外したことによるもので、株券・公債資産の比重があまりに多くなったため、それを除いて商業活動の資産を正確に把握したと考えられる。なお、耕地・宅地資産は一八八三年八月末期から登場して次第に増大したが、九二年八月末期でも約一万円程度であり、九三年八月末期以降も継続して計上された。ただし、それが増えることはなく、一八九〇年代末から耕地資産は次第に減少し、一九〇七年八月末期以降はみられなくなった。一九〇〇年代前半の店卸勘定が不明のため断定はできないが、一九〇〇年代後半の店卸勘定からみて、一九〇〇年代に入ると市太郎家の商業経営の中心が能登川本店から大阪支店（又二）へ転換したと考えられる。大阪では後述するように阿部両家を中心として綿糸布生産を行う金巾製織会社が設立されたが、それとの関係もあり大阪支店（又二）の取扱商品が麻よりも綿製品が多くなり、その結果、大阪支店が本店から仕入れる麻布の量が減少した。そして本店の大阪支店への資本勘定では、一八九〇年代は本店が大阪支店に出資している形となったが、一九〇〇年代後半は大阪支店が本店に出資する形態へと切り替わっている。そのため、大阪支店の損益が本店の店卸には編入されずに、本店のみの損益では一九〇〇年代末になるとかなり少なくなった。麻布の在庫も減少しており、市太郎家は能登川本店での麻布取引をかなり縮小したことがうかがわれる。そして能登川本店の麻布営業は、一九一五年をもって廃業された(9)。

2 会社経営

市太郎家は能登川本店を一九一五（大正四）年に閉じ事業の拠点を大阪へ移したが、市太郎自身は近江地域の会社設立に関与して会社経営を続けたため、本宅を能登川に残した。市太郎家が近江地域の会社設立に関与したのは、一八九六（明治二九）年に設立された近江麻糸紡織会社が最初と考えられる(10)。麻布はもともと国産麻糸を原料としたが、輸入亜麻糸が次第に用いられるに至った。輸入亜麻糸は繊維が細くて節がなく、染め上がりがよいうえに櫛通りもよいため生産性が向上したとされる。こうした輸入亜麻糸に対抗するために日本でも機械制亜麻糸紡績会社を作る気運が高まり、大津に近江麻糸紡織会社が設立され、阿部市太郎が取締役となり、同社は能登川村に代理店を置いて紡績麻糸を供給した。それ以外の会社では、地元神崎郡で一八九六年に設立された近江製油株式会社に、二代市太郎の長男で後に七代市郎兵衛を継ぐ元太郎が取締役に、市郎兵衛と市太郎がいずれも監査役に就任するなど、阿部両家が同社を支えた。また、一八九七年に滋賀県八幡町に綿帆布の機械生産を行う近江帆布株式会社が設立され、市太郎はその監査役に就任した。

さらに大阪でも市太郎家は産業革命の中心的産業であった綿紡績業の会社設立に関与した。すなわち、機械制大紡績会社の草分けとなった大阪紡績株式会社が一八八三年に開業すると、市太郎家はその有力株主となるとともに市太郎が監査役に就任した(11)。阿部両家の大阪支店で輸入金巾を扱っており、市太郎が国産綿布生産の必要性を十分に認識しており、その原料としての国産機械紡績綿糸生産に熱心になったことが背景にあろうが、阿部両家は大阪紡績とは別に近江商人らを誘って機械制綿糸布製造会社の設立を企図した。その結果、一八八八年八月に大阪府西成郡で金巾製織株式会社が設立され、七代市郎兵衛と三代市太郎の兄弟がそれぞれ社長と取締役に就任した。この金巾製織会社は、後に三代市太郎が社長となり、順調に生産拡大して朝鮮半島へも国産金巾を輸出するに至ったが、綿紡績業界の過当競争のなかで紡績会社合同の気運が生じ、一九〇六年に大阪紡績に合併された。その後、大阪紡績へは市太郎家を代表して娘婿の房次郎が常務取締役に入り、大阪紡績と三重紡績が合併して設立された東洋紡績の社長に最終的に房次郎が就任した。

綿紡織会社との関係を強めた市太郎家の大阪支店は、綿糸布の輸出に力を入れ始めて本店との関係が少なくなるとともに、本店が麻布営業を廃止した一九一五年に上海支店を開設し、さらに一九年に漢口支店を開設するなど、急速に貿易商社としての性格を強めた(12)。そして一九一八年には、大阪店の営業を継承した株式会社阿部市太郎商店を設立し、近江商人らが共同で設立した貿易商社の江商の社長に市太郎が一七年に就任し、二〇年代も務め続け近代日本の繊維商業の中心的担い手の一人として活躍し続けた。それとともに市太郎家は自ら経営に関与した会社株を中心に多くの会社株を所有した。表79に戻ろう。市太郎家の有価証券所有は一八七八年から既にみられるが、八三年に大阪紡績会社株を所有してから急速に有価証券所有額が増加し、九二年八月末期には約二二万円に上った。その銘柄は、大阪紡績・金巾製織・近江麻糸紡織など市太郎が経営に関与した会社株の所有が中心であったが、一八九二年には、九州鉄道や関西鉄道など鉄道会社への投資や、摂津紡績・平野紡績など経営に関与していない綿紡績会社への投資も増大した(13)。

その後、一八九〇年代〜一九一〇年代前半の株式所有額や所有株数が不明のため、その間は配当収入や役員報酬を表81で検討する。この表は、能登川の市太郎家の金銭出入を示したものであり、大阪の会社株の配当収入や役員報酬はみられない。この間、滋賀県の会社株や国債に関しては、能登川の市太郎家が管理し、大阪の会社株については、大阪支店で管理していたと思われる。滋賀県の会社として、市太郎が経営に関与した近江麻糸紡織・近江製油・近江帆布以外に、滋賀県農工銀行・麻糸商会の株を所有して配当を受けていた。麻糸商会は近江麻糸紡織産などの麻糸を扱ったと考えられるが、表81にみられた商業銀行は名古屋の銀行と思われ(14)、市太郎家は織物を名古屋の瀧家などの呉服商と取引しており、その関係で出資したものと思われる。一九〇三年までは市太郎家の有価証券所有の中心は株式であり、特に近江麻糸紡織株の配当が多かったが、日露戦争期以降政府の国債発行額が急増すると、市太郎家も多額の国債を購入し、一九〇四〜〇六年の三年間で国債購入・払込額は合計約一万二〇〇〇円に上った。

一九一〇年代後半以降の市太郎家の株式所有をみると、それまでの繊維会社中心から、神戸桟橋・南満洲鉄道・近江銀行・江商・富士製紙・樺太汽船株など多様な業界の株式を所有するようになった(15)。しかし東洋紡績・大日本紡績・山陽紡績・岸和田紡績など依然として綿紡績会社株の所有数は多く、昭和恐慌下では東洋紡績と江商に所有株を集中させるようになった。市太郎家は、家業の商店に加えて積極的な株式投資で資産を増大させ、一九一五〜一六年の資産額調査で二〇〇万円の資産額として挙げられ、三〇年の資産額調査で四〇〇万円の資産額として挙げられた(16)。

月日	金額	内容	月日	金額	内容
1905·6·10	8円82入	土木公債利子	1905·10·24	960円出	第五回国債払込
1905·6·26	800円出	第三回国債払込	1905·12·2	5円88入	土木公債利子
1905·6·29	480円出	第五回国債払込	1906·1·24	877円入	麻糸商会配当
1905·7·17	203円入	近江帆布会社役員報酬	1906·3·5	158円入	第五回国債利子
1905·7·17	500円入	近江帆布会社株配当	1906·3·14	700円入	国債保証金戻り
1905·7·19	165円55入	第二回国債利子	1906·5·25	3,200円出	国債払込
1905·7·23	635円入	麻糸商会配当	1906·6·4	400円入	臨時公債利子
1905·7·25	768円出	第五回国債払込	1906·6·4	5円88入	土木公債利子
1905·8·24	480円出	第五回国債払込	1907·1·18	103円入	近江帆布会社役員報酬
1905·9·25	1,440円出	第五回国債払込	1907·1·18	375円入	近江帆布会社株配当
1905·10·2	181円60入	第三回国債利子	1908·1·24	1,257円20入	麻糸商会配当
1905·10·2	7円15入	第四回国債利子	1908·12·17	505円入	近江帆布会社株配当

(出所)(明治26年6月~明治29年3月)「[金銭出入帳]」,(明治29年4月~明治32年3月)「[金銭出入帳]」,(明治32年4月~明治35年5月)「[金銭出入帳]」,(明治35年6月~明治39年6月)「[金銭出入帳]」,(明治39年7月~明治44年2月)「[金銭出入帳]」(以上,阿部市太郎家文書A-79·82·76·77·81)より作成.

(注)1896~1908年について示した.同一銘柄の家族名義の配当は合算して示した.報酬は賞与·旅費も含む.商業銀行は名古屋の銀行と思われる.円の右側の単位は銭·厘.

一九二四年の所得調査で、市太郎家は不動産所得が約二万円、配当などの所得が約一万五〇〇〇円、俸給・賞与などの所得が約三万円とされ[17]、家業会社の阿部市太郎商店も含めて市太郎家は会社経営に熱心であり、有価証券投資を積極的に行いつつも家業の商業を継続し、不動産所得も含めてバランスを重視した経営展開をとっていたといえる。

一 阿部家の家計支出

1 一九二〇年代の動向

一九一五(大正四)年に能登川での商業経営を停止し大阪へ事業の拠点を移した市太郎家であったが、京都(京都市上京区木屋町二条下ル東生洲町)の田中市蔵邸を一八年に買い入れて修繕改築して別邸とし、本宅のある能登川と本店のある大阪と居宅のある兵庫県武庫郡住吉および京都の間を行き来するようになった[18]。その京都別邸の家計帳簿が残されているので、本節では主に京都別邸の家計支出内容を検討する。京都別邸の家計帳簿には二種類あり、各月末

表81　阿部市太郎本店有価証券収支（1890年代後半~1900年代）

月日	金額	内容	月日	金額	内容
1896·1·18	498円75入	近江麻糸紡織会社株配当	1900·7·18	90円入	近江麻糸紡織会社役員報酬
1896·4·16	500円出	産業会社株払込	1900·11·24	82円50入	近江製油会社株配当
1896·7·8	230円出	商業銀行株払込	1901·1·17	105円入	近江帆布会社株配当
1896·10·10	900円出	近江製油会社株払込	1901·1·17	35円入	近江帆布会社役員報酬
1896·12·24	60円入	近江麻糸紡織会社役員報酬	1901·1·18	896円入	近江麻糸紡織会社株配当
1897·1·14, 19	1,693円80入	近江麻糸紡織株配当	1901·1·18	110円入	近江麻糸紡織会社役員報酬
1897·2·6	5円入	商業銀行株配当	1901·7·15	87円50入	近江帆布会社株配当
1897·2·28	200円入	大阪製麻会社株配当	1901·7·15	33円入	近江帆布会社役員報酬
1897·7·10	14円入	商業銀行株配当	1901·11·22	115円入	近江製油会社株配当
1897·7·13	600円出	近江製油会社株払込	1902·1·18	105円入	近江帆布会社株配当
1897·7·25	250円出	近江帆布会社株払込	1902·1·18	66円入	近江帆布会社役員報酬
1897·12·7	10円出	滋賀県農工銀行株証拠金	1902·6·11	23円52入	土木公債利子
1897·12·9	820円出	土木公債払込	1902·6·14	880円入	近江麻糸紡織会社株配当
1898·1·18	99円入	近江麻糸紡織会社役員報酬	1902·6·14	254円入	近江麻糸紡織会社役員報酬
1898·1·18	832円入	近江麻糸紡織会社株配当	1902·8·21	181円71入	麻糸商会配当
1898·1·18	832円出	近江麻糸紡織会社株払込	1902·11·5	37円50出	麻糸商会払込
1898·3·9	40円出	滋賀県農工銀行株払込	1902·11·24	104円625入	近江製油会社株配当
1898·5·14	15円入	近江製油会社役員報酬	1902·12·4	20円58入	土木公債利子
1898·5·24	50円出	滋賀県農工銀行株払込	1903·1·16	180円入	近江帆布会社株配当
1898·7·11	576円入	近江麻糸紡織会社株配当	1903·1·16	83円入	近江帆布会社役員報酬
1899·1·16	30円入	近江帆布会社役員報酬	1903·1·20	770円入	近江麻糸紡織会社株配当
1899·1·18	576円入	近江麻糸紡織会社株配当	1903·1·20	260円入	近江麻糸紡織会社役員報酬
1899·1·18	96円入	近江麻糸紡織会社役員報酬	1903·5·25	115円入	近江製油会社株配当
1899·3·17	3円50入	滋賀県農工銀行株配当	1903·7·16	180円入	近江帆布会社株配当
1899·4·29	50円出	滋賀県農工銀行株払込	1903·7·16	67円入	近江帆布会社役員報酬
1899·5·26	25円入	近江製油会社役員報酬	1903·7·26	316円25入	麻糸商会配当
1899·7·17	50円入	近江帆布会社株配当	1903·8·3	21円入	滋賀県農工銀行株配当
1899·7·17	15円入	近江帆布会社役員報酬	1903·11·28	57円50入	近江製油会社株配当
1899·7·18	93円入	近江麻糸紡織会社役員報酬	1903·12·19	17円64入	土木公債利子
1899·7·18	576円入	近江麻糸紡織会社株配当	1904·5·23	266円25出	国債払込
1899·7·27	20円入	商業銀行株配当	1904·7·18	602円入	国債保証金戻り
1899·7·31	51円入	土木公債利子	1904·11·25	142円出	第一回国債払込
1899·11·26	55円入	近江製油会社株配当	1904·12·17	8円82入	土木公債利子
1900·1·14	125円入	近江帆布会社株配当	1905·1·17	118円入	近江帆布会社役員報酬
1900·1·14	25円入	近江帆布会社役員報酬	1905·1·17	250円入	近江帆布会社株配当
1900·1·17	42円入	商業銀行株配当	1905·1·25	1,935円出	第二回国債払込
1900·2·12	6円入	滋賀県農工銀行株配当	1905·1·25	400円出	第三回国債払込
1900·4·27	50円出	滋賀県農工銀行株払込	1905·1·25	440円625入	麻糸商会配当
1900·5·24	110円入	近江製油会社株配当	1905·1·25	32円32入	第一回国債利子
1900·7·14	125円入	近江帆布会社株配当	1905·4·26	210円入	第四回国債保証金戻り
1900·7·14	27円入	近江帆布会社役員報酬	1905·5·25	1,600円出	第三回国債払込
1900·7·18	576円入	近江麻糸紡織会社株配当	1905·5·25	1,008円入	第五回国債保証金戻り

に支払われた内容を記録する「小遣帳」（後に「金銭出納控」）とそれ以外の通常の日に支払われた内容を記録する「出納簿」（後に「金銭出納（控）」）である。表82はそれらのうち後者を示したものである。月末ではない通常の日の支出内容の中心は、瓦斯代・電灯料・電話料などの光熱費と通信費であり、日常生活を送るためのインフラ分野であった。京都では、一九一〇（明治四三）年の京都瓦斯会社の設立や一三年の宇治発電所の完成で、瓦斯と電灯が普及するようになり、一〇年代以降に京都市電網が整備されるようになった[19]。阿部家京都別邸では、市電パス（回数券）がほぼ毎月購入され、それは三〇年代も続けられた。それ以外で定期的に支払われたのが町会費と新聞代で、町会費は次第に値上げされ、また新聞代も一九二九（昭和四）年には複数の新聞を購読するようになったため増加した。なお町会費として、京都別邸のあった木屋町の町会費を納めていた。

市太郎家主人は、京都別邸に月末支払時にまとまった金額を渡し、それで清算した残額を通常の日に用いる家事費としてそのまま渡した。そして、残額が少なくなるたびに追加で金を渡したり送金したりした。インフラ分野や市電料金・町会費・新聞代以外の支出で多かったのが、一九二一〜二二年は税金であり家屋税と宅地租からなった。外食では、一九二一年はドジョウ鍋が比較的みられたが、都市生活らしい外食がみられたわけではなく、食生活の面では調理器具に変化がみられ、二五年にガス器具や飯炊き鍋の存在が確認されたことが注目できる。一九二五年には、おそらく有望な学生への学資金を市太郎家が支援していた。そして一九二五年以降は、税金のみでなく河岸使用料としてかなりの金額を支払っており、日用必需品ではない部分で都市生活にかなりの出費が必要であったことがうかがわれる。

一方、月末払いの内容を表83で検討する。注意すべきは、同じ内容でも月末に払われた月とそうでない月があった場合は、支払日に応じて記載する帳簿が異なったため、表82と表83に分かれて出てくることである。例えば、一九二五年は表82でみると新聞代は支払われなかったかにみえるが、この年は月末に毎日新聞代が支払われたため、その内容が表83の一九二五年にみられる。また一九二五年の書生学資金も、それが月末に支払われた月は表83にみられ、月末でない日に支払われた月は表82にみられる。その点を考慮して、表82と表83を組み合わせると、瓦斯代・電灯料は毎月支払われ、電話料・水道料は三ヵ月に一回程度の頻度でまとめて支払われたことがわかる。そして町会費・新聞代・書生学資金も毎月支払われていた。

月末払いは、店舗から「付け」で購入した分の清算が多かったと考えられるが、それらの店舗は市太郎家の京都別邸の近くの小売商が多かったと思われる。すなわち、表83には米屋近松、米屋大西、花屋松本、醬油店近新、畳屋竹中、瓦屋森田、漬物屋大藤、水道屋大塚、電気屋山本などがよくみられるが、これらの店舗は一九二五年版『日本全国商工人名録』の京都市の項にはみられなかった[20]。同資料凡例によると、一ヵ年営業税額五〇円以上の納付者を基本的な対象としているとのことなので、これらの店は営業税額五〇円未満のものが多かったと推定できる。例えば、一九二三年末払の計算書では、近松店（米）一六円九八銭、江原商店（味噌）一二銭、近新商店（醬油）四円三〇銭、一保堂（茶）一円二八銭、松屋（菓子）一円、祖谷商店（木炭）四円八〇銭、上阪商店（海苔）三円八六銭、竹太（溝樋）四〇銭、高井商店（電池）五円三五銭、花文（材料・手間）三五円二〇銭、石田亀次郎（左官）六円九〇銭、松村庭園師（材料・手間）二二円二〇銭、竹中辰次郎（畳）六二円一八銭、磯村大工（材料・手間）一三円九七銭、春芳堂（障子張替）二二円九八銭、中川商店（雑貨）三二銭、大藤店（千枚漬）五円の合計三〇六円九四銭とされ、このうち所在が判明したのが江原商店（京都市木屋町）、近新商店（京都市外西院）、一保堂（京都市寺町）、祖谷商店（京都市上京区川端通）、上阪商店（京都市下丸屋町）、高井電機製作所（京都市二条寺町）、石田亀治郎（堀川四条下）、松村庭園師（京都市上京区相国寺北門中ノ町）、竹中辰次郎（出水堀川西入）、磯村伊太郎（京都市高倉錦竹屋町）、伏原春芳堂（京都

（単位：円）

その他主要支出
寿司（1.75）
駆虫薬（3.8），一歩金（2.2），ドジョウ鍋（1.2）
人夫心付（12.0），ドジョウ鍋（1.0）
ビール（2.85），ドジョウ鍋（2.0），防虫香（1.25）
蕎麦（1.8）
下男給金（6.0），大根漬物（2.6），郵便受け（1.3）
大根漬物（1.02）
税金・使用料（402.34），風呂敷20枚（6.0），祝儀（3.0），寿司（2.1），掛軸（1.5），うどん（1.1）
ガス灯修繕（0.93）
土地借料（231.27），書生4名学資金（138.0）
書生4名学資金（130.0），町会へ寄付（5.0），土地使用料（4.0），ガス器具（0.5）
書生4名学資金（130.0）
家屋税・宅地租（585.71），雇人（10.0），掃除代（1.0），飯炊き鍋修繕（0.5）
西瓜（1.0）
書生3名学資金（113.0），草履・麻縄（2.62）
書生4名学資金（300.0）
蒸鍋（0.9）
大根300本（6.0），炭切鎖（1.0）
書生2名授業料（31.0），いろは餅（3.3），すりつば（2.5），薬（1.45）
下男給金（37.0），カキ鍋（3.1），病院行（2.4），腕時計修繕（1.0），パン5斤（0.9）
腕時計直し賃（0.5）
河岸借地料（551.28），家屋税（372.22），円タク（3.0），自転車税（2.87），ちまき道具（1.4）
主人に返金（250.0），炭代（4.55）
使用人月給（26.0），時計修繕（9.0），天婦羅（1.8），診療薬料（1.7），円タク（1.0）
古鏡社（12.0），畳屋祝儀（9.5），御神酒（3.0），電気コード（2.6）
墓守祝儀（3.0）
社会事業寄付（1.0），救世軍寄付（1.0）
自転車税（2.81）
漬物贈物（5.45），失業人救助金（1.0）
蒲鉾（1.7），天婦羅（1.6）
家屋税・宅地租（599.54），書生学資金（51.0），いろは餅（4.56），墓守祝儀（3.0），時計修繕（2.5）
茶道月報1年分（5.0），写真帖（1.5）
善導寺住職祝（5.0），椅子張替（4.0），醍醐天皇千年忌寄付（2.0），ライオン歯磨（0.4）

市太郎家文書A-215・166・167）より作成．
1921年4月，25年4月，29年4月からの1年分についてそれぞれその金銭出納帳より，金銭出入
電話料欄の［ ］内は市外通話料．なお，阿部市太郎京都別邸の家計帳簿は，月末の出納のみを
成した．よって前者の帳簿から作成した表82と本表および表83の内容は重ならない．

表 82　阿部市太郎家京都別邸家計支出の内訳 1（1920 年代）

年月	入	出	差引	瓦斯代	電灯料	電話料	水道料	旅費	市電パス	町会費	新聞代
1921·4	163	163	0	7.6				3.8		1.1	1.2
1921·5	90	134	△44	14.5	7.9	8.4		1.1		1.1	
1921·6	50	44	6	15.7	7.9	4.4				1.1	
1921·7	30	57	△27	7.6	8.1	14.5				1.1	1.2
1921·8	95	82	13	5.8	7.8					1.1	
1921·9	36	40	△4	13.0		8.6				1.1	
1921·10	165	169	△4	7.9	7.3	12.6				1.4	1.2
1921·11	0	71	△71	4.3						1.4	1.2
1921·12	84	73	11	6.4	16.1					1.4	
1922·1	451	444	7	6.7			2.4			1.4	1.2
1922·2	64	42	22	12.1	16.5					1.4	
1922·3	103	84	19	10.0	6.4					1.4	1.0
1925·4	451	442	9	10.0	8.1				1.0	1.9	
1925·5	198	192	6	10.0	8.3	[1.4]			1.0	1.9	
1925·6	177	173	4	13.4	8.3	[1.2]		1.3	1.0	1.9	
1925·7	640	625	15		8.3					1.9	
1925·8	55	47	8	6.1	8.3		7.3		1.0	1.9	
1925·9	164	156	8	8.2	8.3				1.0	1.9	
1925·10	383	357	26	6.1	8.3	12.5				1.9	
1925·11	71	36	35	8.5	8.3				1.0	1.9	
1925·12	85	75	10	14.3	8.3		22.2	1.0		1.9	
1926·1	64	63	1		1.2				1.0	1.9	
1926·2	104	99	5	7.6	7.3	[3.4]			6.0	1.9	
1926·3	58	49	9	7.0	7.9	[2.7]		1.4	1.0	1.9	1.0
1929·4	1,004	991	13	6.1	7.9	15.8			1.0	2.9	2.8
1929·5	302	300	2	8.3	7.9		2.6		1.0	2.9	2.0
1929·6	457	425	32	6.4	7.9			2.3		2.9	2.0
1929·7	67	93	△24	9.3	7.9			1.5	1.0	2.9	2.8
1929·8	40	38	2		7.9			2.5		2.9	2.0
1929·9	69	33	36	3.7	7.9				1.0	2.9	1.8
1929·10	46	37	9	4.6	7.9			1.5		2.9	2.4
1929·11	47	43	4	4.6	7.9			4.7	1.0	2.9	1.0
1929·12	52	41	11	5.2		[1.0]		1.1		2.9	1.0
1930·1	703	703	0	15.2	9.1			1.0	1.0	2.9	2.0
1930·2	55	27	28		6.8					2.9	1.0
1930·3	53	46	7	5.5	7.5				1.0	2.9	1.8

（出所）大正10年4月「出納簿」，大正13年9月「金銭出納控」，昭和2年9月「金銭出納」（以上，阿部

（注）阿部市太郎家は，1921年4月から京都別邸を使用し始めたと考えられる．そこで4年おきに
合計，および主要な支出内容について示した．差引欄の△は収入より支出が多い場合を示す．

記した帳簿とそれ以外の通常の出納を記した帳簿からなり，本表と表83は後者の帳簿から作

1929·10	561	85	家屋税(372.22), 電話料(12.47), 書生学資金(40.0), 植物病院(21.9), 米屋近松(14.98), 醬油店近新(4.2), 丸藤(3.24)
1929·11	522	85	書生学資金(40.0), 田辺自動車(133.49), 松本(56.2), 大工橋本(56.1), 大藤漬物屋(55.95), 瓢樹(42.0), 左官石田(17.12), 米屋近松(14.98)
1929·12	225	85	水道料(10.01), 書生学資金(40.0), 醬油店近新(19.9), 古鏡社(12.0), 松本(11.0), 米屋近松(8.0), 魚信(6.0), 出喜(6.0), 名倉炭代(5.4)
1930·1	445	85	電話料(12.2), 今井長兵衛(149.0), 今井貞次郎(85.0), 魚信(14.9), 米屋近松(13.6), いづ宇(8.7), 笹屋(5.79)
1930·2	176	85	書生学資金(40.0), 米屋近松(13.16), 若狭屋(7.9), 電気屋山本(5.9), 名倉炭代(5.4), 塩化カルシウム(4.3), 醬油店近新(4.2)
1930·3	317	85	松本手間代(85.8), 村田屋洋服代(42.0), 今井長兵衛(30.0), 植物病院(21.84), 畳屋竹中(10.7), 米屋近松(6.58), 若狭屋(5.4)
1933·4	1,266	101	地租(361.78), 電話料(18.41), 水道料(10.78), 今井長兵衛(500.0), 大木人形店(77.5), 植物病院(16.5), 米屋近松(16.1), 桃華園(16.0), 魚信(15.55), 梅の井(15.0), 出喜(13.7), 丸藤(12.95), いづ宇(11.6)
1933·5	672	101	柿伝(65.0), 永記(65.0), 釜州大西(25.0), 出喜(22.9), 米屋近松(15.95), 簾屋久保田(15.5), 靴屋橋本(14.0), いづ宇(11.6), 光寿会費(10.0), 魚信(7.8), 水道屋大塚(7.27)
1933·6	1,327	101	家屋税(347.51), 松本(355.57), 永記(179.0), 瓢樹(171.4), 村田洋服店(26.08), 米屋近松(16.49), 丸藤(13.37), 梅の井(10.0), 魚信(9.8), 加茂川洗濯(9.15), 近清(9.15)
1933·7	843	101	宅地租(224.30), 電話料(22.13), 電気屋上田(314.35), 永記(59.0), 植物病院(18.8), 魚信(17.35), 田辺(15.2), 米屋近松(10.52), 竹中(7.8)
1933·8	977	101	水道料(14.68), 花屋松本(241.8), 魚野(200.0), 永記(103.0), 二葉屋(30.0), 田辺(28.7), 宮川(28.4), 米屋近松(21.72), 長見(植物病院, 21.7), 魚信(20.40), 新三浦(16.4), 梅の井(16.0), いづ宇(13.15)
1933·9	316	101	魚野(100.0), 魚信(10.5), 米屋近松(10.5), 平塚(8.8), 新三浦(8.79), 若狭屋(6.75), 梅の井(6.4), 森田玉子代(6.2), 葛城風呂修繕(6.0)
1933·10	628	101	地租(361.78), 電話料(21.72), 田辺(16.8), 梅の井(15.05), 米屋近松(10.74), 名倉(10.7), 醬油店近新(7.9), 魚信(7.6), 植物病院(7.45)
1933·11	1,040	101	家屋税(347.23), 水面使用料(135.0), 永記洋服代(202.0), 大藤(48.76), 村田屋洋服店(45.0), 瓢樹(25.0), 米屋近松(16,34), 魚信(15.15), 田辺自動車代(14.5), 梅の井(11.8), いづ宇(11.4)
1933·12	1,544	120	瓦斯代(18.05), 水道料(21.28), 高島屋(778.66), 瓢樹(106.1), 魚野(100.0), 上田(電気店, 59.5), 通屋(38.8), 名倉(28.6), 村田堂(26.0), 安崎(17.0), 大丸商品券(15.15), 花屋松本(14.65), 魚信(14.65)
1934·1	633	116	宅地租·家屋税(435.89), 電話料(23.45), 名倉(15.3), 三越(7.4)
1934·2	192	116	梅の井(10.95), 名倉(7.8), 醬油店近新(7.3), いづ宇(6.9), 笹屋(6.12)
1934·3	258	101	松本(67.5), 瓦屋森田(17.37), 名倉(10.15), 醬油店近新(7.3), 笹屋(7.03)

(出所)大正13年8月「小遣帳」, 昭和3年9月「月末金銭出納控」(以上, 阿部市太郎家文書A-214·148)より作成.

(注)前述のように, 阿部市太郎家京都別邸の家計帳簿は, 月末の出納のみを記した帳簿とそれ以外の通常の出納を記した帳簿からなり, 本表は前者の帳簿から作成した. よって表81·83と本表の内容は重ならない. 4年おきに1925年4月, 29年4月, 33年4月からの1年分をそれぞれ示した. 京都別邸で雇われた使用人が2~3名おり, 月末に月給が支払われたので, それを欄を設けて示した. 支出先の職業で表中に示さなかったものを列挙すると, 瓢樹·魚信·いづ宇·柿伝はいずれも料理屋で, 高島屋·三越·大丸はそれぞれ百貨店と考えられる.

表83　阿部市太郎家京都別邸各月末家計支出の内訳　（単位:円）

年月末	支出額	雇人月給	主要支出先
1925・4	777	97	家屋税(355.44),電話料(11.25),水道料(1.95),毎日新聞(1.0),瓢樹(88.5),常屋(50.6),魚信(31.0),米屋近松(29.1),いづ宇(20.7),植物病院(16.4),杉村屋洋反物(14.94)
1925・5	325	89	瓦屋森田(78.0),魚信(50.9),米屋大西(18.8),堀写真館(16.0),植物病院(13.8),いづ宇(11.5),米屋近松(9.4),大工橋本(9.04)
1925・6	224	67	魚信(34.5),大工橋本(24.65),米屋大西(24.0),松屋(18.9),竹太(10.4),植物病院(9.0),いづ宇(9.0)
1925・7	300	67	魚信(42.0),花文(41.39),植物病院(22.9),米屋大西(20.0),畳屋竹中(14.0),西田藤吉(手伝,9.9),いづ宇(6.55),梅の井(4.2)
1925・8	608	67	今井信吉(254.5),花文市田(100.0),いづ宇(38.8),花屋松本(32.5),醤油店近新(22.09),魚信(13.5),瓦屋森田(11.6),米屋近松(10.4),米屋大西(10.2),梅の井(10.2)
1925・9	547	67	花文(232.0),瓢樹(112.0),左官石田(23.0),大工橋本(19.9),電気屋山本(19.3),米屋大西(15.9),魚信(15.35),米屋近松(10.2),いづ宇(9.9)
1925・10	655	67	家屋税(355.37),毎日新聞(1.0),建具屋黒田(118.0),松屋菓子店(56.5),美箸屋久保田(21.38),米屋近松(10.2),梅の井(5.4),醤油店近新(4.6)
1925・11	391	67	書生学資金(130.0),毎日新聞(1.0),花文(46.15),漬物屋大藤(31.3),魚信(31.25),杉村屋(26.25),米屋近松(19.71),いづ宇(10.5),植物病院(10.0)
1925・12	568	56	書生学資金(130.0),毎日新聞(1.0),高島屋(164.5),植物病院(36.1),魚信(33.0),大藤(22.95),米屋近松(19.55),醤油店近新(17.4),いづ宇(12.0)
1926・1	1,061	60	家屋税・宅地租(559.44),電話料(10.98),書生学資金(130.0),毎日新聞(1.0),松本卯之助(69.25),米屋近松(26.4),瓢樹(25.0),いづ宇(15.0),鎰屋(14.8),魚信(12.65),田辺自動車(11.25)
1926・2	477	67	書生学資金(130.0),米屋近松(25.8),魚信(22.95),杉村屋ネル代(19.6),いづ宇(13.65),松屋菓子代(11.1),植物病院(10.0),花屋松本(9.75),梅の井(9.0),材木屋田中(6.95)
1926・3	919	72	花屋松本(370.65),宮崎道具店(107.5),魚信(52.4),洗屋森慶蔵(52.0),大工橋本(37.76),三宅機器店(37.0),西田藤吉(手伝,29.5),米屋近松(25.95),高島屋(20.5),いづ宇(17.8),梅の井(12.3)
1929・4	911	86	書生学資金(88.0),須賀商会清水橋費(500.0),柿伝(62.0),機屋宮川(25.67),植物病院(24.6),杉村屋(18.97),いづ宇(16.9),みかわ屋洋服代(14.7),米屋近松(14.24)
1929・5	325	86	書生学資金(40.0),魚信(61.95),植物病院(32.15),堀写真館(19.0),醤油店近新(17.68),瓢樹(15.0),米屋近松(14.35),畳屋竹中(13.65)
1929・6	612	60	書生学資金(80.0),須賀商会(343.0),花屋松本(25.75),米屋近松(21.28),瓦屋森田(13.64),魚信(11.5),松屋菓子代(10.0),水道屋大塚(5.89)
1929・7	880	60	家屋税・宅地租(559.54),電話料(19.25),大工橋本(26.35),山中源兵衛御酒入(25.0),植物病院(23.4),魚信(19.2),みかわ屋(12.2),畳屋竹中(12.1),大塚ゴムホース代(11.4)
1929・8	463	75	書生学資金(88.0),水道料(8.91),花屋松本(200.0),植物病院(39.4),醤油店近新(17.0),米屋近松(14.52)
1929・9	200	85	書生学資金(40.0),花屋松本(28.0),魚信(8.8),米屋近松(7.28),いづ宇(6.7),水道屋大塚(6.6),鎰屋(5.2)

姉小路東洞院西入）といずれも阿部家京都別邸のある京都市上京区木屋町の近くであった。[21]その一方で、一九二五年一二月に高島屋（烏丸高辻下）に約一六五円の支払い、三三年一二月に高島屋に約七七九円の支払いと百貨店への支払いが年末にみられたが、前章の永田家の事例のように、衣料品購入先のかなりの部分を高島屋が占めることはなく、杉村屋甚兵衛（四条麩屋町）から一九二五年四月に洋反物を約一五円、一一月に品名は不明だが約二六円、二六年二月にネルを約二〇円購入し、村田屋洋服店から一九三〇年三月に四二円、三三年も六月に約二六円、一一月に四五円と購入した。特に一九三三年には、永記（洋服店、河原町御池下）から頻繁に洋服を購入し、三越や大丸を含めても百貨店からの購入頻度は少なかった。

2　日誌からみる京都別邸の生活世界

京都別邸には家計帳簿とあわせて「日誌」も残されているので、「日誌」より京都別邸での生活の様子を示したい。取り上げるのは、一九二五（大正一四）年三月～二六年二月の「日誌」[22]で、表82と表83の両方で示した時期である。一九二五年の京都別邸には、差配人の利七と下男の西村などが常駐して管理しており、この「日誌」も管理人が書いたもので、阿部市太郎のことは「日誌」では「御主人様」と記された。表82・83と合わせて一九二五年四月からみていくと、四月九日に京都西大谷にある阿部市太郎家先祖の墓参りのため親戚が三名京都別邸を訪ねたが、その際に京都駅からの往復で電車パスから一人二枚使っているので、電車パスが市電の回数券であることが推測できる。西大谷までの墓参りは定期的に京都別邸の利七が行っており、その度ごとに西大谷までの往復で電車パスから二枚を使用していた。四月一七日には学生が学資金を受け取りに来ているので、阿部市太郎は有望な学生に学費を定期的に渡して支援していた。これが表82や表83にみられる学資金である。四月二二日には、植物病院に依頼して庭木の害虫駆除をしてもらうが、この害虫駆除は定期的に京都別邸から葉書で依頼して、植物病院にしてもらった。

四月二三日に大雨のため邸宅内で修繕が必要かどうかを大工橋本金四郎に調べてもらい、屋根破損のため瓦屋を呼んで修繕の打合せをした。こうした連絡も葉書で行っており、京都別邸には電話が引かれていたものの、当時はまだ電話がそれほど普及していなかったことがうかがわれる。その後五月五日に瓦屋森田常治郎が職人らを連れて修繕のために来邸し、それから数日間は職人が修繕に京都別邸を訪れた。京都別邸ではこれらの職人に「おやつ」を振る舞うが、五月五日はうどん、六日はパン、九日は焼芋、一〇日はパンであり、都市生活にパン食がかなり浸透していた。

光熱費については、電気メーター・瓦斯メーターの検針が定期的にあり、その後電気料金は市役所が、瓦斯料金はガス会社が京都別邸に集金に来て、その都度利七が支払った。それに対し、家屋税・地租などの税金は税務署から通知が来て、それに応じて郵便局から税金を納付した。電話基本料も税金とあわせて郵便局から納付しており、電気料金やガス料金と支払方法が異なった。

小売店に関して「日誌」に記されたのが近新醬油店への醬油の注文で、六月二五日に醬油一樽の注文の葉書を近新醬油店に出し、六月二七日に近新醬油店が醬油一樽を京都別邸に持参し、代わりに空き樽を引き取って空き樽代を近新が京都別邸に支払った。そして夏になると芝生や植木の手入れで花文より職人が来邸し、やはり「おやつ」としてうどんや焼芋を振る舞った。また七月九日に降雨のため土蔵内の湿気を除くために塩化カルシウムを買い求めて配置している。おそらくこの七月の大雨で再び修繕が必要となり、七月一四日に大工橋本と修繕箇所の打合せをして、七月二九日から職人が連日来邸することとなった。この時の「おやつ」は夏でもあり、連日パンが続いた。なお、植木手入れは八月二九日〜九月二二日まで連日のように続けられるが、合計一九日のうち、おやつはパンと「かき餅」がそれぞれ七日と多く、続いて赤芋（薩摩芋）が四日、握り飯が一日であった。

興味深いのが八月八〜一三日に京都別邸に持参された「お中元」である。その内容は、八月八日に庭園師松本が西瓜一個、一〇日に魚信（料理店）が大黒葡萄酒一瓶、一一日に瓢樹（料理店）が奈良漬一包、一三日に花文（市田）が三盆白一箱、一三日に大工橋本がギランサイダー半ダースであった。三盆白はおそらく和三盆の白砂糖のことであろうが、いずれもやや貴重な飲食物であり、洋風の品も垣間見られた。同様に、一二月には「お歳暮」も持参されるが、一四日に魚信が三盆白一箱、二五日に花文も三盆白、二八日に久保田美寿屋が鱒一箱、そして二九日に今井貞次郎と橋本大工が歳暮を持参した。一一月五日には京都でコレラが発生したようで、衛生に関する注意をおそらく利七が組長（町内会か）より受けている。そして年末には下男の交代があり、一二月一七日に下男西村が能登川本家の下男と交代のために退邸し、同日に能登川本家より下男布施が京都別邸に到着した。

一九二六年一〜二月の一番の重要事は当主（阿部市太郎）の入院である。経緯をやや詳しくみると、一月七日に四代当主の妻の父にあたる大津の村田利兵衛が京都別邸に来邸し、住吉の阿部市太郎の居宅に電話をした後、阿部市太郎の診療の件で大学教授辻寛治方へ村田が訪ねた。村田は帰邸後、住吉に電話して打合せ、一月九日に阿部市太郎夫妻が大学病院内辻寛治博士のもとを訪れた(23)。この時は、薬を処方してもらうに止まったようで、下男が薬剤師へ出向いて薬をもらっている。一月一五日に阿部市太郎の妻が村田利兵衛に電話をしているが、これは翌日の茶事のことであったと思われ、一月一六日に本式の茶事が京都別邸で催されて村田も参列している。その後、一月二八日に辻博士より二、三日中に病室があくとの電話が京都別邸にあり、翌二九日にも大学の辻博士より病室が本日空いたから入院するようにとの電話が京都別邸にあった。そこで利七は主人の入院手続きのために大学病院に行き、入院のための料金（一日六円）を一月二九日から三日分支払った（計一八円）。一月三〇日と三一日は入院室掃除のため下男布施が大学病院へ行き、二月二日に主人が大学病院に入院した。翌二月三日から主人は、日中は運動のため外出し、京都別邸にも立ち寄り、夕方に病院に戻る生活を続け、三月二日にようやく退院した。

全体として、京都別邸での生活世界は、洋風な要素を感じさせつつも昔ながらの慣習が残っていた。「中元」や「歳暮」の慣習は現代にまで続くものでもあり、その中身も葡萄酒やサイダーが用いられると同時に、和三盆の砂糖も人気があったようである。「おやつ」もパンとかき餅が交互に出され、和洋両用が京都の都市生活にみられた。

3　一九三〇年代の動向

続いて、一九三〇年代の京都別邸の様相を検討する。月末払いではない通常の支払いでは、一九三〇年代になると二〇年代とかなり変化がみられた。表84をみよう。光熱費では電灯料に電熱料があわせて支払われるようになり、電気熱エネルギーが生活のなかで使用されるようになった。一九三三（昭和八）年七月に六円で料理器を購入しているが、こうした電熱は料理に使われるようになったと思われる。電気料金の支払いが増加した一方で瓦斯代の支払いは一九二〇年代とあまり変わらず、家庭内エネルギーの中心が次第に電気に変わった様子がうかがわれる。自転車税を納め自動車代を支出し、比較的高額の図書セットを購入するなど文化的生活の側面がみられ、都市生活ならではと思われる。一方、洋服がかなり日常でも使われるに至り、一九三三年は毎月のように洋服洗濯代が大丸に支払われた。百貨店からの衣類の購入は頻繁ではなかったが、洋服洗濯のような技術は百貨店に頼っていたと考えられる(24)。

一九三七年になると日中戦争の影響が家計のなかにもみられる。出征兵士への餞別や救世軍への寄付、軍人後援会への会費支払いがみられ、参詣や香謝なども確認される。またこの年は病人が発生したと考えられ、四～六月にかけて医師への支払いが約九〇円に上った。一九四一年には食糧配給制度が行われ、これまでのように小売店から「付け」で購入して月末に清算する方法ではなく、その都度配給切符を利用して購入するに至った。主な購入品は米、炭、

（単位:円）

花の会費	美術大観	その他主要支出
1.8	5.0	借地料(411.28)，正福寺知合会会費(12.0)，自転車税(2.35)，煙突掃除器(1.0)
1.8	5.0	飼犬料(2.37)，ちまき(1.3)，障子張替紙(1.25)，薬代(1.2)
1.8	5.0	茶道月報(2.25)，洋服洗濯大丸(1.5)，靴修繕(1.5)
1.8	5.0	畳屋祝儀(7.5)，料理器試験料(6.0)，洋服洗濯大丸(6.0)，大阪談話会費(3.0)
1.8	5.0	大丸商品券(15.15)，自動車代(10.0)，大工ほか祝儀(10.0)，洋服洗濯大丸(2.4)
1.8	5.0	家屋税(211.59)，瓦斯工事(11.41)，洋服洗濯大丸(1.2)，月餅(1.1)
1.8	5.0	美術工業篇(4.7)，洋服洗濯大丸(3.0)
1.8	5.0	防虫剤(5.54)，香謝(5.0)，漬物(3.15)，美濃紙(2.54)，洋服洗濯大丸(1.5)
1.8	5.0	竹籠(7.8)，鳩居堂(2.06)
1.8	5.0	正福寺知合会会費(12.0)，大阪談話会費(3.0)，ラジオ電球取替(2.5)，正月餅(2.15)
1.8	5.0	茶道月報(5.0)，時計修繕(1.0)，牛肉(0.9)
1.8		香謝(5.0)，美術図録(4.7)

その他主要支出
借地料・宅地租(416.28)，道路舗装(93.0)，相続税(39.72)，医師菓子料(6.0)
医師薬療代(46.0)，掃除祝儀(4.5)，医師菓子料(2.0)，心付(2.0)
医師薬代(36.0)，大阪談話会費(3.0)
佃煮(5.65)，御神酒(3.0)
出征餞別(13.0)，正福寺知合会会費(12.0)，花屋祝儀(5.0)，墓守祝儀(3.0)
参詣香料(5.0)，出征餞別(3.0)，名刺200枚(2.1)，後援会費(2.0)
防虫粉(2.5)，慰問袋(1.5)，菓子代(1.05)，救世軍寄付(1.0)，月餅ほか(1.0)
光寿会費(10.0)，香謝(5.0)，軍人後援会費(4.0)，隣家葬儀(2.0)，更生会寄付(1.0)
香謝(10.0)，花屋祝儀(5.0)，大根25把(4.5)，墓守祝儀(3.0)，大阪談話会費(3.0)，軍人後援会費(2.0)
正福寺知合会会費(12.0)，いろは餅(8.1)，隣家葬儀(5.0)，軍人後援会費(2.0)
参詣香料(5.0)，軍人後援会費(2.0)，自動車代(1.2)，菓子代(1.0)
運送店支払(2.8)，自転車修繕(2.25)，軍人後援会費(2.0)，庭園掃除用箱(1.0)，救世軍寄付(1.0)

配給米	配給炭	その他主要支出
13.4		借地料(416.25)，芝刈ハサミ(3.0)，自転車税(2.42)，台所時計修繕(1.3)
19.3		薬療費(3.28)，蒲鉾(2.5)，小麦配給袋(1.5)，サイダー(1.26)，味の素(0.65)
27.4		ちまき(8.82)，写真代(4.04)，サイダー(3.78)，玉子(1.97)，佃煮(1.36)，牛肉(1.0)
12.7	6.2	畳屋祝儀(7.0)，御神酒(3.0)，サイダー(2.52)，荷物送料(1.35)，素麺(1.0)
11.3	3.1	防虫粉(5.0)，植木屋祝儀(5.0)，墓守祝儀(3.0)，サイダー(2.52)，菓子(1.5)
13.2	9.6	菓子(7.17)，本山香料(5.0)，防虫粉(4.0)，味醂(3.18)，サイダー(1.26)，蒲鉾(1.25)
11.9		光寿会費(10.0)，味噌(7.6)，菓子(6.67)，防虫粉(6.45)，籠(3.3)
10.3	2.4	貯蓄債券(30.0)，菓子(10.7)，鰹節(3.02)，蒲鉾(2.28)，味醂(2.14)，味噌(1.5)
14.0	8.8	菓子(17.75)，植木屋祝儀(10.0)，防空紙(7.0)，味噌(4.0)，炭米袋(1.5)
13.0		菓子(10.8)，柳行李(7.95)，ライオン歯磨(2.32)，溜(1.35)，茶(1.3)，粉石鹸(1.05)
11.6	7.2	ツルベ1組(7.25)，植木屋餞別(5.0)，木炭(3.59)，防空用紙(3.51)，落シ紙(2.9)
13.2	5.2	炭団(17.5)，佃煮(14.0)，魚(8.72)，寒天(4.2)，昆布(1.5)，蒲鉾(1.2)

年1月「金銭出納簿」(以上，阿部市太郎家文書A-168・169・170・171)より作成.
金銭出入合計，および主要な支出内容について示した．差引欄の△は収入より支出が多い場合をる．項目の「美術大観」は阿部家が購入した図書シリーズ.

表 84　阿部市太郎家京都別邸家計支出の内訳 2（1933~42 年）

年月	入	出	差引	瓦斯代	電灯･電熱	電話料	水道料	旅費	市電	町会費	新聞代
1933･4	517	517	0	9.2	28.3	[2.6]				2.8	1.8
1933･5	82	80	2	16.3	21.2	[2.1]		3.2		2.8	1.8
1933･6	81	56	25	7.5	15.0	[3.6]				2.8	1.8
1933･7	137	119	18	7.7	14.7	[2.3]				2.8	2.5
1933･8	115	112	3	0.8	14.7	[2.0]					2.5
1933･9	308	298	10	14.5	19.1	[2.5]				2.8	2.5
1933･10	82	64	18	8.0	17.2	[1.4]				2.8	2.5
1933･11	101	78	23	8.3	21.3	[2.1]				2.8	2.5
1933･12	84	84	0	11.3	21.0	[3.1]		2.5		2.8	2.5
1934･1	101	93	8		31.7	[3.3]		8.4		2.8	2.5
1934･2	85	85	0	15.4	34.0	[0.5]		2.0		2.8	2.5
1934･3	103	103	0	19.1	38.9	[0.6]		3.9		2.8	2.5
年月	入	出	差引	瓦斯代	電灯･電熱	電話料	水道料	旅費	市電	町会費	新聞代
1937･4	615	601	14	12.5		[0.6]	1.3	2.0	1.0	4.7	1.8
1937･5	109	92	17	15.0		[0.9]		5.8	1.0	1.0	
1937･6	39	24	15	18.1	14.6	[0.8]	5.9	4.5	2.0	1.0	1.8
1937･7	72	71	1	4.7	14.6	18.1		3.5		8.4	1.2
1937･8	81	80	1	5.4	14.3		6.0		1.0	4.7	
1937･9	85	50	35	4.6	14.3	[1.0]		4.8		4.7	
1937･10	61	60	1		14.3	13.5	7.6		1.1	1.0	1.2
1937･11	57	57	0		14.3	[2.4]		4.2	1.0	3.7	
1937･12	79	65	14		14.2	[1.1]	3.2	2.9		3.7	
1938･1	78	70	8		17.3	13.9		6.0	1.0	3.7	2.2
1938･2	48	42	6		17.3		2.0			3.7	1.2
1938･3	89	86	3		17.3			2.0		3.7	
年月	入	出	差引	瓦斯代	電灯･電熱	電話料	水道料	旅費	市電	町会費	新聞代
1941･4	550	546	4		14.1	16.9	9.8	3.0	1.1	19.0	1.2
1941･5	123	128	△5		14.1	[2.7]		5.6	1.0	18.5	2.4
1941･6	160	160	0		14.1	[4.3]	4.2	8.0	3.0	18.5	2.4
1941･7	177	229	△52		15.0	28.5	1.9	3.8		18.5	1.4
1941･8	122	122	0		14.1	[3.6]	2.0	3.6	2.0	18.5	1.4
1941･9	166	159	7		14.2	[4.1]	3.1	3.1	1.0	18.5	2.4
1941･10	183	183	0		14.1	16.2	9.9	7.9	1.0	18.5	2.4
1941･11	152	148	4		13.4	[4.1]		3.5	2.0	18.5	2.4
1941･12	210	115	95	8.7	14.3	[4.7]	5.0	16.0	1.0	18.5	2.4
1942･1	145	143	2		15.9	17.7		15.2	1.0	18.5	2.4
1942･2	155	151	4		14.5	[2.3]	1.0	11.5	4.0	18.5	2.4
1942･3	157	145	12		14.5	[1.5]	2.1	5.8		18.5	2.4

(出所)昭和6年7月「小遣出納簿」,昭和8年9月「金銭出納簿」,昭和11年3月「金銭出納簿」,昭和14

(注)表82に引き続き1933年4月,37年4月,41年4月からの1年分についてそれぞれ金銭出納帳より,

示す.電話料欄の[ ]内は市外通話料.項目の「花の会費」は花屋の顧客会員のことと思われ

サイダー、蒲鉾、味噌、味醂などで、菓子の購入が多く、土産物などに用いられたと考えられるが、これも都市生活の特徴といえよう。そして、防空・防災などで町内会の役割が高まったと考えられ、町会費が急増した。

一九三〇年代には、京都別邸の「日誌」のみでなく、兵庫県武庫郡夙川の阿部市太郎家の居宅（一九三〇年頃に前述の住吉より転居）での「日誌」も残されており、記述からみてそれは阿部市太郎の妻が記載していたと考えられる。記述はそれほど詳しくないが、外出の記録が主に記されており、そのなかで娯楽に関するものを表85にまとめ、三〇年代の阿部市太郎家の夙川宅の生活の諸相を考察する。残されている「日誌」は、一九三〇年八月〜三一年七月と三七年八月〜三八年七月であるが、三〇年の娯楽の中心は、野球などのスポーツ観戦、観劇、そして百貨店での買物であった。居宅の夙川が甲子園球場に近いこともあり、一九三〇年八月は連日甲子園に野球観戦に行き、一一月には早慶戦やラグビーの観戦にも訪れた。観劇では、夙川が阪急電鉄沿線にあったことから、阪急電鉄が沿線に開発したレジャー施設の宝塚を訪れることが多く、大阪の中座、京都の南座など大阪や京都に出かけて観劇することも多かった。観劇した演目は、宝塚歌劇、松竹歌劇、曽我廼家一座の劇、歌舞伎など多様であった。阿部市太郎家は京都にも別邸があったため、当主や家族が京都へ行くことが多く、観劇の機会は自然と多くなった。また百貨店での買物は、夙川が大阪と神戸の中間に位置したことから、主に大阪と神戸の百貨店での買物が中心で、阪急沿線でもあったのでターミナルデパートの阪急百貨店での買物も頻繁にみられた。前述の京都別邸は百貨店の利用は少なかったが、阿部市太郎家が百貨店文化と疎遠であったわけではなく、夙川居宅での生活は百貨店文化の影響を強く受けていたといえる。阪急電鉄の創始者の小林一三が考えた鉄道と娯楽と買物を組み合わせた文化圏に阿部市太郎一家は居住しており、一九二〇年代に阪急電鉄が大阪─神戸、大阪─宝塚、西宮─宝塚を結んでおり[25]、阿部市太郎家の行動範囲も阪急沿線が中心であった。その意味で阿部市太郎家は阪急文化圏の生活を体現していたといえる[26]。もちろんこうした都市文化の

表85　1930年代阿部市太郎家夙川宅の日記にみる娯楽

年月	日付と内容
1930·8	5日小学校水泳大会,6·13·14·18·19·20日甲子園野球見物,19日大丸買物,22日東京方面旅行,25日宝塚観劇,29日島巡り
1930·9	5日中座観劇,6日宝塚夜の部,活動写真見物,16日大丸買物,19日野球,21日御陵参り(奈良県),24日博覧会·大阪百貨店,26日神戸松竹観劇
1930·10	3日大阪三越三彩会,5日大津三井寺行,9·23日大丸買物,9日松竹観劇,12日宝塚行·博覧会見物,13日浪花座観劇,15日御茶稽古(大津),17日オートバイに乗る,18日中座観劇,21日南座雪舟観劇,26日観艦式(吉野丸),29日武庫郡体育大会
1930·11	3日無声会(赤穂),4日早慶戦,8·22日御茶事,14日中座観劇,16·19·20·21·22日大丸買物(大阪·神戸),29日南座観劇,30日ラグビー観戦
1930·12	2日歓見吉見劇,3日御茶事,6日曽我廼家観劇,19日クラス会,23·27日大丸買物(大阪)
1931·1	1日清水神社参詣,14日甲子園ホテルにて新年会,20日中座観劇,21日神戸大丸買物
1931·2	11日大阪買物(大丸·阪急),12日六甲登山,14日阪急へ買物,23日御茶事
1931·3	15日大丸流行会,15·22日甲子園行,16日宝塚猿之助劇,19日阪急にて買物,21日信州方面へスキー,24日大阪へ買物
1931·4	2日甲子園·大阪行,4日クラス会,12日大津へ桜花見,20日観桜会,21日買物·歌舞伎観劇,25日京都嵐山観光
1931·5	2日阪急·白木屋·丸善など買物,5日京都南座雪舟劇観劇,6·24·28日大丸買物,10日バザー·三越買物,12·22·26日御茶事,16日松竹レビュー(大阪),30日神戸三越行
1931·6	2日南座観劇,5·23日御茶事,7日阪急にて買物,17日三越買物·中座観劇,26日大丸買物·松竹観劇,29日洋画入札展覧会
1931·7	3·11日御茶事,4日大丸立ち寄る,5日阪急にて買物,14·16日水泳,23日大阪へ買物,28日甲子園野球見物
1937·8	2日甲子園·水泳,11日中元大丸買物,16·22日アラスカにて食事(大阪),17日宝塚行,18日西宮劇場にて映画,25日叡山ホテル泊,29日六甲山行
1937·9	6日阪急会館へ,10日大丸へ,17日大阪へ買物,23日つばき会·野球,26日ハイキング
1937·10	1日謡,2日ニュース(映画)を見る,6日阪急へ,9日朝日会館で新響音楽会,10日ハイキング,12日三越へ,15日アラスカにて夕食,19日墓参り(大津)
1937·11	2日三越へ,4日阪急買物,7日有馬へ,10·11·18日御茶事,12日松竹座,14日京都へドライブ,15日自動車で神社参詣,17日大丸へ
1937·12	14日つばき会納め,17日三越へ,22日謡稽古納め
1938·1	4日アラスカにて昼食,23日大丸へ,24日髪洗い·パーマネントかけ,27日神戸阪急会館にてオーケストラ
1938·2	13日ドライブ,19日大丸へ,23日御茶事,27日南郷山散歩·有馬行
1938·3	1日大丸·阪急へ,2·16日三越へ,3日ロッパ(劇)へ,5日阪急買物,16日御茶の稽古,20日京都滞在,23·30日御茶事
1938·4	3日京都方面花見·夕食琵琶湖ホテル,4日奈良立ち寄る,6日夕食吉兆,7日御茶事,17日京都大徳寺へ,24日皇陵巡拝会,26日靖国神社大祭
1938·5	7日婚礼記念会(甲子園ホテル),21日好話会,30日伊勢神社参拝
1938·6	14日好話会,19日皇陵巡拝会

(出所)「[日誌](昭和5年8月~昭和6年7月)」,「[日誌](昭和12年8月~昭和13年7月)」(以上,阿部市太郎家文書A-220·221)より作成.

(注)1930年代の阿部市太郎家の居宅は兵庫県夙川にあったが,そこでの様子を当主の妻が記した日誌と考えられる.そのなかより,当主とその家族が参加·体験した行事や娯楽を挙げた.

みでなく、阿部市太郎家は遠出もしており、一九三〇～三一年には東京方面に旅行したり、奈良県の天皇陵を巡る観光や信州方面へのスキーも楽しんだ。

一九三七～三八年も百貨店での買物は続けられたが、日中戦争下のこともありスポーツ観戦は少なくなり、観劇の内容は映画・コンサートなどへと様変わりした。そして遠出の内容に、やや国策の影響が垣間見られるようになった。すなわち、戦時期になると国家は、国民の体力増強のためにハイキングを奨励するようになるとともに、天皇制への忠誠心を高めるために天皇にゆかりのある場所への参詣を推奨するようになる(27)。一九三八年になると、阿部市太郎家も当主が皇陵巡拝会に参加したり、伊勢神宮を参拝したりするようになった。もっともその一方で、御茶会を定期的に開催したり、回数は少なくなったといえ観劇も続けており、娯楽を享受し続けた姿もうかがえた。

三　阿部家の寄付活動・慶弔行事と地域社会

冒頭で述べたように、近江商人には「社会奉仕」の精神があったとされてきたが、阿部市太郎家の場合も積極的に寄付活動を行った。表86をみよう。一八七〇～一九一〇年代の阿部市太郎家の寄付活動の中心は災害による窮民支援と教育インフラの整備であった。その範囲として基本的には周辺村落に対して多いが、濃尾地震、奥州地方の津波や富山県の火災など遠方の地震災害への義損金の拠出もみられた。前述のように愛知県・東北地方・富山県は阿部市太郎家の主要な商業取引先であり、遠隔地でも商業経営のつながりが深かった地域へは災害義捐金を贈っていた。教育では、出身地元での学校設立への寄付が一八七〇～九〇年代は多いが、一九〇〇年代以降は高等教育機関の整備への寄付がみられるようになり、特に家業の商業に関連して商業学校設立・維持に多額の寄付を行った。前章の永田家も

表86　阿部市太郎家の寄付・救済活動一覧（1870~1910年代）　（単位：円）

年月	金額	内容
1874	220	学資等篤志金
1876	320	学校新増築費出金
1877・11	101	当主古稀祝に際し，村内貧家67軒に1円50銭ずつ配る
1878・8	30	能登川村火災への見舞金
1878・10	30	滋賀県愛知郡川原村火災への見舞金
1879・9	150	米価高騰による伊庭村窮民のため配布
1879・9	白米129俵	米価高騰による能登川村ほか近隣村窮民のため配布
1880・5	80	愛知川橋梁修繕のため拠出
1882・8	322	自村の土橋の復旧費用拠出
1884・12	50	滋賀県神崎郡今村火災への見舞金
1884・12	50	愛知川警察署新築につき拠出
1885・8	500	洪水と物価低落による近隣村への窮民救助金（市郎兵衛家350円・市太郎家150円）
1887・7	65	神崎郡・愛知郡役所新築費として寄付
1887・7	5,000	海防費献金
1888・3	42	八日市警察署新築費として寄付
1888・4	250	滋賀県庁舎新築費として寄付
1888・10	30	朝鮮人街道能登川地内道路修繕費拠出
1888・10	10	滋賀県尚武義会義損金
1889・2	15	能登川村電信局新設に付き篤志
1889・4	25	神崎・愛知慈善会篤志
1889・8	50	大和地方・紀州地方大洪水への救助金
1890・8	50	米価騰貴・湖水渇水による湖岸村窮民のため配布
1891・10	10	愛知川御幸橋陥落災害救助金
1891・11	50	濃尾地震救済への義損金（30円岐阜県，20円愛知県）
1892・5	28	能登川村学校増築費として篤志
1892・8	15	岡山県水害に付き救恤義損金
1892・11	50	簗瀬街道修築費として義損金
1893・5	50	能登川村電信局設置に付き修繕費寄付
1894・9	35	日本赤十字社へ篤志
1894・10	44	恤兵部へ寄送
1894・11	50	軍事費へ献納
1894・12	25	神崎郡栗見新田村火災への見舞金
1895	150	京都遷都千百年記念祭につき篤志
1895・9	75	滋賀県浅井郡の水害救助金
1895・12	玄米100俵	当主死去の際に、周辺5ケ村の貧民に分与
1895・12	32	種村火災への見舞金
1896・1	15	愛知郡愛知川村火災への見舞金
1896・2	7	屏風村寺火災につき篤志
1896・7	100	奥州地方大津波災害に対する義損金
1896・8	700	水害救助金（周辺村落および県下一円）
1898・4	200	慶應義塾の基本金として寄付
1899	20	神崎郡新田村火災への見舞金

1899	180	富山県富山市·高岡市火災への義損金(富山市へ30円·高岡市へ50円ほか)
1900·10	175	日本赤十字社へ義損金
1901	245	火葬場·式場建物建築費出費(阿部本家と共同に際し市太郎家分担金)
1902·3	20	青森県下軍人大半凍死に付き義損金
1903	50	凶作に苦しむ青森県下に贈与
1904	1,251	軍事関係献金(5ケ年賦)
1904	150	還暦祝につき能登川村基本財産として寄付
1905	5,000	西本願寺慈善財団へ寄付
1906	250	能登川村巡査所新築費として寄付
1906	500	日本赤十字社へ寄付
1908	200	義勇艦隊寄付金として献納(軍事公債)
1908·12	50	釋妙素50回忌に際し能登川村学校へ寄付
1909·2	1,000	神崎郡立実業学校建設費として寄付
1909·6	250	能登川村役場新築に付き出費
1909·8	300	滋賀県湖北震災への救助義損金
1909·12	500	日本赤十字社へ寄付
1910·3, 9	200	能登川村役場新築に付き出費
1910·9	300	市太郎古稀祝として贈与(能登川村へ150円, 学校へ150円)
1910·8	10,000	済生会へ寄付
1911·6	150	神崎郡に工業試験所設置費として寄付
1916·2	150	相愛女学校建築費として寄付
1917·5	2,000	私立甲南小学校寄付
1917·12	10,000	私立大阪商業学校へ維持費として寄付
1918·4	3,000	滋賀県育英資金として寄付
1918·8	20,000	米騒動の際の米穀廉売資金(周辺村落へ5,000円と大阪市へ15,000円)
1918·10	500	神崎郡八日市に陸軍飛行場設置につき寄付
1919·1	10,000	私立甲南中学校設立資金として寄付
1919·5	500	東京医学校へ寄付
1919·6	500	熊本のリデル嬢癩病院へ寄付
1919·8	20,000	先代当主25回忌に際し, 能登川村教育費補助·同村吏員生活費補助として寄付
1919·11	10,000	国立高等商業学校設立準備資金として彦根町へ寄付
1919·12	500	京都市銅陀小学校へ寄付
1919·12	1,000	先代当主25回忌に際し, 能登川(700円)·伊庭(200円)·五峯(100円)各小学校へ寄付

(出所)文久元年「記録帳」(阿部市太郎家文書A-110)および表88より作成.

(注)1918年の大阪市への米穀廉売資金寄付および19年の能登川村教育費補助·同村吏員生活費補助は阿部市太郎と阿部房次郎の連名. 寺社への個人的な献金や布施は除いた. なお1898年の慶應義塾への寄付は房次郎が慶應義塾本科の卒業生であったからと思われる(三田商業研究会編『慶應義塾出身名流列伝』実業之世界社, 1909年, 727～728頁).

教育関連への寄付は多かったが、それは小学校教育中心であった。阿部家は事業の拠点を大阪にも置いたため、大阪商業学校の維持費にかなりの寄付を行うとともに、高等商業学校を地元滋賀県の彦根に誘致するために多額の資金を拠出した。永田家が農林学校への寄付を続けたように、地方資産家にとって家業に関連する教育機関が地元にあることを重視していたと考えられる。それ以外の教育関連の寄付は、房次郎の母校慶應義塾への寄付や、兵庫県住吉居宅や京都別邸の近くの小学校・中学校への寄付もみられ、これらは自家の生活環境とも関連する寄付でもあった。

宗教に関連しては西本願寺慈善財団の寄付がみられ、当主死去の際や当主五回忌の際に、能登川周辺村落の貧民への施米や教育関係の多額の寄付が行われた。弔事のみでなく、当主の還暦祝で一九〇四（明治三七）年に能登川村基本財産として一五〇円が寄付されており、前章の永田家や前々章の小栗家と同様に、阿部家の慶弔行事と地域社会への寄付活動は深く関連していた。実際、市太郎家の事業活動は、一九一〇年代後半は完全に大阪へ移り、市太郎家は兵庫県住吉に居宅を移すが、二〇年代前半まで法事は能登川で行っており、その都度能登川周辺村落への寄付が行われていた。特に重要なのが、一九一九（大正八）年の先代当主の五回忌法要の際に行われた能登川村の教育費補助と吏員生活費補助を目的とする二万円の寄付で、近江で事業を行わなくなってからもいかに近江商人が郷土を大切にしていたかがよくうかがわれる。事業の拠点を大阪へ移してからは大阪もまた阿部市太郎家にとってはもう一つの地元となり、一九一八年の米騒動の際には、米価引き下げのための米買い付け資金として、出身地の能登川村周辺村落のみでなく、大阪市へも多額の寄付をした。これらの地域社会への寄付活動は、一九一〇年代後半には巨額に上り、本家市郎兵衛家も含めて阿部一族に「社会奉仕」の精神は息づいていたといえる。

阿部家と地域社会の関係を二代市太郎の法事から検討する。表87で、一八九五年に亡くなった二代市太郎の一周忌から三三回忌までの状況を一覧した。一八九六年の一周忌では、七軒の寺と隣家五軒、それに三七名の客を招いて行

1911·10(十七回忌·能登川)			1919·12(二十五回忌·能登川)		1927·5(三十三回忌·京都別邸)	
寺 客 家内		5軒 27人 15人	寺 客 家内	6軒 26人 11人	寺 客	4軒 16人
寺名·氏名	所在	内容	寺名·氏名	内容	寺名·氏名	内容
→	伊庭	2円50銭	妙楽寺	10円, 1円(仏料)	→	15円
→	伊庭	1円	→	7円	→	15円
→	伊庭	1円50銭	→	5円	→	15円
→		1円	→	3円		
→	伊庭	1円	→	3円		
	伊庭		→	3円		
→		50銭				
→	能登川	米1升, 金50銭	→	2円, 米5升		
→	能登川	米1升, 金50銭	→	2円, 米5升		
→	伊庭	米1升, 金50銭	→	1円50銭, 米2升		
→	伊庭	米1升, 金50銭	→	1円50銭, 米2升		
→	能登川	米1升, 金50銭	→	1円50銭, 米2升		
	能登川		→	1円50銭, 米2升		
	伊庭		→	2円, 50銭(仏料)		
	能登川				→	15円
→		30銭(仏料)	瑞祥寺	3円		
十王(応)寺	能登川	米1升, 金20銭	→	1円, 米2升		
→		30銭	→	2円		
→	八幡	金1円, 羊羹	→	金3円		
北川小十郎		金20銭, 小豆	→	金50銭	村田慶次郎	金5円
→	伊庭	蠟燭	→	線香, 菓子箱	→	御香, 蒸菓子
→		金50銭	→	金1円, 小豆	→	金1円
→	伊庭	金50銭, 菓子箱	→	線香, 菓子箱	→	御香
→		蠟燭	[illegible]	金3円, 菓子箱	→	ワッフル
滝本		金20銭	伊藤芳太郎	金50銭	→(栄太郎)	金50銭
→		金20銭	岡田与次兵衛	金50銭	石源	金50銭
→		金1円, 菓子箱	→(彦市)	金2円, 菓子箱	西村末次郎	金50銭
岩田源次郎		金20銭	→	金50銭	→	金1円
			→	金50銭	千代	金50銭
→		金30銭	徳永三蔵	金50銭	相阪直二郎	金50銭
→(清七)		金20銭, 小豆	→	金50銭, 菓子箱		
→(安輔)		金30銭	野村鉄	金50銭	→	金1円
→		金50銭, 菓子箱	→	金3円, 菓子箱	同族会	金50円
→		金50銭	→(仐 竹)	金30銭	→	羊羹
→	日枝	金1円	→	金3円, 菓子箱	村田芳之助	金1円
			→	金2円, 菓子箱	川澄修吉	金1円
	五峰		→	金50銭	→	金50銭
→	伊庭	金20銭	→(新次郎)	金50銭	→(新九郎)	金50銭
→		金30銭, 菓子箱	⊕	金3円	→	御香, チョコレート
→		金30銭, 菓子箱	→	金50銭, 菓子箱	→(孝太郎)	金1円
阿部周吉		蠟燭	→	金1円	丸木屋	金50銭
田中七兵衛		金30銭	その他9名計	金1円80銭, 焼羊羹	慶太郎	果物

表 87　阿部家二代市太郎の法事

年月	1896・11（一周忌・能登川）		1897・11（三回忌・能登川）		1901・11（七回忌・能登川）		1907・12（十三回忌・能登川）	
招待人	寺 隣家・客 家内	7軒 5人・37人 17人	寺 隣家・客 家内	6軒 5人・33人 19人	寺 客 家内	6軒 25人 17人	寺 客 家内	6軒 30人 11人
分類	寺名・氏名	内容	寺名・氏名	内容	寺名・氏名	内容	寺名・氏名	内容
御布施	上	1円	→	1円	→	1円50銭	→（妙楽寺）	2円
	西性（照）寺	70銭	→	70銭	→	1円	→	1円50銭
	法光寺	70銭	→	70銭	→	1円	→	1円
	浄教寺	70銭			→	1円	→	1円50銭
	誓教寺	70銭	→	70銭	→	1円	→	1円
	浄福寺	70銭	→	70銭	→	50銭（不参）		
	御仏料	50銭	→	50銭	→	70銭	→	50銭
	能満院	50銭	→	50銭				
	善明寺	30銭	→	30銭	→	50銭		
	大徳寺	30銭	→	30銭	→	50銭		
	正厳寺	30銭	→	30銭	→	50銭		
	妙金剛寺	30銭	→	30銭	→	50銭		
	安楽寺	30銭	→	30銭	→	50銭		
	超光寺	30銭	→	30銭				
	源通寺	20銭	→	20銭（仏料）				
			正福寺	30銭	→	30銭		
			妙光寺	30銭	→	30銭	源正寺	30銭（仏料）
			浄源寺	30銭	→	30銭		
			その他4寺	30銭ずつ	→	30銭ずつ	役僧	50銭
貰い物	曰（西川）	金1円			→	金1円	→	金1円，菓子箱
	𠆢巾	金50銭，椎茸					→	金50銭，干菓子
	西性（照）寺	金30銭，菓子箱	→	金30銭，菓子箱			→	金50銭，羊羹
	浄教寺	金20銭，菓子箱	→	金20銭	→	金30銭，金平糖	→	金30銭，美濃紙
	法光寺	金20銭，菓子箱			→	金30銭，昆布	→	金30銭，巻湯葉
	冈	金20銭，珈琲糖	→	金20銭，菓子箱	→	蠟燭，砂糖箱	→	線香，ビスケット
	宮川彦次郎	金20銭	→	金20銭	→	金30銭		
	大橋利左衛門	金20銭	→	金20銭	→	金15銭		
	宮川源四郎	金5銭	→（彦一郎）	金50銭，菓子箱	→（彦兵衛）	金50銭，菓子箱		
	田中栄次	金5銭	→	金10銭	→	金10銭	匚二	高野豆腐
	田中伊三郎	金5銭	→	金10銭			→	金20銭
	田中長十郎	金5銭，黒豆	→	金5銭，黒豆	→	焼香，蠟燭，砂糖	→	金15銭，線香
	小島新三郎	金5銭	→	金5銭	𠆢キ	蠟燭	富江	白砂糖
	南源兵衛	金5銭	→	金5銭			松村なお	金20銭，白外郎
	𠆢二	蠟燭，氷砂糖	→	蠟燭，砂糖	→	金50銭，蠟燭	→	焼香，白砂糖
	仐	蠟燭	→	蠟燭，菓子箱	→	蠟燭	→	金30銭
	コ	蠟燭	→	金10銭	→	珈琲糖	圣（藤野）	金30銭，白砂糖
	夂二	菓子袋	阿部市蔵	金50銭	㊀	金50銭，菓子箱	→	金1円，栗饅頭
	田中七次	菓子袋	㋭	金30銭，浅草海苔			中井元太郎	金20銭
	𠆢口	菓子袋	→	砂糖	→（平太郎）	砂糖袋	中村金五郎	金10銭
	𠆢大	煉羊羹	→	蠟燭，菓子箱	→	金30銭	→	金30銭，みかん
	乇	砂糖袋	→	菓子箱	→	砂糖袋	澤熊太郎	金30銭，押菓子
	帀	干瓢	→	ぜんまい	→	蒸菓子	山岸吉次郎	金30銭，菓子箱
			阿部彦太郎	金1円	七兵衛	金10銭		

1911·10(十七回忌·能登川)			1919·12(二十五回忌·能登川)		1927·5(三十三回忌·京都別邸)	
→	葉枝見	金20銭	→	金50銭	→	金1円
→		金1円, 菓子箱	伊藤専蔵	金30銭		
→		菓子箱	→	金50銭, 菓子箱	→(弥五郎)	金50銭
→(治三郎)	葉枝見	餅1斗, 米1升	辻太	白米2升	亼	永楽製反鉢
			瑞祥寺	木綿1反	正福寺	永楽製反鉢
→		餅1斗, 米1升	→	木綿1反, 白米2升	仐	永楽製反鉢
→(彦一郎)		餅1斗, 米1升	金五	木綿1反, 白米2升	曰	永楽製反鉢
→		米1升	→	木綿1反, 白米2升	仐	永楽製反鉢
→		米1升	→	白米2升	叾	永楽製反鉢
			伊藤専蔵	白米2升	小野市	永楽製反鉢
→		米1升	玄太郎	木綿1反, 白米2升	大橋	永楽製反鉢
→	五峰	餅1斗, 米1升	丹蔵	木綿1反, 白米2升	村田	永楽製反鉢
→		米1升	→	木綿1反, 白米2升	㊁	永楽製反鉢
			西性(照)寺	木綿1疋	㕚	永楽製反鉢
→		餅1斗, 米1升	→	木綿1疋	伊藤市	永楽製反鉢
村茂		米1升	→	白米2升	㊀	永楽製反鉢
石橋ふさ		餅1斗, 米1升	→	木綿1反, 白米2升	圣	永楽製反鉢
→		米1升	コホ松	木綿1反, 白米2升	㊉	永楽製反鉢
			その他19名	白米2升ずつ	その他10名	永楽製反鉢1個ずつ

愈々重大, 敵機来襲頻々ニシテ警報発令連日ナリ, 物資又相当ニ窮迫シ多人数ノ参詣者ハ困難ト
所在は, 1911年頃の町村名で, 渋谷隆一編『都道府県別資産家地主総覧』滋賀·和歌山編(日本図
料·民俗編(滋賀県東近江市, 2012年)684-686頁などを参照. 五峰村·能登川村·伊庭村は神崎郡, 日
同で行った. 年月欄の括弧書は法事を行った場所. →の後の括弧書は代替わりや姓などの補足情

われた。招かれた寺は七軒であるが布施は能登川地域の寺院一四軒に納められた。阿部家の菩提寺は、伊庭村の妙楽寺であったと思われ、布施の欄は一九〇〇年代までは「上」と記載されている(28)。妙楽寺は浄土真宗本願寺派の寺院で、布施を納めた寺院は法光寺・誓教寺・浄福寺など浄土真宗本願寺派の寺が多かったが、それ以外に地元の寺には宗旨・宗派にかかわらず布施を納めており、例えば能登川村の大徳寺は臨済宗、伊庭村の妙金剛寺は浄土宗であった。天台宗、伊庭村の妙金剛寺は浄土宗であった。もっとも布施の金額には差があり、浄土真宗本願寺派の寺には基本的には七〇銭、他宗旨・他宗派の寺には三〇銭が多かった。おそらく法事に招かれた寺は浄土真宗本願寺派であったと思われ、それらの寺からは香典と菓子箱を阿部家が貰っていた。宗旨・宗派による区別はその後も続き、一九一一年の一七回

（表87の続き）

年月	1896･11（一周忌･能登川）		1897･11（三回忌･能登川）		1901･11（七回忌･能登川）		1907･12（十三回忌･能登川）	
貰い物			阿部市之助	金50銭	辻兼三	金30銭	→（治三郎）	線香
			阿部安次郎	金50銭，栗饅頭				
			庄三郎	金20銭，砂糖	清水庄三郎	菓子箱	→	金50銭，蒸菓子
配り物	辻兼三	米	→	餅米				
	種大利	米	→	餅米			6寺計	金2円80銭
	宮川彦次郎	米	→	餅米				
	宮川彦	米	→	餅米				
	辻五郎次	米	→	米			仐　竹	米1升
	（直）甚六	米	→	米			→	米1升
	餅屋常七	米	→	米			大橋七三郎	米1升
	兼吉	米	→	米			大橋屋敷	米1升
	米金	米	→	米			中井元太郎	米1升
	石橋七三郎	米	七次	米			七次郎	米1升
	イバ由之介	米	→（村田）	米			→（由太郎）	米1升
			浄教寺	餅米（不参ニ付）				
			茂三郎	米			→	米1升
			源四	米			→	米1升
			松次郎	米			→	米1升
	その他2名	米	その他3名	米			その他4名	米1升ずつ

（出所）嘉永5年「法事録」（阿部市太郎家文書A-203）より作成．

（注）二代市太郎の五十回忌が，1944年12月に京都別邸で行われたが，「本年ハ大東亜戦争第三年目ニシテ戦局ナル，為ニ法光寺ノミ参詣ヲ乞ヒ家内丈ニテ相勤ムル事トセリ」とされた．寺名･氏名欄の→は左欄に同じ．書センター，1991年）26-33頁，東近江市能登川の歴史編集委員会編『東近江市史 能登川の歴史』第4巻，資枝村･葉枝見村は愛知郡，八幡町は蒲生郡でいずれも滋賀県．1927年5月の法事は，初代市太郎の百回忌と合報を示す．

忌の際、招かれた寺五軒（妙楽寺・西性寺・法光寺・浄教寺・誓教寺）には一円以上の布施を納める一方、地域の他宗旨・他宗派の寺に米一升と五〇銭を納めた。

法事の際に米を配る習慣が阿部家にもともとあったようで、一八九六年の一周忌から一九一一年の一七回忌まで地域の人々に米を配っていたと考えられる。その配り物の内容が、第一次世界大戦後の一九一九年には木綿と白米の組み合わせになる。おそらく前年の米騒動の影響でコメ不足であったと考えられ、前述のように阿部家は同年に米穀廉売資金として周辺村落へ五〇〇〇円と大阪市へ一万五〇〇〇円を寄付した。その後、一九二七（昭和二）年の三三回忌では配り物の性格が変わり、家業における取引相手に同じ鉢を平等に配った。三三回忌以降の法事は京都別邸で行われるようになり、能登川から京都別邸に法事の場所が変わることで、法事の規模が縮小し香典の内容も変化がみられ、金銭以外に洋風の菓子なども添えられた。とはいえ、京都別邸での三三回忌でも阿部家の出身地である能登川近隣から四軒の寺を招いて行われており、宗教上で出身地元との関係は残されていた。また表の注にあるように五〇回忌が一九四四年に京都別邸で行われたが、太平洋戦争末期のため簡略に出身地元の法光寺のみを招いて家族のみで行った。なお、香典の内容の変化をみると、一九世紀末～二〇世紀初頭までは金銭と品物（蠟燭と菓子）が半々ほどであり、一九〇七年の一三回忌から次第に金銭の割合が増え、一九一九年では香典はほぼ金銭に統一された。しかし金銭とあわせて菓子折を持参した参列者も多く、法事に品物を贈る慣習はそれなりに残されたといえよう。一九二七年の三三回忌の場合は、金銭のみで納める人と品物のみを持参する人に明確に分かれた。

一方、慶事の際の阿部家の贈答を表88からみると、祝う内容によって贈答品の種類が異なった。古稀の際は酒や松魚が多く、婚礼の際は金銭・扇子・美濃紙が主な祝物であり、出産の際は衣類・菓子が多かった。ライフサイクルに応じて、各時期に必要なものが慶事の際に贈り物として選ばれ、金銭よりも品物で贈る傾向が強かった。そして阿部家は慶事の際にも地域住民に金銭や食べ物を配っており、一八七七年の古稀祝の際には米や金銭を三〇〇軒あまりに配り、一九〇九年も餅米や蒸し物を百数十軒に配った。一九一七年の出産祝では、祝品を貰った相手がそれほど多くなく、返礼を兼ねてそれらの家々に同年末に歳暮品を贈った。一九世紀末から歳暮品の贈与を始めた小栗家は、当初は同じ種類のモノを贈ったが、一九一〇年代前半にその贈り先軒数が増えるとともに相手によって贈る品目を変えるようになった（第六章）。阿部家の場合も相手によって歳暮品の内容を変えており、祝品への返礼の意味が大きかった。

表 88　阿部市太郎家慶事の贈答

種類	数量	人数
1877年の古稀祝貰い物		
金銭	1円30銭と700疋	8
酒	8升	4
菓子	3箱	3
松魚	26本	2
末廣	5本	1
真綿	4袋	1
美濃紙	2帖	1
縮緬襦袢	1つ	1
胴服	1つ	1
結まわし	1つ	1
棒鱈	1つ	1
扇子	1箱	1
相馬焼急須	1つ	1
相馬焼茶碗	1つ	1
1909年の婚礼祝貰い物		
金銭	36円50銭	16
扇子	15箱	15
美濃紙	61帖	14
酒肴料	17円分	7
松魚	2貫640匁と5本	7
真綿	70枚と2円分	4
鴨・鳥	2番と3羽	4
末廣	3台	3
するめ	4把	2
菓子	2箱	2
花司	1斗2升	2
福司	5升	1
玉子	24個	1
永続紙	1,000枚	1
羽二重帯地	1つ	1
縮緬兵児帯	1つ	1
縮緬帛紗	1つ	1
簪	1つ	1
熨斗	1つ	1
亀置物	1つ	1
山芋	1貫700匁	1

種類	数量	人数
1917年の出産祝貰い物		
菓子	6箱	6
御召	1反半	2
鯉・鯛	2枚と1尾	2
大丸切手	5円分	1
モスリン	2丈	1
新銘仙	半反	1
新糸織	1反	1
縮緬友禅	1丈	1
伊勢崎	1枚	1
大島	1丈	1
鴨	1羽	1
味噌	1箱	1
寿司	3人前	1
昆布	1箱	1
水魚	1升	1
カステラ	1箱	1
羊羹	2本	1
羽二重煎餅	1つ	1
貝つかみ	2枚	1
白坂	5枚	1
1917年末歳暮進物		
玉子	80個	3
鰹節	1箱と6本	2
びん入	6本	2
鱈漬	2桶	2
鴨	1羽	1
鰤	1本	1
味噌漬	3円分	1
菓子	1箱	1
羊羹	2本	1
敷島	400本	1
砂糖	3斤	1
石鹸	1ダース	1
櫛	1箱	1
羽子板	1つ	1

(出所)明治10年「古稀祝記録」, 明治42年「婚礼祝江州地方受納帳」, 大正6年「三男睦介出産祝控帳」(阿部市太郎家文書A-218・194・219)より作成.

(注)1877年は, 地元の人々へ米を256軒に配り, 1円50銭ずつ67軒に配った. 1909年は, 返礼として餅米を99軒, 蒸物を28軒, 猪の子を25軒, 松魚箱を9軒, セルを5軒に配った. 1917年は年末の歳暮品が出産祝の返礼も兼ねたと考えられる. 1909年欄の松魚の数量として他に10円分があった.

おわりに

近江商人のなかで大阪に事業の拠点を移して大阪財界で活躍した一族として能登川の阿部一族は著名である。特に、近代前期には阿部彦太郎が米穀商として活躍するとともに綿紡績業界へも進出して内外綿会社の社長となり、近代後期には前述のように阿部房次郎が東洋紡績社長として大阪財界で重要な地位を占めた。阿部市太郎も、一九一〇年代には完全に大阪に事業の拠点を移し、能登川に本宅を残したものの、居宅は国鉄沿線の住吉（後に阪急沿線の夙川に転居）に置き、別宅を京都に置いた。同じ商家でも、廣海家が貝塚に、小栗家が半田に居宅を置き続けたのと異なり、出身地から離れて生活環境を大都市部に完全に移したのが阿部市太郎家の特徴であった。そして法事も、一九二〇年代後半以降は京都別邸で行った。能登川に居所を置いている間の阿部家は、小栗家と同様に地域社会と深い関係を持ち、多額の寄付を行い続けたことから、収入の多くを貯蓄に回して寄付を通して地域社会に貢献する姿勢をみせ続けた。しかし、大都市部へ移った後の市太郎家の生活は、光熱費の比重の大きい都市的な生活であり、生活用品も瓦斯器具を利用し、交通機関も主に電車を利用するなど、能登川での生活とは大きく変化したと思われる。そして京都市内の京都別邸では都市的な消費文化のなかに位置したゆえに、むしろ無理に百貨店を利用することなく、京都別邸に隣接する商店を主に利用していた。一方、夙川の居宅は、阪急沿線の高級住宅地で交通の便はよいとはいえ大都市の市内に所在したわけではなかったので、娯楽や買物の点で頻繁に大阪市内や神戸市内に出かけ百貨店での買物や観劇を堪能した。

大都市市内に居住の場合と、大都市郊外に居住の場合では、都市文化の消費のあり方に相違があったといえる。その意味では、阪急などの電気鉄道会社の住宅地開発が進展した背景に、電気鉄道沿線であれば大都市郊外に居住しても大都市文化を享受し得たことがあり、阿部市太郎家は大阪店のある大阪市内ではなく、大阪市内にも神戸市内にも京都市内にも電車で行ける阪急沿線に最終的に居所を定めた。実際、一九三〇年代の市太郎家は、百貨店の買物や観劇において大阪と神戸を使い分けており、京都別邸に滞在して京都で観劇することも含めて、関西の三大都市の消費文化を選択的に享受した。その一方で、出身地の地域社会や店舗のある大阪の地域社会とも、寄付活動を通して縁を持ち続けた。本書で取り上げた地方資産家のなかで地域社会への寄付活動がとりわけ熱心であったのが小栗家と阿部家で、両家ともに浄土真宗の影響を強く受けていた。その点に、宗教が経営倫理に与える強い影響力が読み取れるが、それに加えて阿部家には、近江商人に共通してみられる「地域社会に支えられた家業」の意識もあったといえよう。

注

(1) 芹川博通『日本の近代化と宗教倫理—近世近江商人論—』(多賀出版、一九九七年)二頁。
(2) 同右、二六七〜二六八頁。
(3) 同右、二〇七頁。
(4) 中西聡『海の富豪の資本主義—北前船と日本の産業化—』(名古屋大学出版会、二〇〇九年)第一章。
(5) 宮本又次『小野組の研究』全四巻(大原新生社、一九七〇年)、上村雅洋『近江日野商人の経営史—近江から関東へ—』(清文堂出版、二〇一四年)、末永國紀『近代近江商人経営史論』(有斐閣、一九九七年)、松元宏編『近江日野商人の研究—山中兵右衛門家の経営と事業—』(日本経済評論社、二〇一〇年)。
(6) 以下の記述は、『東近江市史 能登川の歴史 第三巻近代・現代編』(滋賀県東近江市、二〇一四年)八〇〜八八頁を参照。
(7) 同右、九四頁。
(8) 阿部市太郎家の家系については、同右、二一〇〜二一一頁の図二四を参照。

(9)「永代勘定帳」(阿部市太郎家文書A一三六)。
(10)以下の記述は、近江麻布史編さん委員会編『近江麻布史』(雄山閣出版、一九七五年)一八八〜一九九頁を参照。
(11)大阪紡績については、高村直助「大阪紡績会社」(山口和雄編著『日本産業金融史研究 紡績金融篇』東京大学出版会、一九七〇年)を、金巾製織会社については、絹川太一『本邦綿紡績史 第四巻』(日本綿業倶楽部、一九三九年)第三編第五章を参照。
(12)前掲注(6)『東近江市史 能登川の歴史 第三巻近代・現代編』二一五頁、同書、第四巻資料・民俗編(二〇一二年)三七九〜三八〇頁を参照。
(13)前掲注(4)中西書、四二四頁の表終—一〇を参照。
(14)由井常彦・浅野俊光編『日本全国諸会社役員録 第二巻』(柏書房、一九八八年)。
(15)以下の記述は、中西聡「地方資産家の投資行動からみた近代日本」(『三田学会雑誌』一〇八—四、二〇一六年)六八頁の表四を参照。
(16)渋谷隆一編『大正・昭和日本全国資産家・地主資料集成 第一巻』(柏書房、一九八五年)一四・四八頁。
(17)渋谷隆一編『都道府県別資産家地主総覧 近畿編』(日本図書センター、一九九一年)四六頁。
(18)文久元年「記録帳」、一九二〇年代の「日誌(京都別邸)」(いずれも阿部市太郎家文書A一一〇・一五〇〜一五五)より。阿部市太郎家の店舗は大阪市東区南久太郎町にあり、大阪でも店舗と別に一九〇五(明治三八)年から居宅を設け、兵庫県須磨に別宅をもっていたが、一三(大正二)年に兵庫県住吉村に家屋を新築して須磨から転居した(「又一阿部家史」阿部市太郎家文書、阿部家蔵)。なお、阿部市郎兵衛家の邸宅は大阪市東区南本町、阿部房次郎の邸宅は兵庫県武庫郡灘住吉にあった。
(19)CDI編著『京都庶民生活史』(鹿島研究所出版会、一九七三年)、『公営交通事業沿革史(戦前篇)第四巻京都市(二)』(クレス出版、一九九〇年、原資料は「京都市営電気事業沿革史」一九三八年)などを参照。
(20)大正一四年版『日本全国商工人名録』(商工社)京都府の部。
(21)以下の各商店の居所は、自大正一二年一二月「経費計算書」、昭和三・六年「電話番号抜記」(いずれも阿部市太郎家文書A二一〇・二〇五・二〇六)を参照。
(22)大正一四年三月〜同一五年二月「日誌」(阿部市太郎家文書A一五二)。
(23)辻寛治は当時、京都帝国大学医学部第一内科教授である(大正一五年版『日本医籍録』医事時論社、一九二六年)。

(24)大丸については、大丸二百五十年史編集委員会編『大丸二百五拾年史』(株式会社大丸、一九六七年)を参照。
(25)阪急電鉄の鉄道網は、今尾恵介監修『日本鉄道旅行地図帳 第九号・関西二』(新潮社、二〇〇九年)を参照。
(26)阪急交通文化圏の成立については、竹村武郎『笑楽の系譜―都市と余暇文化―』(同文館、一九九六年)などを参照。
(27)一九三〇年代の日本の旅文化については、中西聡『旅文化と物流―近代日本の輸送体系と空間認識―』(日本経済評論社、二〇一六年)第四章を参照。
(28)以下の記述は、前掲注(6)『東近江市史 能登川の歴史 第三巻近代・現代編』六八五~六八六頁を参照。
(29)前掲注(4)中西書、四一二~四一六頁を参照。

終章　近代化と生活環境

一　生活世界の地域差

1　盛田家・宮林家・廣海家・小栗家・永田家の所得規模

本書では、近代日本の人々の消費生活がどのように変容したかを、家計史料に基づく実証的事例研究から解明してきた。その場合、事例研究として地方資産家層を主に取り上げたので、本書のまとめとして、まず地方資産家層の各家の消費生活の比較検討を行う。本書で取り上げた地方資産家事例のうち、盛田家・宮林家・廣海家・小栗家・永田家については所得規模が判明するので、それを表89で比較した。一八九〇・一九〇〇年代のこれら五家は、盛田家が醸造業、宮林家が土地経営、廣海家が肥料商、小栗家は肥料商と醸造業の兼業、永田家は林業とそれぞれ家業が異なり、五家の所得源泉もかなり違った。

盛田家は醸造業が最大の所得源泉で、一八八六（明治一九）年度は地所所得がそれに続いたが、九〇年代に有価証券所得が増大し、九六年度は醸造所得と有価証券所得で所得の大部分を占めた。宮林家は幕末・維新期に船持商人として廻船経営で急速に資産蓄積を進めそれを土地取得にむけ、一八八〇年代前半に約一〇〇町歩の大土地所有者となったが、松方デフレに際して経営参加した銀行が破綻し、その債務返済のためにかなりの資産を失い、土地所有規模も九八年時点で約四八町歩と半減した。さらに一八八〇年代前半の松方デフレ期に、廻船経営でもかなりの損失を計上したと考えられ、廻船経営も撤退し、九〇年代は土地経営に専念した。よって所得規模は盛田家に比べてかなり少なく、地所所得に限られた。ただし、宮林家の一八八六・九六年度所得は所得申告資料によるもので、作徳米売却収入はそれよりかなり上回っていたことが推測され、作徳米売却収入の判明した一九〇九年度のそれは六〇八九円となった。また、宮林家でも一九〇〇年代後半から有価証券投資が本格的に開始され、〇九年度には所有公債売却・償還により四七五七円を得て、三八六四円分の株式買入・払込を行った[1]。廣海家は幕末期に貝塚を代表する廻船問屋で、近代期には肥料を専ら扱い、一八八六年度には商業が最大の所得源泉であった。しかし、産業革命の中心であった大阪に近く、貝塚や隣接する岸和田でも企業勃興が盛んであったため、同家は一八九〇年代から積極的に有価証券投資を行い、九六年度には有価証券所得が最大の所得源泉となった。その一方で、家業の商業収支は、一八九六年度は三七七円の黒字に止まり、一九〇九年度には一一一二円の赤字を計上するなど中心的な所得源泉にはなり得ていない[2]。小栗家は肥料商経営が中心で近代初頭より味噌醤油醸造業を開始したが、一八八六年時点では醸造業の収入はまだ少なく、九〇年代になって醸造経営規模が拡大した。一方、肥料商収益もかなり大きく、一九〇九年には約四万七〇〇〇円の商業収入を計上した。その後、小栗家は一九一〇年代に肥料製造業へ進出し、それを含めた肥料関連収入はかなりに上ったが、三〇年代初頭の昭和恐慌下に肥料関連収益が不安定になり、損失を計上する年もあった。それに対して、醸造業の収益は着実に増大し、肥料関連収益の不安定性を補って、小栗家は事業で比較的安定した収益を上げ続けられた[3]。永田家は一九〇九年以降の収益が判明するが、林業収益が中心で、有価証券収入がそれに続いた。ただしこの時期の永田家は新たに山林を買い進めており、そのための借入金利子が相当に上っていた。

(単位:円)

小栗家	永田家
5,096	6,878
3,493	△8,603
1,757	[6)]△324
1,784	
428	
	11,547
46,842	
	693
58,926	12,188

6-8, 石井寛治・中
勘定元帳」(永田

む. 1886年の小栗
うち4,757円は公
倍した推計値, 6)

表89　盛田家・宮林家・廣海家・小栗家・永田家の所得内訳

内容	1886年				1896年				1909年	
	盛田家	宮林家	廣海家	小栗家	盛田家	宮林家	廣海家	小栗家	宮林家	廣海家
有価証券	266		389		2,575		1)5,931	561	2)5,240	4)5,881
貸金・預金	180			2,178	140	15		1,400		
地所	1,138	1,502	463	477	781	873	1,212	288	3)6,249	1,328
貸家	16		47	136	11			113		346
醸造	2,207			131	9,196			4,181		
船舶・林業	555				818					
商業			3,706	3,988			377	5,727		△1,112
給与・賞与	84						149			5)530
計	4,445	1,502	4,605	6,573	13,521	888	7,669	16,490	11,489	6,973

(出所)本書表15, 中西聡『海の富豪の資本主義』(名古屋大学出版会, 2009年)318頁の表6-6, 320頁の表
西聡編『産業化と商家経営』(名古屋大学出版会, 2006年)60-61頁の表1-7, 本書表57, 明治42年「総
家文書68-113-3)より作成.

(注)無印は所得, △印は損失を示す. 船舶・林業欄は, 盛田家は船舶, 永田家は林業. 合計には雑収入も含
家は, 1886年9月~87年8月で示した. 1)うち1, 053円は証券売買収入, 2)有価証券・預貸金の合計で
債売却・償還収入, 3)うち160円は地所売却収入, 4)うち△1, 268円は証券売買収入, 5)上半期分を2
貸家収支も含む.

これら五家の資産規模を比べると、[4] 資産家番付などの資料で、盛田家の資産規模は一九〇五年頃で約一三万円、一三三(昭和八)年頃で約二五〇万円、廣海家は一五(大正四)年頃で約三五万円、三三年頃で約二〇〇万円とされた。宮林家の史料では一九一〇年が約一〇万円、二一年頃が約三七万円であった。小栗家の史料では一九〇五年頃で約三〇万円、三三年頃は家と会社をあわせて約二五〇万円であった。そして永田家の資産家番付での規模は一九一六年頃で約一〇〇万円、三三年頃で三〇〇万円とされた。全体として、永田家が資産規模で最も大きく、小栗家、盛田家、廣海家、宮林家の順であったと推定できるが、以下で家計支出の比較を行う一九〇九年頃には、いずれも一〇~数十万円規模の資産を所有する有力資産家であった。

2　盛田家・宮林家・廣海家・小栗家・永田家の家計支出比較

これら五家の家計支出がいずれも判明する年として一九〇九(明治四二)年度を取り上げ、その内訳を表90にまとめた。

この表では、有力資産家との階層間の差異も検討するため、同じ一九〇九年前後の家計支出内訳の判明する自作農・都市中間層の家計支出内訳もあわせて示した。一九〇九年度は盛田家・宮林家・廣海家・小栗家・永田家のなかで永田家の家計支出額がかなり多かったが、これは税金の多さと、葬式・婚姻などの家内行事のために雑費や呉服・小間物費が増大したことがある。それに続いて、小栗家と盛田家も多かったが、小栗家は屋敷の修繕費が、盛田家は旅行費と教育費が特別に多かったことによる。小栗家の修繕費の多さは、この年に屋敷の増改築を行ったからであり、盛田家の旅行費の多さは、旅行費の項目に「差引帳主人勘定座より」として一二八〇円が加算されたからで、おそらくこの年に当主が家族とともに大規模な旅行を行い、その旅費が別勘定で計算され、その代金一二八〇円が加算されたと考えられる(5)。また、盛田家の一九〇九年度の教育費の多さは、子息二名が東京留学し、子女二名が神戸女学院に籍を置いたことで、子どもたちの多額の生活費が教育費として計上されたことによる。それに比して、宮林家と廣海家と小栗家と永田家は、一九〇九年度には学業適齢期の子どもがほとんどいなかったと考えられ、いずれの家も教育費はほとんど支出されなかった。

このように、冠婚葬祭費・旅行費・教育費は、冠婚葬祭が行われたり、大規模な旅行を行ったり、あるいは家族のライフサイクルで大きく出費が変化する項目で、可処分所得に余裕があり、冠婚葬祭費や旅行費、教育費が家計支出全体の規模を変化させるほどに支出し得たことが地方資産家の家計支出の特徴であった。

それに対し、「衣」に関連する支出額は、永田家が婚姻との関係で呉服・小間物費が多かったことを除けば、盛田家・宮林家・廣海家・小栗家でそれほどの相違はなく、また「住」に関しても、小栗家が屋敷の増改築をしたために修繕費が多かったことを除くと、盛田家・宮林家・廣海家・永田家でそれほどの相違はなかった。「食」に関連する勝手入用の支出額は、小栗家が少なかったことを除けば、盛田家・宮林家・廣海家・永田家でそれほどの相違はなか

表90　1909年度前後における各家の年間家計支出内訳　(単位：円)

分類	盛田家	宮林家	廣海家	小栗家	永田家	加藤家	森元家	B家	C家
米麦	455								
勝手入用	815	859	1,458	346	1,043	40	71	143	60
給料	479	198	213	650	912	0			
修繕	282	59	203	2,715	346		28		127
音信	199	320	399	343	695	17	32	48	15
医薬	220	46	109	817	317	5	6		3
旅行	2,350	123	138	635	187	13			7
呉服・小間物	664	1,072	1,022	634	2,694	76	32	123	46
家具・器物	710	142	748	608	32	26	6	82	9
教育	1,255	0	3	10	53	0	18	12	2
雑費	566	444	181	1,336	3,442	54	29	103	33
貯金・寄付	200	501	14	240	7	5	302		
諸税	457	2,614	535	1,774	4,231	163	136		
法事・婚姻・出産	203	47		843	1,938				
保険料	725	488	33	161			70		
合計	9,580	6,913	5,056	11,112	15,898	400	730	510	302

(出所)明治42年「諸入用之帳」(盛田家文書XⅦa1640)，前掲中西聡『海の富豪の資本主義』320頁の表6-8，明治38年「諸払帳」(廣海家文書L232)，前掲石井寛治・中西聡『産業化と商家経営』61頁の表1-7，本書表59，明治42年「総勘定元帳」(永田家文書68-113-3)，『自作農農家々計に関する諸記録』(財団法人農政調査会，1955年)高井進『明治期農民生活の地域的地域的研究』(雄山閣出版，1988年)170頁，中村隆英編『家計簿からみた近代日本生活史』(東京大学出版会，1993年)58頁の表B-5-1，表C-3より作成．

(注)盛田家の分類に即して他の家の家計支出項目を分類して示したが，各家で分類区分が異なるため完全に対応しているわけではない．小栗家の修繕費は貸家への修繕費は除く．森元家は1908年度，B家とC家は10年度，それ以外は09年度．諸税の項目の耕地・山林の地租は除く．加藤家は山形県の自作農世帯，森元家は富山県の自作農世帯，B家は大阪府の小学校教員世帯，C家は新潟県の小学校教員世帯．加藤家・森元家は農業経営関係の支出は除いた．また森元家の貯金・寄付欄は証券と頼母子の合計で，保険料欄は貯金・保険の合計を示した．B家の雑費には，医薬・旅行・諸税などを含むと思われる．

った。小栗家の勝手入用額が少なかった要因として砂糖と肉の購入が少なかったことがあるが（第六章）、味噌醤油を家業として醸造しており、それを自家消費できたこともあった。また宮林家は、所有耕地を貸して得た作徳米を自家消費できるため米麦の購入がほとんどなかったのに対し、盛田家は酒造を行っていたため所有耕地を貸して得た作徳米は酒造原料へ回されたと考えられ、盛田家は飯米を購入していた。そして廣海家の勝手入用額が多かったのは(6)、廣海家の家計帳簿では二～三ヵ月毎に小売商から「付け」で購入した分の清算を行いそれが「節季払入用」として記載されていたが、その内容が不明のため、本書でそれをすべて勝手入用に算入したからである。「節季払入用」の中心は食料品と思われるが、雑費欄に算入すべき油類なども含まれたと思われ、勝手入用が過大に評価され、雑費が過小に評価される結果となった。これらのことを加味すると、「衣食住」に関する消費支出を合計した水準は、五家ともそれほどの相違はなかった。

とはいえ、宮林家・永田家の家具・器具費の少なさは注目すべきで、盛田家・小栗家が名古屋、廣海家が大阪といずれも大都市の近郊に位置したため、新しい文物を比較的容易に購入し得たのに対し、富山県の宮林家は大都市が近郊になく、また奈良県の永田家も山村に居住したため、新しい文物の購入が相対的に困難であったと考えられる。それゆえ、一八八一年に宮林家当主が家族と東京・大阪・京都へ旅行した際に、その旅費のみで約四〇三二円が支出され、そのうち一一三八円が時計・水昌瓶・ランプなど新しい文物を中心とする土産品購入となった(7)。宮林家は、一九〇九年度の呉服・小間物費に関しては盛田家・廣海家以上に支出しており、それらは主に金沢や高岡の呉服商から購入されたと考えられる。金沢藩の近世来の伝統もあり、石川県は絹織物の産地で、一九〇九年度に限らず、多様な呉服類を宮林家は、幕末期から購入し続けていた。永田家の呉服・小間物費も、一九〇九年度に他家より支出額がかなり多く、衣生活の面では、盛田家・廣海家・小栗家に劣らず宮林家や永田家も豊かであったといえる。なお、盛田家の家計支出帳簿に地租が記載されていなかったため、表90の諸税欄から地租を除いたが、それにもかかわらず、宮林家の諸税が盛田家・廣海家に比してかなり多くなった。それは、地方税が地価割で課せられたため、盛田家や廣海家よりも所有地価の多い宮林家の地方税負担が大きかったことによる。実際、一八九八年時点の盛田家の所有地価は一万一〇五九円に対し、一九一〇年時点の宮林家の所有地価は七万八六五三円であり(8)、地租と地価割の地方税が宮林家の家計に大きな負担となっていた。また、永田家は山林を大規模に所有していたが地租はそれほど多くなく、所得税とそれに伴う戸数割の地方税負担が大きかった(9)。

続いて、本書の各章の内容から、盛田家・宮林家・廣海家・小栗家・永田家・阿部家の六家の家計消費を比較した結論をまとめる。まずこれら六家の居住地域を取り巻く社会環境が、その家計消費に与えた影響が指摘し得る。すなわち、盛田家は醸造産地に居住し、家業でも酒造・醤油醸造を行っていたため、家業で生産した酒・醤油を自家消費するとともに、地元で養鶏業が盛んになると、地元小売商から定期的に鶏肉や鶏卵を購入し、消費面から地元産業の定着に貢献した。その意味で、産地に居住した盛田家は地産地消を推し進めたといえる。一方宮林家は漁村に居住し、食生活のなかで海産物の比重が大きく、鶏肉消費が定着した盛田家と異なった。そして廣海家は大阪湾岸地域の港町に居住し、大都市大阪とのつながりが深かったため、定期的に店員を派遣して大阪で買物をさせることで、都市的な消費生活を享受することができた。小栗家の居住地域である半田も大都市名古屋の周辺に位置する醸造産地であった。醸造品の販売先としては、名古屋よりもむしろ三河地域・静岡県・関東地方などが重要であったが、小栗家の消費生活面では名古屋とのつながりが深く、名古屋で呉服・小間物を購入したり、名古屋の医師の診療を受けることが多かった。もっとも半田地域も一九二〇年代になると周辺町村を合併して都市化が始まり、小栗家は上水道整備への寄付や知多鉄道誘致など半田の都市機能の充実に力を注いだ。阿部家は京都や兵庫県住吉（後に夙川）など大都市やその近郊に居宅を移すことで都市的な生活を享受したが、都市的生活は瓦斯・電灯料や町会費などで特徴的な支出が必要であった。それに対して山村に居住した永田家は、瓦斯・電灯料はほとんど支出されない一方、教育機会に限界があり、高等教育を子どもに受けさせるには町場や都市に子どもを下宿させる必要があった。

こうした地域環境の違いにもかかわらず、衣料文化では前述のように漁村に居住した宮林家や山村に居住した永田家が盛田家・廣海家・小栗家に劣らず豊かであった。表91をみよう。盛田家・宮林家・廣海家・小栗家・永田家の衣料品購入を比べると、近代初頭の盛田家に対して宮林家は、衣料面での文明開化の影響は弱かったが、一八九〇年代以降は宮林家も盛田家と同様に舶来衣料品も購入するようになり、衣料の購入金額でも盛田家以上に宮林家は多かった。ただし盛田家・宮林家ともに舶来衣料品を購入する一方で、伝統的な呉服類も根強く購入し続けたことにも留意したい。そして廣海家の衣料品購入は、「諸払帳」では呉服代とまとめて記載されたため、その内訳は不明であるが、単独で衣料品を購入した場合は種類がわかるので、それを表91に示した。廣海家も二〇世紀初頭からネルやシャツな

小栗家		永田家	
年・金額	主要内容	年・金額	主要内容
1909年 634円	舶来スタンプ(シャツ), 縞糸, ネルシャツ, ズボン下, 背広, 晒木綿, 毛メリヤスシャツ	1909年 295円	木綿, 反物, 真綿, 白加賀, 天竺金巾, 唐物類, 絹糸
1914年 809円	晒木綿, 子どもマント, シャツ, サルマタ, ズボン, メリヤス	1914年 1,060円	御召, シャツ, 白秩父, 富士絹, サルマタ, 絹八丈, 白羽二重
1919年 1,848円	晒木綿, 大島絣, 有松絞, セル袴, シャツ, ズボン下, 運動服地, 運動シャツ	1919年 6,487円	御召, 銘仙, 木綿縞, 羽二重, ワイシャツ, サルマタ, 黒モス, 天竺木綿, 運動シャツ, 更紗
1924年 4,454円	友仙, 結城縞, ネル, 晒木綿, 洋反物, 友染モス, ズボン下, メリヤス, 運動シャツ, 浴衣地	1924年 2,711円	背広, 洋服, ワイシャツ, ネル, 御召, 富士絹, 銘仙, 伊勢崎, 白キャラコ, サルマタ, 友禅
1930年 1,344円	レーヨン, 天竺晒, 銘仙, 絹糸, 綾サージ, サルマタ, ズロース, メリヤスシャツ, パンツ, ネル	1930年 4,797円	丸帯, 富士絹友仙, 小児洋服, コート, 紬縞, 白越後, 夏服, ワイシャツ

納帳」(宮林家文書), 明治24・34・43・大正4・9・13・昭和4年「諸払帳」
定元帳」(永田家文書A-1-6, 永田家蔵, 永田家保管分)より作成.
家の[　]は, 通帳で判明したもののみの集計額. 廣海家の場合は,
を除いた額を示した. 廣海家の1925年には表以外に, 前年に次期当
り, その内容は, 黒染生地・赤地銘仙・白富士絹・絽羽二重・塩瀬丸
額全てではなく, 表の金額以外に, 大阪の福本に依頼した呉服の購
縞絣・銘仙・伊太利ネル・英ネルなどであったが, その金額は少なく

表 91　盛田家・宮林家・廣海家・小栗家・永田家の衣料品購入の比較

盛田家		宮林家		廣海家	
年・金額	主要内容	年・金額	主要内容	年・金額	主要内容
1879年 385円	木綿, 金巾, ネル, 天鵞絨, 糸, 綿つぎ, 八丈縞	1877年 ［18円］	白絣, 紺絣, 大島絣, 上晒布	1886年 80円	縞, 双子織, 鹿子
1889年 149円	晒木綿, フランネルシャツ, 金巾, 双子織, 糸, 縮緬, 綿打, 秩父	1889年 ［150円］	白木綿, 晒木綿, シャツ, 双子織, 羽二重, 紺金巾, 毛繻子, ムスリン, 紺絣	1891年 893円 （104円）	紅絹, 絽, 薩摩絣, 木綿
1899年 426円	縞木綿, メリヤス, シャツ, 双子織, 白モス, キャラコ, ネルズボン, 大島紬, 唐糸	1900年 ［170円］	白キャラコ, 唐友仙, シャツ, 白縮緬, 黒繻子, 羽二重, 金巾, 真岡, 伊太利ネル	1902年 2,018円 （117円）	ネル地, シャツ, 吾妻コート, セル浴衣地, 紋羽二重袖
1909年 664円	晒木綿, メリヤス, シャツ, 銘仙, 紋羽二重, 納戸織, フランネル, 紅絹, 縞絣	1909年 1,069円	御召, インバネス, 白シャツ	1913年 491円	シャツ, ネル
		1913年 1,053円	モス, 縮緬, 紬, 大島, インバネス, 縞	1922年 3,247円 （1,647円）	英ネル, シャツ, サルマタ, 夏トンビ, 越後絣, 羽二重, 白滝絽
		1923年 ［232円］	縮紺, 双子縞, モス友仙, 花モス, 絹大島, 縞五日市, 伊太利モス, 瓦斯縞, 絽縮	1925年 3,875円	洋服, 夏服, シャツ（紐付）, 洋反物, 反物, 更紗, 御召, 夏トンビ, ネクタイ
		1929年 ［20円］	絽縮緬, モス, 吹上縮, 伊太利モス	1929年 1,923円 （1,476円）	ワイシャツ, ズボン下, 絹糸, 英ネル, 富士絹, パンツ, ズボン, サルマタ, タオル

（出所）本書表18・表27・表28・表39・表71・表72および, 明治42年「金銭出入帳」・大正2・4年「金銀出
（廣海家文書）, 明治42・大正3・8・13・昭和6「家事費仕訳帳」（小栗家文書）, 昭和5年度「総勘
（注）金額は, 小間物も含む衣料品全体の購入額. 主要内容は, 織物・衣服に関するものを示し, 宮林
家事費での購入を示し, 小間物類の購入額は含めず, （　）は婚姻や葬儀に関する衣料品購入
主の婚姻が行われた際に, 大阪の福本に依頼して購入した衣料品の支払いが約900円程度あ
帯・白指子入紬などであった. 永田家の衣料品購入額は表72の金額を示したため衣料品購入
入額があり, 1909年は約1,994円分があったが, その内容は不明であり, 13年は内容は白縮緬・
なって約443円分であった. なお, 永田家の1924年欄は, 23年12月~24年11月の1年間分を示す.

ど舶来衣料品の購入がみられ、一九二〇年代になると洋装品が日常的に購入されるようになった。

廣海家の衣料品購入額は一九二四（大正一三）年に次期当主が京都から花嫁を迎えてから急増し、慶弔関連ではない通常の衣料品購入額でも二五年は四〇〇〇円近くに上った。廣海家は一九一三年の娘の嫁入りの際に姻戚関係にある大阪の福本元之助に調度品を整えるのを依頼したが、二四年も大阪の福本に婚礼関係の衣類を整えることを依頼し、福本は土田呉服店やちきり屋などで呉服類を購入して廣海家に送った(10)。それ以前から廣海家は大阪の飯田呉服店（高島屋）から主に呉服類を購入していたが、一九二五年からは土田呉服店も含めて多様な呉服店・洋品店から衣料品を購入するに至った。例えば、一九二五年の衣料品購入額約三九〇〇円のうち、高島屋からの購入が約一七〇〇円を占めたが、それ以外に小松原から約五〇〇円、土田から約四七〇円、丸紅から約二三〇円、三浦洋品店から約一四〇円の購入額となり、二九（昭和四）年には葬儀分を除いた通常の衣料品購入額約一五〇〇円のうち約六六〇円が土田から、約二三〇円が高島屋から、約一六〇円が丸紅から、約一一〇円が三浦からとなった。廣海家は、洋装品は浅川・三浦など専門の洋品店から購入し、一九二二年の葬儀分を除いた通常の衣料品購入額約一六〇〇円のうち浅川洋品店から二〇〇円の購入があったが、高島屋・土田・浅川・三浦はいずれも永田家の主要な衣料品購入先でもあった（表72）。これらはいずれも大阪の店と考えられ、一九二〇年代に、廣海家・永田家ともに衣料品を主に大阪から購入していたといえる。前述のように、廣海家と永田家および福本元之助は強い姻戚関係にあり、消費者としての情報を共有しており、廣海家・永田家は一九一〇年前後から大阪の福本に依頼して呉服類の購入を行っていた（表91の注も参照）。そして両家ともに一九二〇年代の葬儀の際に高島屋に葬儀のかなりの部分を任せたように、両家の消費生活にかなり共通点がみられた。

ただし、廣海家の所在した大阪府貝塚と永田家の所在した奈良県下市では、大阪への鉄道が開通した時期が異なり、廣海家は阪堺鉄道（一八九八年より南海鉄道）が貝塚まで開通した九七年以降は大阪の飯田呉服店（高島屋）から呉服類を購入するようになり、一九〇二年の衣料品購入額約二〇〇〇円のうち飯田呉服店（高島屋）からの購入が約一八〇〇円を占めたのに対し、永田家が主に大阪から呉服類を購入するようになるのは一二年の吉野鉄道の開通後であった。その永田家も一九一〇年代後半以降に、大阪で百貨店化した飯田呉服店（後の高島屋）からの購入の比重が高まり、同家の居住地である吉野郡に百貨店がなくとも、百貨店の販売品を永田家が購入できるようになると舶来品や新しい流行品を同家も享受できるようになった。むろん永田家が使用人を大阪に派遣して百貨店の店頭で購入した場合もあったと考えられるが、その購入頻度と月末での清算方法を考えると、百貨店自身が通信販売などで地方からの注文を受けて商品を発送することで、地方の需要に応えた側面が指摘できる。その場合も、一回ごとでの清算ではなく、得意先には期末清算で対応するなど、顧客の利便を図っていたことも百貨店文化の地方への浸透に大きな役割を果たしたといえる。実際、小栗家も名古屋の百貨店の十一屋が半田で出張販売を行って以降、十一屋から継続的に衣料品を購入しており（表60）、小栗家も永田家も銘仙・運動シャツ・サルマタなど一九一九・二四年は同じ舶来品や新しい流行品を購入していた（表91）。

その一方、阿部家京都別邸ではあまり京都の百貨店が利用されていなかったように、百貨店を通さずとも、新しい文物や高級呉服を購入し得た都市部では、中小の小売商も消費文化の担い手になっていた。実際に、廣海家や永田家はいずれも使用人や雇人を定期的に大阪に派遣して呉服太物類にかかわらず様々な商品を購入させていたが、明治期の廣海家では文明開化品、第一次世界大戦期以降の永田家では特定の店の菓子などのブランド品を購入させていた。その意味で、大都市の消費文化が周辺地域へ波及する過程がうかがわれる。

このような消費文化の波及は商品購入市場を通してのみでなく、慶弔行事における贈答慣行や、地方資産家の地域社会への寄付活動などでも進められた。その点について、本書で取り上げた地方資産家のなかで地域社会への寄付を熱心に行った宮林・小栗・永田・阿部の各家の寄付活動を表92にまとめた。各家の寄付活動の射程はそれぞれの地域社会の実情に応じてかなり異なった。宮林家の場合は、近代期のかなり早くから地域社会への寄付が求められ、行政の作り上げる制度を補完するよりはむしろ自ら主体的にそれらを構築する立場にあった。その際の重要な課題は、一八七九年のコレラ流行にみられるように、疫病対策であり、警察署と病院の新築に何よりも力を注いだ。むろん、宮林家のみでうまくいくとは思われず、同地域で旧金沢藩の御用商人であった藤井家も地域社会への寄付を期待され、宮林家と藤井家は互いに協力して費用を負担して、警察署・病院・小学校などを新築するとともに、災害や疫病に対する窮民への支援を行った(11)。

小栗家が地域社会への寄付を本格的に行うようになる契機は、一九〇七年恐慌で半田を代表する資産家の小栗冨治郎家が没落し、半田に隣接する亀崎を代表する資産家の井口半兵衛家も打撃を受けたことであり、それ以降半田地域の有力資産家として中埜一族と小栗三郎家が重要な地位を占めるに至った(12)。その際に小栗家は、半田町の基本財産への寄付を重視した。それは一九一二年に小栗家当主の娘婿（清）が半田町長に就任したことと関連があろうが、自家の慶弔行事を主な寄付のタイミングとして、当主の息子の静二および先代当主の死去の際や、一六年の御大礼記念の際が選ばれた。寄付の目的は、一九一三年の半田町三大記念工事費寄付が道路・公園・川浚を目的としたように輸送インフラが中心で、三〇年代には港湾改修にも小栗家は多額の寄付を行った。そして家業の醸造業に関連すると考えられる上水道の整備にも力を注いだ。また、宮林家が警察署や病院の新設に力を入れていたのに対し、小栗家は警察署の整備には関心を持っていたものの、大都市名古屋に比較的近く、名古屋の医療サービスを利用できたこともあって半田に近代的病院を設立する方向へは向かわなかった。

山村地域でも近代的病院を設立するのは難しく、永田家の寄付は主に小学校の整備に向かった。永田家が地域社会への寄付を積極的に行うのは一九〇七年恐慌以降に山林を買い進めて吉野郡を代表する林業家になって以降であるが、その際、小学校の基本財産を寄付金で充実させることに永田家の主眼があり、寺社に対しても修繕対象を決めた寄付もあった一方で、神社の基本財産を寄付金で充実させる方向もあった。日露戦後に政府主導で進められた地方改良運動では、町村財政確立のために町村の基本財産蓄積を図るべく、部落有林を町村有林に組み入れることや、小学校教育強化のために寄付などで小学校の基本財産の増殖を図ること、そして町村内の神社を整理統合して、地域団結の精神的主柱とすることが目指された[13]。前述の小栗家の地元町村の基本財産への寄付や永田家の小学校・神社の基本財産への寄付は、こうした政府の要請に応ずるものであった。

一方、阿部家の寄付行為は、家業の商業の重視と慈善の精神に彩られる。教育インフラへの寄付が商業学校に傾斜しており、一九一七・一九年の私立甲南小・中学校への寄付は、同校が兵庫県住吉の居宅近くで個人的な関係があったからと考えられ、地域社会との関連では商業教育を行う高等教育機関の整備を重視した。その一方で、出身地元地域の貧窮民の救済や村民の生活支援は、住まいを兵庫県住吉や京都市に移した後も根強く続けており、近江地域への慈善の精神は近江商人が強く共有していたと思われる。

各家の寄付活動をまとめると、災害救助金など慈善の寄付は近代前期に主にみられ、一九〇〇年代後半から地元町村や小学校の基本財産への寄付がみられ、一〇年代から目的別の寄付が多くなった。この背景には近代日本の地方財政の課題が投影されている[14]。地方自治制度が未確立であった近代前期は地域社会での災害や疫病の流行に地域有力層が積極的に対応せざるを得なかった。日清・日露戦後になると、地方自治制の確立とともに日本帝国を支える地方財政が中央政府から強く要請され、地方財政の財源確保が急務となり、在地資産家の納税と寄付活動がそれに応えた。

(単位:円)

永田家			阿部家		
年	金額	内容	年	金額	内容
1928	1,000	下市消防組ガソリンポンプ寄付(下市割当分)	1888	42	八日市警察署新築費
			1906	250	能登川村巡査所新築費
1914~19	862	済生会へ	1900~09	1,175	日本赤十字社へ
			1910	10,000	済生会へ
			1919	500	東京医学校へ寄付
			1919	500	熊本のリデル嬢癩病院へ寄付
1914	300	下市尋常小学校積立金	1876	320	学校新増築費
1917	1,000	大和人学生寄宿舎建設	1909	1,000	神崎郡立実業学校建設
1920	5,000	下市尋常小学校基本財産	1917	10,000	私立大阪商業学校維持費
1920	5,000	下市高等小学校基本財産	1917·19	12,000	私立甲南小中学校設立
1920~21	300	下市尋常小学校積立金	1918	3,000	滋賀県育英資金
1920	1,000	成蹊学園小中学校新設	1919	10,000	国立高等商業学校設立準備
1923	300	育英女学校へ	1919	1,000	地元小学校へ
1923	1,500	関東震災義損金	1885	500	洪水と物価低落による窮民救助
			1896	700	水害救助金(滋賀県下一円)
			1909	300	滋賀県湖北震災への救助金
1918	1,500	下市町米価調節費	1879	150円·129俵	米価騰貴貧窮民救助
			1918	20,000	米穀廉売資金
1919	111	御坊橋のため	1882	322	土橋復旧費用
1926	1,000	黒瀧村道路改修費	1888	250	滋賀県庁舎新築費
1929	500	奈良県庁建国会館建設資金	1901	245	火葬場·式場建物建築費
			1909·10	450	能登川村役場新築費
			1911	150	神崎郡に工業試験所設置
1915~21	525	下市町協友会へ	1887	5,000	海防費献金
			1919	20,000	能登川村教育費補助 能登川村吏員生活費補助
1920	100	シベリア駐屯軍慰問	1904	1,251	軍事関係献金(5ケ年賦)
1914	500	墓地改良費	1905	5,000	西本願寺慈善財団へ寄付
1919~21	1,100	西迎院修繕のため			
1922	1,000	八幡神社へ基本財産			
1919	1,000	帝国森林会へ			
1921~26	1,300	大和山林会へ			

救人江施與米壱件」,明治40年「出納仕訳帳」,明治41·42年「金銭出納帳」,明治44·大正2年「金銀
「総勘定元帳」(以上,永田家文書A-1-2, A-1-4, A-1-5, 永田家蔵,永田家保管分),本書表69·70·77·86

の事項をすべて示したわけではない.

表92　宮林家・小栗家・永田家・阿部家の主要寄付の比較

分野	宮林家			小栗家		
	年	金額	内容	年	金額	内容
警察・消防	1880 1888 1915	50 12 25	高岡警察署伏木分署新築 高岡警察署放生津分署新築 警察署新築	1921 1925 1931 1935	200 300 200 200	半田警察署相談所開設 半田警察署へ 半田警察署自動車購入 半田警察署自動車購入
病院	1878 1880 1884 1908・09	50 150 100 500	富山病院新築 富山病院射水郡出張所新設 高岡病院新築 日本赤十字社へ	1904	900	日本赤十字社へ
学校	1881 1907 1909・13	100 100 53	石川県私立変則学校設立 商船学校へ 三日曽根学校へ	1909~10 1919~21 1922 1824 1928~29	5,000 18,000 7,000 500 6,150	半田学校新築 第七中学校設立 半田学校校舎設営 半田町教育資金 小学校校舎増設
災害救助	1879 1880 1881	15 50 130	伏木村・放生津町火災救助金 伏木村火災救助金 放生津町火災救助金	1927 1934 1934	310 500 300	丹後地方震災者救助 函館市火災義損金 関西地方風水害義損金
窮民救助	1878 1892	15円・150石 11石	米価騰貴貧窮民救助 貧窮民施米			
インフラ	1880	300	大田越新道開削費	1913 1913 1923 1924 1932~35 1934	500 5,000 2,500 100,000 12,500 5,000	半田町道路開削費 半田町三大記念工事費 荒古新海埋立工事等 半田町上水道施設費 半田港湾改修費 知多商工会議所新築
財政				1904~28 1925 1926	15,100 700 2,855	半田町基本金へ 半田体育会へ 半田町役場へ
軍事	1907~12	60	軍人後援会へ	1898~1925	880	奉公義会義損金
宗教	1913・16 1913・14 1914	240 100 145	浄蓮寺修繕費 忠魂碑 氏神殿新築	1908~26	875	神社費(修繕費も含む)
その他	1880 1880	200 200	西南戦役戦死者記念碑設立 金沢明治記念標設立			

(出所)前掲中西聡『海の富豪の資本主義』335頁の表6-15，明治25年「父彦九郎病死ニ付新湊町貸出納帳」(以上，宮林家文書K-92,A-72・74・73・68・71)，大正15年度「諸勘定元帳」，昭和3・4年度より作成．

(注)それぞれの家の寄付行為のなかで比較的金額の多い寄付行為をまとめたので，出所資料の表

その後第一次世界大戦期の都市化のなかで地方自治体が多様な公営事業を行うようになり、それに対して、地方資産家は各家の関心に応じて選択的に寄付活動を行うようになったといえよう。

なお本書で取り上げた六家の近代期の宗旨は、各家の近代期の菩提寺の宗旨からみて、盛田家が曹洞宗、永田家が浄土宗、宮林・廣海・小栗・阿部家は浄土真宗と推定できる。(15)これらの家で特に地域社会へ巨額の寄付を行ったのが小栗家と阿部家で、仏教のなかでも浄土真宗と経営倫理とのつながりが深いことが指摘されており、(16)事業家の経営志向性に宗教の持つエートスが少なからず影響を与えていた。地方資産家層の寄付によって地域社会のインフラ整備は進み、宮林家は出産祝い・病気見舞いなどで普段はあまり購入できない多くの物品を、また東京の旧主家との贈答を通して東京の名産を入手できた。そして永田家が慶弔行事で多くの物品を振る舞うことで、山村地域社会の人々も大阪の百貨店の商品を手にすることができた。その意味では、序章の研究史整理で触れたように、近現代日本における贈答文化にも着目する必要があろう。その際、資産家層においては、冠婚葬祭や病気見舞いなどの局面で必要以上とも思える贈答行為が行われ、一九一〇年代以降は百貨店の「商品券」などの贈答を通して、贈答文化が市場経済の拡大を促進する面があった。(17)そしてその贈与の範囲が、資産家層の生活世界を超えて地域社会へ広がったことで、人々の消費に対する抵抗感はかなり弱くなり、その後の消費社会の定着へ大きな影響を与えたと考えられる。

二　階層差と生活環境

1　自作農・都市中間層の家計支出比較

地方資産家層の消費文化の検討に引き続いて、所得階層としてそれより下に位置する自作農や都市中間層の家計支出を検討する。二〇世紀初頭の家計支出が判明する個別の家の事例は少ないが、自作農として山形県の加藤家と富山県の森元家、都市中間層として大阪府の小学校教員のB家と新潟県の小学校教員のC家を示した表90に戻ろう。

山形県南村上郡の加藤家は、一八七七（明治一〇）年に一町歩弱の耕地を所有し、小作地・質地耕作分もあわせて一町六反程度の経営規模であったが、その後徐々に所有地を増やして一九〇七年前後には四町歩弱の耕地を所有した。よって自作農のなかでもかなり上層に位置したといえる。加藤家は、農業のほかにも製糸業や和紙生産・紙仲買を副業で行い、現金収入額は一八七八年の約二四六円から、九二年の約二九一円、一九〇二年の約八八七円と増大し、〇九年には約一一〇六円の現金収入があった(18)。しかし、一九〇九年の加藤家は地租を除いて約四〇〇円しか家計支出しておらず、残りの約六四〇円は農業・製糸・和紙生産経営への資金として使われた。可能な限り家計支出は節約して、生産的消費へ向けて経営拡大を図る志向が加藤家では強くみられた。それゆえ、加藤家は前述のように耕地所有規模を拡大することができたといえる。その家計支出のなかでも加藤家の場合は四割以上が諸税であり、表90では諸税欄から地租を除いてあるが、地租額の約七〇円を加算すると、加藤家は約四七〇円の支出のうち約半分の約二三三円が税金であったことになる。残りの限られた支出内訳のなかでは呉服・小間物費の比重が高く、加藤家のささやかな贅沢は、「衣生活」にあったといえよう。

富山県射水郡の森元家は、一八七四年時点で一町五反弱の耕地を所有し、その後数反の耕地を借りて小作した。森元家当主は農業の傍ら村役場に勤め、一八九六年から助役職に就き、一九〇七年に地域の小作物代に選ばれ、〇八年には村会議員となった。したがって森元家も、加藤家と同様自小作農のなかではかなり上層に位置したといえる(19)。表90では、森元家の一九〇八年度の家計支出内訳を示した。借入金を除くこの年の純収入約一三二二円のうち総支出額は約一〇二二円で、そのうち農業経営費約一六五円、地租約一二六円を引いた残りの約七三〇円の内訳を表90で示したが、七〇円を貯金と保険、三〇二円を有価証券と頼母子で蓄積に廻し、実際に家計として支出されたのは約三五八円に過ぎなかった。その約三五八円から諸税の約一三六円を引くと約二二二円となり、これは貯蓄と諸税を除いた加藤家の純粋な家計支出額二三二円とほぼ同規模であり、森元家と加藤家の消費生活水準はほぼ同じであったといえる。収入額も一九〇九年度の加藤家が約一一〇六円に対し、〇八年度の森元家が約一三二二円とほぼ同規模であったので、両家ともに純粋な家計支出額は収入額の約五分の一〜六分の一に過ぎず、可能な限り消費を節約して貯蓄と生産的消費に回して経営拡大を目指す点で両家の志向は一致していた。

ただし、限られた家計支出の内訳では、加藤家が呉服・小間物費の比重が高く、「衣生活」に豊かさを求めたのに対し、森元家は食料品費の比重が高く、「食生活」に豊かさを求めた。加藤家が山形盆地にあり海の幸に恵まれなかったのに対し、森元家が海岸部に位置し富山湾の海の幸を享受し得たことがその差異の背景にあったと考えられる。

一方、都市部の小学校教員世帯のB家とC家では、[20] 収入のうち消費に向ける消費性向は、加藤家・森元家に比べてかなり高く、B家の場合は、一九一〇年の実収入額が約七六五円に対し、消費支出額は約五一〇円で消費性向は約六七%、C家の場合は、一〇年の実収入額が約三二二円に対し、消費支出額は約三〇二円で消費性向は約九四%であった。一九一〇年のC家の消費性向の高さは、表90からわかるように同年にC家が家を建てたためその金額が修繕費欄に計上されて修繕費が約一二七円に上ったことがその背景にあり、その翌年のC家の消費性向をみると、実収入額が約三〇一円に対し、消費支出額は約一九二円で消費性向は約六四%であった。表90で、C家の家計支出合計額から修繕費の約一二七円を引くと約一七五円となり、これは同年のB家の家計支出合計額約五一〇円の約三分の一にあたるので、通常であればB家はC家の消費支出額の約三倍の生活水準にあったと考えられる。しかし、勝手入用はB家がC家の三倍の支出をしているわけではなく、この生活水準の差は家具・器具費の部分に強く現れたと考えられる。都市中間層にとって所得に余裕ある階層の贅沢は、「食生活」よりも「住生活」の部分で発揮されたと思われる。

これら自作農層や都市中間層の家計支出を前述の地方資産家層の家計支出と比較し、生活様式について考察する。盛田家の消費生活では、伝統的側面の維持と近代的側面の導入が局面ごとに選択的に区別されていたが、同家は清酒・醤油醸造家として食文化の伝統的側面を体現しており、地域有力者として地域産業の発展の担い手でもあった。盛田家のような「衣食住」生活での伝統的側面の維持は宮林家でもみられた。前述のように地方税が地価割で課せられたため地価の高い宮林家の納税額は多く、それが消費支出の制約となり、宮林家は修繕費や家具・器具費などの「住生活」面の支出は十分に行えず、食料品費（勝手入用）と呉服・小間物費が支出の中心であった。ただし食料品費の内容は、地元漁港で水揚げされた魚類と近世期と同様の野菜類が中心で、文明開化の影響はほとんどみられなかった。「衣生活」でもシャツの購入は一八九〇年代からみられたが、購入の中心は多種多様な呉服物であり、幕末期からその種類にあまり変化はなかった。もっとも宮林家が、「衣食住」生活で伝統的側面を維持した背景には、富山県という地理的環境によって新しい文物を手に入れるのが困難であったことがあり、それゆえ宮林家が東京・大阪・京都を旅行した際には、西洋料理を食したり多額の舶来品を購入するなど盛田家以上の散財が行われた。その意味で、宮林家は、盛田家ほどには洋風生活と和風生活を選択する余地はなく、和風生活を送らざるを得なかったともいえる。

自作農になると、さらにその選択の幅は狭くなる。加藤家・森元家のような篤農家は、農業経営拡大のために可能な限り消費支出を節約して生産的消費や貯蓄へ回しており、新たな文物を購入する余裕はあまりなかったといえる。そのなかでも家計支出のなかで加藤家は呉服・小間物費の比重が高く、森元家は食料品費の比重の高いという相違がみられた。ただし、加藤家の呉服・小間物費では綿糸代や糸合わせ賃が多く、原料を購入して織物を織って自家使用していたことが呉服・小間物費の比重の高さにつながっており(21)、森元家の食料品費の中心は酒と地元産の魚であり、いずれも洋風生活にはほど遠かった。[22] 一方、都市中間層では、宮林家よりも洋風生活の様相をみてとれる。例えばB家の一九一〇年度の服装費（呉服・小間物費欄）の内訳では、和服類の購入が約二七円に対し洋服類の購入が約五一円と上回った。[23] むろん、教員という職業上B家が洋服を好んだことも考えられ、職種による相違も考慮する必要があるが、一九二〇年代後半における大都市百貨店の松坂屋や阪急マーケットの衣類単価をみると、銘仙や久留米縮よりもワイシャツの方が安価で（表56）、農村部の有力資産家層よりも都市中間層の方が「衣生活」において洋風と和風を選択し得る可能性は高かったと思われる。

2　所得格差と生活環境

地方資産家層と自作農・都市中間層の家計支出の個別事例を検討したので、それらに両大戦間期日本で広く行われた家計調査の結果を組み合わせることで、[24] 所得格差と生活環境の関連について考察する。表93をみよう。この表では、各家計調査の職種ごとの家計支出の内訳の平均値を示したが、給料生活者・労働者・農業者の間で所得格差がかなりあったことがわかる。例えば、日本で最初に全国的規模で家計調査が行われた一九二六（大正一五）年九月〜二七（昭和二）年八月の事例では、給料生活者世帯・労働者世帯・農業者世帯の一世帯あたり平均月収は、それぞれ約一三七円、約一〇二円、約九六円であった。労働者世帯と農業者世帯の所得はそれほど変わらなくみえるが、農業者世帯の方が労働者世帯よりも世帯人口が多く、農業者世帯の飲食費が労働者世帯の飲食費を上回ったため、農業者世帯では家計収支で赤字になっており、労働者世帯よりもその点では生活は苦しかったと考えられる。もっとも、給料生活者世帯と労働者世帯の平均所得は、昭和恐慌下の一九三〇年代初頭にいずれもいったん下落した後に回復するが、戦時経済になり労働力供給が逼迫して労賃が上昇するとともに、給料生活者世帯との所得格差は小さくなった。

家計支出の内訳として、日常的支出に関わる衣食住の部分（飲食費・衣服費・住居費）と、その年の状況で支出額が変動したと考えられる医療費・教育費・冠婚葬祭費を取り上げ、家計余裕の度合いを示すと思われる娯楽費も取り上げた。衣食住では、飲食費と住居費の比率で対照的な違いがみられた。すなわち飲食費比率は農業者世帯が一番高く、労働者世帯・給料生活者世帯の順番であったが、住居費比率では給料生活者世帯が一番高く、労働者世帯・農業者世帯の順番であった。また、衣服費の比重は給料生活者世帯と労働者世帯ではそれほど差はなく、農業者世帯はその比重がかなり低かった。前述の地方資産家層の事例研究でも、阿部家京都別邸での光熱費の比重の高さを指摘したが、都市生活では住居費が高く、その住居費の高さを衣服費で調整していたと考えられる。一方農村では衣服費は自給衣料の部分も多かったと考えられ、衣料関連支出を節約してそれを飲食費に回していたといえよう。この衣服費や住居費が極端に少なかったのが炭坑労働者世帯で、一九二五年に札幌・仙台・福岡鉱山監督局管内で行われた炭坑労働者の家計調査では、一世帯あたり平均月支出で衣服費は約八％、住居費は約四％に過ぎず、住まいや着るものが支給された炭坑社会では、住居費や衣服費の節約が炭坑労働者の賃金の安さにつながっていた。実際、右記の炭坑労働者世帯の平均月収は、一九二六年九月～二七年八月に行われた全国的家計調査の農業者世帯の平均月収を下回った。

医療費・教育費・冠婚葬祭費についてみると、給料生活者世帯と労働者世帯では、家計支出に占める医療費支出や教育費支出の比重はそれほど変わらなかった。都市生活では、医療サービスや教育サービスは貧困層を除けば、それなりに等しく受容できるようになっていたと考えられる。もっとも教育関連支出の比重は小さく、農業者世帯も含めて義務教育は等しく受容できたものの、居所を離れた教育機関のサービスを受けるには高額の費用を要したため、それは資産家層に限られたと思われる。なお、農業者世帯の医療関連支出の比重は、給料生活者世帯や労働者世帯に比べるとかなり小さく、医療サービスにおける都市と農村の格差は残ったと考えられる。それゆえ地方資産家層は、頻

帯は配置売薬のようなセルフメディケーションを主に利用していたと思われる(25)。家計にそうした余裕のない農業者世帯は配置売薬のようなセルフメディケーションを主に利用していたと思われる。

また冠婚葬祭費については、表93にみられる調査世帯ではほとんど支出されていない。冠婚葬祭で極端に多額の消費が行われた家は調査対象からはずされる可能性もあり、やや過少評価になっている面はあるが、莫大な支出をして冠婚葬祭行事を行った資産家層と一般民衆層との大きな格差がみられ、非日常生活の部分で所得格差は強く現れたのである。とはいえ、余裕のない家計のなかでも人々は娯楽を楽しんでいた。表93では、貧困世帯の家計調査結果もあわせて示したが、一般世帯よりもかなり所得が少なく、娯楽費を支出できる余裕はないと思われる低所得世帯でも少ないながら娯楽費は支出していた。しかも貧困者調査の注記に、貧困者層は飲酒が日常の最もの楽しみであるので通常の世帯よりも飲食費比率が高くなると記されており(26)、表93でも低所得者世帯の飲食費支出比率はかなり高かった。その意味では、所得階層を問わず、可能な範囲で人々は生活を楽しんでいた側面もあり、そのような観点から消費生活を評価することも必要である。

本書で論じたように、近代日本の消費生活では、都市部と農村部の地域間の差異、所得階層間の差異、職種間の差異が複雑に関連して、文明開化や百貨店を通して、新しい文物が個別的に普及するようになっていた。その普及の回路は、通信網の整備としてまずは作られそれに輸送網の整備が続いたが、輸送網の整備が跛行的であったため、それを補う回路として冠婚葬祭時や節季の贈答品、旅行における土産が大きな役割を果たした。しかし、一九〇〇年代までは、人々の購買力が新しい文物に向かうには、購入機会や用途および意識の面で制約要因が大きく、全体として購買力に対して過少消費の時代であったといえる。例えば、舶来織物が日常の農耕に適さなかったこともあり、自作農層の金巾の購入は少なく、衣料を自給する生活は残った。資産家層にも節約を美徳とする生活倫理が存在し、浪費を抑えて内部蓄積し、それを地域社会への寄付に向かわせた。財・サービスと消費者意識の両面で消費社会の発現が抑えられていたとはいえ、資産家層が「ハレ（非日常）」において行った過剰消費や地域社会への寄付が、所得階層間の生活水準の格差を緩和させた側面があることを指摘できる。

その後、第一次世界大戦を契機とする都市化の進展が、財・サービスと消費者意識の制約条件を緩和させ始めた。すなわち、村落から離れて都市に生活することで衣料品のこれまでの用途に変化がみられ、それに対応する衣料品の販売を、都市に新たに成立した百貨店に求めるようになる。しかし、そこで登場した消費市場が十分に発展し得たわけではなかった。一九二〇年恐慌後に二重構造と呼ばれる農工間あるいは大経営と中小経営労働者間の所得格差が生じ(27)、社会全体としての購買力の上昇には向かわなかった。過少消費を好む精神性は、慶事の際には薄れていたと考えられるが、購買力の壁は超えられなかった。その意味では、両大戦間期日本の萌芽的大衆消費社会はあくまで萌芽にすぎず、人々の購買力を超える購入を可能にするシステムが定着していなかった両大戦間期の日本では、大衆消費社会の形成は困難であったと思われる。

今後の課題として実証的に検討する必要があるが、第二次世界大戦後への展望を述べると、日本では第二次世界大戦後の高度経済成長期に耐久消費財の割賦販売や消費者金融のシステムが定着し、急速に耐久消費財が普及することで大衆消費社会に至ったものの、そこには二面性があったと考えられる(28)。一方では、「ハレ（非日常）」と「ケ（日常）」の消費バランスをとりつつ、日常が野放図な消費にならないようにする生活世界が第二次世界大戦後も継続し、高度経済成長期の消費生活は実用品の贈答も含めて生活に必要な範囲での財・サービスの受容に止まった(29)。その一方で、社会全体の購買力の上昇が大多数の世帯に消費社会の受容の可能性を開いたことが、「豊かな社会」の幻想を多くの人々に抱かせ、一九七〇年代に耐久消費財が多くの人々の生活に必要な範囲を充足した後も、日常的に「ハレ」

（円の右側の単位：銭）

内住居費(d)	内医療費(e)	内教育費(f)	内娯楽費(g)	内冠婚葬祭費	b/a %	c/a %	d/a %	e/a %	f/a %	g/a %
4円90	[1]1円21	[4]0円92	[8]0円36	0円88	37.3	6.8	15.8	3.9	3.0	1.2
7円19	[2]3円52	[5]2円17	0円87	1円06	50.3	9.7	10.3	5.0	3.1	1.2
9円83	[2]4円68	[5]2円39	1円97	2円10	39.8	12.8	11.4	5.4	2.8	2.3
6円86	[3]3円48	[6]1円69	0円60	[12]0円68	37.9	11.3	8.6	4.4	2.1	0.8
6円96	[3]3円21	[6]2円83	0円83	[12]0円71	36.5	12.7	8.2	3.8	3.3	1.0
20円51	[1]3円46	3円09	[9]4円73		24.6	15.9	17.5	2.9	2.6	4.0
15円73	2円52	0円85	[9]4円22		31.9	14.0	17.5	2.8	0.9	4.7
4円66	[2]2円44	[5]3円70	[8]0円06		54.7	6.9	7.3	3.8	5.8	0.1
21円89	[2]6円83	2円23	[8]1円80	[13]2円64	35.1	14.1	17.9	5.6	3.6	1.5
14円75	[1]2円65	1円74	[9]5円78		27.8	12.3	15.8	2.8	1.9	6.2
10円01	0円84	[7]0円09	0円15		55.1	7.6	13.1	1.1	0.1	0.2
3円35	1円41	[4]2円45	[8]0円48		41.6	8.2	4.3	1.8	3.2	0.6
22円84	[2]7円68	2円36	[10]6円03		32.7	13.8	18.4	6.2	1.9	4.8
14円42	[2]5円84	1円00	[10]3円26		39.8	13.0	15.8	6.4	1.1	3.6
14円64	[2]2円71	1円01	[10]2円16		45.7	7.9	15.2	2.8	1.0	2.2
15円60	3円74	0円99	[11]3円04	0円41	31.9	13.2	18.9	4.5	1.2	3.7
12円69	3円01	0円92	[11]2円53	0円61	35.3	12.8	17.4	4.2	1.3	3.5
3円08	1円05	0円39	0円54	0円46	52.6	6.1	8.5	2.9	1.1	1.5
15円94	3円67	1円26	[11]3円63	0円68	31.2	12.6	18.5	4.3	1.5	4.2
12円60	2円98	1円10	[11]2円90	0円85	35.9	12.2	16.8	4.0	1.5	3.9
9円18	1円27	0円76	0円08	0円34	48.2	3.3	24.0	3.3	2.0	0.2
14円03	1円76	1円45	0円37	1円31	42.3	4.8	22.1	2.8	2.3	0.6
10円52	1円40	1円12	0円97	0円32	49.2	5.8	15.9	2.1	1.7	1.5
13円11	4円76	2円68	[11]3円42	0円81	41.6	10.9	11.8	4.3	2.4	3.1
3円05	3円38	1円27	[11]2円24	0円61	50.9	15.2	3.4	3.8	1.4	2.5
16円10	4円66	1円69	[11]3円35	0円55	40.0	10.5	14.5	4.2	1.5	3.0
13円02	3円82	1円98	[11]2円89	0円48	44.6	9.9	12.8	3.8	2.0	2.8

第2~4巻（青史社，1992年）大正15年9月~昭和2年8月『家計調査報告』第1~4巻（内閣統統計局）より作成.

県. 1921年6月~22年5月の俸給生活者・職工調査地は，東京府・大阪府・秋田県・福島県・者調査地は，札幌・仙台・福岡の各鉱山監督局管内の鉱山. 1926年9月~27年8月の調査地長崎市とそれら各市付近，工場労働者が札幌・郡山・東京・横浜・金沢・名古屋・京都・大山，交通労働者の調査地は東京・横浜・名古屋・京都・大阪・神戸市とそれら各市付近，農帯の収入は，生活保護費・軍事扶助費を含む. 世帯欄は調査世帯の数を示す. 1940年4月静岡・和歌山・広島・山口・愛媛・岩手・秋田・島根・福岡・宮崎県. 1）医療・薬代として，2）保費として，7）学校費として，8）享楽費として，9）嗜好・娯楽費として，10）修養・娯楽費と

表93　近代日本の家計調査にみる家計支出内訳

調査期間(年・月)	調査対象地域	職種	世帯	平均月収	平均月支出(a)	内飲食費(b)	内衣服費(c)
1916・5~	東京市	職工	20	28円51	30円95	11円55	2円09
1918・11~	東京市月島	労働者	40	72円50	69円76	35円09	6円77
1919・1~	東京市・隣接郡部	小学校教員	95	84円40	86円12	34円31	11円03
1921・2	3府5県	職工	1,413	95円89	79円62	30円20	8円99
1921・3	3府5県	職工	1,377	95円76	85円24	31円15	10円81
1921・6~22・5	2府10県	俸給生活者	360	150円18	117円42	28円86	18円68
1921・6~22・5	2府10県	職工	291	109円65	89円76	28円64	12円61
1921・11	東京市	低所得世帯	497	72円26	63円74	34円86	4円41
1922・11	東京市・隣接郡部	中流階級	1,027	116円57	121円99	42円93	17円20
1923・3~23・4	名古屋市	常雇労働者	402	121円45	93円48	26円03	11円54
1924・11~	大阪市	低所得世帯	51	72円09	76円21	42円01	5円78
1925・4~25・6	札幌・仙台・福岡	炭坑労働者	386	92円89	77円08	32円06	6円32
1926・9~27・8	全国	給料生活者	1,575	137円17	124円34	40円61	17円18
1926・9~27・8	全国	労働者	3,210	102円07	91円38	36円33	11円87
1926・9~27・8	全国	農業者	670	96円16	96円39	44円01	7円59
1931・9~32・8	全国	給料生活者	525	92円23	82円46	26円34	10円85
1931・9~32・8	全国	労働者	992	83円43	73円08	25円83	9円35
1932・6~32・11	東京市・横浜市	低所得世帯	189	35円81	36円16	19円03	2円20
1933・9~34・8	全国	給料生活者	570	97円48	86円25	26円90	10円87
1933・9~34・8	全国	労働者	1,083	86円59	75円05	26円94	9円15
1938・6~39・5	大阪市	保護世帯	121	36円21	38円19	18円39	1円25
1938・6~39・5	大阪市	軍事扶助世帯	44	61円10	63円61	26円88	3円04
1938・7~38・11	東京市	低所得世帯	269	66円16	66円17	32円53	3円83
1940・4~41・3	全国	工場労働者	898	131円49	111円10	46円17	12円14
1940・4~41・3	全国	鉱山労働者	207	119円91	88円85	45円20	13円47
1940・9~41・8	全国	給料生活者	544	132円23	110円99	44円37	11円67
1940・9~41・8	全国	労働者	1,000	120円99	101円49	45円25	10円05

(出所)多田吉三編『大正家計調査集』第1~4巻(青史社, 1991年)多田吉三編『昭和家計調査集』
計局, 1929年)昭和6年9月~9年8月および昭和14年9月~昭和16年8月の『家計調査報告』(内閣
(注)1921年2・3月の職工調査地は, 東京府・京都府・大阪府・神奈川県・兵庫県・長崎県・愛知県・福岡
神奈川県・静岡県　・愛知県・兵庫県・岡山県・広島県・福岡県・長崎県. 1925年4~6月の炭坑労働
を職種別に示すと, 給料生活者が札幌・仙台・東京・横浜・金沢・名古屋・京都・大阪・神戸・広島・
阪・神戸・呉・八幡・長崎市とそれら各市付近, 鉱山労働者が夕張・磐城・足尾・別子・筑豊の各鉱
業者が山形・埼玉・新潟・長野・愛知・兵庫・広島県, 1938年6月~39年5月の保護世帯・軍事扶助世
~41年3月の全国の調査地は, 北海道・東京・大阪府・神奈川・愛知・兵庫・長崎・福島・茨城・富山・
健衛生費として, 3)医療・その他として, 4)育児費として, 5)育児・教育費として, 6)図書・教育
して, 11)新聞図書費を除いた修養・娯楽費として, 12)宗教費として, 13)慶弔費として.

の生活世界を求める過剰消費へと人々をいざなった。それが、プラザ合意とバブル経済の崩壊による日本の経済成長の失速のなかで、全体として所得水準が急減するとともに貯蓄を取り崩しての消費となり、貯蓄率の減少と過少消費が広くみられるようになったのが日本の現状といえる(30)。

ただし、こうした消費社会の浸透の一方で、盛田家のように主体的に伝統的な生活を維持し続けた家も多かったと考えられ、生活様式の変容を強調し過ぎることにも問題はある。特に現代社会の食糧問題を考える場合に、遠隔地から購入する新しい文物に頼らず、地元産の魚と鶏肉・鶏卵を主に食し、自家産の酒を主に飲み、地元産の調味料を用いる「地産地消」の側面は重要で、廣海家のように近代的医療サービスとともに配置売薬のように伝統的医療サービスも併用していた側面や、低所得層ができるだけ金銭的支出を行わずに生活を楽しんだ側面なども重要である。貨幣経済に一元化され得ない消費生活の側面は、消費社会の望ましいあり方を考えるうえでも大切な論点といえよう。

注

(1) 中西聡『海の富豪の資本主義―北前船と日本の産業化―』(名古屋大学出版会、二〇〇九年)三二〇頁。
(2) 石井寛治・中西聡編『産業化と商家経営―米穀肥料商廣海家の近世・近代―』(名古屋大学、二〇〇六年)を参照。
(3) 中西聡・井奥成彦編著『近代日本の地方事業家―萬三商店小栗家と地域の工業化―』(日本経済評論社、二〇一五年)序章を参照。
(4) 盛田家は前掲注(3)中西・井奥編著書、二二一～二三頁の表序―七、廣海家は前掲注(2)石井・中西編書、二四頁、宮林家は前掲注(1)中西書、三二二頁、小栗家は前掲注(3)中西・井奥編著書、三八～四一頁、永田家は中西聡「近代吉野林業地帯と産地銀行」(『地方金融史研究』四八、二〇一七年)表五。
(5) 明治四二年「諸入用之帳」(盛田家文書XⅦa一六四〇)。
(6) 明治三八年「諸払帳」(廣海家文書L二三二)。
(7) 以下の記述は、中西聡「文明開化と民衆生活」(石井寛治・原朗・武田晴人編『日本経済史一　幕末維新期』東京大学出版会、二〇〇〇年)二五〇～二五九頁を参照。

（8）前掲注（3）中西・井奥編著書、二二一～二二三頁の表序―七、前掲注（1）中西書、三二二頁。
（9）明治四二年「総勘定元帳」（永田家文書六八―一一三―三）。
（10）以下の記述は、明治二四・三四・四三・大正四・九・一三・昭和四年「諸払帳」（廣海家文書L二三一・二三〇・二三四・二三五・J一五五・I〇四四・C一六七）を参照。廣海家は一八九一（明治二四）年に当主の娘「貞」が堺の木綿問屋河盛家に嫁いでおり、一九一〇年の廣海家の法事の際の返礼用晒木綿は河盛家から購入している。大阪の福本も廣海家当主と妻同士が姉妹であり、廣海家はこうした姻戚関係を通じて慶弔用品を調達していた。
（11）藤井家の地域社会への寄付活動は、前掲注（1）中西書、三三一～三三九頁を参照。
（12）以下の記述は、中西聡「半田・亀崎地域の「企業勃興」と有力資産家」（前掲注（3）中西・井奥編著書）第四節を参照。
（13）宮地正人『日露戦後政治史の研究―帝国主義形成期の都市と農村―』（東京大学出版会、一九七三年）第一章。
（14）この点については、同右、金澤史男『シリーズ日本近代からの問い⑤ 自治と分権の歴史的文脈』（青木書店、二〇一〇年）、持田信樹『都市財政の研究』（東京大学出版会、一九九三年）などを参照。
（15）各家の史料よりそれらの家の菩提寺を判断し、その地域の市町村史よりそれら菩提寺の宗旨を調べた。
（16）有元正雄『真宗の宗教社会史』（吉川弘文館、一九九五年）などを参照。
（17）桜井英治は、中世後期の武家・公家世界では、市場経済の功利主義的精神が贈与経済にも働き、両者が並行的に進化した結果、贈与が商業を代替するようになるとともに、贈与の相殺でその決済も行われるに至り、贈与経済において非人格的関係が強まったとする（桜井英治『贈与の歴史学―儀礼と経済のあいだ―』中央公論新社、二〇一一年）。近代日本の資産家層の贈答行為は、資産家層間では人格的関係に止まったと考えられるが、地域社会へそれが広がるなかで非人格的関係を強めたと考えられる。
（18）加藤家については、『自作農農家々計に関する諸記録』（財団法人農政調査会、一九五五年）、大場正巳『農家経営の史的分析―明治初期以降農地改革にかけての東北一農家経営の展開構造―』（農業総合研究所、一九六〇年）を参照。
（19）森元家については、高井進『明治期農民生活の地域的研究』（雄山閣出版、一九七八年）第三章を参照。
（20）以下の記述は、御船美智子「明治世代教員家計の長期的変容（B）」、田窪純子「四五年間の教員生活で七人の子どもを育てた家計（C）」（いずれも中村隆英編『家計簿からみた近代日本生活史』東京大学出版会、一九九三年所収）を参照。
（21）前掲注（18）財団法人農政調査会書、二六一～二七五頁。

(22) 前掲注(19)高井書、一七〇頁。
(23) 前掲注(20)御船論文、五八頁。
(24) 家計調査の概要については、多田吉三『日本家計研究史―わが国における家計調査の成立過程に関する研究―』(晃洋書房、一九八九年)を参照。
(25) 二谷智子「健康と医薬」(中西聡編『経済社会の歴史―生活からの経済史入門―』名古屋大学出版会、二〇一七年)を参照。
(26) 多田吉三編『大正家計調査集 第一巻』(青史社、一九九一年)五二三頁。
(27) 尾高煌之助「二重構造」(中村隆英・尾高煌之助編『日本経済史六 二重構造』岩波書店、一九八九年)を参照。
(28) 本書序章でも触れたが、高度経済成長期の大衆消費社会について、満薗勇と寺西重郎が近年新しい見方を提示した。満薗は、日常生活の倹約を美徳とする通俗道徳が大正期以降の都市化のなかで克服されて消費を通した生活向上欲求が肯定されるようになるとともに、通俗道徳パラダイムとの鋭い緊張関係をもちつつも、商店街という商業集積が財の需給調整を行うことで日本型大衆消費社会が成立したとする(満薗勇『日本型大衆消費社会への胎動―戦前期日本の通信販売と月賦販売―』東京大学出版会、二〇一四年)。寺西は、第二次世界大戦の敗戦を契機に大衆消費社会が欧米から移植され、政府の人為的な平等化政策と産業政策がその一時的な定着を後押ししたとする(寺西重郎『歴史としての大衆消費社会―高度成長とは何だったのか?―』慶應義塾大学出版会、二〇一七年)。本書は、高度経済成長期を分析対象としていないため、これらの見方に有益な材料を提示できないが、直感的には、本書が取り上げた戦前来の富裕層では、二〇世紀に入ると「ハレ・ケガレ=非日常」の世界で多額の消費が行われ、その影響力が地域社会に浸透していくなかで、両大戦間期日本の一般民衆層でも消費に対する抵抗感が弱くなり、そのことが第二次世界大戦後の日本において、地方村落部でも大衆消費社会が定着する素地を作りあげたと思われる。現代日本の消費文化と生活の問題は、本書にとっても次の重要な課題である。
(29) 現代日本の贈答文化については、山口睦『贈答の近代―人類学からみた贈与交換と日本社会―』(東北大学出版会、二〇一二年)などを参照。
(30) 第二次世界大戦後日本の所得水準と貯蓄率については、梶善登「我が国の家計貯蓄率の動向」(『レファレンス』二〇〇七年九月号)を参照。

初出一覧

全般的に利用したもの（ただしいずれも加筆・修正を行った）

中西　聡「文明開化と民衆生活」（石井寛治・原朗・武田晴人編『日本経済史一　幕末維新期』東京大学出版会、二〇〇〇年）

中西聡・二谷智子「近代日本における地方資産家の消費生活―盛田久左衛門家を事例として―」（『経済科学（名古屋大学）』五七―四、二〇一〇年）

中西　聡「両大戦間期日本における百貨店の経営展開―いとう呉服店（松坂屋）の「百貨店」化と大衆化―」（『経営史学』四七―三、二〇一二年）

部分的に利用したもの

二谷智子「伝染病の侵入と防疫」（前掲『日本経済史一　幕末維新期』）

二谷智子「営業支出と店員の活動」（石井寛治・中西聡編『産業化と商家経営―米穀肥料商廣海家の近世・近代―』名古屋大学出版会、二〇〇六年）

二谷智子「近代日本の家計における医療関連支出」（『経済科学（名古屋大学）』五八―四、二〇一一年）

中西　聡「豊かさへの模索―近代日本の食生活の転換―」（中嶋康博編『食の文化フォーラム二九　食の経済』ドメス出

版、二〇一一年）
二谷智子「家業の継承と地域社会への貢献—資産管理と家計の視点から—」（中西聡・井奥成彦編著『近代日本の地方事業家—萬三商店小栗家と地域の工業化—』日本経済評論社、二〇一五年）
中西聡・二谷智子「家計史料からみた消費生活の変容」（ペネロピ・フランクス、ジャネット・ハンター編〈中村尚史、谷本雅之監訳〉『歴史のなかの消費者—日本における消費と暮らし　一八五〇—二〇〇〇—』法政大学出版局、二〇一六年）

あとがき

本書の著者二名は夫婦であると同時に歴史研究者でもある。二人とも近世来の旧家に所蔵されていた家文書を分析する研究スタイルで、それらの家の家業の研究を進めたが、中西は商業、二谷は配置売薬業と、最初にそれぞれがもっていた問題関心は異なっていた。史料調査は共同で行ってきたものの、それぞれの関心に応じて分析は独自に進めてきた。しかし、東京から札幌そして名古屋と居所を動きつつ、二人の子どもが誕生し、家族としての生活を重ねるうちに、地域によって生活環境がかなり異なることや、研究と生活のバランスをとることの難しさを実感した。そのなかで、家業が世代を超えて継承されている様相を研究するには、生活も含めたその家の史料全体を包括的に分析する必要があると痛感し、分析対象である各家の家計関連史料を消費生活の面から比較研究しようと思い到った。

本書で主に取り上げた地方資産家の六家（盛田家・宮林家・廣海家・小栗家・永田家・阿部家）に関する史料調査に中西と二谷はいずれも関わったが、最初に訪れたのは、富山県の宮林家であった。その宮林家が富山県有数の北前船主であったことから、中西の北前船研究は始まり、北前船の取引相手の廻船問屋廣海家の史料にめぐり合い、中西と二谷を含む多くの研究者で廣海家の共同研究を行うことになった。中西は、宮林家文書のなかに経営に関する史料以外に、冠婚葬祭や家計に関する史料も多数残されており、将来的には消費生活に関する研究もしてみたいと漠然と考えていたが、それが現実味を帯びたのは、東京大学出版会の日本経済史シリーズの第一巻で中西が「文明開化と民衆生活」を担当し、その章のコラムとして二谷が「伝染病の侵入と防疫」を担当することになってからであった。執筆を誘って下さった石井寛治先生からは、生産や労働に止まらない経済史研究の射程の広さを求められた。そこで、「文明開化」を経済史の視点で捉えるために舶来品の購入に焦点を合わせ、それが近代日本の消費生活に与えた影響を考察した。

「文明開化と民衆生活」では事例として宮林家と廣海家を主に取り上げたが、両家ともに資産家であり、民衆生活とはいえないのではないかとの批判を受けた。それについて私どもは次のように考えている。家業を継続できた資産家には分厚い史料群を残してきた家も多く、その史料群を分析することで暮らしぶりを明確に読み取れる。断片的な史料をつないだ歴史像はややもすると主観的になりやすいので、大量の史料群が残されている家について緻密に分析することで、より客観的な歴史像につながると考えた。むろん、所得階層が偏った家の事例研究から全体像を示すことには慎重でなくてはならないため、現在、私どもは本書で取り上げた資産家層よりも所得階層が低い家の史料の所在調査を進め、いくつかの新たな家文書の資料収集はすでに済ませている。それらの家の分析は今後の課題となるが、資産家層を相対化しえる消費生活研究を現在は進めている。

ただし、本書で取り上げる資産家は資産があったから家業が維持できたわけではない。資産家とはいえ、彼らも日々の暮らしのなかで苦闘しており、経営状況の悪化や家族の病気など苦しい時期があるとともに、地域社会のなかでいかに自家の存在意義を示していくかに心血を注いでいた。私どもはそこに共感したのである。そしてそのあり様を具体的に描くことは、地域社会との関係性が希薄になった現代社会において、住民とその生活環境との関係を見直す視点を提供することになるであろう。

さて一九九九年に、中西が北海道大学から名古屋大学へ転任したことが、新たな史料群と出会うきっかけとなった。廣海家が肥料商であったことから、愛知県半田の肥料商で、近代日本で最大級の営業規模であった萬三商店小栗家に中西はかなり前から関心をもっており、幸運にも小栗家文書の閲覧を許され、多くの研究者とともに共同研究を進めることになった。そして同じ知多半島の醸造家であった盛田家の史料にもめぐりあうことができた。さらに、名古屋の老舗百貨店である松坂屋の史料を分析する機会に恵まれたことから、近代日本の消費生活に百貨店文化が与えた影響を強く意識するようになった。

その後、近江商人の研究会で滋賀県能登川の阿部家文書の所在を知り、能登川博物館に所蔵されている阿部市太郎家文書の整理を滋賀大学附属史料館の堀井靖枝さんとともに行い、滋賀大学附属史料館の紹介で、阿部市太郎家のご子孫の阿部俊樹さんにお目にかかれた。また、廣海家の姻戚でもある奈良県吉野下市の永田家の史料群が奈良県立図書情報館に寄託されていることも知り、中西と二谷を含む数名で共同研究を始め、同館の紹介で、永田家の皆様ともお会いできた。こうして本書の骨格となる六家の史料群および松坂屋の史料にめぐり合い、文明開化および都市化と百貨店を二つの画期とする構成に至った。そして長期間にわたる史料調査のなかで、これまでに多くの研究助成をいただいたので、それを以下に記しておく。

平成七・八年度文部省科学研究費補助金基盤研究（A）「商人の活動からみた全国市場と域内市場―天保期から第二次大戦期―」（研究代表者：石井寛治、研究分担者：中西聡ほか）

一九九六年度日本経済研究奨励財団奨励金「明治初年の文明開化が民衆生活に与えた影響に関する経済的実証分析」（研究代表者：中西聡）

平成一〇・一一年度文部省科学研究費補助金奨励研究（A）「文明開化が近代日本の民衆生活に及ぼした影響に関する経済的実証分析」（研究代表者：中西聡）

平成一二年度家計経済研究振興助成「家計支出に医療の近代化がおよぼした影響の実証的研究」（研究代表者：中西

聡、共同研究者：二谷智子）
平成一二年度東日本鉄道文化財団調査・研究助成「近代日本における鉄道の旅と消費生活」（研究代表者：中西聡）
平成一五年度日東学術振興財団研究助成「戦前期日本における産業化と地方資産家の投資行動」（研究代表者：中西聡）
平成一五〜一七年度日本学術振興会科学研究費補助金基盤研究（C）「百貨店と零細小売商からみた近代期日本の消費生活に関する実証的研究」（研究代表者：中西聡）
平成一六年度三菱財団人文科学研究助成「北前船商人の多角的経営展開と近代日本資本主義」（研究代表者：中西聡）
平成一七年度名古屋大学高等研究院研究プロジェクト「二〇世紀日本の生活様式と社会環境に関する学際的研究」（研究代表者：中西聡、共同）
平成一八〜二一年度日本学術振興会科学研究費補助金基盤研究（B）「近現代日本の生活様式と社会環境からみた都市と農村の比較研究」（研究代表者：中西聡、共同）
二〇一〇・一一年度サントリー文化財団「人文科学、社会科学に関する研究助成」「二〇世紀日本における産業化と生活環境に関する学際的研究」（研究代表者：中西聡、共同）
平成二三〜二六年度日本学術振興会科学研究費補助金基盤研究（B）「近現代日本における都市・農村複合型産業化と生活環境に関する総合的研究」（研究代表者：中西聡、共同）
平成二七年度東海冠婚葬祭産業振興センター調査研究助成「弔いの近代日本経済史―東海地域と関西地域の比較研究―」（研究代表者：二谷智子）
平成二九〜三〇年度日本学術振興会科学研究費補助金基盤研究（B）「大正・昭和期における住宅関連産業の展開と

「暮らし」の変容に関する総合的研究」(研究代表者:中西聡、研究分担者:二谷智子ほか)
平成二九~三〇年度日本学術振興会科学研究費補助金基盤研究(B)「醸造業による農村工業化と和食文化の形成に関する地域比較研究」(研究代表者:井奥成彦、研究分担者:中西聡ほか、連携研究者:二谷智子ほか)

このように多くの研究助成を受けてきたが、それにも増して史料所蔵者の皆様と史料所蔵機関に、大きな支援をいただいた。盛田家・宮林家・廣海家・小栗家・永田家の皆様、阿部俊樹様、堀井靖枝様、鈴渓資料館、貝塚市教育委員会、一般財団法人J・フロントリテイリング史料館、池田文庫、奈良県立図書情報館、東近江市能登川博物館、滋賀大学経済学部附属史料館に厚く感謝申し上げたい。また西澤泰彦氏をはじめ、これまで共同研究で助けていただいた研究者の皆様、特に石井寛治先生に深く感謝申し上げたい。そして本書刊行まで、粘り強く編集作業を進めていただいた吉川弘文館の大熊啓太さんにも心よりお礼を申し上げたい。

本書の発想は、私たちの子どもの存在なしには生まれなかった。恵子と勇太に心より感謝して本書を捧げる。

二〇一八年八月

中西　聡
二谷智子

索　引

会社名・人名・家名の後ろの［　］内は本社・本店所在地もしくは居住地．その他の項目も現在の場所などを参考に，適宜［　］内で場所を補った．［　］内の→は場所の移動．

会社名の「株式」は省略．地名の府県庁所在地は府県名を省略．

あ　行

か　行

さ　行

た　行

な　行

は　行

ま　行

や行・ら行・わ行

著者略歴

中西　聡

一九六二年、愛知県生まれ
一九九三年、東京大学大学院経済学研究科博士課程単位取得退学
現在、慶應義塾大学経済学部教授、博士（経済学）

〔主要著書〕
『海の富豪の資本主義』（名古屋大学出版会、二〇〇九年）、『旅文化と物流』（日本経済評論社、二〇一六年）、『資産家資本主義の生成』（慶應義塾大学出版会、二〇一九年）

二谷（中西）智子

一九六六年、富山県生まれ
二〇〇二年、東京大学大学院経済学研究科博士課程単位取得退学
現在、愛知学院大学経済学部准教授、博士（経済学）

〔主要論文〕
「健康と医薬」（中西聡編『経済社会の歴史』名古屋大学出版会、二〇一七年）、「近代日本における医療費と医療状況の展開」（『経済学研究（愛知学院大学）』四―二、二〇一七年）

近代日本の消費と生活世界

二〇一八年（平成三十）十二月十日　第一刷発行
二〇一九年（令和　元）十一月二十日　第二刷発行

著　者　中《なか》西《にし》　聡《さとる》
　　　　二《ふた》谷《や》　智《とも》子《こ》

発行者　吉川道郎

発行所　株式会社　吉川弘文館
郵便番号一一三―〇〇三三
東京都文京区本郷七丁目二番八号
電話〇三―三八一三―九一五一〈代〉
振替口座〇〇一〇〇―五―二四四番
http://www.yoshikawa-k.co.jp/

印刷＝株式会社 ディグ
製本＝誠製本株式会社
装幀＝山崎　登

ISBN978-4-642-03879-9